불
교
부
적
의

符
籍

연
구

불교 부적의 원류와 한국의 불교 부적

符 籍

불교 부적의 연구

정각 지음

불광출판사

출판에 부쳐

제천의식을 좋아하던 우리 동이 민족은 상고시대부터 한반도로 이동해 오면서 모래나 흙에 상징적인 사물을 그리면 곧 비바람에 지워지고 말지만, 돌이나 바위에 새기면 암각화가 되어 오래 보전할 수 있음을 알았다.

나중에 거북 껍질이나 동물의 뼈에 문양을 새기어 갑골문자가 생기게 되었으며, 토기나 청동기 등 각종 그릇에 상징적인 도상(圖像)을 넣어 권위를 나타내기도 했는데, 반듯하고 곧게 다듬은 죽간(竹簡)에 글자를 쓰거나 새겨 넣은 것이 부적(符籍)이 되었다.

나아가 나무 조각이나 유연한 천과 비단, 종이를 만들어 온갖 재앙을 물리치는 질병과 삼재팔난의 나쁜 기운을 물리치거나 소원하는 바를 글자나 문양으로 다양하게 그렸다.

이는 믿음의 상징인 신부(神符)나 신분을 증명하는 신부(信符), 호신부(護身符)가 되어 몸에 지니기도 하고, 벽면이나 장대에 걸어두기도 하고, 땅에 묻거나 물건 속에 같이 갈무리하여 벽사(辟邪)의 효과를 내게 하였다.

염원을 담은 이런 기호나 부호의 문화는 세계 어느 곳에나 있기 마련이지만, 유달리 감성이 뛰어난 동이족들은 옛적부터 천부인(天符印) 등 고등의 부적 문화가 발달했다.

인도에서 발상한 불교가 이 땅에 들어와 토착화하며 융화되는 과정에 방편으로 기존의 문화를 유연하게 포용하면서, 한민족 전래의 민속적인 부적이나 선교(仙敎)나 도교(道敎)의 부적, 천상(天象)이나 음양오행도, 주역의 괘상(卦象) 등을 수용하게 된다.

불교에서는 '일체중생이 여래의 지혜와 덕상(德相)을 갖추었다'라고 하신 부처님의 부촉(付屬)은 형상 없는 제일가는 진리의 부적, 즉 법인(法印)이며, 근본 진리인 참 생명에 바탕을 둔 온 우주의 존재 양상이 모두 수인(手印)이며 결인(結印)으로 여긴다.

그래서 부적의 디자인이나 재질도 발달하여 변상도, 달마도, 만다라 같은 그림이나, 소리의 진동이나, 향과 맛이나 감촉 등 육감(六感)으로 다양하게 표현하였으며, 나아가 형체 없는 마음속에 수지(受持)하는 불보살의 명호나 진언, 다라니 등도 심부(心符)로 삼게 된다.

그리고 기존의 재래 부적들도 불교를 수용하여 다양해지면서 서로 분별할 수 없을 정도가 되었다.

이번에 송광사의 정각 스님이 밝은 안목으로 '불교 부적의 원류와 한국의 불교 부적'에 대한 논문집인 『불교 부적의 연구』라는 책을 내게 되었는데, 살펴보니 참으로 내공 깊은 역작이다.

우리의 오래된 부적 문화가 식민시대를 거치며 폄하되고, 서구 문물이 유입되면서 우리의 전통문화를 전근대적인 미신으로 치부하는 경향이 있었으나, 요즈음은 국내외에서 우리의 미묘한 부적에 관심을 가지는 사람들이 늘어났다.

부적은 단순한 미신이 아니라 우리 조상들의 소박한 염원을 담은 소중한 문화유산임을 제대로 알고, 이 부적 문화를 새롭게 일구어 간다면 한류(韓流)의 흐름에 아름다운 꽃잎을 더하게 될 것이다.

불기 2568년 4월 10일

曹溪山人 玄鋒 識

대부분 사찰에서 "부적은 불교 정법(正法)과는 무관한 것이다"라는 인식이
확산되는 가운데 부적이 거의 사용되지 않으며, 부적은 미신(迷信) 내지 민간
신앙의 소산물로 인식되었다.

그런데 최근 미술사 분야에서 불복장(佛腹藏) 관련 연구가 활발해지는
가운데, 불복장에서 출토된 다수의 다라니(陀羅尼)가 연구 주제로 등장하고
있다. 한편 불복장에서 출토된, 고려·조선시대에 간행된 다라니에는 다양한
형태의 부적이 실려 있으며, 이에 대한 연구의 필요성이 제기되었다.

필자의 경우 각종 다라니를 연구·수집하는 가운데 다라니에 실린 부적
의 존재를 인식하였으나 큰 관심을 갖지 않았다. 그러다 이화여대 김연미 교
수를 통해 최근 외국에서 부적 연구가 확산되고 있다는 이야기를 듣게 되었
고, 미국 시카고대학의 폴 캅(Paul Copp) 교수와 공동 연구를 해 봄이 어떻겠
느냐는 제의를 받게 되었다.

이를 계기로 부적에 관심을 갖게 되었고, 그간 연구자들의 논문을 살펴
보았다. 외국의 경우, 돈황(敦煌) 발견 자료를 중심으로 불교 부적과 도교 부
적과의 관계를, 또한 대장경에 실린 부적에 대한 연구가 진행되었으며, 한국
의 경우 조선시대 의식집에 실린 부적이 연구 대상이었다.

이에 필자는 돈황 자료 및 대장경에 실린 부적 자료를 점검하고 한국불
교의 의식집을 검토하던 중, 기존 연구의 경우 많은 자료가 누락되어 있으며,
한국 전래 부적의 경우 고려시대의 부적 내지 근현대에 사용된 부적 연구가
전무함을 알게 되었다.

먼저 필자는 고려시대 간행 다라니에 실린 부적을 연구하게 되었는데,
고려시대에 사용된 부적의 경우 동일한 형태가 돈황 자료에서 발견됨을 알

게 되었고, 당나라 때부터 통일신라에 부적이 전해졌을 가능성을 알게 되었다. 한편 중국 당나라를 전후해 사용된 불교 부적의 원류를 점검하는 가운데 『오명론』과 『용수오명론』의 존재를 알게 되었고, 불교 부적의 연원을 추정할 수 있었다.

고려·조선시대의 부적을 연구함에 있어서는 평소 필자가 수집한 각종 다라니가 도움을 주었으며, 대장경 소재의 부적을 점검하는 과정에서는 - 만해 한용운 스님이 백담사에서 고려대장경 전문을 펼쳐 보았다는 말이 전하듯 - 필자 역시 도상부를 포함해 신수대장경 전체 면을 직접 한 면씩 넘겨 볼 수 있는 인연을 갖게 되기도 하였다.

근현대에 사용된 불교 부적을 기술하는 가운데, 조계사 앞 불교용품점에서 상인들에 의해 제작된, 불교 부적인 양 판매되는 부적 53종을 점검하기도 하였다. 그런데 현재 불교용품점에서 유통되는 53종의 부적 중 2종만이 고려·조선시대에 불교에서 사용된 것임을 알게 되었고, 이 또한 기존 부적의 형상이 왜곡된 것임을 알게 되었다.

이에 『불교 부적의 연구』는 중국 당나라 이래 한국에 전래된 불교 부적의 원류와 돈황 자료 및 대장경에 실린 불교 부적, 그리고 고려 및 조선시대에 통용된 불교 전통 부적에 대한 이해를 제공할 수 있으리라 생각하며, 현재 불교용품점에서 '불교 부적'으로 유통되는 부적의 오류를 수정할 수 있는 근거가 될 것이다.

이 책을 쓰는 과정에 이화여대 김연미 교수의 많은 도움을 얻었다. 또한 중앙승가대 대학원의 승우 스님과 이화여대 대학원의 한예림, 우승희 학생은 문장의 오류와 오자를 바로잡는 데 도움을 주었다.

2024년 4월 12일

雲山 正覺 識

차례

I. 서언

II. 불교 부적(符籍)의 연원과 전개
- 돈황 사본에 실린 불교 부적을 중심으로

III. 대장경 소재 부적의 내용과 의미
- 《대정신수대장경》중 부적 수록 문헌을 중심으로

Ⅳ. 한국의 불교 부적

V. 불인(佛印)과 탑인(塔印)의 한국 수용과 전개

I

서언

하늘[天]이 건넨 부인(符印)

인류는 탄생 이래 자연 및 신적(神的) 존재에 대한 외경심을 지닌 채 살아왔다. 이러한 외경심을 바탕으로 제천의식(祭天儀式)이 행해졌으며, 이 의식을 주관하는 제사장은 하늘과 인간을 이어주는 존재로서 무격(巫覡)이라 불리었다. 이후 스스로가 천손(天孫)이거나 선민(選民)임을 주장하는 자들이 생겨났고, 이들은 그 증표로서 부신(符信)을 지니게 되었다. 『삼국유사』에 실린 고조선(古朝鮮)의 예에서, "옛날에 환인(桓因, 帝釋)의 서자(庶子) 환웅(桓雄)이 천하(天下)에 자주 뜻을 두어, 인간 세상을 구하고자 하였다. 아버지가 아들의 뜻을 알고 삼위태백(三危太伯)을 내려다보니 인간(人間)을 널리 이롭게 할 만한지라, 이에 '천부인(天符印)' 세 개를 주며 가서 다스리게 하였다"[1]는 내용에서 〈천부인(天符印)〉은 '하늘[天]이 건넨 부인(符印)'을 말하는 것으로, 여기서 부인(符印)이란 '통치권의 위임물'을 뜻하는 것이라 할 수 있다.

이렇듯 고대 신정국가(神政國家)의 통치자는 한결같이 스스로가 '통치권을 위임받은' 천손(天孫)임을 주장했던바 신라 백정왕(白淨王), 즉 진평왕(眞平王, 579~632 재위) 때 "왕의 즉위 원년에 천사가 궁전의 정원에 내려와 말하기

---

1   『三國遺事』卷第1, 紀異第一, 「古朝鮮 王儉朝鮮」條. "昔有桓因謂帝釋也. 庶子桓雄 數意天下 貪求人世. 父知子意 下視三危太伯 可以弘益人間, 乃授 天符印三箇 遣往理之."

를 '상제께서 나에게 명하여 이 옥대(玉帶)를 전해주라 하셨습니다'"[2]는 기록에서 천사옥대(天賜玉帶) 역시 '하늘[天]이 건넨 부인(符印)' 중 하나에 해당한 것임을 알 수 있다.

　　이후 신정(神政)이 분리되는 가운데 '하늘[天]이 건넨 부인(符印)'은 각 종교(宗教)의 제사장에게 위임된 채, 각 종교에 따른 독자적 형태의 부인(符印)이 형성되었다. 그 가운데 중국에서 성립된, 동아시아 문화의 저변을 형성했던 도교(道教)와 선도(仙道)의 부인(符印)은 민간신앙에 널리 확산되었으며, 현재까지도 한국 전통문화의 중요 요소로 남아 있다. 그리고 불교의 전래와 함께 도입된, 인도(印度)에서 유입된 부인(符印) 역시 도교의 부인과 융합해 새로운 형태의 부인으로 변화된 채 전해졌거나, 일부 원래의 형태를 유지한 채 현재까지 전해지고 있음을 알 수 있다.

부(符)의 사용과 기록

현재의 자료 가운데 부(符)와 관련된 최초의 기록으로는 『삼국유사』의 명랑(明朗, -647-)과 관련된 내용에서 찾을 수 있다. 『삼국유사』 「명랑신인(明朗神印)」 항목에 "법사는 신라에서 태어나 당에 들어가 도(道)를 배웠다(入唐學道)[3]는 내용과 「혜통항룡(惠通降龍)」 항목에 "밀본법사의 뒤에 고승 명랑이 있었다. 용궁(龍宮)에 들어가 신인(神印)을 얻었다"[4]는 기록이 실려 있는데,

<hr>

2　　『三國遺事』卷第1, 紀異第一, 「天賜玉帶」條. "即位元年 有天使降 於殿庭 謂王曰, '上皇命我 傳賜玉帶'."

3　　『三國遺事』卷第五, 神呪 第六, 「明朗神印」條. "師挺生新羅 入唐學道."

4　　『三國遺事』卷第五, 神呪 第六, 「惠通降龍」條. "密本之後 有高僧明朗 入龍宮得神印."; 여기

여기서 도(道) 내지 신인(神印)이란 부(符)와 관련된 기록임을 알 수 있다.

한편 『고려사』 「오행2(五行二)」 항목의 1101년 기사 가운데 "벌레가 소나무를 갉아 먹으니, 이는 병란(兵亂)이 일어날 징조입니다. 마땅히 관정도량(灌頂道場), 문두루도량(文豆婁道場), 보성도량(寶星道場) 등의 도량과 노군(老君)의 부법(符法)을 실행하여 재앙을 물리치도록 기원[禳]해야 합니다"[5]는 내용이 실려 있다. 또한 이규보(李奎報, 1168~1241)의 『동국이상국전집(東國李相國全集)』 「석도소(釋道疏)」 항목 중 '동전육정신초례문(同前六丁神醮禮文)'에는 거란의 침입과 관련해 "영부(靈符)만 빌려주시더라도 땅에 가득한 비린내를 확 쓸어 버릴 수 있지 않겠습니까"[6]라는 내용이 실려 있으며, 이외에 부(符)와 관련된 다수의 기록이 발견되고 있다.

조선시대에는 『조선왕조실록』 외에 조선시대의 많은 기록 가운데 부(符)와 관련된 내용이 실려 있음을 볼 수 있다. 먼저 병의 치료와 관련해 『문종실록』 문종 2년(1452) 기사에는 전염병이 도는 가운데 '도류(道流)와 능히 주부(符呪)를 만들 수 있는 경사(經師)를 보내 병을 치료한다'는 내용이 실려 있으며,[7] 세종대에 간행된 한의학 서적 『의방유취』의 「태상영보정명비선도인경법(太上靈寶淨明飛仙度人經法)」에는 "옛 진인(眞人)이 법(法, 符法)을 치료 원리[經]로 삼았으니…"[8]라 하여 치료 원리로서 기자부(氣字符)가 사용되고

||||||||||

서 神印에 대해 『삼국유사』의 저자 一然은 "梵云 文豆婁, 此云 神印"이란 주석을 붙여 두었다.

5   『高麗史』卷54, 誌卷第8,「五行 二」條.

6   『東國李相國全集』卷第四十一,「釋道疏」條. "暫借靈符 尙可掃腥 涎之滿地."

7   『문종실록』문종 2년(1452), 3월 3일 條. "黃海道의 병이 近境에 흘러 들어오니, 다만 醫藥으로 써는 쉽사리 치료할 수가 없습니다. 臣은 생각하기를, 푸닥거리[禳]로 진압하고, 符呪로 禳鎭하여 병을 치료하는 方術이 없는 것이 아니니, 道流와 능히 符呪를 만들 수 있는 經師를 보내 병을 치료하게 하여 그 發端을 막게 하소서."

8   『醫方類聚』권3, 總論3, 永類鈐方,「太上靈寶淨明飛仙度人經法」條. "古眞人以法用經者述也."

있음을 발견할 수 있다.

한편 1630년에 간행된 신흠(申欽)의 문집『상촌선생문집(象村先生文集)』 중 "아름다운 옥에 전서[篆]로 신부(神符)를 새기고(瑤篆紀神符)…"⁹라는 내용은 부(符)가 전서(篆書)와 유사한 형태로 쓰여졌음을 알려 주고 있다. 그리고 조선 후기의 실학자 홍대용(洪大容, 1731~1783)은『담헌서(湛軒書)』중「계방일기(桂坊日記)」1775년 8월 26일 기록에 "도교는 비록 삼교(三敎)라 칭하지만 선(仙)과 불(佛)의 잡된 것을 주워 모으고 기양(祈禳)과 부주(符呪)의 술법을 섞어 만들었으니…"¹⁰라고 도교 부적에 대해 언급하였음을 볼 수 있다. 한편 추사 김정희(金正喜, 1786~1856)는『완당전집(阮堂全集)』「제천송금강경후(題川頌金剛經後)」항목에 "나는 묘향(산)에 들어가면서 이 경(經, 川頌金剛經)과 개원(開元, 당나라 현종대, 713~741) 때의 고경(古竟)을 산에 들어가는 호신의 부(符)로 삼았다"¹¹ 하여 부적이 아닌『금강경천로해(金剛經川老解)』를 벗 삼았던 선적(禪的) 탐구의 면모를 보이고 있기도 하다.

부(符)의 초기 집성과 연구

이외에 부(符)와 관련된 다수의 기록이 존재하였음에도, 다른 학문 분야와는 달리 한국에서 부(符), 부인(符印)에 대한 관심은 근세기에 비로소 시작되었

‖‖‖‖‖‖‖‖

9 『象村先生文集』제4권, 樂府體 漢鐃歌, 仙人篇 條. "瑤篆紀神符."

10 『湛軒書』內集, 桂坊日記 第二, 1775년 8월 26일 條. "道敎雖稱三敎 揑合仙佛 緖餘雜之 以祈禳符呪之術."

11 『阮堂全集』권6, 題跋, 「題川頌金剛經後」 條. "余入妙香 以此經與 開元古竟 爲入山護身之符."

다. 1929년 조선총독부에서 간행된 『조선의 귀신(朝鮮の鬼神)』은 일본의 민속학자 무라야마 지준[村山智順, 1891~1968]이 민간에서 사용되던 부적을 집성한 것으로, 그는 이 책의 「주부법(呪附法)」 항목에 전국에서 모은 각종 병을 물리치기 위한 부적의 필사본과 그 용례를 소개하고 있다. 한편 그는 『삼국유사』에 실린, 진지왕(眞智王) 때 귀신을 호령한 비형랑(鼻莉郞)의 고사와 함께 최초 사용된 부적의 예를 소개하고 있다. 즉 "당시 사람들의 민속에 '성제(聖帝)의 혼이 아들을 낳았으니, 비형랑(鼻莉郞)의 집이라. 날고 달리는 모든 귀신의 무리들, 이곳에는 머물지 말라(聖帝魂生子 鼻莉郞屋亭 飛馳諸鬼衆 此處莫留停)'라는 글을 써붙여 귀신을 물리친다"[12]는 내용을 언급하면서, 위 구절에 부적의 효능이 깃들어 있었을 것임을 서술하였다.

한편 『삼국유사』 「밀본최사(密本摧邪)」 조에 소개된, 선덕왕(善德王, 631~646년 재위) 때 왕이 병이 들어 밀본법사(密本法師)가 『약사경(藥師經)』을 읽자 육환장이 늙은 여우와 법척(法惕)을 찔러 죽였다는 이야기와[13] 혜통(惠通)이 사기병에 붉은 선을 그어 포졸을 물리쳤다는 등의 설화를 소개하고 있다.[14] 또한 그는 문자를 조합해 만든 문자부(文字符)와 사물의 형상에 문자를 조합한 도부(圖符)로서 부(符)를 구분하기도 하였다.[15]

이후 1975년 한정섭은 『신비의 부적 - 한국 부적신앙 연구』란 책에서 "부적은 무색종교의 대표적 성전이다"라는 언급을 전제로 당시에 민간에 통용되는 여러 종류의 부적을 집성하였다. 또한 용도에 따라 부(符)를 구분했으며, ① 병부(病符) 45종, ② 몽부(夢符) 14종, ③ 삼재부(三災符) 10종, ④ 제

---

12 『三國遺事』 卷第8, 「桃花女 鼻莉郞」 條.

13 『三國遺事』 卷第5, 神呪第六, 「密本摧邪」 條.

14 村山智順, 노성환 옮김, 『조선의 귀신』, 민음사, 1990, p.365.

15 村山智順, 노성환 옮김, 『조선의 귀신』, 민음사, 1990, p.365.

살부(諸煞符) 16종, ⑤ 소원성취부(所願成就符) 12종, ⑥ 만사대길부(萬事大吉符) 2종, ⑦ 화합부(和合符) 4종, ⑧ 우환부(憂患符) 4종, ⑨ 악귀불침부(惡鬼不侵符) 6종, ⑩ 멸죄부(滅罪符) 3종, ⑪ 제신수호부(諸神守護符) 4종, ⑫ 부귀부(富貴符) 4종, ⑬ 벽사부(辟邪符) 13종, ⑭ 왕생정토부(往生淨土符) 5종, ⑮ 구도성불부(求道成佛符)와 염불부(念佛符) 3종, ⑯ 해산부(解産符) 3종, ⑰ 동토부(動土符) 19종, ⑱ 진괴부(鎭怪符) 4종, ⑲ 기타잡부(其他雜符) 4종 등 총 19종의 용도에 따라 총 175종의 부적 도상과 함께 그 용례를 실어두었다.

그리고 부(符)의 제작 방법 및 관련 주문을 실었으며,『옥추보경』과『예적금강경』,『태을경』등 부적의 성전(聖典)을 들기도 하였다. 그런데 위 총 175종의 부적 속에는 불교 부적이 다수 섞여 있으며, 부적의 성전 중 '『예적금강경』과 불교 부적' 항목에는 24종의 부적이 실려 있는데, 이 24종은 전래의『진언집』에 실린 것으로, 조선 후기에 불교에서 주로 사용된 것이다.[16]

한편 1987년 김민기는『韓國의 符作 – 丹의 美術作法을 통해서 본 基層文化』란 책에서 당시 전하는 200여 종의 부적을 수집해 ① 쓰임에 따라 이를 '입체로 된 부작'과 '평면으로 된 부작'으로 분류했으며, ② 표현 형식에 따라 '글자부적', '그림부적'으로 분류하였다. 또한 ③ 종교적 요소에 따라 '선가(仙家) 무당의 부적'과 '도가류(道家類)의 부적', '불가류(佛家類)의 부적' 등으로 분류한 채 기복부, 벽사부, 호신부, 소원성취부, 도덕부 등으로 이를 재분류하기도 하였다.[17]

김영자는 2008년 간행된『한국의 벽사부적』과 2020년 간행된『한국의 부적 – 제액초복(除厄招福), 인간의 간절한 염원』에서 김민기의 연구를 바탕

16   한정섭,『신비의 부적 – 한국 부적신앙 연구』, 법륜사, 1975.

17   김민기,『韓國의 符作 – 丹의 美術作法을 통해서 본 基層文化』, 도서출판 보림사, 1987.

으로 부적의 기원과 변천, 부적의 제작과 전승 양상, 부적 기호와 문양의 상징성, 부적의 종류와 기능 등을 논하였다.[18]

이외에 이현종의 『남해 도서지방의 부적 연구』 등의 저서와[19] 몇몇 논문들이 간행되었으며,[20] 김수정은 현재까지의 부적 연구사를 간략히 정리하기도 하였다.[21]

기존 불교 부적의 연구

이렇듯 몇몇 연구서와 논문이 간행되었음에도, 근래에 이르기까지 불교에서 사용된 부(符)에 대해서는 연구가 미진한 상태였다. 물론 한정섭의 『신비의 부적 – 한국 부적신앙 연구』에는 벽온부(辟瘟符) 외 칠성부(七星符), 왕생정토부(往生淨土符), 조왕부(竈王符) 등과 함께 「예적금강경과 불교부적」 항목에는 『진언집』에 실린 24종의 부적이 실려 있기도 하다.[22] 또한 김민기의 『韓國의 符作』에는 「불가류(佛家類)의 부적」 항목이 실려 있으며, 김영자의 『한

|||||||||||

18 김영자, 『한국의 벽사부적』, 누리미디어, 2014; 김영자, 『한국의 부적 – 제액초복(除厄招福), 인간의 간절한 염원』, 대원사, 2020.

19 이현종, 『남해 도서지방의 부적 연구』, 여수문화원, 1987.

20 김종대, 「부적의 기능론 서설」, 『한국민속학』 20, 한국민속학회, 1987, pp.61–78; 李元求, 「韓國符籍信仰의 一考察」, 『동양종교학』 1, 원광대학교 동양종교학과, 1991; 윤철기, 「《성제총록(聖濟總錄)》에 나타난 부적에 대한 문헌적 고찰」, 『한방재활의학과학회지』 8(대한한의학회 한방재활의학과학회, 1998.

21 김수정, 「부적을 만나다: 조선불교에서의 안산(安産)부적」, 『미술사와 문화유산』, 명지대학교 문화유산연구소, 2022.2, pp.70–73.

22 한정섭, 『神秘의 符籍 – 韓國符籍信仰研究』, 法輪社, 1975, p.35, p.45, pp.54–56, pp.72–73, p.78, pp.96–101.

국의 부적』중「부적의 기원과 변천」항목에 밀교 부적과 불교 부적을 설명하고 있으나 이들 설명은 몇몇 사례에만 머무는 것일 뿐, 서술된 내용 가운데 많은 오류가 발견되기도 하였다.

서구에서의 불교 부적 연구

아이러니하게도 불교 부적에 대한 본격적 연구는 동양권이 아닌 서구에서 먼저 진행되었다.

　　버클리대학의 미셸 스트릭만(Michel Strickmann)은 2002년에 간행된 『Chinese Magical Medicine(중국 주술학)』이란 책에서 불교 경전에 실린 주법(呪法)과 부적을 최초로 소개한 바 있다. 즉 동진(東晉, 365~427) 때 구자국의 백시이밀다라(帛尸梨密多羅, -307~335)가 번역한 『불설관정칠만이천신왕호비구주경』의 7권에 해당하는 『천제석소문관정복마대신주경(天帝釋所問灌頂伏魔大神呪經)』에 실린 – 사악한 귀신들로 인한 병을 물리치기 위한 – 문두루법(文頭婁法)을 소개하였다.[23] 이어 대장경 가운데 『아타파구귀신대장상불다라니경』과 『불설상구리독녀다라니주경』, 『삼만불동근신비지인병법용종상존왕불법』, 『용수오명론』 등에 실린 부적 도상을 소개하고 있으며, 돈황 문서 가운데 『예적금강금백변법경』에 실린 부적을 예로 드는 가운데 이를 의학적 측면에서 고찰하였다.[24]

　　한편 하버드대학의 제임스 롭슨(James Robson)은 2008년「Signs of Power: Talismanic Writing in Chinese Buddhism(권능의 표식: 중국불교의 부

<hr>

23　Michel Strickmann, *Chinese Magical Medicine*, edited by Bernard Faure (Stanford: Stanford University Press, 2002), 133-193.

24　Michel Strickmann, *Chinese Magical Medicine*, edited by Bernard Faure (Stanford: Stanford University Press, 2002), 143-178.

적)」이란 논문에서 미셀 스트릭만(Michel Strickmann)의 연구를 언급하는 가운데 불교 경전 중『아타파구귀신대장상불다라니』,『불설상구리독녀다라니주경』,『용수오명론』에 실린 부적을 재검토하였다. 한편 경전 가운데『만수실리염만덕가만애비술여의법』과『불설북두칠성연명경』,『예적금강금백변법경』,『성환희천식법』에 실린 부적을 소개했으며, 돈황 문서 중 S.Ch.liv.0033에 실린 성수(星宿) 관련 부적을 소개하기도 하였다.[25] 이외에 제임스 롭슨(James Robson)은 돈황 사본에서 발견되는『불설칠천불신부경』과 도교 경전인『태상노군설장생익산묘경(太上老君說長生益算妙經)』에 실린 부적을 비교하는 가운데 불교 부적과 도교 부적의 상관관계를 언급하기도 하였다.[26]

또한 제임스 롭슨은 2011년「Tailsmans In Chinese Esoteric Buddhism (중국 밀교의 부적)」이란 논문에서『예적금강금백변법경』에 실린 부적 도상을 제시했으며,『아타파구귀신대장상불다라니』,『불설상구리독녀다라니주경』,『용수오명론』,『만수실리염만덕가만애비술여의법』과『불설북두칠성연명경』,『성환희천식법』,『불설칠천불신부경』등 불교 부적이 실린 경전과 함께, 돈황 사본 중 불교 부적이 실린 P.3835, P.3874, P.2153, P.2602 등의 문헌과 부주진언(符呪眞言)이 실린 P.4825를 소개하기도 하였다.[27]

한편 2011년, 시카고대학의 폴 캅(Paul Copp)은「Manuscript Culture as Ritual Culture in Late Medieval Dunhuang: Buddhist Talisman-Seals

25　James Robson, "Signs of Power: Talismanic Writing in Chinese Buddhism," *History of Religions* 48, no. 2 (2008): 143-157.

26　James Robson, "Signs of Power: Talismanic Writing in Chinese Buddhism," *History of Religions* 48, no. 2 (2008): 163-164.

27　James Robson, "Talismans in Chinese Esoteric Buddhism," in *Esoteric Buddhism and the Tantras in East Asia*, edited by Charles D.Orzech, Henrik H.Sørensen, and Richard K.Payne (Leiden and Boston: Brill, 2011), 225-229.

and their Manuals(중세 후기 돈황의 의례문화로서 사본 문화: 불교 符印과 그 용례)」란 논문에서 돈황 사본 중 불교 부적이 실린 P.2153의 내용을 구체적으로 분석했으며, 불교 부적에 대해 부인(符印, Talisman-Seals)이란 용어를 사용하기도 하였다.[28] 한편 폴 캅(Paul Copp)은 돈황 사본 P.2153과 P.2602, P.3835, P.3874 등에 대한 비교연구를 행하는 가운데 「여의륜왕마니발타별행법」과 관련해 부적 제작법과 사용법 및 효험과 그에 따른 신앙 의례를 설명하기도 하였다.[29]

이어 하버드대학의 유진 왕(Eugene Wang)은 2012년 간행된 『Tenth-Century China and Beyond(10세기 중국과 그 이후)』란 책에서 돈황 사본 중 스타인(Stein) 사본 S.2498에 실린 관세음단법(觀世音壇法) 만다라를 소개했으며,[30] 제임스 롭슨(James Robson)이 언급한, S.Ch.liv.0033에 실린 성수(星宿) 관련 부적에 대한 새로운 견해를 밝힌 바 있다.[31]

그리고 2017년 피어스 살게로(C. Pierce Salguero)가 편집한 『Buddhism and Medicine(불교와 의학)』에서 도미닉 스테아부(Dominic Steavu)는 「Apotropaic Substances as Medicine in Buddhist Healing Methods: Nagarjuna's

||||||||||||

28   Paul Copp, "Manuscript Culture as Ritual Culture in Late Medieval Dunhuang: Buddhist Talisman-Seals and Their Manuals," *Cahiers d'Extrême-Asie* 20, no. 1 (2011): 200-203.

29   Paul Copp, "Manuscript Culture as Ritual Culture in Late Medieval Dunhuang: Buddhist Talisman-Seals and Their Manuals," *Cahiers d'Extrême-Asie* 20, no. 1 (2011): 212-224.

30   Eugene Wang, "Ritual Practice without a Practitioner? Early Eleventh-century Dhāraṇī Prints in the Ruiguangsi Pagoda." in *Tenth-Century China and Beyond: Art and Visual Culture in a Multi-centered Age*, edited by Wu Hung (Chicago: Art Media Resources and Center for the Art of East Asia, University of Chicago, 2012), 184.

31   Eugene Wang, "Ritual Practice without a Practitioner? Early Eleventh-century Dhāraṇī Prints in the Ruiguangsi Pagoda." in *Tenth-Century China and Beyond: Art and Visual Culture in a Multi-centered Age*, edited by Wu Hung (Chicago: Art Media Resources and Center for the Art of East Asia, University of Chicago, 2012), 202.

Treatise on the Five Sciences(불교의 치유 방법으로서 액막이 요소: 용수오명론龍樹五明論)」이란 논문에서 『용수오명론』에 실린 부적의 치유 관련 내용을 소개하였다.[32]

또한 라이스대학의 수잔 황(Susan Huang)은 2017년 「Daoist Seals - Activation and Fashioning(도교 인장 - 활성화 및 제작)」이란 논문에서 돈황 사본 P.3874 중 「여의륜왕마니발타별행법인」 항목에 실린 대지진동인(大地震動印)과 돈황 사본 중 도교 부적인 P.3810의 육갑인(六甲印)을 비교하는 가운데 도교 부적과 불교 부적의 관련성을 입증하고자 하는 시도를 하였다.[33] 또한 2023년의 논문 「The Fodingxin Dharani Scripture and its Audience(불정심다라니경과 청중)」에서는 『불정심다라니경』에 실린 부적과 도교 부적과의 관계를 언급하기도 하였다.[34]

이외에 2022년 옌스 윌켄스(Jens Wilkens)는 「Practice and Rituals in Uyghur Buddhist Texts: A Preliminary Appraisal(위구르 불교 문헌에서의 풍습과 의식)」이란 논문에서 『불두칠성연명경』의 위구르어 번역본에 실린 부적을 소개하기도 하였다.[35]

---

32 C. Pierce Salguero ed, *Buddhism and Medicine: An Anthology of Premodern Sources*, New York: Columbia University Press, 2017, pp.441-451.

33 Shih-shan Susan Huang(黃士珊), "Daoist Seals: Activation and Fashioning," *Journal of Daoist Studies* 10 (2017) p.95.

34 Shih-shan Susan Huang(黃士珊), The Fodingxin Dharani Scripture and its Audience: Healing, Talisman Culture, and Women in Popular Buddhist Print Culture, 美術史研究集刊 第五十四期, 2023년(民國112年), pp.306-311.

35 Jens Wilkens, "Practice and Rituals in Uyghur Buddhist Texts: A Preliminary Appraisal", in *Buddhism in Central Asia II*, edited by Yukiyo Kasai, Henrik H. Sørensen (Leiden and Boston: Brill, 2023), 456.

일본과 중국에서의 불교 부적 연구

한편 2020년, 일본의 아라미 야수시[荒見泰史]는 돈황 사본 중 9종의 문헌에 부적과 관련된 내용이 실려 있음을 말했으며, 그중 3종 문헌의 세부 내용을 간략히 소개하기도 하였다.[36] 또한 전체 대장경 가운데 부적이 실린 다음 13종의 불전(佛典)을 제시하였다.[37]

① 『大正藏』No.974, 『加句靈驗佛頂尊勝陀羅尼記』

② 『大正藏』No.1042, 『觀自在菩薩大悲智印周遍法界利益鰻生薰眞如法』

③ 『大正藏』No.1219, 『曼殊室利焉曼德迦萬愛密術如意法』

④ 『大正藏』No.1229, 『穢跡金剛禁百變法經』

⑤ 『大正藏』No.1238, 『阿寏婆鬼神大將上佛陀羅尼經』

⑥ 『大正藏』No.1265, 『佛說常瞿利毒女陀羅尼呪經』

⑦ 『大正藏』No.1275, 『聖歡喜天式法』

⑧ 『大正藏』No.1289, 『佛說金毘羅童子威德經』

⑨ 『大正藏』No.1307, 『佛說北斗七星延命經』

⑩ 『大正藏』No.1309, 『七曜星辰別行法』

⑪ 『大正藏』No.1310, 『北斗七星護摩法』

⑫ 『大正藏』No.1420, 『龍樹五明論』

⑬ 『大正藏』圖像部三, 『別尊雜記』

---

36 荒見泰史, 「敦煌の民間信仰と佛教 道教 – 佛教文獻に見られる符印を中心として」, 『敦煌寫本研究年報』第十四號, 京都大學, 2020.03. pp.59-60. 돈황 사본 중 S.2438, S.2498, P.2153, S.2615, P.2558, P.2602, P.3047V, P.3835, P.3874 등 9종의 문헌을 소개했으며, P.2602와 P.2153, S.2498에 실린 세부 내용을 간략하는 한편, P.2602와 P.2153에 실린 몇몇 부적의 예를 들어 설명하기도 하였다(pp.63-65).

37 荒見泰史, 「敦煌の民間信仰と佛教 道教 – 佛教文獻に見られる符印を中心として」, pp.57-58.

그리고 2021년 중앙아시아 연구자 유끼요 카사이(Yukiyo Kasai)는 고창국(高昌國) 교하성(交河城)에서 수집한 위구르어 문서에 실린 부적을 연구하였으며, 「Talismans used by the Uyghur Buddhists and their relationship with the Chinese tradition(위구르 불교인들이 사용한 부적과 중국 전통과의 관계)」란 논문을 통해 위 문서에 실린 부적 중 일부가 불교 부적과 관련이 있음을 말하였다.[38]

한편 중국의 경우, 2003년에 리샤오롱[李小荣]에 의해 돈황 문서 중 불교 부적에 대한 부분적 연구가 진행되었다.[39] 그리고 2022년 중국의 민하오 자이(Minhao Zhai)는 프린스턴대학의 학위논문 「Buddhist Talismans and Manuscript Culture in Medieval China, ca. 500-1000" The Department of Religion(500~1000년경 중세 중국의 불교 부적과 사본 문화)」에서 현재까지의 연구 성과를 바탕으로 부적의 의미와 전래, 중국 중세시대의 부적 제작법 등을 돈황 사본에 근거해 설명했으며, 부적의 공능(功能) 등을 설명하였다.[40] 그럼에도 이 논문에서는 『아타파구귀신대장상불다라니경』, 『불정존승다라니경』, 『불설북두칠성연명경』, 『불설상구리독녀다라니주경』, 『예적금강금백변법경』, 『용수오명론』, 『불설칠천불신부경』, 『만수실리염만덕가만애비술여의법』 등의 경전과 돈황 사본 중 P.2602에 실린 「여의륜왕마니발타별행법인」 및 S.2498에 실린 「금강동자수심인」과 관세음단법(觀世音壇法) 만다라 등만을 다루고 있어, 전체 불교 부적의 내용을 파악함에는 부족함이 있었다.

————————

38　Yukiyo Kasai, *Talismans used by the Uyghur Buddhists and their relationship with the Chinese tradition*, Journal of the International Association of Buddhist Studies Volume 44, 2021.

39　李小荣, 『敦煌密教文献论稿』, 人民文学出版社, 2003.

40　Minhao Zhai, "*Buddhist Talismans and Manuscript Culture in Medieval China, ca. 500-1000*," Ph.D. dissertation. (The Department of Religion, Princeton University, 2022).

한국에서의 불교 부적 연구

한국의 경우, 1976년 한정섭은 「불교 부적신앙 소고 : 특히 밀교부(密敎符)를 중심하여」란 불교 부적에 대한 최초의 논문을 간행했으며,[41] 그 논문에서 『만수실리염만덕가만애비술여의법』, 『예적금강금백변법경』, 『아타파구귀신대장상불다라니경』, 『불설상구리독녀다라니주경』, 『성환희천식법』 등의 경전에 실린 부적을 개관한 바 있다.[42]

그리고 2018년 강대현·권기현은 『제진언집(諸眞言集)』과 『일용작법』 등 불교의식집을 바탕으로 조선 후기의 불교 부적 연구를 진행했으며, 그 결과 7종의 도교 부적을 포함한 24종의 부적이 조선 후기에 널리 통용되었음을 언급하였다.[43] 또한 성수신앙(星宿信仰)과 관련해 칠성부(七星符)와 함께 왕생정토부(往生淨土符) 및 중복방법부(重服防法符) 등의 용례를 설명하기도 하였다.[44] 김수정 역시 2022년의 논문에서 조선시대 이래의 치유 관련 부적을 언급하는 가운데 24종의 부적과 함께 왕생정토부(往生淨土符)를 언급하기도 하였다.[45] 또한 강대현은 「밀교 경전에 나타난 부인(符印)의 현황과 그 현실적 공능」이란 논문에서 『용수오명론』을 포함한 12종의 경전에 실린 불교

41 한정섭, 「불교 符籍信仰 小考 - 특히 密敎符를 중심하여」, 『한국불교학』 2, 한국불교학회, 1976.8.

42 한정섭, 「불교 符籍信仰 小考 - 특히 密敎符를 중심하여」, 『한국불교학』 2, 한국불교학회, 1976.8, pp.106-115.

43 강대현·권기현, 「불교의식집에 나타난 符籍과 그 역할」, 『동아시아불교문화』 35, 동아시아불교문화학회, 2018.9; 강대현, 「조선후기 불교의례·의식의 밀교적 양상 고찰-불교의례·의식집의 몇 가지 도상을 통하여-」, 『동아시아불교문화』 36, 동아시아불교문화학회, 2018.12, pp.497-529.

44 강대현·권기현, 「불교의식집에 나타난 符籍과 그 역할」, 『동아시아불교문화』 35, 동아시아불교문화학회, 2018.9, pp.435-447.

45 김수정, 「부적을 만나다: 조선불교에서의 안산(安産)부적」, 『미술사와 문화유산』 10, 명지대학교 문화유산연구소, 2022, pp.69-93.

부적의 내용과 도상을 소개한 바 있기도 하다.[46]

기존 연구의 미흡함과 새로운 연구

그럼에도 위 서구 및 중국과 일본, 그리고 한국에서 행해진 불교 부적의 기존 연구에는 미흡함이 존재한다.

기존 연구의 미비점

제임스 롭슨(James Robson)과 폴 캅(Paul Copp), 우훙(Wu Hung), 수잔 황(Susan Huang) 등 서구 연구자들의 논문과 저서의 경우, 돈황 사본과 대장경에 실린 전체 부적 중 일부만을 연구 대상으로 삼았음을 알 수 있다.

한편 일본의 아라미 야수시[荒見泰史] 역시 돈황 사본 중 9종의 문헌과 대장경에 실린 13종의 경전을 소개하고 있는데, 그가 든 9종 문헌 중 S.2615에는 「대부금방(大部禁方)」의 일부가, P.3047V에는 『예적금강금백변법경』의 내용 일부가 소개되었을 뿐, 부적 도상은 실려 있지 않다. 그리고 그의 논문에는 돈황 사본 중에서 불교 부적이 실려 있는 S.2708, S.Ch.liv.0033, P.2723, P.3022, Ch 3107, Ch7468(北官15) 등에 대한 언급이 누락되어 있기도 하다. 또한 그가 제시한, 대장경에 실린 13종의 문헌 중에는 부적과 관련이 없는 『칠요성진별행법(七曜星辰別行法)』과 『북두칠성호마법(北斗七星護摩法)』이 포함되어 있으며, No.2482 『전수집(傳受集)』과 No.2906 『삼만불동근신비지인병법용종상존왕불법(三萬佛同根神祕之印竝法龍種上尊王佛法)』이 누

||||||||||
46   강대현, 「밀교경전에 나타난 符印의 현황과 그 현실적 功能 ─ 대정장 '밀교부'를 중심으로」, 『동아시아불교문화』 42, 동아시아불교문화학회, 2020. pp.115-148.

락되어 있고, 도상부 가운데 『별존잡기(別尊雜記)』와 『제호본도상(醍醐本圖像)』, 『각선초(覺禪鈔)』, 「육자명왕(六字明王)」, 『백보구초』 등에 실린 부적에 대한 검토가 빠져 있음을 알 수 있다.

이렇듯 기존 연구의 경우 돈황 사본 내지 대장경 소재의 전체 부적을 개관하지 못했을 뿐 아니라, 불교 부적의 연원(淵源)을 설명하지 못했음을 알 수 있다.

또한 기존 한국의 불교 부적 연구에서도 미진한 점이 발견된다. 기존 연구에서는 고려시대에 통용된 불교 부적에 대한 연구가 전무하며, 조선시대의 불교 부적 연구 역시 조선 후기에만 치우쳐, 조선 전기와 조선 말, 근대에 사용된 부적의 현황과 변이를 간과하고 있는 것이다.

최근 불복장(佛腹藏) 연구의 추세와 맞물려, 불복장에서 출토된 다수의 다라니(陀羅尼)가 연구 주제로 주목받고 있다. 한편 불복장에서 출토된 다라니에 실린 다수의 부적 자료로 인해 고려와 조선시대에 간행된 부적의 실체가 드러나고 있다. 이에 필자는 이들 자료를 바탕으로 고려 및 조선시대와 근대에 사용된 불교 부적의 실체를 조명하고자 한다. 또한 서구 및 중국과 일본 등에서 진행되었던 돈황 사본에 실린 부적과 대장경에 실린 전체 부적을 대상으로, 그리고 한국 연구자들의 성과를 바탕으로 새로운 자료를 발굴한 채, 불교 부적에 대한 총체적 연구를 진행하고자 한다.

본 연구의 내용

이 책을 저술하기에 앞서 필자는 ① 「불교 부적의 연원과 전개 – 돈황 사본에 실린 불교 부적을 중심으로」[47]란 논문과 ② 「대장경 소재 부적의 내용과

47　문상련(정각), 「불교 부적의 연원과 전개 – 돈황 사본에 실린 불교 부적을 중심으로」, 『불교학보』 101, 동국대학교 불교문화연구원, 2023.3. pp.171-216.

의미 –《대정신수대장경》중 부적 수록 문헌을 중심으로」[48], 그리고 ③「불인 (佛印)과 탑인(塔印)의 한국 수용과 전개」[49] 등 3편의 논문을 저술한 바 있다. 또한 이화여대 김연미 교수의 도움을 받아 ④「고려 후기 불교 부인(符印)의 전개」[50]와 ⑤「조선시대 불교 부적의 연원과 전개 – 고려시대 전통의 계승과 변화」[51], ⑥「조선시대 불교 부적의 확산과 다양화」[52] 등 3편의 논문을 공저 로 출판한 바 있다. 이에 기존 발표한 논문의 일부 오류를 수정하고, 새롭게 발견된 자료를 추가해 다음의 목차에 따라 이 책을 저술하고자 한다.

[Ⅱ. 불교 부적(符籍)의 연원과 전개]에서는 불교 부적의 연원에 해당하 는『오명론(五明論)』의 의미와 중국 전래를 고찰하였으며, 현존하는『용수오 명론(龍樹五明論)』의 분석을 바탕으로『오명론』과『용수오명론』과의 관계를 설명하고자 한다. 한편 돈황에서 발견된 불교 사본 중에서 부적이 실린 12종 의 사본을 찾아냈는데, 이 사본에 실린 불교 부적 중 일부는 일실(逸失)된『오 명론』내지『용수오명론』과 관계가 있을 것임을 언급하고자 한다.

또한 돈황 문서 중에서 부적이 실린 12종의 사본을 분석할 것인데, 이를 통해 돈황 사본에 실린 불교 부적은「여의륜왕마니발타별행법인」과「금강 동자수심주」,『불설칠천불신부경』관련 부적 및『불설상구리독녀다라니주

---

48 문상련(정각),「대장경 소재 부적의 내용과 의미–《대정신수대장경》중 부적 수록 문헌을 중심으로」,『불교학보』103, 동국대학교 불교문화연구원, 2023.11. pp.243–284.

49 문상련(정각),「불인(佛印)과 탑인(塔印)의 한국 수용과 전개」,『동악미술사학』34, 동악미술사학회, 2023.12, pp.89–125.

50 문상련(정각)·김연미,「고려 후기 불교 부인(符印)의 전개」,『불교학보』96, 동국대 불교문화연구원, 2021.9.

51 문상련(정각)·김연미,「조선시대 불교 부적의 연원과 전개 – 고려시대 전통의 계승과 변화」,『한국불교학』106, (사)한국불교학회, 2023.5.

52 문상련(정각)·김연미,「조선시대 불교 부적의 확산과 다양화」,『동아시아불교문화』59, 동아시아불교문화학회, 2023.10, pp.241–288.

경』과 성수(星宿) 관련 부적이 포함되었음을 말하고자 한다. 또한 「여의륜왕마니발타별행법인」과 「금강동자수심주」는 『관세음보살부인』에 속한 것으로, 612년 담마급다(曇摩岌多)가 상림원(上林苑)에서 번역한 140개의 인법(印法) 중 '위덕마니륜법'에 해당하는 것임을 말하고자 한다. 그리고 돈황 사본 P.2153은 '위덕마니륜법의 약설(略說)'에 해당하는 것이며 S.2498과 P.2602는 '위덕마니륜법의 원본' 형태를 보여주는 것으로, 각각 내용 구성에 차이가 있음을 언급하고자 한다.

이외에 각종 돈황 사본에 실린 불교 부적의 공관표(共觀表)를 제시해 각 사본 간에 부적의 형태 및 내용의 변화를 설명하고자 한다. 그리고 돈황 사본뿐만 아니라 고창국(高昌國) 내지 서하(西夏), 오대(五代)와 북송(北宋)의 유물에서 발견되는 불교 부적을 소개할 것인데, 이는 좀 더 다양한 부적의 발견 가능성을 알려주는 한 예가 될 것이다.

[III. 대장경 소재 부적의 내용과 의미]에서는 《대정신수대장경》과 도상부(圖像部)에서 발견되는, 불교 부적이 실린 총 18종의 문헌을 대상으로 각 부적의 내용과 의미를 검토하고자 하며, 이 과정에서 『불설북두칠성연명경』에 실린 부적은 도교 부적과의 관련 속에 생성된 것임을 언급하고자 한다. 한편 《대정신수대장경》 안에는 '정장(正藏)'에 실린 90종의 부적과 '도상부' 및 '일본전래부'에 실린 40종의 부적을 합해 총 130종의 부적이 실려 있음을 파악한 채 이를 분석하고자 하는데, 이는 향후 세밀한 연구를 위한 바탕이 될 것이다.

[IV. 한국의 불교 부적] 중 〈1. 고려 후기 불교 부적의 전개〉에서는 고려시대에 간행된 부적을 정리하는 한편, 그 변화 과정을 분석하고자 한다. 한편 고려시대에 사용된 불교 부적은 돈황 사본에 실린 부적에 기인한 것임을 밝히고자 하며, 부적의 형태가 후대에 갈수록 양식화(樣式化, stylization)된 양상을 공관표(共觀表)를 통해 밝혀 보고자 한다. 그리고 〈2. 조선시대 불교 부적

의 연원과 전개〉에서는 조선 초기의 경우 고려시대에 통용된 부적이 주로 사용되었음과 함께, 이후 「진언집목」의 성립과 함께 다양한 부적이 사용된 예를 상술하고자 한다. 또한 이 과정 속에 도교 문헌인 『태상비법진택영부』에 실린 7종의 부적이 기존 불교 부적에 편입되어 24종의 부적을 이루었고, 이렇게 형성된 − 불교와 도교 부적이 혼용된 − 24종의 부적은 1569년 안심사 간행의 『제진언집』에 실린 이래 여러 차례 『진언집』의 중간을 통해 조선 후기에는 24종의 부적이 불교 부적의 주류가 되었음을 말하고자 한다.

그리고 〈3. 조선시대 불교 부적의 확산과 다양화〉에서는 조선 중후기에 이르러, 『진언집』에 실린 24종의 부적 외에 도교 경전인 『옥추경』의 부적과 도교 경전인 『태상노군설익산신부묘경』의 부적에서 유래한 『불설북두칠성연명경』의 부적 등 도교 부적의 유입으로 인해 불교 부적이 다양화되었던 과정을 설명하기로 한다. 또한 관음신앙 내지 정토신앙 등의 신앙과 불복장(佛腹藏) 및 기타 의식 가운데 당시 선호도에 따라 몇몇 부적이 결합해 사용되었음과 함께, 왕생정토부(往生淨土符)가 새롭게 추가된 예를 설명하고자 한다. 이외에 민간신앙에서 사용된 부적이 불교 부적으로 사용된 예 등 불교 부적이 다양한 형태와 용도로 확산된 예를 고찰할 것이며, 일제강점기 및 근현대에 이르러 불교 부적이 기형화된 형태로 변화된 모습을 진단하기로 한다.

[V. 불인과 탑인(塔印)의 한국 수용과 전개]에서는 고려와 조선시대의 간행 다라니에 불교 부적과 함께 실린, 불인(佛印)과 탑인(塔印) 등 다양한 인(印)의 수용과 전개를 서술하고자 한다. 먼저 경전에 근거해 인(印)과 불인(佛印)의 개념을 설명할 것이며, 이어 중국에서 형성된 불인과 부처의 내재성을 형상화한 종자(種字)가 불인화(佛印化)되는 양상을 서술하기로 한다.

또한 고려, 조선시대의 간행 다라니에 실린 3종 불인(佛印)과 1종의 탑인(塔印), 그리고 사리병인(舍利瓶印)이라 칭할 수 있는 인(印) 등 5종의 인이 형성되는 과정과 함께, 진언의 불인화(佛印化)를 통해 새로운 인(印)이 성립된 예를 언급하고자 한다. 이를 통해 고려와 조선 전기의 경우, '불정심인'과 '비로자나인' 등 2종의 불인이 주로 사용되었고, 조선 초에는 '탑인'이 추가된 3종의 인이 사용되었으며, 이후 15세기 후반 16세기 이래, 2종의 불인과 탑인 외에 '석가여래화압'과 『성관자재구수육자선정』에 실린 '옴 치림'과 '옴 부림', '옴 타림' 등 3종 불인이 추가로 생성되었음을 통해 진언이 종자화(種字化), 불인화(佛印化)된 예를 설명하고자 한다.

연구에 앞선 전제

한편 이 연구를 행함에 앞서 부적(符籍)을 칭하는 용어 사용에 전제를 두고자 하는데, 다수의 불전(佛典)과 돈황 사본, 그리고 전래의 자료에서 부적을 칭하는 용어가 다양하게 나타나고 있기 때문이다.

한 예로 부적과 관련된 초기 문헌이라 할 수 있는 『오명론(五明論)』과 관련해, 597년 비장방(費長房)이 편찬한 『역대삼보기』에 "『오명론』은 첫째 성론(聲論)과 둘째 의방론(醫方論), 셋째 공교론(工巧論), 넷째 주술론(呪術論), 다섯째 부인론(符印論)을 합한 1권으로, (북)주(周)나라 2년(558)에 번역되었다"[53]는 내용이 실려 있다. 이에 따르면 최초 '부적'을 뜻하는 용어로는 오명(五明) 중 하나로서 '부인(符印)'이란 용어가 사용되었음을 알 수 있다.

한편 불멸 후 100여 년경 아육왕(阿育王)의 청에 의해 계두말사(鷄頭末寺)의 비구 토로지(菟路知)가 설한 것으로, "오명론(五明論)은 용수보살, 마명보살이 지은 것이다"[54]라고 저자가 명시되어 있는 『용수오명론(龍樹五明論)』의 경우 권상(卷上)에 치병(治病)을 위한 '용수십이시신부(龍樹十二時身符)'라

||||||||||||

53 『歷代三寶紀』(『大正藏』49), p.100中.

54 『龍樹五明論』(『大正藏』21), p.967中, "流傳於世 龍樹菩薩 馬鳴菩薩 作五明論."

는 명칭과 함께 10종의 부적이 실려 있으며, 권하(卷下)의 '불정인(佛頂印)' 항목에는 3종의 부적이, '보살승공인(菩薩乘空印)' 항목에는 2종의 부적이, 「오명론비요은법」에는 여신인(如神印)과 금강권인(金剛捲印), 금강심인(金剛心印), 금강저인(金剛杵印), 불지인(佛地印) 등 5종의 인(印)과 이에 해당하는 9종의 부적이, 「오명론결(五明論決)」 항목에는 천제신부(天帝神符)와 태상육신왕부(太上六神王符) 등 2종의 치병(治病)을 위한 부적이 실려 있다. 이에 의하면 『용수오명론』의 경우 부적을 칭하는 용어로 〈부(符)〉와 〈인(印)〉이 혼용되어 있음을 알 수 있다.

그리고 돈황 사본에 쓰인 부적 명칭의 경우, 가장 풍부한 내용과 함께 가장 많은 부적이 실린 펠리오 사본 P.2153을 기준으로 이를 파악해 보기로 한다. P.2153의 경우 전체 내용을 구성하는 두 축 중 하나인 「여의륜왕마니발타별행법인」 항목에 17종의 부적과 명칭이 소개되어 있으며, 「금강동자수심인(金剛童子隨心印)」 항목에 17종의 부적이 실려 있다. 그런데 「여의륜왕마니발타별행법인」 항목에 실린 17종의 부적은 '전단마니지인(栴檀摩尼之印)과 같이 모든 부적에 〈인(印)〉이란 명칭을 사용하고 있다. 그리고 「금강동자수심인(金剛童子隨心印)」 항목에 실린 17종의 부적 중에는 신부(神符), 2부(二符)와 같이 2종의 부적에 〈부(符)〉가 사용되었으며, 금강동자수심인(金剛童子隨心印), 옥녀봉불인(玉女奉仏印), 관세음보살인(觀世音菩薩印) 등 3종의 부적에 〈인(印)〉이 쓰이고 있어, 돈황 사본의 경우 『용수오명론』에서와 마찬가지로 부적을 칭하는 용어로 〈부(符)〉와 〈인(印)〉이 혼용되어 있음을 알 수 있다. 이와 관련해 폴 캅(Paul Copp)의 경우 사각형 테두리 안에 새겨진 것을 〈인(印)〉이라 하며, 사각형 테두리가 없는 것을 〈부(符)〉라 칭한다 하고 있으나,[55]

55 Paul Copp, Manuscript Culture as Ritual Culture in Late Medieval Dunhuang: Buddhist Talisman-Seals and their Manuals, Cahiers d'Extrême-Asie 20, no.1, 2011, 196.

돈황 사본의 경우 이와는 관계없이 두 용어가 혼용되고 있음을 볼 수 있다.

한편 한국의 경우, 고려 후기부터 조선 후기에까지 사용된 대다수 부적은 돈황 사본에 실린 것을 거의 그대로 수용했음을 알 수 있다. 그런데 그 가운데 부적 명칭이 기록된 유간기(有刊記) 자료로서 1287년 승재색(僧齋色)에서 간행된「차인출불공역대화수경(此印出不空譯大華手經)」을 들 수 있는데, 여기 실린 14종의 부적은 모두 제불공양인(諸佛供養印)과 같이 〈인(印)〉이란 용어를 사용했음을 볼 수 있다. 또한 1306년 간행된『범서총지집』에 실린 7종 부적의 경우 정토인(淨土印)과 같이 4종의 부적에 〈인(印)〉이란 용어가 사용되었으며, 염제귀부(厭諸鬼符) 등 3종의 부적에는 〈부(符)〉란 용어가 사용되어, 부적을 칭하는 용어로서 〈부(符)〉와 〈인(印)〉이 혼용되어 있음을 알 수 있다. 그리고 조선시대의 경우 역시 〈부(符)〉와 〈인(印)〉이 혼용되고 있는데, 조선말 내지 근대에 이를수록 부적을 뜻하는 말로 〈인(印)〉 대신 〈부(符)〉가 좀 더 빈번히 사용되었음을 알 수 있다.

이외에 이숭인(李崇仁, 1347~1392)의 문집『도은집(陶隱集)』에 "하물며 저 잡된 부주(符呪)는 괴이하여 말할 수도 없는 것이니…"[56]라거나『연산군일기』에 "대궐 담장을 쌓을 적에는 경사(經師)를 시켜 복숭아 가지와 주부(呪符)로 예방케 하라"[57]와 같이 부적을 뜻하는 말로 〈부주(符呪)〉 내지 〈주부(呪符)〉란 용어가 사용되기도 하였다.

이렇듯 부적을 칭하는 용어로서 〈부인(符印)〉, 〈부(符)〉와 〈인(印)〉, 그리고 민간에서는 〈부주(符呪)〉 내지 〈주부(呪符)〉란 용어가 사용되었음에도, 현재는 부적(符籍)이란 용어가 확산되어 하나의 관념을 형성한 상태이다. 이에

||||||||||

56　『陶隱集』第一卷, 詩, 秋夜感懷 其三 條. "況乃雜符呪 神怪不容說…"

57　『연산군일기』, 연산9년(1503) 8월 10일 條. "大內築墻處 令經師 將桃枝呪符禳之."

필자는 이후 내용을 기술하는 가운데 부적(符籍)이란 용어를 주로 사용할 것이며, 문헌 및 자료를 인용함에 있어서는 문헌 자료에 쓰인 용어를 그대로 사용하기로 한다.

향후의 과제

앞서 『불설칠천불신부경』에 실린 부적이 도교 경전인 『태상노군설장생익산묘경』의 부적으로부터 유래했다는 제임스 롭슨(James Robson)의 연구 이래, 수잔 황(Susan Huang)은 『불정심다라니경』에 실린 부적과 도교 부적과의 관계를 논하기도 하였다.[58] 또한 유끼요 카사이(Yukiyo Kasai)는 고창국(高昌國) 교하성(交河城, Yarkhoto)에서 수집한 문서 가운데 도교 부적과 불교 부적이 혼용되어 있음을 말하기도 하였다.[59]

또한 한국의 경우, 강대현·권기현은 불교 의식집인 『제진언집(諸眞言集)』에 실려 있는 부적의 일부가 『태상비법진택영부(太上秘法鎭宅靈符)』의 도교 부적으로부터 차용된 것임을 밝혔으며,[60] 문상련(정각)·김연미는 1560년 중애사 간행의 『제반문(諸般文)』에 실린 삼태육성(三台六星)의 부적이 도교 경전인 『태상현령북두본명연생진경주(太上玄靈北斗本命延生真經註)』로부터 유리한 것임을 말하기도 하였다.[61]

――――――――

58 Shih-shan Susan Huang(黃士珊), "The Fodingxin Dharani Scripture and its Audience: Healing, Talisman Culture, and Women in Popular Buddhist Print Culture," 美術史研究集刊 54 (2023): 306.

59 Yukiyo Kasai, "Talismans Used by the Uyghur Buddhists and Their Relationship with the Chinese Tradition," *Journal of the International Association of Buddhist Studies* 44 (2021), 549.

60 강대현·권기현, 「불교의식집에 나타난 부적(符籍)과 그 역할」, 『동아시아불교문화』 35, 동아시아불교문화학회, 2018.9, pp.454-455

61 문상련(정각)·김연미, 「조선시대 불교 부적의 확산과 다양화」, 『동아시아불교문화』 59, 동아시아

이렇듯 불교 부적의 상당수가 도교와 관련된 것은 중국의 불교 전래기로부터 시작된 도불습합(道佛習合)의 원리와 관련이 있을 것이다. 또한 조선시대의 경우 도교『옥추경(玉樞經)』의 부적과 민간신앙의 부적이 불교 부적에 편입되기도 했는데, 이는 도교뿐만 아니라 민간신앙의 부적 역시 불교 부적의 영역 안에서 재검토할 필요를 갖게끔 한다.

한편 당나라 무철(武徹)이 지은 『가구영험존승다라니기(加句靈驗尊勝陀羅尼記)』에 "이 다라니본(陀羅尼本)은 중천축 삼장(三藏) 선무외(善無畏, 637~735)가 가지고 와 이 땅에 전한 것이다 …(중략)… (이에) 본(本)을 갖추어 역출(譯出)해 유행(流行)케 하는 것이다"[62]라는 내용과 함께 인도에서 전래된 것으로 추정되는 – 불교 부적의 원형을 보여주는 – 도상이 실려 있다. 이러한 점은 대장경 내지 돈황 사본에 실린 부적 가운데 인도에서 전래된 불교 부적의 원형 그대로의 것이 존재하며, 또한 도교와의 관계 속에 일부 변형된 모습을 한 예가 존재하고 있음을 말해준다. 이에 현전하는 불교 부적 속에서 인도 전래의 원형을 찾아내는 작업과 함께 그 변이 과정을 도출해야 함 또한 추후 연구 과제로 남는다.

이는 '상형부(象形符)에서 문자부(文字符)로의 전이(轉移)'라는 연구를 통해 가능할 것으로 생각한다. 즉 인도에서 전래된 원형의 부적은 상형(象形)의 형태였을 것으로, 그 상형에 의미를 부여하는 가운데 문자가 사용되었으며, 그것이 문자부(文字符)의 형태로 변해갔으리라 하는 것이다. 물론 이를 밝히기 위해서는 인도 내지 서역에서 사용된 초기 불교 부적의 원형을 찾아내는 작업 또한 진행되어야 할 것으로 생각한다.

―――――――

불교문화학회, 2023.10, pp.253-254.

62   『加句靈驗佛頂尊勝陀羅尼記』(大正藏 19), p.388中.

그리고 현재 전하는 불교 부적 중에는 문자부(文字符) 형태를 한 예가 상당수 전하고 있어, 문자부(文字符)에 실린 각 문자의 상징성을 찾아내는 것 또한 추후 연구 과제가 될 것이다.

한편 필자는 앞서 유끼요 카사이(Yukiyo Kasai)에 의해 고창국(高昌國) 교하성(交河城)에서 수집된 위구르어 문서에 불교 부적이 실려 있음을 말한 바 있다. 또한 옌스 윌켄스(Jens Wilkens)는 『불두칠성연명경』의 위구르어 번역본에 실린 부적을 소개하기도 하였다. 이런 기존의 연구 성과는, 향후 부적 연구를 진행함에 있어 중국뿐만이 아닌 서역의 불교 자료에 관심을 가져야 함을 알려준다. 이외에 서하(西夏, 1032~1227)에서 간행된 경전에서도 불교 부적이 실려 있으며, 오대(五代)의 유물과 북송(北宋)의 경전에서도 불교 부적이 발견된 사례를 통해 볼 때, 서역뿐만이 아닌 고대 중국의 영향권에 속한 주변국에까지 그 영역을 확대한 채 관련 연구를 진행해야 할 것으로 생각한다.

II

불교 부적(符籍)의 연원과 전개

돈황 사본에 실린 불교 부적을 중심으로

불교 부적은 인도에서『오명론(五明論)』의 학습 전통과 맞물려 성립, 확산
된 것으로 보인다.『대당서역기』「인도총설」에 "(아이들을) 가르치고 학문으
로 나아가게 할 때 …(중략)… 7살이 지나면 점차 오명대론(五明大論, pañca
vidyāsthānāni)을 가르친다"[63]는 내용이 실려 있다. 여기서 '오명대론'은『오명
론』을 말하는 것으로,『번역명의집』에 의하면 오명(五明)이란 성명(聲明)과
공교명(工巧明), 의방명(醫方明), 인명(因明), 내명(內明) 등 5종의 명(明)을 말하
고 있다. 한편 이 가운데 다섯 번째 '내명(內明)'을 부인(符印, 符印明)과 폐타(吠
陀, Veda, 韋陀)로 대체한 것을 외오명(外五明)이라 칭하기도 한다.[64]

이러한 인도의 전통과 관련해 부처님 역시 출가 이전에 '부인(명)'을 포
함한「오명론」을 습득하였을 것으로,『대방광불화엄경소』에 실린 "부처님께
서 장부에게 정히 내삼장(內三藏)과 외오명(外五明)을 가르치신다"[65]는 내용
으로 보아 불교의 가르침 가운데 부인(符印, 符印明), 즉 부적과 관련된 전통이
포함되었으리라 추정할 수 있다.

한편, 오명과 관련된 경전이 중국에서 번역되기도 하였다.『개원석교록
(開元釋教錄)』에 의하면 서진(西晉, 265~317)시대 청신사 섭도진(聶道眞)이『보

‖‖‖‖‖‖‖‖‖‖

63 『大唐西域記』(『大正藏』51), p.876下.

64 『翻譯名義集』(『大正藏』54), p.1144下.

65 『大方廣佛華嚴經疏』(『大正藏』35), p.716中.

살구오명법경(菩薩求五明法經)』을 번역했으며,[66] 597년 비장방(費長房)이 편찬한『역대삼보기』에는『오명론』과 관련해 "『오명론』은 첫째 성론(聲論)과 둘째 의방론(醫方論), 셋째 공교론(工巧論), 넷째 주술론(呪術論), 다섯째 부인론(符印論)을 합한 1권으로, (북)주(周)나라 2년(558)에 번역되었다"[67]는 내용이 실려 있다.

현재 이『오명론』은 전해지지 않는다. 그런데 800년에 편찬된『정원신정석교목록』중 금강지(金剛智)와 관련된 서술 가운데, "사문 발일라보리(跋日羅菩提) - 당나라 말로 금강지(金剛智)는 …(중략)… 용수보살의 제자 용지(龍智) 스님으로부터 …(중략)… 여러 대승경전과 아울러『오명론』을 배워 전수받았다"[68]는 내용이 실려 있으며, 이와 관련해《대정신수대장경》안에는『용수오명론(龍樹五明論)』이 실려 있다.

『용수오명론』은 불멸 후 100여 년경 아육왕(阿育王)의 청에 의해 계두말사(鷄頭末寺)의 비구 토로지(菟路知)가 설한 것으로, 이 책 후반부에 "오명론은 용수보살, 마명보살이 지은 것이다"[69]라고 저자가 명시되어 있다. 이에『용수오명론』은『오명론』의 또 다른 명칭이며, 이 책 안에 실린 다수의 부적 및 관련 내용은 중국에서 3세기에 번역된『보살구오명법경』이거나 558년에 번역된『오명론』과 상당 부분 관련이 있을 것으로 생각된다. 그럼에도 현존『용수오명론』은 상당 부분이 누락된 상태로 전해진다.

한편, 돈황(敦煌)에서 발견된 불교 사본 중 12종에 불교 부적이 실려 있다. 이 가운데 펠리오(Pelliot) 사본 P.2153 중「여의륜왕마니발타별행법인(如

66   『開元釋教錄/附入藏目錄』(『大正藏』55), p.633下.

67   『歷代三寶紀』(『大正藏』49), p.100中.

68   『貞元新定釋教目錄』(『大正藏』55), p.875上.

69   『龍樹五明論』(『大正藏』21), p.967中. "流傳於世 龍樹菩薩 馬鳴菩薩 作五明論."

意輪王摩尼拔陀別行法印」항목에는 "「대악도신인(大惡都身印)」이하의 인(印)'에 대해, 612년(大業 8) 삼장 담마급다(曇摩岌多)가 봉양(降陽, 현재 洛陽) 상림원(上林菀)에서 인법(印法)을 번역한 것이다. 140종의 부적[道]이 갖추어 있었으나, 모두 금하여 행해지지 않았다. 위덕마니륜법(威德摩尼輪法)을 간략히 설하면 (아래) 기록과 같다"[70]는 내용이 실려 있다. 즉 「대악도신인」이하의 인(印)'은 612년에 삼장 담마급다가 번역한 인법(印法)으로, 140종의 부적이 실려 있었으나 금령으로 행해지지 않았다는 것이다. 그럼에도 위 기록은 그 인법(印法) 중에서 '위덕마니륜법'을 구해 '간략히 설하였음(略說)'을 말하고 있다. 이에 돈황 사본에 전하는 부적들은 위 140종의 부적[道] 중 일부에 해당할 것이나, 이를 통해 불교 부적의 원류를 상당 부분 추정할 수 있게 된다.

한편 대장경(大藏經) 가운데 835년(長慶 15) 당나라 무철(武徹)이 지은 『가구영험존승다라니기(加句靈驗尊勝陀羅尼記)』에는 인도에서 전래된 부적의 원형을 보여주는 도상이 실려 있음을 볼 수 있다. 이 책은 말미에  「불정존승다라니(佛頂尊勝陀羅尼) 가자구족본(加字具足本)」이 추가된 것으로, 그 내용 가운데 "이 다라니본(陀羅尼本)은 중천축 삼장(三藏) 선무외(善無畏, 637~735)가 가지고 와 이 땅에 전한 것이다 …(중략)… (이에) 본(本)을 갖추어 역출(譯出)해 유행(流行)케 하는 것이다"[71]라는 내용이 실려 있다. 한편 이와 함께 부적 도상이 실려 있는데, 위 내용을 근거해 본다면 이 부적은 선무외(善無畏)가 전래한 부적 도상 그대로를 싣고 있음을 알 수 있다.

||||||||||

70　P.2153, 4면. "大惡都身印以下(印). 大業八年 十二月八日 三藏 曇摩岌多 於 降陽上林菀 譯 印法 具有一白卅道 並禁不行 略說 威德摩尼輪法 如記."

71　『加句靈驗佛頂尊勝陀羅尼記』(大正藏』19), p.388中.

또한 돈황 사본 외에도 위구르어 문서 및 서하(西夏)의 경전과 기타 유물
에 불교 부적이 실려 있는데, 이들 자료는 불교 부적의 연원과 전개를 파악
할 수 있는 자료가 된다고 할 수 있다.

1. 『오명론』과 『용수오명론』

불교 부적의 연원을 설명하기 위해서는 불전(佛典) 속에서 「오명론(五明論)」의 의미와 「오명론」의 중국 전래에 대해 먼저 살펴보아야 할 것이다. 현장(玄奘)의 저술 『대당서역기』「인도총설」에는 "(아이들을) 가르치고 학문으로 나아가게 할 때 …(중략)… 7살이 지나면 점차 오명대론(五明大論, pañca vidyāsthānāni)을 가르치며 …(중략)… 바라문은 4폐다론(吠陀論, Veda)을 배우게 한다"[72]는 내용이 실려 있다. 여기서 오명대론이란 『오명론』을 말하는 것으로, 『번역명의집』에는 오명에 대한 다음 설명을 싣고 있다.

"대론(大論)에 이르되, 오명(五明)이란 첫째 성명(聲明)으로, 훈자(訓字)를 풀어 주석하고 종류를 나눠 설명하는 것이다. 둘째는 공고명(工巧明)으로, 도구에 대한 기술과 음양(陰陽), 역수(曆數) 등을 말한다. 셋째 의방명(醫方明)은 사악함을 막는 주(呪)와, 약(藥石)과 침(針), 쑥(艾)을 사용함을 말한다. 넷째는 인명(因明)으로 정사(正邪)를 고찰해 정하며 진위를 밝히는 것으로, 외도들은 논(論)이라 한다. 다섯째는 내명(內明)으로, 오승(五乘)의 인과와 묘한 이치를 궁구해 펼침을 말한다.

대반야(大般若)에 이르되, 오시보살(五地菩薩)이 깨닫게 되는 오명은 내오명(內

||||||||||
72   『大唐西域記』(『大正藏』51), p.876下.

五明)이라 하였다. 외오명(外五明)에서 네 가지 명(明)은 앞과 동일하며, 다섯 번째는 부인(符印, 符印明)과, 페타(吠陀, Veda)라 칭하는 위타(韋陀)이다."[73]

위 『번역명의집』에 의하면 오명이란 오지(五地)보살의 깨달음과 관련된 것으로 인식되었으며, 「오명론」에는 부인명(符印明), 즉 부적 관련 내용이 포함되었음을 알 수 있다. 이에 부처님께서도 출가 이전에 부인명을 포함한 「오명론」을 습득하였을 것으로, 『비바사론』 가운데 "부처님 세존께서는 내연기(內緣起)도 아시고 외(外)연기도 역시 아셨기에, 세존께서는 팔을 한번 굽혔다 펴는 사이에 설산(雪山)에 이르러 약을 가지고 오셔 상처 부위에 붙여 주셨다"[74]는 내용이 실려 있다. 여기서 내연기란 내오명을, 외연기는 외오명을 말하는 것으로 추정되며, 『비바사론』의 내용은 오명 중 주술 내지 부인(부적)을 활용한 신통으로 부처님께서 순식간에 설산에 이르렀음을 말하고 있다.

591년 수(隋)나라 때 사나굴다(闍那崛多)가 번역한 『불본행집경』 「부루나출가품」에는 부처님 제자 부루나(富樓那)가 「오명론」을 학습한 다음 내용이 기록되어 있다.

"능히 모든 위타론(韋陀論, veda)을 외워 통달해 스스로 이해했으며, 능히 남을 가르칠 수 있었다. 3종 위타의 옛 해석인 니건타론(尼乾陀論), 기주파론(祁翰婆論), 해파자론(解破字論) 등을 잘 이해하였고, 또 지난 옛날의 모든 일과 오명론도 자세히 설할 수 있었다."[75]

""""""""""

73 『翻譯名義集』(『大正藏』54), p.1144下.

74 『鞞婆沙論』(『大正藏』28), p.498下.

75 『佛本行集經』(『大正藏』3), p.824上.

또한 『불본행집경』 「대가섭인연품」에는 마하가섭이 출가하기 이전 필발라야나(畢鉢羅耶那) 동자 때의 일을 설명하는 가운데 "3 위타(베다)에 환히 통달하였고, 또 『일사십명론(一事十名論)』, 『니건론(尼乾論)』, 『주서론(輈書論)』, 『왕사론(往事論)』, 『오명론』 등은 한 구절이나 반 구절 심지어 하나의 게송이나 반 게송에 이르기까지 환히 분별하고 있었다"[76]고 기록하고 있다. 불교 승단에는 이들 외에도 『오명론』을 습득한 다수의 제자가 있었을 것이다.

한편 『대승장엄경론』에 "오명을 부지런히 익히지 않으면 일체종지를 얻을 수 없다"[77]는 내용이 실려 있으며, 징관(澄觀)이 편찬한 『대방광불화엄경소』에 "부처님께서 장부에게 정히 내삼장(內三藏)과 외오명(外五明)을 가르치신다"[78]는 내용이 실려 있기도 하다. 여기서 '내오명'은 '내삼장', 즉 경·율·론 삼장을 말한 것이며, 외오명은 성명과 공교명, 의방명, 인명, 부인명(符印明)을 말하는 것으로, 부처님 가르침 안에 이 모두가 포함되었다는 것으로 이해된다.

1) 인도 『오명론』의 중국 전래

중국에 불교를 전래했던 스님들도 『오명론』을 학습했음을 알 수 있다. 664~665년 정매(靖邁)가 편찬한 『고금역경도기』에는 경전을 한역한 다수의 역경사가 실려 있는데, 그들이 『오명론』에 통달했음을 전하는 기록들이 남겨 있다.

|||||||||||

76 『佛本行集經』(『大正藏』3), p.863下.

77 『大乘莊嚴經論』(『大正藏』31), p.616上. "若不勤習五明 不得一切種智故."

78 『大方廣佛華嚴經疏』(『大正藏』35), p.716中.

"사문 담가가라(曇柯迦羅, 중국말로 法時)는 인도 사람이다 …(중략)… 사위타(四圍陁)와 오명론을 잘 알았고, 도참(圖讖)과 운수의 변화 등에 대해서도 해박했다 …(중략)… 출가하여, 대소승의 경전과 모든 비니(毘尼, 戒律)를 외웠다. 문제(文帝) 황초 3년(222) 세차 임인(壬寅)에 허창[許]과 낙양을 돌아다니며 교화하다 …(중략)… 제(齊) 왕방(王芳) 가평(嘉平) 2년(250) 세차 경오(庚午)에 낙양에서 범승(梵僧)들을 모아 갈마수계(羯磨受戒)하고, 아울러 『승기계본(僧祇戒本)』 1권을 번역하였으니, 이것이 북방 계율의 시작이다."[79]

"사문 구마라지바(鳩摩羅什婆, 중국말로 童壽)는 …(중략)… 7세 때 출가하여 하루에 천 개의 게송을 외웠고 …(중략)… 오명론과 사위타전(四韋陁典)과 음양(陰陽)에 대한 서적과 성산(星算, 天文曆數) 등을 학습하여 그 미묘한 이치를 모두 다 규명했다 …(중략)… 요진(姚秦) 홍시(弘始) 4년(402) 세차 신축(辛丑)부터 번역을 시작하여 …(중략)… 번역한 경전은 모두 98부경(部經) 421권이다."[80]

이외에 『고금역경도기』에는 403년 이래 4부 69권의 경전을 번역한 불타야사(佛陁耶舍)[81]와 414년 이래 23부 148권을 번역한 담마참(曇摩懺, 曇無讖),[82] 435년 이래 78부 161권을 번역한 구나발타라(求那跋陁羅)[83] 등과 함께 『오명론』에 통달한 8명의 역경사가 실려 있기도 하다.

한편 원조(圓照)가 800년에 편찬한 『정원신정석교목록』에는 40권 화엄

||||||||||||

79   『古今譯經圖紀』(『大正藏』55), p.351上.
80   『古今譯經圖紀』(『大正藏』55), p.358下.
81   『古今譯經圖紀』(『大正藏』55), p.359下.
82   『古今譯經圖紀』(『大正藏』55), p.360中.
83   『古今譯經圖紀』(『大正藏』55), p.362下.

경을 번역한 계빈국 삼장 반야(般若)에 대해 "속성은 교답마(喬荅摩)인데 …
(중략)… 스무 살 때 구족계를 받고, 일체유부(一切有部)의 율을 익히고『구사
론』과 『비바사론』을 익혔다. 다음에는 중천축국에 유람하여 『오명론』과 대
승의 가르침을 배우면서 나란타사에 주석하였다"[84]는 내용이 기록되어 있
다. 이외에 『정원신정석교목록』에 "현장(玄奘)은 5인도를 두루 돌아다니며
스승과 명장(明匠)을 두루 찾았다. 오명과 4아함(四阿含)의 전(典)과 삼장(三
藏)의 12전(筌)과, 칠례(七例) 팔전(八轉)의 음(音), 삼성(三聲)과 육성(六聲)의
구(句)에 이르기까지…"[85]라 하여 현장 역시 구법 여행 중 인도에서 오명을
배웠음을 전하고 있다.

    오명과 관련된 경전이 중국에서 번역되기도 하였다. 『개원석교록(開元
釋教錄)』에 의하면 서진(西晋, 265~317)시대에 청신사 섭도진(聶道眞)이 『보살
구오명법경(菩薩求五明法經)』을 번역했으며,[86] 『고금역경도기(古今譯經圖記)』
에 의하면 558년 양나발타라(攘那跋陀羅)는 사나야사(闍那耶舍)와 함께 『오명
론』을 번역하기도 하였다.[87]

    한편 수나라 597년 비장방(費長房)이 편찬한 『역대삼보기』에는 『오명
론』과 관련된 다음 기록이 실려 있다.

    "『오명론』은 첫째 성론(聲論)과, 둘째 의방론(醫方論), 셋째 공교론(工巧論), 넷째
    주술론(呪術論), 다섯째 부인론(符印論)을 합한 1권으로, (북)주(周)나라 2년(558)

---

84   『貞元新定釋教目錄』(『大正藏』 55), p.894下.

85   『貞元新定釋教目錄』(『大正藏』 55), p.858上.

86   『開元釋教錄/附入藏目錄』(『大正藏』 55), p.633下.

87   『古今譯經圖記』(『大正藏』 55), p.365下. "沙門 攘那跋陀羅 此云智賢, 波頭摩國人. 善達三藏,
    以周明帝戊寅歲 於長安城婆伽寺 共闍那耶舍 譯五明論 一卷."

에 번역되었다. 이 1권은 명제(明帝) 때 파두마국(波頭摩國)의 삼장율사 양나발
타라(周나라 말로 智賢)가 사나야사(闍那耶舍)와 함께 장안의 구성(舊城) 바가사(婆
伽寺)에서 번역하였다. 야사굴다(耶舍堀多)와 사나굴다(闍那堀多) 등이 말을 옮
겨 전하고, 사문 지선(智僊)이 받아 적었다."[88]

위 내용은 664년 도선(道宣)이 편찬한 『대당내전록』과, 664년~665년
정매(靖邁)의 『고금역경도기』, 668년 도세(道世)의 『법원주림』, 695년 명전
(明佺)의 『대주간정중경목록』에도 동일하게 실려 있다. 이에 558년 번역된
이후 『오명론』은 100여 년간 중국에서 학습되었을 것이다. 그런데 730년 당
(唐)의 지승(智昇)이 편찬한 『개원석교록』에는 "『오명론』 1권은 …(중략)… 1
부 1권이며 궐본(闕本)이다"[89]라고 기록되어 있다. 이에 『오명론』은 8세기 초
반에 일실(逸失)되었음을 알 수 있다.

2) 『용수오명론』과 부적의 실체

그렇다면 양나발타라가 번역한 『오명론』에는 어떤 내용이 담겼을까? 이를
살펴보기 위해 800년에 편찬된 『정원신정석교목록』 중 금강지(金剛智)와 관
련한 다음 기사를 살펴볼 필요가 있다.

"사문 발일라보리(跋日羅菩提, 당나라 말로 金剛智)는 남인도 마뢰야국(摩賴耶國)

||||||||||
88   『歷代三寶紀』(『大正藏』49), p.100中.

89   『開元釋教錄, 附入藏目錄』(『大正藏』55), p.544下. "五明論 合一卷 …(중략)… 右一部一卷本
      闕."

사람이다 …(중략)… 열 살 때 나란타사에 출가하여 적정지(寂靜智) 스님에게 의지해『성명론(聲明論)』을 배웠으며 …(중략)… 31세 때 남천축국으로 용수보살의 제자 용지(龍智) 스님을 찾아갔다. 용지 스님은 나이가 7백 세로 지금도 현존하고 있다. 그곳에서 7년을 보내면서 일을 맡아 보고 공양드리면서『금강정유가경』및『비로자나총다라니법문』등 여러 대승경전과 아울러『오명론』을 배워 전수받았다."[90]

위 내용 중 금강지가 용수(龍樹)의 제자 용지(龍智)에게『오명론』을 전수받았다는 기록은 용수 역시『오명론』에 통달했음을 추정케 한다. 이를 증명이라도 하듯《대정신수대장경》안에는『용수오명론(龍樹五明論)』이 실려 있다. 이 책은 일본 이시야마데라[石山寺]에 소장된 헤이안[平安, 794~1185]시대의 사본(寫本)을 저본(底本) 삼은 것으로,[91] 이 책은 양나발타라가 번역한 - 지금은 일실된 -『오명론』과 관련 있는 것으로 추정된다.

『용수오명론』은 불멸 후 100여 년경 가난과 굶주림, 추위에 힘들어하는 백성들을 구제하기 위한 아육왕(阿育王)의 청에 의해 계두말사(鷄頭末寺)의 비구 토로지(菟路知)가 설한 것으로, 이 책 후반부「오명론결(五明論決)」항목에 "오명론은 용수보살, 마명보살이 지은 것이다"[92]라고 저자가 명시되어 있다.

그 내용을 간략히 언급하면,[93] 권상(卷上)의「용수보살비결도경(龍樹菩

||||||||||

90 『貞元新定釋教目錄』(『大正藏』55), p.875上.

91 『龍樹五明論』(『大正藏』21), p.956下. "平安時代寫 石山寺藏本."

92 『龍樹五明論』(『大正藏』21), p.967中. "流傳於世 龍樹菩薩 馬鳴菩薩 作五明論."

93 강대현은「밀교경전에 나타난 符印의 현황과 그 현실적 功能」, 『동아시아불교문화』42, 동아시아불교문화학회, 2020. pp.137-138에서『용수오명론』을 개관한 바 있으나, 필자는 이를 다른 관점에서 설명하였다.

薩祕決圖經)」항목에는 신선(神仙) 내지 장생불사(長生不老)를 위한 신단(神壇) 조성과 관련된 12진(辰)의 신문(神門)과 간방 4우(四隅)를 표기한 비결도(祕決圖)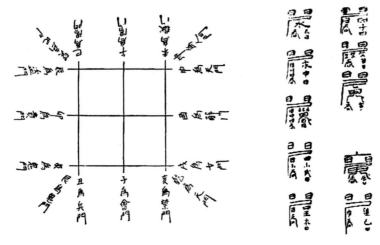**(도1)**와 함께, 부술(符術) 수지를 위해 '12진(辰)의 신문(神門)'을 안치해야 하는 등의 전제를 나열하고 있다.

도1. 용수보살 비결도, 『大正藏』21, p.956.　　**도2**. 용수십이시신부, 『大正藏』21, p.956

　이어 치병(治病)을 위한 '용수십이시신부(龍樹十二時身符)' 10종을 싣고 있다**(도2)**. '용수십이시신부' 부적은 살귀(殺鬼)와 귀신의 마음을 움직여 치병(治病)할 수 있는 것으로, 신문(神門) 출입 시 "서쪽 문을 나서는 경우 부적 7매를 지니고 가며", "자일(子日)에 나서는 경우에는 자(子)에 해당하는 부적을 삼키라" 하여 부적을 지니는 법 내지, 10종 부적이 각각 12지(十二支)에 배대되는 예를 제시하고 있다.

　또한 춘하추동에 따라 각각 붉은색(朱)과 노랑색(黃), 검정색(黑), 푸른색(靑) 등으로 '용수십이시신부'를 쓰며, 병(丙)과 정일(丁日), 인(寅)과 묘시(卯時)에 입과 이를 닫고 동방을 향해 부적 9매를 삼켜야 한다는 용법을 기록하

고 있다.[94]

한편 권하(卷下)의 「용수보살오명인론(龍樹菩薩五明印論)」(第五) 항목에는 "어리석고 포악하거나 질병이 있는 자로서, 좋은 의사를 만나 치료할 때를 놓치거나 악귀로 인해 실신하거나 생사를 헤맬 때, 그리고 일체 도를 닦는 사람으로서 왕난(王難)을 피하고자 하면 이 다섯 인(印)을 배워 일체중생의 중병을 치료하고, 왕난과 도적, 물과 불의 난을 물리칠 수 있음"[95]을 전하는 가운데 '불정인(佛頂印)' 항목에 3종의 부적과,[96] '보살승공인(菩薩乘空印)' 항목에 2종의 부적을 제시하고 있다[표1].[97]

표1. 「용수보살오명인론(龍樹菩薩五明印論)」에 실린 2종의 인(印)과 5종의 부적

불정인(佛頂印)			보살승공인(菩薩乘空印)	

이어 「오명론비요은법(五明論祕要隱法)」(卷第2)에는 여신인(如神印)과 금강권인(金剛捲印), 금강심인(金剛心印), 금강저인(金剛杵印), 불지인(佛地印) 등 5종 인(印)과 이에 해당하는 9종의 부적이 실려 있다[표2].

‖‖‖‖‖‖‖‖‖‖

94 『龍樹五明論』(『大正藏』21), p.958.

95 『龍樹五明論』(『大正藏』21), p.963上. "世間一切人 愚癡弊惡抱疾者, 多不值良醫 救療失所. 惡鬼所惚爲病 增劇至死不愈, 及一切修道之人 被其王難走避無所故, 以此五印 令一切有智之人習學 爲一切衆生療治重病 及遜王賊水火之難."

96 『龍樹五明論』(『大正藏』21), pp.963上-964上.

97 『龍樹五明論』(『大正藏』21), p.964中.

표2.「오명론비요은법(五明論祕要隱法)」에 실린 5종의 인(印)과 9종의 부적

여신인 (如神印)	금강권인 (金剛捲印)	금강심인 (金剛心印)	금강저인 (金剛杵印)	불지인 (佛地印)

　　이 가운데 여신인(如神印)의 경우, "일체 믿음과 현명함을 얻은 자로서 이 법을 짓고자 하는 자는 고요한 산, 고요한 방에 도량을 마련하고 칼로 검은 침수향목(沈水香木)을 사방 1촌으로 깎아 안치한다. 그리고 49일간 채식(菜食)을 한 채 나무와 칼, 용수보살에 공양 예배하면 금강신(金剛身)을 보게 될 것이다"[98]라는 등 효험을 전하고 있으며, 금강권인, 금강심인, 금강저인, 불지인 등에 대해서도 각기 효능과 행법을 상세히 전하고 있다.[99]

　　그리고「오명론결(五明論決)」항목에는 천제신부(天帝神符)와 태상육신왕부(太上六神王符) 등 2종의 치병(治病)을 위한 부적이 실려 있기도 하다(**표3**).[100]

표3.「오명론결(五明論決)」에 실린 2종의 치병부(治病符)

천제신부(天帝神符)	태상육신왕부(太上六神王符)

‖‖‖‖‖‖‖‖‖

98　『龍樹五明論』(『大正藏』21), p.965上.

99　『龍樹五明論』(『大正藏』21), pp.965下-967上.

100　『龍樹五明論』(『大正藏』21), p.968. "印璽者…(중략)… 王用玉爲璽 銅鐵木爲印 此明如龍樹等 符印也."

이상『용수오명론』은 "용수보살, 마명보살이 지은 것"이라 기록된 것으로, 상당 부분이 누락된 상태이다. 이 책은 558년 양나발타라가 번역해 사용되다 8세기 초반에 일실(逸失)된『오명론』과 관계된 것으로 추정되며, 이를 통해『오명론』의 일부를 추측할 수 있는 자료가 된다. 현재 전해진 부분에는 용수십이시신부 10종과, 불정인 3종, 보살승공인 2종, 여신인과 금강권인, 금강심인, 금강저인, 불지인 등에 9종, 그리고 천제신부, 태상육신왕부 등 총 26종의 부적이 실려 있는데, 누락된 부분까지를 포함한다면『용수오명론』에는 좀 더 다양한 부적이 실려 있었을 것으로 생각된다.

현존『용수오명론』은 8세기 말~9세기 초 대당(大唐) 구법승에 의해 일본에 전래되었을 것이다. 그런데 730년경에 이통현(李通玄)이 지은『신화엄경론』에 "인새(印璽)라고 말한 것은 …(중략)… 왕이 옥(玉)으로 새(璽)를 삼고 동과 철과 나무로 인(印)을 삼는 것에 준할 것이니, 이는 용수(龍樹) 등의 부인(符印)과 같음을 밝힌 것이다"[101] 하여 이통현이『용수오명론』을 참고한 구절이 보이고 있다. 이런 점은 730년에 편찬된『개원석교록』에 "『오명론』1권은 …(중략)… 1부 1권이며 궐본이다"[102]라는 기록이 전해져 있음에도, 이와 관련된 필사본이 오랜 기간 은밀히 전해졌음을 추정케 한다.

이상『오명론』과 관련해, 양나발타라(攘那跋陀羅)가『오명론』을 번역한 사실을 전하는 597년 비장방(費長房) 편찬의『역대삼보기』외에『개원석교록』에는 비장방(費長房)의 저술 가운데 '인도의 천문도(天文圖)'가 번역되어 전해진 예가 다음과 같이 실려 있기도 하다.

"(6세기 후반, 隋나라 費長房이 기록한)『장방록(長房錄)』에 이르되, '(북)주(北周)의 무

---

101 『新華嚴經論』(『大正藏』36), p.895中. "准王用玉爲璽 銅鐵木爲印 此明如龍樹等符印也."

102 『開元釋教錄, 附入藏目錄』(『大正藏』55), p.544下.

제(武帝) 천화(天和) 4년(569년) 기축(己丑)에 마륵국(摩勒國) 사문 달마류지(達摩流支) - 北周 말로 법희(法希) - 가 대총재(大冢宰) 탕공(蕩公) 우문호(宇文護)를 위해 『바라문천문(波羅門天文)』 20권을 번역하였다' 하였으나, 이것은 삼장의 가르침이 아니기에 넣지 않는다."[103]

이 내용을 통해 본다면 북주(北周, 557~581) 시대에는 양나발타라가 번역한 『오명론』 외에 '인도의 천문도(天文圖)'로서 『바라문천문(波羅門天文)』(20권)이 번역, 전래되었음을 알 수 있다. 한편 이 책은 730년에 편찬된 『개원석교록』에는 실리지 않았지만, 당(唐)나라 도선(道宣, 596~667)이 664년 서명사(西明寺)에서 편찬한 『대당내전록(大唐內典錄)』에는 다음과 같이 실려 있음을 볼 수 있다.

"『바라문천문(波羅門天文)』 20권. 천화년(天和年, 566~572)에 역출(譯出). (이 책은) 무제세(武帝世, 543~578)에 마륵국(摩勒國) 사문 달마류지(達摩流支) - (北)周 말로 법희(法希) - 가 대총재(大冢宰) 진탕공(晉蕩公) 우문호(宇文護)를 위해 번역한 것이다."[104]

이에 따르면 '인도의 천문도(天文圖)'로서 『바라문천문(波羅門天文)』(20권)은 북주(北周, 557~581) 이래 당(唐)나라 8세기 중엽에 이르기까지 널리 확산되었을 것이다. 또한 '인도 천문도'와 관련된 성수(星宿)에 대한 관념 역시

---

103 『開元釋教錄, 附入藏目錄』(『大正藏』 55), p.544下. "長房等錄云 周武帝代 天和四年己丑 摩勒國 沙門 達摩流支 周言法希 爲大冢宰 晋蕩公 宇文護 譯婆羅門天文二十卷 今以非三藏教 故 不存之."

104 『大唐內典錄』(『大正藏』 55), p.271下. "婆羅門天文二十卷. 天和年出. 右 武帝世, 摩勒國 沙門 達摩流支 周言法希, 爲大塚宰 晋蕩公 宇文護譯."

60

유입되었으며, 성수(星宿)와 관련된 부적 역시 불가(佛家)에 통용되었으리라 생각할 수 있다.

2. 돈황 사본에 전하는 불교 부적

돈황(敦煌)에서 발견된 불교 사본 중에는 – 현재 〈대장경〉에 포함되지 않은 – 부적이 실린 다수의 문서가 발견된다.[105] 불교 부적이 실린 문서는 12종으로, 이 중에는 일실(逸失)된 『오명론』에 포함된 부적 역시 실려 있으리라 생각된다. 이에 각각의 문서에 실린 부적 관련 경문(經文) 및 그 내용과 경문에 실린 부적의 숫자를 표로 정리하면 다음과 같다[표4].[106]

표4. 돈황 사본 중 부적이 실린 경문(經文) 및 내용

	돈황 사본 분류 번호	부적이 실린 경문과 내용	부적 종수
①	펠리오(Pelliot) P.2153	「여의륜왕마니발타별행법인(如意輪王摩尼拔陀別行法印)」	17종
		『불설칠천불신부경(佛說七千佛神符經)』	16종
		「금강동자수심주(金剛童子隨心呪)」	16종
②	스타인(Stein) S.2498	「여의륜왕마니발타별행법인」	
		일체안부(一切眼符), 난산부(難産符)	4종
		「금강동자수심주」	16종
		관세음수심부(觀世音隨心符)	1종

||||||||||||

105 돈황 사본은 國際敦煌項目(http://idp.bl.uk) 사이트에 접속하면 내용을 찾아볼 수 있다.

106 이외에 中國國家圖書館 소장 Ch 7468(北官15)에 「如意輪王摩尼拔陀別行法印」의 일부가 실려 있고, 스타인 사본 S.2615에는 P.3835에 실린 「大部禁方」의 일부가 실려 있으며, P.3047V에 「穢跡金剛禁百變法經」 관련 내용이 실려 있으나, 이들 문헌에는 부적 도상이 실려 있지 않은 까닭에 논의에서 제외하였다.

③	펠리오 P.2602	「여의륜왕마니발타별행법인」 전반부	5종
		「여의륜왕마니발타별행법인」	17종
④	펠리오 P.3835	단오일(端午日) 부적	3종
		「여의륜왕마니발타별행법인」	8종
		『불설상구리독녀다라니주경(佛說瞿利毒女陀羅尼呪經)』	1종
⑤	펠리오 P.3874	「여의륜왕마니발타별행법인」	13종
⑥	스타인 S.2708	『불설칠천불신부경』	15종
⑦	펠리오 P.2558		16종
⑧	펠리오 P.2723	『불설칠천불신부경』	11종
⑨	펠리오 P.3022		8종
⑩	스타인 S.2438	『삼만불동근신비지인병법 용종상존왕불법(三萬佛同根神祕之印竝法 龍種上尊王佛法)』	1종
⑪	스타인 S.Ch.liv.0033	성수(星宿) 관련 경문	2종
⑫	Ch 3107	불칙옴자부(佛勅唵字符)	1종

위 표에 의하면 돈황 문서에 실린 부적으로는 「여의륜왕마니발타별행법인(如意輪王摩尼拔陀別行法印)」과 「금강동자수심주(金剛童子隨心呪)」, 『불설칠천불신부경(佛說七千佛神符經)』의 부적이 주를 이루며, 이외에 『불설상구리독녀다라니주경』과 성수(星宿) 관련 부적, 그리고 불칙옴자부(佛勅唵字符) 등을 들 수 있다.

이에 각 문헌의 내용을 개관하는 가운데, 부적이 실린 부분을 중심으로 이를 상세히 분석해 보기로 한다.

1) 「여의륜왕마니발타별행법인」과 「금강동자수심주」

「여의륜왕마니발타별행법인」과 「금강동자수심주」는 펠리오(Pelliot) 사본 P.2153과 스타인(Stein) 사본 S.2498, 펠리오 사본 P.2602, 펠리오 사본 P.3835, 펠리오 사본 P.3874 등에 그 내용이 실려 있다(이후부터는 P.2153, S.2498

과 같이 사본 번호만을 기록하기로 한다). 이들 사본 중 P.2153은 풍부한 내용과 함께 가장 많은 부적이 실려 있는 것으로, 이를 기준으로 불교 부적의 내용과 현황을 살펴보기로 한다.

(1) 펠리오(Pelliot) 사본 P.2153

P.2153은 전반부가 결실된 상태의 문서로, 다음 네 부분으로 구성되어 있다.

1 결단(結壇) 장엄
2 「여의륜왕마니발타별행법인」 항목과 17종의 부적 및 효능
3 「칠천불명신부(七千佛名神符)」 항목과 16종의 부적
4 「금강동자수심주(金剛童子隨心呪)」 항목의 부적 16종

① 「여의륜왕마니발타별행법인」

이 가운데 2 「여의륜왕마니발타별행법인(如意輪王摩尼拔陀別行法印)」 항목은 (2면 10행)[107] "인(印) 11종과 주(呪) 4종이 있다(印有十一 呪有四)"는 내용을 시작으로, 「신인주법(身印呪法)(제1)」으로부터 (4면 22행) 「대악도방인(大惡都方印)(제11)」에 이르기까지 11종의 인(印)과, 4종의 주(呪)를 소개하고 있다. 한편 「대악도방인(大惡都方印)(제11)」 말미에는 다음과 같이 부적의 연원이 기록되어 있다.

"「대악도신인(大惡都身印)」 이하의 인(印).
612년(大業 8) 삼장 담마급다(曇摩笈多)가 봉양(降陽, 현재 洛陽) 상림원(上林菀)

---

107 여기서 面과 行은 國際敦煌項目(http://idp.bl.uk) 사이트에 실린 사진 자료를 기준으로 기록하였다.

에서 인법(印法)을 번역한 것이다. 140종의 부적[道]이 갖추어 있었으나, 모두 금하여 행해지지 않았다. 위덕마니륜법(威德摩尼輪法)을 간략히 설하면 (아래) 기록과 같다."[108]

즉 「대악도신인」 이하의 인(印)'은 612년에 삼장 담마급다가 번역한 인법(印法)으로, 140종의 부적이 실려 있었으나 금령으로 행해지지 않았다는 것이다. 그럼에도 위 기록은 그 인법(印法) 중에서 '위덕마니륜법'을 구해 '간략히 설하였음(略說)'을 말하고 있다.

이어 "관세음보살여의륜다라니장구주왈(觀世音菩薩如意輪陀羅尼章句呪曰)병별행법(並別行法) 마명보살역(馬鳴菩薩譯)"이라 하여 〈관세음보살여의륜다라니장구 주(呪)〉와 마명(馬鳴, 80~150년경)이 번역한 〈별행법(別行法)〉을 기록하는 가운데 '관세음보살여의륜다라니'와 '심주(心呪)', '심중심주(心中心呪)'를 싣고 있으며, 이어 (5면 7행) 「여의륜왕마니발타별행법인(1권)」의 공능(功能)을 다음과 같이 기록하고 있다.

"「여의륜왕마니발타별행법인」은 일체의 용(用)에 통하는 것으로, 공력(功力)이 비할 바 없다. 이 법을 득견(得見)한 36인이 있었는데 볼 수 없었다. 마명보살이 이를 얻어 행용한 것으로, 이 법을 본 자는 십지(十地)를 넘어설 것이다."[109]

위 「여의륜왕마니발타별행법인」의 공능(功能)에 대해서는 - 이후 다루

||||||||||
108 P.2153, 4면. "大業八年 十二月八日 三藏 曇摩笈多 於 降陽上林苑 譯印法 具有一白廿廿道 並禁不行 略說 威德摩尼輪法 如記."
109 P.2153, 5면 중앙. "如意輪王摩尼拔陀別行法印 通一切用 功力無比 得見此法者 摠有卅六人 無人可見 餘有 馬鳴菩薩 始得行用 若有人見 此法者即 超十地."

게 될 – 다른 돈황 사본에서도 유사한 내용을 싣고 있어, 비교를 위해 실어두면 다음과 같다[표5].

표5. 「여의륜왕마니발타별행법인」의 공능(功能)에 대한 각 사본의 설명

펠리오 사본 No. 2153	스타인 사본 No. 2498	펠리오 사본 No. 2602	펠리오 사본 No. 3835
「여의륜왕마니발타별행법인(1권)」은 공력이 비할 바 없다. 이 법을 득견한 36인이 있었는데 볼 수 없었다. 마명보살이 이를 얻어 행용한 것으로, 이 법을 본 자는 십지를 넘어설 것이다.	「여의륜왕마니발타별행법인(一卷 省略)」은 일체 공력이 비할 바 없다. 이 법을 득견한 자 36인이 있었는데 볼 수 없었다. 마명보살이 이를 얻어 행용한 것으로, 이 법을 본 자는 즉 십지를 넘어설 것이다.	「여의륜왕마니발타별행법인(1권)」은 공력이 비할바 없다. 이 법을 득견한 자 36인이 있었는데 볼 수 없었다. 마명보살이 이를 얻어 행용한 것으로, 이 법을 본 자는 십지를 넘어설 것이다.	「여의륜왕마니발타별행법인」은 일체에 비할 바 없다. 이 법을 득견한 자는 36인이다. 득견한 자는 즉 십지를 넘어설 것이고, 모든 불찰(佛刹)을 만나는 등 심심미묘하여 가히 다 말할 수 없다.

　　그런데 위 '위덕마니륜법'과 관련해 "마명보살이 별행법(別行法)을 번역했다"거나, 「여의륜왕마니발타별행법인」과 관련해 "마명보살이 이를 얻어 행용한 것"이란 표현에서 마명(馬鳴)이 등장하고 있는데, 이 부분은『용수오명론』말미에 "오명론은 용수보살, 마명보살이 지은 것이다"[110]라는 설명과 함께『오명론』과 「여의륜왕마니발타별행법인」과의 관련성을 추정할 수 있는 부분이기도 하다.

　　다시 P.2153의 내용으로 돌아와서, P.2153은 1행의 다라니와 함께 관세음보살께서 '마니발타지라신주(摩尼拔陀枳羅神呪)'를 수지한 자가 갖게 되는 5종의 과보를 설하고 있다.

110　『龍樹五明論』(『大正藏』21), p.967中. "流傳於世 龍樹菩薩 馬鳴菩薩 作五明論."

"세존이시여, 이 다라니신주는 능히 일체 죄의 뿌리를 멸하느니, 만약 선남자 선여인으로서 '마니발타지라신주'를 수지(受持)한 자는 현세에 5종 과보가 있을 것입니다. ① 세간의 삶 가운데 숙명(宿命) 변재(辯才)가 있고, 모든 혼탁함이 없어 항상 청정할 것이고, ② 항상 불안(佛眼)을 얻을 것이며, ③ 세세생생에 항상 32상 80종호를 얻어 부처님과 다르지 않을 것이며, ④ 항상 부처님 앞에 (태어남을 얻을 것이고), ⑤ 세간 행처(行處)마다에 모두 진동(震動)이 있을 것입니다."[111]

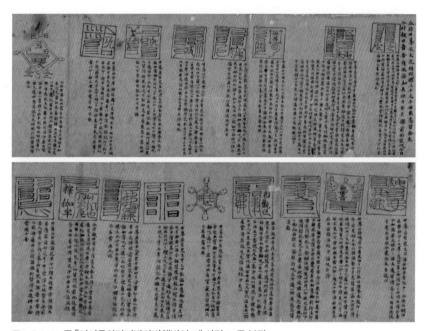

도3. P.2153 중 「여의륜왕마니발타별행법인」에 실린 17종 부적

---

111 P.2153, 5면 말미. "世尊 此陁羅尼神呪 能滅一切罪根 若有善男子善女人 受持摩尼拔陁枳羅神呪者 現世有五種果報. 一者 生於有 宿命辯才 無諸濁穢 常令清淨. 二者 常得佛眼. 三者 生生世世 常得卅二相八十種好 共佛無二. 四者 常得佛前. 五者 世間行處 皆悉震動."

이때 세존께서 관세음보살을 찬탄하여 말하기를, "참으로 좋도다. 너는 일체중생이 항상 안락할 수 있도록 (이를 설하고자) 하는구나" 하였다(6면). 이어 세존께서 대광명을 놓자 (광명은) 삼천대천세계를 환히 밝혀 모두 금색으로 물들였다. 이때 관세음보살은 불(佛), 여래의 신력(神力)을 받들어 부처님 앞에서 주(呪)를 설하였다. 이어 (6면~9면 전반) 17종의 부적과 제작법 내지 그 효능이 설명되어 있다[도3].[112]

이에 부적 도상과 함께 이 부분의 내용을 들면 다음과 같다. 본문 내용에 따라 부적 명칭을 적어두었으며, 명칭이 기록되지 않은 경우는 내용에 의거해 [ ] 안에 임의로 부적 명칭을 부여하였다.

① 전단마니지인(栴檀摩尼之印): 세존이시여, 이것은 '전단마니지인'으로, 청목향(靑木香)을 깎아 사방 둘레 2촌(寸)으로 인(印)을 만들면 됩니다. 이 인(印)을 가슴[心] 쪽에 놓거나, 타인의 가슴을 열고 다라니를 외우면 육안(宍眼)을 통달하여 위를 살펴봄에 장애가 없을 것이고, 무색계의 정천(頂天) 밑에서부터 금강륜(金剛輪)에 이르기까지 무장애(無障礙)할 것으로, 모두 통달함을 얻을 것입니다.

이 인을 3개월여 동안 지니면 십지(十地)를 넘어서고, 장차 이 인을 지니는 행자는 일체처(一切處)의 만인이 애경할 것이고, 항상 해탈을 득할 것이며, 만약 이 인을 지니는 행자는 논의(議論)의 장소에서 항상 이길 수 있을 것입니다.

② [명칭 없음, 호신인(護身印)]: 세존이시여, 선남자 선여인 중 이 여의륜마니

112 P.2153, 6-10면.

주(如意輪摩尼呪)를 외우는 자로서 모든 선신 등의 를 바라면, 인(印)을 깎아 지님으로써 항상 천룡팔부와 모든 선신(善神) 등이 항상 옹호함을 얻을 것이며 …(중략)… 또한 모든 부처님과 삼보 역시 응당 옹호할 것입니다(이어 모든 신들이 옹호한다는 내용 이어진다).

③ 신족인(神足印): 세존이시여, 이 인(印)은 '신족인'으로, 몰향목(沒香木, 침향)을 깎아 사방 둘레 1촌(寸) 2동(東)으로 인(印)을 만들면 됩니다. 만리(万里)까지 나아가고자 원해도 어려움이 없을 것입니다. 만약 의심이
생기면 다만 만리까지만 나아가면 됩니다. 만약 의심을 제거하고 정성껏 나아가면, 나아가는 사이에 서방 극락세계에 이르러 아미타불을 뵙고 또한 관세음보살, 대세지 등을 모두 볼 것입니다. 시방의 모든 여래가 행자에게 마정수기를 줄 것이며, 일체제불과 세존께서 모두 다 환희할 것이고, 장수, 안락할 것입니다.

④ [명칭 없음, 신통인(神通印)]: 세존이시여, 만약 중생이 신통을 구하고자 하면, 모두 단향목(檀香木, 전단향)을 깎아 인(을 만들면 됩니다.) 크고 작게 만드는 것은 그 인의 용도에 따를 것이며, 양쪽 (亻+美)을 깎아 취하여 한쪽
인(印)을 가슴[心] 위에 (놓고) 여의륜주(如意輪呪)를 1천 편 독송하고, 다시금 나의 본사 아미타불을 염해야 합니다. 다시 물 한 사발을 취하여 아래로 향한 채 다시 한쪽 인(印)에 마음을 모은 즉, 공중에 오름[騰空]이 자재할 것이며, 팔해탈과 육신통[六通]을 갖추어 원만하게 되지 않는다면, 가히 (그것은) 진언을 제대로 갖추지 않음 (때문일 것입니다.)

⑤ 애락지인(愛樂之印): 세존이시여, 이 인(印)은 '애락지
인'으로, 만약 중생으로서 애락(愛樂)을 구하고자 하는
자는 복숭아나무[桃木]를 깎아 인(印)을 만들되, 사방 둘
레 8동(束)으로 깎으면 됩니다. 이것을 취해 다니면 가
는 곳마다 보는 자가 환희할 것이며, 어떤 사람이 만약 1일 만이라도 지니면
만 가지 죄가 소멸될 것이고, 2일을 지니면 만병이 사라져 제거될 것이며, 3일
을 지니면 공력(功力)이 비할 바 없을 것입니다. 4일을 지니면 신통자재할 것
이고, 5일을 지니면 공중에 올라 유희할 것이며, 6일을 지니면 삼천세계에 있
는 미진(微塵)까지도 모두 그 수(數)를 알게 될 것이며, 7일을 지니면 해탈을
얻게 될 것입니다.

⑥ [명칭 없음, 대지진동인(大地振動印)]: 대지를 진동(振
動)코자 하는 자는 백단향을 깎아 인을 만들되, '여의륜
별행주' 8천 편을 외우며 인을 만듭니다. 인(印)에서 큰
소리[大叫]가 세 차례 울리면 3편 주문을 외웁니다. 인
을 땅에 대면, 가히 땅이 모두 진동하여 지옥문이 열리고 일체중생이 모두 해
탈을 얻게 됩니다. 이는 나의 힘이 아닌 능히 세존의 자비력을 힘입은 것으로,
설한 바 과보가 불가의하고, 역시 불가사의할 것입니다.

⑦ 마하인(摩訶印): 세존이시여, 이 인은 염주(摩訶靺羅)
와 인연 있는 까닭에 이름을 '마하인'이라 합니다. 이것
은 구원(求願)이라 이름하니, 만약 불자로서 무생법인
의 즐거움을 구하는 자는 보리수(나무) 뿌리를 깎아 인
을 만들되, 뿌리 밑 오른쪽 부분을 취해 인을 만들어 공중에 뿌리면 뿌리는 즉
시 즐거움이 아래쪽까지 밝아질 것입니다. 아울러 현겁 천불께서 일시에 몸

70

을 드러내시니, 만약 32상 80종호를 구하고자 하면 모두 충족될 것이요, 만약 침입한 자 얼굴 위에 인을 대면 몸을 움직이지 못할 것입니다.

⑧ [명칭 없음, 중생안락인(衆生安樂印)]: 이때 세존께서 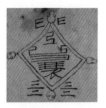 사부대중에게 말씀하셨다. 금시에 정법명왕여래 부처 님이 계신다. 무량겁으로부터 ▨이 불가사의하며, 금 시에 무량 무변한 다라니 법문을 설하신다. 이제 일체 중생의 안락을 위해 '대다라니 별행법인'을 설하시니, 만약 출가자로서 증과 (證果)를 얻고자 하면 피부 위에 쓰고, 양손에 잡고 머금은 물을 뿜으면 문득 화불(化佛)이 무변하고, 대광명이 행자를 비춰 문득 불지(佛地)에 오르게 된다.

⑨ [명칭 없음, 발보리심인(發菩提心印)]: 세존이시여,  만약 중생들로서 좋은 과보를 구하는 자는, 인(印)을 깎 되 인이 잘 마르면 신(神)이 과보를 가져다줄 것입니다. 인을 지니면, 그 인은 해와 달을 무력하게 하고, 인을 산 하(山河)의 석벽(石壁)에 대면, 모든 천마(天魔)에게 목마름이 불처럼 일어나 자 연히 몸을 태워 큰 고뇌에서 벗어나 대보리심을 생겨나게 할 것입니다.

⑩ 발두마인(鉢頭摩印): '발두마인'에는 대신력(大神力)  이 있으니, 백단향 나무를 구해 깎아서 인을 만들면, 인 (印身)은 광명을 발하고 토지를 6종 진동케 하며, 해와 달을 모두 무력하게 하고, 강과 하천을 역시 고갈시킬 수 있습니다. 이 인으로 대지를 변화하게 하며, 금과 옥이 있는 곳을 이 인으로 비추면 사방이 보배의 성으로 될 것입니다. 만약 나를 보고자 바라는 자가 있 다면, 이 인을 눈 위에 놓은즉 나의 몸을 볼 수 있고, 만약 사방의 정묘한 국토

를 보고자 한다면 이 인을 정수리 위에 두면 시방의 정묘한 국토가 모두 눈앞에 있게 되리니, 오직 정결하게 송주(誦呪)를 행해야만 얻게 됩니다.

⑪ [명칭 없음, 해탈인(解脫印)]: 관세음보살이 부처님께 말하되, 세존이시여 일체중생을 불쌍히 여기는 마음으로 이같은 인(印)을 지었으니, 만약 중생이 해탈하지 못한다면 저는 서원컨대 정각을 이루지 않겠습니다.  만약 이 '여의륜별행법인'을 지닌 자는 해탈을 얻을 것입니다. 금속(金銅)에 물로 '수심소용인(隨心所用印)'을 쓰고 인을 비추면 문득 해탈을 얻어 무상정각을 얻을 것입니다. 만약 모든 마(魔)를 항복 받기 바라는 자는 인(印)을 잡고 인면(印面)을 서쪽을 향해 세우고, '별행주(別行呪)' 3·7편을 외우면 일체 마가 모두 소멸되어 흩어질 것입니다.

⑫ [명칭 없음, 은형인(隱形印)]: 부처님께서 관세음보살에게 말씀하시되, "좋습니다, 내가 (관세음보살)을 위해 이 인을 지으니[作], 만약 중생이 형체 감추기(隱形)를 구한다면, 좋은 은(銀)을 취해 나의 인(印, 隨心所用印)  을 몸 위에 쓰고 '관세음여의륜주' 108편을 송하고, 깨끗한 옷을 입고, 깨끗한 정향[不潤]을 취하거나 또는 정수(淨水)를 취해 몸을 씻은즉, 형태를 감출 수 있게 되어 만인이 보지 못할 것입니다. 만약 왕궁에 들어가면 궁녀로 변하고, 만약 천궁(天宮)에 들어가면 천녀로 변하는 등 일체처에서 항상 공경을 얻어 충족케 될 것입니다. 오직 지극한 마음으로 청정히 결(結)해야 할 것입니다.

⑬ 현일체보장인(現一切寶藏印): 세존이시여, 이 인은 '현일체보장인'이라 이름하니, 만약 중생으로서 숨겨진 보배[寶藏]를 구하는 자는 침향목(沈香木)을 둘

레 1촌 9분으로 깎아 이 '보륜인(寶輪印)'을 만들고, 지극한 마음으로 '여의륜주' 1편을 외우면 이 인은 허공에 있는 숨겨진 보배를 모두 나타내 보일 것입니다. 원하는 곳에서 생각에 따라 사용하면 됩니다.

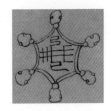

⑭ [명칭 없음, 소원성취인(所願成就印)]: 세존이시여, 만약 중생들로서 세상 가운데 능히 '여의륜다라니신주'를 외우며 효험을 구하는 자는, 적동(赤銅)을 취해 그 금액을 쓰되(높이 불러 쓰면 안된다. 만약 높은 금액이면 그 인은 이루어지지 못한다), 1만 편을 외우고 '대도량(大道場)'을 결(結)하면 됩니다. 모든 원을 구하는 자는 이 인을 단상에 두고 주(呪)를 108편 외우면 3·7일 이래 내가 일간 삼신(三身)을 드러내 마정수기를 주어 소원이 충족될 것으로, 모두 다름이 없을 것입니다.

⑮ 마정수기인(摩頂授記印): 세존이시여, 만약 여인으로서 자녀를 구하는 자는, 4월 8일 인을 써 삼키면 항상 자녀를 얻고, 길이 불전(佛前)에 (태어남을) 득할 것입니다. 만약 중생이 있어 삼매를 구하는 자는 정수리 위에 쓰고 '여의주(如意呪)' 21편을 외우면, 공중에서 문득 오색 광명이 대지와 시방 국토를 비춰 도울 것입니다. 역시 '마정수기인'을 받아 항상 삼매에 머물 것입니다.

⑯ [명칭 없음, 상입적정인(常入寂靜印)]: 이때 관세음보살이 크게 환희하고 미증유함을 얻었다. 세존이시여, 만약 중생으로서 멸정(滅定)을 구하는 자는 단향목(檀木)을 깎아 인을 만들어 휴대하고 산(山)의 적정처에 들어가 결가부좌

한 즉, 8대겁 중에 항상 적정한 삼매로부터 중생을 교화해 일체를 모두 얻게 할 것입니다. 현 세계와 다른 세계의 나한(羅漢) 등이 세상에 나와 세계를 변화케 하리니, 묘정국토(淨妙國土)에 모든 혼탁함과 더러움이 사라질 것입니다.

⑰ 산제화과인(散諸花果印): 세존이시여, 이 이름은 '산제화과인'으로, 단향목(檀木)을 깎아 지니면 항상 제천(諸天)과 보살이 묘한 꽃을 흩뜨릴 것이고, 세세생생 항상 삼매를 득할 것이며, 항상 부처님 앞에 태어날 것입니다. 만약 어떤 사람이 나의 인을 지니고 다니면, 가는 곳마다에 있는 중생이 번뇌를 떨치고 항상 삼매 신통을 얻어 제불찰(諸佛刹)에 자재하게 노닐 것이고, 모두 '불퇴전법륜'을 얻어 항상 십선(十善)을 닦게 될 것입니다.

이상 돈황 사본 P.2153 중 「여의륜왕마니발타별행법인」 부분에는 17종 부적의 명칭과 효능이 기록되어 있는데, 이를 표로 간략히 하면 다음과 같다. 명칭이 기록되지 않은 경우는 내용에 따라 ( ) 안에 임의로 명칭을 부여하였다〔표6〕.

표6. 돈황 사본 P.2153 중 「여의륜왕마니발타별행법인」에 실린 17종 부적

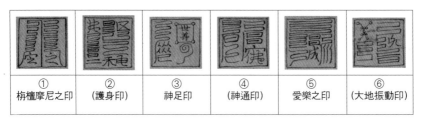

① 栴檀摩尼之印	② (護身印)	③ 神足印	④ (神通印)	⑤ 愛樂之印	⑥ (大地振動印)

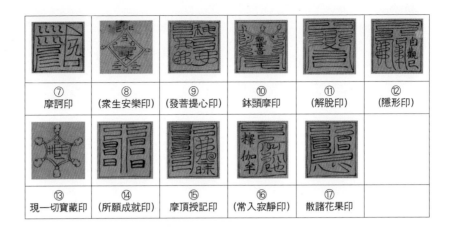

⑦ 摩訶印	⑧ (衆生安樂印)	⑨ (發菩提心印)	⑩ 鉢頭摩印	⑪ (解脫印)	⑫ (隱形印)
⑬ 現一切寶藏印	⑭ (所願成就印)	⑮ 摩頂授記印	⑯ (常入寂靜印)	⑰ 散諸花果印	

　그런데 위 「대악도방인(제11)」 말미에 기록된 "별행법(別行法) 마명보살
역(馬鳴菩薩譯)"은 (80~150년경에 생존한) '마명보살이 별행법(別行法)을 얻어 행
용한 것으로, 612년 담마급다가 낙양의 상림원에서 번역한 「여의륜왕마니
발타별행법인」에 140종의 인법(印法)이 있었으나 금령으로 행해지지 않았
다'라고 사본에 기록되어 있다.

　그럼에도 「여의륜왕마니발타별행법인」 앞에 실린 경문 내용은 654년
당(唐)의 아지구다(阿地瞿多)가 번역한 『다라니집경』 권7의 일부로 편입되어
전해지고 있는데(표7), 이와 관련된 경문(經文)이 당시에 널리 확산되었음을
알려주는 예라 할 수 있다.

표7. 『다라니집경』에 실린 「여의륜왕마니발타별행법인」의 내용

P.2153 중 「여의륜왕마니발타별행법인」	『다라니집경』 권 제7
身印呪法 第1	金剛隨心 心身法印呪 第41
觀世音擲鬼法 第2	金剛隨心 擲鬼法印 第42
捎印法 第3	金剛隨心 捎法印 第43

降魔法印 第4	金剛隨心 降魔法印 第45
縛鬼印呪 第5	金剛隨心 縛鬼法印呪 第46
大法身印 第6	金剛隨心 大法身印呪 第47
療一切病難伏鬼大法身印 第7	金剛隨心 療一切難伏鬼病大法身印 第48
大嗔結界法身印 第8	金剛 大嗔結界法身印 第49
嗔法犬身印 第9	金剛隨心 大嗔法身印 第50
密号法印 第10	金剛藏 密號法印呪 第51
大惡都方印 第11	金剛隨心 大惡都身印 第52

한편 『다라니집경』의 경우 번역 서문에 "이 경은 『금강대도량경』에서 나온 것으로, 「대명주장분(大明呪藏分)」 중 일부분"[113]이라 기록되어 있다. 이를 통해, 위 돈황 사본 역시 『금강대도량경』의 「대명주장」, 즉 다라니장(陀羅尼藏)의 일부에 해당하는 것임을 알 수 있다. 그런데 위 인용에 의하면, '담마급다가 번역한 인법(印法) 중 140종 부적[道]의 경우, 금하여 행해지지 않았기에' 『다라니집경』에 포함되지 않았음을 알 수 있다.

그럼에도 『다라니집경』 권7에 "금강수심(金剛隨心) 대악도신인(大惡都身印)(제52)"[114]이 실려 있으며, '착주인(捉疰印)'을 설명하는 가운데 "「대악도신인」 이하 6종의 인(六印)은 수나라 대업(大業) 8년(612) 12월 8일에 담마급다 삼장이 낙양의 상림원에서 번역한 인문(印文)과는 다르나 인(印)은 같다"[115]는 내용이 실려 있어, 이는 P.2153에 기록된 내용이 사실에 부합한 것임을

113 『陀羅尼集經』(『大正藏』18), p.785中. "此經出 金剛大道場經 大明呪藏分之少分也."

114 『陀羅尼集經』(『大正藏』18), p.850下.

115 『陀羅尼集經』(『大正藏』18), p.851上. "大惡都身印以下 六印 與大業八年十二月八日 三藏 曇摩岌多 於洛陽上林苑譯 印文異 印同."

알려준다.

또한 『다라니집경』이 간행되었음에도 『다라니집경』에 포함되지 않았던 「대악도신인」의 인법(印法) 중 「여의륜왕마니발타별행법인(1권)」은 '위덕마니륜법(威德摩尼輪法)'이란 명칭으로 P.2153에 실려 있음을 통해, 독립적으로 존재, 확산되었던 정황을 알 수 있기도 하다.

② 「금강동자수심인」

한편 P.2153에 실린 4 「금강동자수심인(金剛童子隨心印)」 항목의 16종 부적 역시 「여의륜왕마니발타별행법인」과 관련이 있을 것으로, P.2153에는 「여의륜왕마니발타별행법인」과 「칠천불명신부」에 이어, 항목의 구분 내지 「금강동자수심인」이란 제목이 생략된 채, (11면~12면) 간략한 효능 설명과 함께 16종의 부적이 수록되어 있다.[도4].

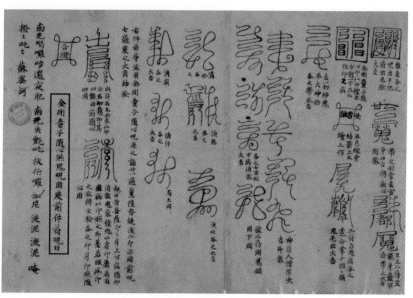

도4. P.2153 중 「금강동자수심인(金剛童子隨心印)」 부분

위에 수록된 16종의 부적[116]의 명칭과 효능을 들면 다음과 같다(몇몇 명칭이 기재된 부적의 경우 명칭을 함께 기록하였다).

① 난산(難産) 때 삼키면, 아이가 손에 부적을 잡고 나오는 효험을 볼 수 있어 크게 길하다(難産呑之兒出 手把符出見驗 大吉).

② (몸에) 지니면 관(官)과 관의 일, 구설 등에 이롭고, (그들이) 환희심을 얻고 물러간다(帶之利官去官事口舌 得歡心解散).

③ 호신익산부(護身益筭): 이상 두 부적과 함께, '호신익산(부)'를 지니면 크게 길하다(已上二符 並護身益筭(符) 着帶之 大吉).

④ 금강동자수심인(金剛童子隨心印): 흰 박달나무(白檀木)로 방형(方形) 1촌 3푼으로 깎아 만든다. 병(病)이 있는 곳에 인을 (찍는다)(金剛童子隨心印 白檀木方尅一寸三分作印 病).

⑤ 오색선(五色線)을 꼬아서 만들어, 화살(箭) 위 수단(水壇) 위에 놓는다(五色線索 結箭上水壇上作).

 llllllllllll

116 실제로는 17종의 부적이 실려 있는데, 마지막 부적의 경우는 ⑤의 부적과 같은 모양인 까닭에 ⑤와 동일한 것으로 취급해 16종이라 하였다.

⑥ 귀신의 병(鬼病)이 있으면 두 부적을 함께 삼켜 (병을) 보내버린다. 합장하고 열 손가락 끝부분에 귀신의 털 (鬼毛)이 나타나면 크게 길하다(二符与 鬼病吞之遣 合掌十 指 指頭鬼毛出 大吉).

⑦ 일체 귀신을 떠나게 한다. 크게 신의 효험을 얻으려면 삼켜라. 지니는 것 또한 길(吉)하다.[117]

⑧ 귀신[神]은 부적 지닌 사람을 싫어하니, 지니면 크게 길하다. 곧 (귀신이) 흩어진다.[118]

⑨ 7만 매를 삼키면, 만병(万病)이 흩어 사라져 크게 길하다.[119]

⑩ 이 두 부적은 같은 것이니, 섞어 사용한다. 모름지기 (몸이) 찬 상태로 삼켜야 한다.[120]

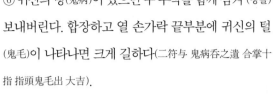

---

117 "去一切鬼神 取大神効 吞之帶幷吉."

118 "神符人憎帶 大吉 即散."

119 "吞之七万枚 万病消散 大吉."

120 "彼二符 同爲錯用下同 須冷吞之."

⑪ 모름지기 (몸을) 덥게 해서 삼키면 크게 길하다.[121]

⑫ 모름지기 토(吐)한 (후) 삼키면 크게 길하다.[122]

⑬ 모름지기 깎아서 (잘라서) 삼키면 크게 길하다.[123]

⑭ 모름지기 땀을 흘리며 삼키면 크게 길하다.[124]

⑮ 옥녀봉불인(玉女奉仏印), 여의인(如意印): 이 부적의 이름은 '옥녀봉불인'이며 또한 '여의인'이라 하니, 그 공능은 앞의 수심소용인(隨心所用)과 같다.[125]

⑯ 관세음보살인(觀世音菩薩印): 귀기(鬼氣)와 도깨비[精魅], 학질[小瘧] 등 만병(万病)은 인신(印身)을 위에 (대면) 인(印)을 따라 사라져 흩어진다. 만약 질병에 걸렸을 때

---

121 "須熱吞之 大吉."

122 "須吐吞之 大吉."

123 "須削吞之 大吉."

124 "須汗吞之 大吉."

125 "此符名 玉女奉仏印 亦名如意印 其功能 同前 隨心所用."

인을 비추면 즉시 차도가 있다. 안질(眼疾)에 걸렸을 때
인을 대면 신묘한 효험을 얻는다. 삼키거나, 몸에 인을
대거나, 인을 비추는 등 임의로 사용한다.[126]

:: 이 부적은 ⑤의 부적과 동일한 것으로 취급하기로 한다.

이상 P.2153 중 「금강동자수심인」 부분에는 16종의 부적과 제작법 내
지 효능이 기록되어 있는데, 이를 표로 간략히 하면 다음과 같다. 부적 명칭
이 기록된 경우에만 명칭을 부가하였다(표8).

표8. 돈황 사본 P.2153 중 「금강동자수심인」 부분의 16종 부적

①	②	③ 護身益筭(符)	④ 金剛童子隨心印	⑤	⑥
⑦	⑧	⑨	⑩	⑪	⑫
⑬	⑭	⑮ 玉女奉仏印, 如意印	⑯ 觀世音菩薩印	⑤와 동일한 부적	

||||||||||||

126 "觀世音菩薩印 印身上万病隨印消散 鬼氣精魅小虐 印着 若有疾病 以印照之 即差 若眼疾
印之幷 得玄驗 呑之印身 印照 隨心用."

이어 (13면 6행) "'금강동자수심살귀주(金剛童子隨心煞鬼呪)'의 용도는 전반(前半)의 부주(符呪)(에서와 같은 것으로) – 왈(曰)"[127]이란 설명과 함께 '금강동자수심살귀주'를 싣는 것으로 P.2153은 마쳐진다. 그런데 여기서 "전반의 부주(符呪)(에서와 같은 것으로)"라는 마지막 구절을 통해서 볼 때, 「금강동자수심인」를 싣고 있는 이 부분은 앞의 「여의륜왕마니발타별행법인」과 관련이 있는 것임을 알 수 있다.

이상에서 볼 때 P.2153에는 「여의륜왕마니발타별행법인」의 경우 17종의 부적이, 그리고 「금강동자수심인」의 경우 16종 부적이 실려 있음을 알 수 있다.

(2) 스타인(Stein) 사본 S.2498

S.2498은 완전한 상태의 문서로, 다음과 같이 다섯 부분으로 구성되어 있다.

①근청문(謹請文)

②각종 주(呪)

③「여의륜왕마니발타별행법인」과 불정존승다라니신주 등 다수의 진언

④일체안(一切眼), 난산부(難産符)와 금강동자수심인(金剛童子隨心印)

⑤관세음수심부(觀世音隨心符) 부적 및 각종 주(呪)와 작단법(作壇法)

이 가운데 ① (1면~6면 9행) 근청문(謹請文) 부분은 『관세음보살부인(觀世音菩薩符印)(1권)』이란 제목하에 다수의 신과 귀신이 속히 와 옹호할 것을 청하는 근청문(謹請文)의 내용을 담고 있다.

---

127 P.2153, 13면 6행.(圖4 안에 네모 테두리 부분) "金剛童子隨心煞鬼呪 用度 前半 符呪 曰."

한편 ② (6면 10행~18면 5행) 각종 주(呪) 부분에는 천수천안대비심다라니주(千手千眼大悲心陀羅尼呪)와 일광보살주(日光菩薩呪), 월광보살주(月光菩薩呪), 천수안신주(千手眼身呪), 관세음보살여의륜다라니와 심주(心呪), 심중심주(心中心呪) 등이 실려 있다.

① 「여의륜왕마니발타별행법인」

이어 ③ (18면 5행~7행 이하)「여의륜왕마니발타별행법인」이 실려 있다. 그런데 S.2498의 경우 앞서 본 P.2153과는 달리 부적의 연원에 대한 설명[128]에 이어 1행의 다라니와 함께 또 다른 내용이 실려 있다.

즉 P.2153에서는 1행의 다라니와 함께 관세음보살이 '마니발타지라신주'를 수지한 자가 갖는 5종의 과보를 설하며, 이어 관세음보살이 17종의 부적과 그에 대한 효능을 수록한 것에 비해, S.2498에는 (18면 8행~45면) 불정존승다라니신주로부터 금강동자수심주법(金剛童子隨心呪法)과 (40면) 금강동자수심살귀주(金剛童子隨心煞鬼呪) 및 육비동자주(六臂童子呪)에 이르기까지 다수의 진언이 수록되어 있다.

② 일체안(一切眼), 난산부(難産符)와 「금강동자수심인」

이어 ④ (46면~47면 3행) 일체안(一切眼)과 난산부(難産符) 부분에는 "정월 1일에 시방제불께 예를 올린 후 각 신주 3편을 외우면 신험(神驗)이 있으리라"는 말과 함께 2종의 부적 도상을 싣고 있다. 또한 물그릇의 담긴 물에 이

---

128 S.2498, 18면 중앙. 이 부분은 P.2153에 실린 내용과 유사하나, 다소 상이한 문구가 실려 있다. "如意輪王摩尼拔陁別行法印 通一切用 功力無仁 得見法 摠有卅六人 可見 唯有 馬鳴菩薩 始得行用 若有見此法者 即超十地."

부(符)를 쓰고 그 물로 세안(洗眼)하면 능히 일체안(一切眼)을 (얻게 될 것을)[129] 말하고 있다[표9].

이어 출산을 위한 부적으로 "이 부적은 난산(難産)에 의해 생명이 위태로울 경우 탕약에 넣어 삼켜라 …(중략)… 이 법은 극비이니 전하지 말라. 식초로 탕약을 우려낸다"[130]는 말과 함께 2종의 부적이 실려 있다[표10].

표9. 일체안(一切眼) 부(符)

표10. 난산부(難産符)

그리고 (47면 6행) 「금강동자수심인(金剛童子隨心印)」과 16종의 부적이 실려 있는데, 이 부분은 앞서 언급한 P.2153에 실린 부적과 동일한 것임을 알 수 있다[도5].

한편 부적 밑에는 부적의 효능이 적혀 있으며, 일부는 부적의 제작법이 실려 있다. 그런데 여기 적힌 내용의 경우 앞서 든 P.2153 「금강동자수심인」 중 '③호신익산부(護身益筭符)'가 '④도호신명익산부(都護身命益筭符)'로 적혀 순서가 바뀌어 있거나, P.2153 중 "⑬須汗吞之 大吉(깎아서〈잘라서〉삼키면 크게 길하다)"를 "⑬須痢吞之(설사할 때 삼켜라)"라 기록하는 등 기록상 차이점만이 발

‖‖‖‖‖‖‖

129　S.2498, 46면 말미. "以水一椀 書此符於 水椀中, 洗眼 能一切眼."

130　S.2498, 47면. "此符 難産隨年幾与 吞枇湯下 七立枇仁去尖 此法 極祕勿傳 以醋點一湯."

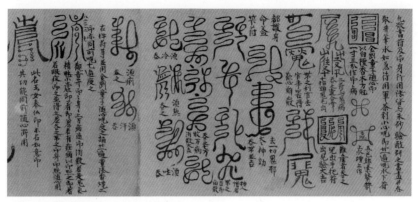

도5. S.2498 중「금강동자수심인(金剛童子隨心印)」부분

견되고 있다.

이에 S.2498 중「금강동자수심인」항목에 실린 16종 부적을 표로 간략하면 다음과 같다. 부적 명칭이 기록된 경우에만 명칭을 부가하였다[표11].

표11. 돈황 사본 S.2498 중「금강동자수심인」항목에 실린 16종 부적

① 金剛童子隨心印	②	③	④	⑤	⑥ 都護身命益笇符
⑦	⑧	⑨	⑩	⑪	⑫
⑬	⑭	⑮ 觀世音菩薩印			⑯ 玉女奉仏印, 如意印

85

③「관세음수심부」및 작단법

이어 ⑤ (51면~55면) 관세음주(觀世音呪), 대두금강주 (大頭金剛呪), 관세음수심부(觀世音隨心符), 해주(解呪) 등 의 주(呪)와 각종 치료법이 소개되어 있으며, 그 가운데 (52면 7행) 관세음수심부(觀世音隨心符) 부적이 실려 있다 〔도6〕.

도6. S.2498 중 관세음 수심부(觀世音隨心符)

그리고 (56~66면) 작단법(作壇法)으로서 관세음단법(觀世音壇法)이 만다 라 도상과 함께 실려 있으며**〔도7〕**, 이어 대비단법별행본(大悲壇法別行本) 설명 으로「단법(壇法)(1권)」이 마쳐지고 있다.

그런데 온전한 형태로 전해지는 S.2498 가운데 '일체안(一切眼)'과 '난산 부', 「금강동자수심인(金剛童子隨心印)」 항목의 16종 부적, '관세음수심부' 부 적, 대비단법별행본 등의 부분은, "「여의륜왕마니발타별행법인」은 일체의

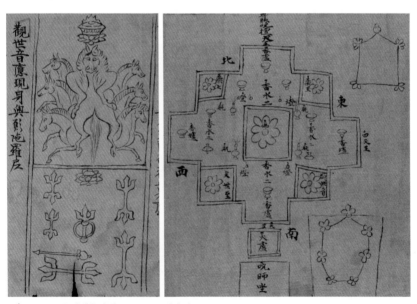

도7. S.2498 중 관세음단법(觀世音壇法) 만다라

용(用)에 통하는 것으로, 공력이 비할 바 없는 것이다…" 등의 내용[131]과 1행의 다라니에 이어 등장하고 있다. 이는 부적의 연원에 대한 설명에 이어 「여의륜왕마니발타별행법인」의 17종 부적과 금강동자수심인(金剛童子隨心印)의 16종 부적이 수록된 P.2153과 다른 형식으로, 전반부가 결실된 P.2153 사본의 경우 원래 이 부분이 존재하였을 가능성을 알려준다.

즉 앞서 언급한 P.2153은 "담마급다가 인법(印法)을 번역한 140개의 인법 중 '위덕마니륜법'을 구해 '간략히 설한'" 약설(略說)이었다고 한다면, 위 S.2498은 약설이 아닌 – '위덕마니륜법'의 원형에 가까운 것으로 추정할 수 있다는 것이다. 그리고 P.2153의 경우, '약설'이 아닌 원본 텍스트에 「신인주법(제1)」으로부터 (4면 22행) 「대악도방인(제11)」에 이르기까지 11종의 인(印)과, 4종의 주(呪)'를 소개했다고 한다면, S.2498에 실린 – P.2153에 없는 – 난산부와 관세음수심부, 관세음단법 등은 11종의 인(印)과 4종의 주(呪) 안에 포함된 것일 거라는 추정 또한 가능할 것이다.

(3) 펠리오 사본 P.2602

P.2602는 앞면에 『무상비요(無上祕要)』 권제29가 서사된 문서로, 권말에 "718년(開元 6) 2월 8일, 돈황현(燉煌縣)의 신천관(神泉觀) 도사(道士)인 마진유(馬震幽)가 7대 선조와 생부모 및 법계 창생(蒼生)을 공경하여 이 경을 베껴 공양한다"[132]는 내용이 기록되어 있다. 즉 718년 필사된 것으로, 사본의 뒷면에는 이보다 후대에 필사된 『관세음보살부인(觀世音菩薩符印)』 1권이 수록되어 있으며, 『관세음보살부인』은 다음 네 부분으로 구성되어 있다.

‖‖‖‖‖‖‖‖

131 S.2498, 18면 중앙.

132 P.2602, 卷末. "開元六年 二月八日 沙州 燉煌縣 神泉觀 道士 馬震幽 …(中略)… 七大先考及 現生父母及法界蒼生敬寫此經供養."

1 근청문(謹請文)

2 관세음보살여의륜다라니, 심주, 심중심주 등 각종 주(呪)

3 「여의륜왕마니발타별행법인」

4 보살인 24종과 불정존승인 등 18종의 수인(手印) 및 각종 주(呪)와 설단(設壇) 장엄, 일체불인(一切佛印)에 대한 소개

이 중 1 (1면~2면 8행) 근청문(謹請文) 부분은 "삼가 동방 도리천왕께서 급히 오셔서 옹호해 주기를 청합니다"는 내용에 이어, 마지막 범석(梵釋, 범천과 제석천)에 이르기까지 다수의 신과 귀신이 속히 와 옹호할 것을 청하는 내용이 실려 있다. 이 가운데 '불공견색관세음보살'의 경계에 들어 - 근청하는 신들에게 - 옹호하지 않는 신의 경우, "머리를 깨뜨려 아리수 가지[阿梨樹枝]처럼 일곱 조각을 만들 것이니, 속히 율령에 따르라"[133]는 내용이 실려 있다.

이어 2 (2면 9행~21행) "관세음보살여의륜다라니 병(並) 별행법인(別行法印) 마명보살(馬鳴菩薩) 역(譯)"이란 내용에 이어 관세음보살여의륜다라니와 심주(心呪), 심중심주(心中心呪)가 실려 있다.

① 「여의륜왕마니발타별행법인」

이어 3 「여의륜왕마니발타별행법인」 부분에는 부적의 연원에 대한 설명[134]과 1행의 다라니에 이어, 관세음보살에 대한 세존의 찬탄과, 세존께서 대광명을 놓자 (광명은) 삼천대천세계를 환히 밝혀 모두 금색으로 물들였고,

---

133 P.2602, 1면 18행. "頭破作七分 如阿梨樹枝 南斗主生 北斗主死 急急如律令."

134 P.2602, 2면 16행~2면 19행. "이 다라니신주는 능히 일체 죄의 뿌리를 멸하느니, 만약 선남자 선여인으로서 摩尼拔陀枳羅神呪를 受持하는 자는 현세에 5종 과보가 있을 것입니다…" 등의 내용.

88

이때 관세음보살은 불 여래의 신력(神力)을 받들어 불전(佛前)에서 주(呪)를 설하였다"[135]는 내용이 실려 있는데, 이 부분은 P.2153 (5면 7행) 내용과 동일한 것임을 알 수 있다.

한편 S.2498의 경우 『관세음보살부인(1권)』이란 제목하에 ① 근청문(謹請文)과 ② 각종 주(呪)를 수록한 부분, ③ 「여의륜왕마니발타별행법인」 등이 실려 있는데, 이는 P.2602의 내용과 거의 유사한 것임을 알 수 있기도 하다.

이어서 P.2602에는 (2면 22행~3면 7행) 「여의륜왕마니발타별행법인」 항목 앞에 - P.2153과 S.2498에 실려 있지 않은 - 다음 5종의 부적과 이에 대한 설명이 실려 있다[도8].

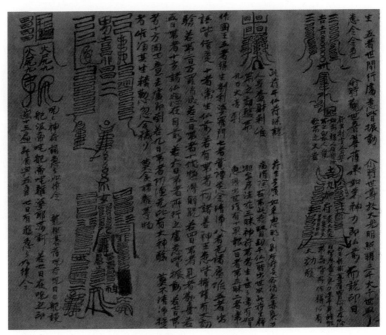

도8. P.2602 중 「여의륜왕마니발타별행법인」 앞에 실린 부적

|||||||||||

135 P.2602, 2면 16행~2면 21행.

① 이 부(符)는 관(官)에 이롭고 수명을 늘게 한다. 마치 번화한 곳에서 관리가 너를 아끼듯, 이 부(符)를 지니면 많은 사람이 친밀한 마음을 갖고자 하며, 길할 것이다.[136]

② 용수보살부(龍樹菩薩符): 이는 용수보살의 부(符)로, 목숨을 보배롭게 해 오래 살 수 있으며, 지혜(智惠)가 밝아지고 사람의 천력(泉力)을 이롭게 하며 해를 거듭할수록 몸이 가벼워진다. 능히 49[卅九]일을 지니면 기리는 마음을 짓게 되어, 큰 효험이 있다.[137]

③ 천불부(千仏符): 이 부(符)는 '천불부'로, 실로 사람의 재산이 늘고 벼슬에 이로우니, 지니면 효험이 있고 9일간 지니면 크게 길함에 이른다.[138]

④ 신부(神符): 주(呪)와 신부(神符) 외우되, 급히 율령대로 (행하라).[139]

---

136 "符主 利官益笨 如市 禄人相愛汝 帶之 衆人愛欲帶之大吉."

137 "符主 龍樹菩薩 寶命長存 悉明智惠 益人泉力 進年身輕 能帶之 卅九日 即作稱心 有大效驗."

138 "此符千仏符 深說 人身益財利官 帶之効驗 帶九日大吉到."

139 "呪呪 神符 誦 急急如律令."

⑤ 용수보살주부(龍樹菩薩呪符): . '용수보살주부'. 주(呪)에 이르되, (주문 기재됨). 만약 7일간 밤에 주(呪)를 (외우고) (부적) 13편을 찍거나(印笻) 술을 끊고 56년 7일을 □□하면 효험이 있을 것이다. 급히 율령대로 (행하라).[140]

이어서 ④ (3면 8행~4면) 7종의 부적과 장문에 걸쳐 부적의 제작법 및 효능이 실려 있다. 이 7종은 P.2153에 실린 「여의륜왕마니발타별행법인」의 17종 부적 중 일부로 수록 순서를 달리하고 있으며, 내용 설명의 경우 P.2153에 실린 것과 거의 동일하거나, 축약된 내용을 싣고 있다[도9].

도9. P.2602 중 「여의륜왕마니발타별행법인」에 실린 7종 부적

수록 순서에 따라 부적 도상과 명칭만을 표로 보이면 다음과 같다[표12]. 경문 중 인(印)의 명칭이 기록되지 않은 것은 효능 설명에 따라 인의 명칭을 부여했으며, 그 경우 ( ) 안에 명칭을 써두었다.

||||||||||
140 "龍樹菩薩呪符呪曰 (주문) 若七日夜呪之. 印笻十三遍 斷酒□□五六年七日 有驗 急急如律令."

표12. 돈황 사본 P.2602 중 『여의륜왕마니발타별행법인』 항목의 17종 부적

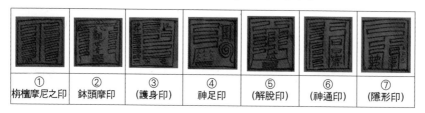

①	②	③	④	⑤	⑥	⑦
栴檀摩尼之印	鉢頭摩印	(護身印)	神足印	(解脫印)	(神通印)	(隱形印)

  이어 P.2602에는 - P.2153의 경우 「금강동자수심인」 항목에 16종 부적
이 실려 있는 것과는 달리 - ④ (4면 후반~11면) (1) 24종의 보살인[141]과, (2) 불
정존승인 등 18종의 인(印), 그리고 (3) 여의륜, 대불정인, (4) 설단(設壇) 장엄
에 대한 설명, (5) 일체불인(一切佛印)에 대한 소개 등이 실려 있다.

  이 가운데 '(4) 설단 장엄'의 경우, "만약 단(壇)을 지어 관세음을 보고자
하는 자는 힘닿는 대로 금(金)과 동(銅), 놋쇠[鍮]나 돌을 쌓거나 또는 그림을
그려 (단을 만들되), (관세음보살을) 단 중심에 안치하고 마음을 다해 송주(誦呪)하
면…"[142] 내지 "만약 불보살과 대자재천 및 금시조 등의 단을 만들려면, 유석
밀(乳石蜜)과 호즙의 사탕[胡汁糖], 울금(鬱金, 울금향), 개자(芥子), 황자(黃者)를
잘 배합해 향수를 만들어 그릇에 넣거나 받들고, 또 향수에 울금(鬱金)과 백
개자[白芥]를 합해 향수를 만들어 바닥에 뿌려라"[143] 등 작단(作壇)과 관련된
내용이 기록되어 있다.

  그리고 '(5) 일체불인(一切佛印)에 대한 소개' 항목의 경우, 부적 내지 수

141 이 부분은 709년 菩提流志가 西崇福寺에서 번역한 『千手千眼觀世音菩薩姥陀羅尼身經』(『大
正藏』20), pp.98中23-103中21의 내용을 축약해 실어둔 것이다.

142 Pelliot chinois No.2602, 9면 1~5행. "若作壇 欲見觀世音者 畜以金銅鍮石 及畵隨力所辦 安
置壇中誦呪…"

143 Pelliot chinois No.2602, 10면~11면 6행. "若作仏菩薩大自在天 及 金翅鳥等壇者 要略乳石蜜
胡汁糖鬱金 芥子 黃者 充已合爲香水着盞中 奉持 又 香水安悉鬱金 白芥 合爲香水灑地."

인(手印)을 그려 넣기 위해 공간을 비워 둔 상태이다.

이상 P.2602는 「여의륜왕마니발타별행법인」 앞부분에 P.2153과 S.24 98에 실리지 않은 5종의 부적 도상이 추가된 것으로, 앞서 언급한 S.2498과 같이 '위덕마니륜법'의 원형에 가까운 형태를 보여준다.

(4) 펠리오 사본 P.3835

P.3835는 다음과 같이 다섯 부분으로 구성되어 있다.

①10종의 수인도(手印圖)

②제경전(諸經典) 초록(抄錄)

③단오일(端午日) 부적

④「불설대륜금강총지다라니법(관세음여의륜수마니발타별행법)」

⑤『불설상구리독녀다라니주경(佛説常瞿利毒女陀羅尼呪經)』등

먼저 ① (1~3면) 십일면삼매인(十一面三昧印)(제1), 신인(身印)(제2), 대심인주(大心印呪)(제3), 중심인주(中心印呪)(제4), 도타인주(闍吒印呪)(제5), 화좌인주(華坐印呪)(제6), 관세음호신인(觀世音護身印)(제7), 파라다인(婆羅跢印)(제8), 관세음단타인(觀世音檀陀印)(제9), 감로인(甘露印)(제10) 등의 명칭과 함께 수인도(手印圖)가 실려 있다. 이 부분은 『다라니집경』 권4의 『십일면관세음신주경(十一面觀世音神呪經)』 중 일부 수인도(手印圖)와 동일한 것으로, 『다라니집경』 권4의 『십일면관세음신주경』에 "원래 이 권(卷)에는 총 52인(印)이 있어, 50이 주(主)이고 2개 인은 객(客)"[144]이라 쓰여 있는데, P.3835에는 이 가운데

<hr>

[144] 『陀羅尼集經』(『大正藏』18), p.812中. "是經本此卷 總有五十二印五十是主二印是客."

전반부 10종의 인(印)이 실려 있다. 그런데 현존『다라니집경』에는 수인(手印)을 결하는 방법과 그 공능(功能)에 대한 설명만이 기록된 것에 비해 P.3835에는 수인도(手印圖)가 실려 있어, 이 자료는『다라니집경』이 성립되기 이전의 자료일 가능성이 있다. 그럼에도 이 사본에는 수인을 결하는 방법과 그 공능에 대한 설명 없이, 10종 수인의 명칭과 각 수인도만이 실려 있다.

이어 ② (3면~23면) 여러 경전의 초록(抄錄)이 실려 있다. 먼저『관세음보살비밀장무부애여의심륜다라니경(觀世音菩薩祕密藏無部礙如意心輪陀羅尼經)』(1권) 중「제파일체악업다라니품(除破一切惡業陀羅尼品)」(第一)이 실려 있는데, 이 부분은 실차난타(實叉難陀) 역(譯)『관세음보살비밀장여의륜다라니신주경』[145]에 해당한다.

다음에는 (24면~44면) 현장(玄奘) 역『불공견색신주심경(不空羂索神呪心經)』과 (44면~46면)『불설관경(佛說觀經)』의 일부, (47면~50면) 묘색신여래진언(妙色身如來眞言)부터 금륜불정심진언(金輪佛頂心眞言)까지 다수의 진언이 실려 있다.

① 단오일(端午日) 부적

③ (51면~75면)「대부금방(大部禁方)」항목에는 '용수보살구천현녀주(龍樹菩薩九天玄女呪)'와 '수기법(受氣法)'이 실려 있다. '수기법'의 경우, 단오일 인시(寅時)에 오방의 기운(五方氣)을 얻는 방법이 실려 있는데, 먼저 (52면~60면) 시방제불과 금강신 등에 대한 봉청문(奉請文)과, (60면~61면) 제신(諸神)들에 대한 수호의 주문이 실려 있다.

그리고 (62~63면) 결인법(結印法)에 이어 3종의 단오 부적과 함께, 단오와

---

145 『觀世音菩薩祕密藏如意輪陀羅尼神呪經』(『大正藏』20), pp.197中−200上.

94

관련된 또 다른 1종의 방책을 제시하고 있다[도10].

도10. P.3835 중 3종의 단오 부적과 1종의 방책

이 중 3종의 단오 부적은 다음과 같은 형태로[표13], 위 부적에 이어 (64면) 부적을 쓰는 요령 및 그 효능이 다음과 같이 설명되어 있다.

표13. 돈황 사본 P.3835에 실린 3종의 단오 부적

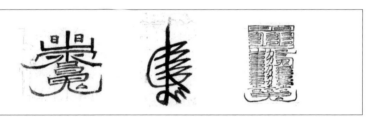

"앞의 부(符)는 단오일에 쓰는 것이다. 해가 뜰 때 벼루에 초석(峭石, 질산칼륨)을 넣고 검은 흙(초석)을 갈아, 초석을 머금은 물로 한순간에 써 마쳐야 한다. 다시 조심스럽게 부적 위에 발(扚) 자(字)를 쓴다. (그렇게 함으로써) 아도가약(阿稻伽藥)과 도마신(塗磨身)을 함유하게 되니, 삼시충(蟲)이 스스로 독이 깊어져 몸 안에서 쉬게 된다. 밖에 나가지 않고 본원에 달하면 만사 흥할 것이다."[146]

||||||||||||

146 P.3835, 64면. "已前符 端午日取來 日出時 書就 硯台內峭 磨黑土 含一幾峭 直至書了. 更用
為牙珠筆 符上書扚子(字) 藏阿稻伽藥塗磨身 蟲毒自深 休粮方內 不出外 入達本源 萬事興."

그리고 이어서 "우방(又方)", 즉 "또 다른 방책"이란 문구와 함께 우방(又方)이란 글자를 부적처럼 형상화한 채 다음의 방책을 제시하고 있다.

 "又方 : 매일 살구 7, 8개와 대추 3개를 따 먹으면 갈증에 좋으니, 인삼과 복령 (伏令)도 갈증을 그치게 한다."[147]

또한 (65면) 10종의 진언에 이어, (66면) 단오 부적과 관련해 "나무 불타야, 나무 달마야, 나무 승가야, 나무 바사사(婆師沙) 승가타(僧加咤) 승금타(僧㖶咤)" 등의 예문(禮文)을 제시한 후 다음의 독송 행법을 서술하고 있다.

"소리 내지 않고서 7편을 외우고 주법(呪法)을 지녀라. 항상 정월 1일이거나 평일 1시에 동방에서 서향(西向)하여 작례(作禮)하고 각 7편을 독송하라. 또 5월 5일 오시(午時)에 불전(佛前)에 작례 7배(拜)하고 본목(本目, 위 예문)을 2·7편(14편) 송주하고 7일간 재계(齋戒)하라."[148]

그리고 (66면~75면) 입촉진언(入觸眞言)부터 오신진언(悟身眞言)에 이르기까지 다수의 진언이 실려 있는데, 이상의 내용은 「여의륜왕마니발타별행법인」과는 관계없는 또 다른 부분이 추가된 것임을 알 수 있다.

②「여의륜왕마니발타별행법인」

이어 ④ (75면 10행) 「불설대륜금강총지다라니법(佛說大輪金剛總持陁羅尼

---

147 P.3835, 64면. "又方. 每日吃杏七八 棗三個 渴特吃 人參 伏令止渴."

148 P.3835, 66면. "不出聲 誦七篇 持呪法 常以 正月一日 平日一時 面向東方作礼 各怜本目 誦七篇. 又 五月五日 午時 佛前作礼七拜 怜本目 誦呪二七篇 作齋七日."

法)」을 싣고 있는데, 「불설대륜금강총지다라니법」의 경우 작은 글씨로 "관세음여의륜수마니발타별행법"이란 내용이 기록되어, 「관세음여의륜수마니발타별행법」이 「불설대륜금강총지다라니법」이라 불리기도 했음을 알 수 있다.

이어서 「여의륜마니발타별행법인」 편(遍)에 – 앞서 든 다른 사본들과 같이 – 부적의 연원에 대한 설명[149]과 (76면) 별행법(別行法)에 따른 다라니를 실은 후("已上別行法") 다라니의 공능과 관세음보살에 대한 세존의 찬탄, "세존께서 대광명을 놓자 (광명은) 삼천대천세계를 환희 밝혀 모두 금색으로 물들었고, 이때 관세음보살은 불 여래의 신력을 받들어 불전(佛前)에서 주(呪)를 설하였다"는 내용이 실려 있는데, 이 부분은 앞서 든 사본들과 동일한 내용임을 알 수 있다.

이후 (77면~79면) 전단마니인(栴檀摩尼印)과 파두마인(波頭摩印) 등 8종의 부적과 그에 대한 설명이 실려 있다[도11].

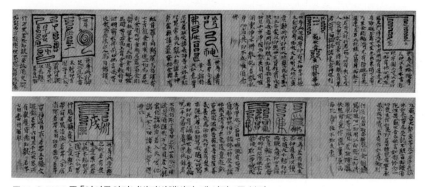

도11. P.3835 중 「여의륜왕마니발타별행법인」에 실린 8종 부적

||||||||||

149 P.3835, 75면 12행 이후. "일체에 비할 바 없는 것으로, 이 법을 得見한 자는 36人이다…" 등의 내용.

이는 P.2153의 「여의륜왕마니발타별행법인」에 실린 17종 부적 중 일부에 해당하는 것으로, 수록 순서는 다르게 되어 있으나 내용 설명의 경우 P.2153과 거의 유사한 내용을 담고 있다. 이를 표로 제시하면 다음과 같다[표 14]. 경문 가운데 인(印)의 명칭이 기록되지 않은 것은 다른 문헌에 실린 명칭 내지 효능 설명에 따라 인의 명칭을 부여했으며, ( ) 안에 명칭을 써두었다.

표14. 돈황 사본 P.3835 중 「여의륜마니발타별행법인」 항목의 부적 일부

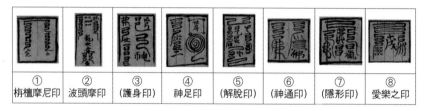

①	②	③	④	⑤	⑥	⑦	⑧
栴檀摩尼印	波頭摩印	(護身印)	神足印	(解脫印)	(神通印)	(隱形印)	愛樂之印

한편 P.3835 말미에는 ⑤ 『불설상구리독녀다니주경(佛説常瞿利毒女陀羅尼呪經)』이 실려 있는데, 이에 대해서는 뒤에 설명하기로 한다.

(5) 펠리오 사본 P.3874

P.3874는 전반부와 후반부 일부가 탈락된 상태로, ①「여의륜왕마니발타별행법인」과 ② 여의륜마니다라니신주(如意輪摩尼陀羅尼神呪)를 독송하며 행하는 의식과 결계(結界) 등 두 부분으로 구성되어 있다.

①「여의륜왕마니발타별행법인」

① (1면~3면 36행) 전반부가 탈락된 상태의 문서로, 현재 남아 있는 부분에는 「여의륜왕마니발타별행법인」 중 13종의 부적과 그 효능이 실려 있다[도 12].

도12. P.3874 중「여의륜왕마니발타별행법인」의 13종 부적

이 가운데 9종은 P.2153에 실린 17종의 부적 중 일부이며, 나머지 4종은 P.2153에 실리지 않은 것임을 알 수 있다. 이와 관련해서, 17종의 부적을 전하고 있는 P.2153의 (4면 후반)「대악도방인」말미에 "「대악도신인(大惡都身印)」이하의 인(印)은 …(중략)… 140종의 부적[道]이 갖추어 있었으나, 모두 금하여 행해지지 않았다"[150]는 내용에 의거한다면, 4종의 부적은 위에 언급된 140종의 부적 중 P.2153에 누락된 부적의 일부에 해당하는 것으로 추정된다.

한편 P.3874에 실린 부적의 경우 P.2153을 참고로 그 정체를 파악할 수 있다. ①맨 앞에 실린 것은 부적이 유실되었지만, 기록된 내용을 통해 볼 때 P.2153에 실린 4번째 부적인 (신통인)임을 알 수 있다. 그리고 실린 부적을 참조해 볼 때 ② (은형인), ③ 애락지인, ④ (현일체보장인), ⑤ (대지진동인), ⑦ 마하인, ⑧ (삼매인), ⑨ (중생안락인), ⑩ (구적멸정인) 9종의 부적이 실려 있으며, 부적 설명의 경우도 P.2153과 큰 차이가 없음을 알 수 있다.

그런데 나머지 4종의 경우, 각각 부적과 함께 하단에는 장문의 내용이 실려 있다. 내용 중 일부만을 옮겨 두었으며, 글자의 탈락 등으로 뜻을 파악하기 어려운 까닭에 일부 의역한 부분이 있다.

||||||||||
150 P.2153, 4면. "譯印法 具有一白卄卄道 並禁不行."

⑥ 마하화수지인(摩訶花手之印): □□세간 중생 가운데  이 '여의륜다라니' 및 '대비(大悲)'를 외우는 자로서, 만약 '마하화수지인'을 만들거나 외우지 않으면 □□을 이루지 못할 것입니다. 만약 '여의륜(다라니)'와 '대비관세음'을 지녀 행하는 자는 만겁에 걸쳐 음식을 먹지 않아도 기력이 다하지 않을 것입니다 …(중략)… 주(呪)를 외우고자 하면 먼저 하룻밤에 이 인(印) 만개를 (만들라). 갖추어진 글에 이르되, 적동(赤銅)에 (부적을) 그리되, 가격을 다투지 말라고…(후략)

⑪ 제화인(諸花印): 세존이시여, 이 이름은 '제화인'이니,  단목(檀木)을 깎아 지니면, 가는 곳마다 제불보살(諸佛菩薩)이 항상 묘화(妙花)를 흩뜨려 행주좌와 가운데 몸과 마음이 안은(安隱)할 것이고, 악심이 생겨나지 않으며 눈이 청정하여 장애가 없을 것입니다. 세세생생에 항상 패함이 없고, 세간 가운데 항상 □□하게 될 것입니다. 이 사람은 문득 대광명을 놓아 부처님 세계를 비출 것이니, 모든 부처님 세계가 자금색으로 되고, 삼천대천세계의 제불여래께서 깊은 바라밀[尋波羅蜜]에 들어 이 인을 받아 지닐 것입니다.

⑫ [명칭 없음, 묘과인(妙果印)]: 중생들로서 묘한 과보  를 구한다면 단목(檀木)을 깎아 인(印)을 만들고, 여의륜상(如意輪像)을 향해 주(呪) 108편 내지 □□□. 대자비심의 가르침에 수순하고… 중간에 천우(天雨)와 보화(寶花)가 내리고, 갖가지 향기로운 바람이 □□□. □□을 구하려는 행자는 인(印)으로… 지옥 죄인이 지옥을 벗어나 불퇴전지(不退轉地)를 얻고 속히 무상도(無上道)를 얻게 됩니다.

⑬ 관일체제비법인(管一切諸秘法印): 이 인(印)은 2월 8
일에 복숭아나무[桃木]를 깎아 만들되, 크고 작음은 임
의에 따릅니다. 세존이시여, 이 인은 92억의 제불여래
께서 연설하신 신주(神呪)입니다. 세존이시여, 석가모
니불께서 설하신 '칠대불정(七大佛頂)'은 모두 이 인(印)을 말미암아 생겨난 것
입니다 …(중략)… 세존이시여, 이 인(印)은 이름이 '관일체제비법인(管一切諸秘
法印)'이니…(후략)

이상 4종의 부적과 함께 전체 13종 부적을 간략히 표로 보이면 다음과
같다. 부적 명칭이 기록되지 않은 경우는 내용에 따라 ( ) 안에 임의로 명칭
을 부여하였다[표15].

표15. 돈황 사본 P.3874 중 「여의륜왕마니발타별행법인」 항목의 부적 일부

부적 누락						
① (神通印)	② (隱形印)	③ 愛樂之印	④ (現一切寶藏印)	⑤ (大地震動印)	⑥ 摩訶花手之印	⑦ 摩訶印
⑧ (三昧印)	⑨ (衆生安樂印)	⑩ (求寂滅定印)	⑪ 諸花印	⑫ (妙果印)	⑬ 管一切諸秘法印	

이어 ②3면 말미 이하는 다른 필사본에 없는 내용으로, 여의륜마니다
라니신주(如意輪摩尼陀羅尼神呪)를 독송하며 행하는 의식과 결계(結界) 등이
설명되어 있다.
이상 5종의 돈황 사본을 종합해 볼 때 「여의륜왕마니발타별행법인」과

101

「금강동자수심주」 부분은 『관세음보살부인』에 속한 내용으로, 담마급다가 상림원에서 번역한 140개의 인법(印法) 중 '위덕마니륜법'에 해당하는 것임을 알 수 있다. 이 가운데 P.2153은 '위덕마니륜법의 약설(略說)'에 해당하는 것으로, 「여의륜왕마니발타별행법인」에 17종의 부적과 「금강동자수심인」에 16종 등 총 33종의 부적이 실려 있다.

이에 비해 S.2498에는 「금강동자수심인」의 16종 부적 외에 '난산부'와 '관세음수심부' 등이 추가되었으며, P.2602에는 5종의 부적이 추가되었음을 알 수 있다. 이외에 P.3835에는 「여의륜왕마니발타별행법인」과는 관계없이 3종의 단오 부적이 추가되어 있기도 하다.

이상의 내용을 바탕으로 필자는 5종의 돈황 사본 중 『관세음보살부인』, 즉 「여의륜왕마니발타별행법인」과 「금강동자수심주」에 실린 부적과 부적의 명칭을 종합한 공관표(共觀表)를 제시해 보기로 한다. 이를 통해 부적의 누락 여부 내지, 각 부적의 명칭과 함께 형상이 각 사본에 어떻게 묘사되었는지 파악할 수 있을 것이다. 이에 「여의륜왕마니발타별행법인」 부분에 수록된 – S.2498에는 「여의륜왕마니발타별행법인」 관련 부적이 빠져 있기에 – 4종 사본의 부적을 표로 보이면 다음과 같다[표16].

표16. 『여의륜왕마니발타별행법인』 부분에 수록된 4종 사본의 부적 공관표

P.3874	P.2153	P.2602	P.3835
			(단오부적)

P.3874	P.2153	P.2602	P.3835
		 ①	
		 ②龍樹菩薩符	
		 ③千仏符	
		 ④(神符)	
		 ⑤龍樹菩薩呪符	
	 ①栴檀摩尼之印	 ①栴檀摩尼之印	 ①栴檀摩尼印
	 ②(護身印)	 ③(護身印)	 ③(護身印)

P.3874	P.2153	P.2602	P.3835
	③ 神足印	④ 神足印	④ 神足印
(부적 누락) ① (神通印)	④ (神通印)	⑥ (神通印)	⑥ (神通印)
③ 愛樂之印	⑤ 愛樂之印		⑧ 愛樂之印
⑤ (大地震動印)	⑥ (大地振動印)		
⑦ 摩訶印	⑦ 摩訶印		
⑨ (衆生安樂印)	⑧ (衆生安樂印)		
	⑨ (發菩提心印)		

P.3874	P.2153	P.2602	P.3835
	⑩鉢頭摩印	②鉢頭摩印	②波頭摩印
	⑪(解脫印)	⑤(解脫印)	⑤(解脫印)
②(隱形印)	⑫(隱形印)	⑦(隱形印)	⑦(隱形印)
④(現一切寶藏印)	⑬現一切寶藏印		
	⑭(所願成就印)		
⑧(三昧印)	⑮摩頂授記印		
⑩(求寂滅定印)	⑯(常入寂靜印)		

105

P.3874	P.2153	P.2602	P.3835
	⑰ 散諸花果印		
⑥ 摩訶花手之印			
⑪ 諸花印			
⑫ (妙果印)			
⑬ 管一切諸秘法印			

　　필자는 위 표를 정리하는 가운데 그 순서를 펠리오 사본 P.3874과 P.2153, P.2602, P.3835 순으로 정리하였는데, 이는 성립 순서를 염두에 둔 것이다. 이를 설명하기 위해 전단마니지인(栴檀摩尼之印)을 예로 들면, P.2153에 실린 전단마니지인의 경우 다음과 같이 부적의 용례를 설명하고 있다.

"세존이시여, 이것은 전단마니지인(栴檀摩尼之印)으로
…(중략)… 이 인(印)을 가슴[心] 쪽에 놓거나, 타인의 가
슴을 열고 다라니를 외우면 육안(宍眼)을 통달하여 위
를 살펴봄에 장애가 없을 것이고, 무색계의 정천(頂天)
밑에서부터 금강륜(金剛輪)에 이르기까지 무장애 할 것으로, 모두 통달함을
얻을 것입니다."[151]

　　이 설명을 바탕으로 전단마니지인의 부적 형상을 살펴보면, P.2153에
실린 전단마니지인의 경우 좌측 하단에서 출발해 무색계(無色界)의 정천(頂
天)인 비상비비상천(非想非非想天)에 이르는 과정을 묘사한 것으로 추정된다.
즉 무색계의 정천(頂天)을 '집'을 의미하는 'ㅗ'로 상징화하였으며, 그곳에 이
르는 과정을 '간다'를 의미하는 '之'로 상징화한 채 이를 종합해 '之'이란 글
자를 써둔 것으로 이해된다. 또한 우측 도상의 경우 무색계의 정천으로부터
우주의 지반에 해당하는 풍륜(風輪)과 수륜(水輪), 금륜(金輪) 중 금륜을 말하
는 금강륜에 이르는 과정을 '간다'를 의미하는 '之'로 상징화해둔 것으로 이
해되는 것이다. 또한 그 위에 마련된 좌우 6개씩의 돌기(突起)는 육안(宍眼)과
관련해 육신통(六神通)을 얻어 모든 것을 관(觀)하는 모습을 표현한 것으로
이해된다. 이는 문자의 부호화(符號化)라는 부적의 형상적 측면을 알려주는
예가 된다.
　　그런데 이에 비해 P.2602의 경우 원래의 상징성을 잃어버린 채 형태
적 유사성만을 모방하고 있으며, '之'이란 글자를 대신해 '凩'이란 글자를 써

151　Pelliot chinois No.2153, 6면 4~6행. "世尊 此栴檀摩尼之印 …(중략)… 以用印心便有他心 開
　　陀羅尼門 於此中 宍眼即有通達 無有障礙上有見 乃至 無色界頂天 下至金剛輪 已末無障
　　㝵 皆悉得通達."

놓고 있다. 한편 P.3835의 경우 우측 하단의 글자를 '之'가 아닌 '云'이라 쓰고 있음을 볼 수 있다. 이런 차이는 특정 형상만을 모방한 채 일정한 형(型)에 따라 단순화하고 관습화하는 장식화(ornamentalization) 내지 양식화(樣式化, stylization)가 진행된 예라 할 수 있다[표17].

표17. 전단마니지인(栴檀摩尼之印)의 상징성과 양식화(樣式化)

	P.2153	P.2602	P.3835
전단마니지인 (栴檀摩尼之印)			

또 다른 예로, 발두마인(鉢頭摩印) 역시 각각의 부적 형상에 다소 변화가 있음을 볼 수 있다. 즉 P.2153과 P.2602를 비교해 볼 때, P.2602은 P.2153에 비해 부적 형태가 간략화 내지 형식화되어 있음을 볼 수 있다. 또한 P.3835의 경우 부적의 장식성 또한 소멸된 모습을 볼 수 있다[표18].

표18. 발두마인(鉢頭摩印)의 양식화(樣式化) 과정

	사본 No. 2153	사본 No. 2602	사본 No. 3835
발두마인 (鉢頭摩印)			

그런데 이 중 P.3835의 경우 사본 전반부 23면(面)에 978년 서사한 기록이 남아 있고, 75면 말미(末尾)에 동일인의 서체(書體)로 보이는 『여의륜

왕마니발타별행법인』이 수록된 점을 미루어,[152] 사본 중 이 부분은 거의 같은 시기에 기록된 것으로 보인다. 한편 P.2602는 718년 2월에 필사를 마친 『무상비요』 권제29 뒷면에 기록된 것으로,[153] 양식화의 측면에서 718년 이후 P.3835보다 이른 시기에 서사된 것으로 추정된다. 또한 P.2153의 경우는 양식화가 진행되지 않은 것으로, 두 사본보다 빠른 시기에 서사된 것임을 알 수 있다.

또 하나의 예로서 대지진동인(大地震動印)과 중생안락인(衆生安樂印)을 들 수 있다[표19].

표19. 대지진동인(大地震動印)과 중생안락인(衆生安樂印)의 양식화 예

	P.3874	P.2153		P.3874	P.2153
대지진동인 (大地震動印)			중생안락인 (衆生安樂印)		

이 둘을 놓고 볼 때 P.2153은 P.3874에 비해 부적 형태가 간략화 내지 형식화되어 있음을 볼 수 있다. 또한 중생안락인의 경우 P.2153은 기본 형태마저 어그러진 채 추상성을 보이고 있다. 이런 점에서 볼 때 P.3874는 P.2153

|||||||||||

152 Pelliot chinois No.3835의 전반부에 해당하는 『觀世音菩薩秘密藏無障礙如意心輪陀羅尼經』末尾, 23面 末에 "戊寅年(978) 八月 五日 淸信弟子 楊願受 寫此經"이란 記錄이 남아 있어, 978년 8월에 서사한 것임을 알 수 있다. 이어 75面 末尾에 『여의륜왕마니발타별행법인』이 실려 있는데, 쓰여진 필체를 비교해 볼 때 동일인이 쓴 것으로 추정되기에, 이 부분 역시 비슷한 시기에 기록된 것으로 추정된다.

153 Pelliot chinois No.2602의 경우 前面 『無上祕要』 卷第29 末尾에 "開元 6年(718) 2月 8日 燉煌縣 神泉觀 道士 馬震幽"라는 筆寫記가 있다. 이 사본의 後面에 후대에 기록된 『觀世音菩薩符印』 1卷이 收錄되어 있다.

에 비해 좀 더 이른 시기에 서사된 것으로, 시기를 대략 9세기~10세기 초반으로 추정함에 무리가 없을 것이다. 이처럼『다라니집경』에 포함되지 않았던『여의륜왕마니발타별행법인(一卷)』은 독립적으로 존재했으며, 시기에 따라 변형된 형태의 부적을 담은 채 꾸준히 필사되었음을 알 수 있다.

한편「금강동자수심주」에 수록된 부적은 P.2153과 S.2498 등 2종에만 실려 있어, 이를 표로 비교해 보면 다음과 같다[표20].

표20.「금강동자수심주」항목에 수록된 2종 사본의 부적 공관표(共觀表)

P.2153	S.2498	P.2153	S.2498
	 一切眼符	 ③ 護身益筭(符)	 ⑥ 都護身命益筭符
	 難産符	 ④ 金剛童子隨心印	 ① 金剛童子隨心印
 ①	 ④	 ⑤	 ②
 ②	 ⑤	 ⑥	 ③

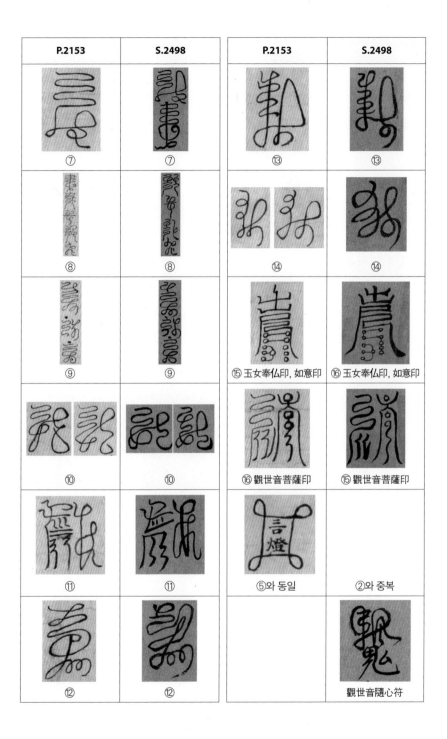

P.2153	S.2498	P.2153	S.2498
⑦	⑦	⑬	⑬
⑧	⑧	⑭	⑭
⑨	⑨	⑮ 玉女奉仏印, 如意印	⑯ 玉女奉仏印, 如意印
⑩	⑩	⑯ 觀世音菩薩印	⑮ 觀世音菩薩印
⑪	⑪	⑤와 동일	②와 중복
⑫	⑫		觀世音隨心符

2) 『불설칠천불신부경』

돈황 문서 중 「여의륜왕마니발타별행법인」 다음으로 부적이 많이 실린 문헌으로는 『불설칠천불신부경(佛説七千佛神符經)』을 들 수 있다. 『불설칠천불신부경』은 P.2153과 S.2708, P.2558, P.2723, P.3022 등에 그 내용이 실려 있다. 이들 문헌 중 앞서 든 P.2153을 기준 삼아 『불설칠천불신부경』에 실린 불교 부적의 내용과 현황을 살펴보기로 한다.

(1) 펠리오 사본 P.2153

P.2153에는 「여의륜왕마니발타별행법인」에 이어 (10면 중반~11면 초반) 「칠천불명신부(七千佛名神符)」가 16종의 부적과 함께 수록되어 있다. 「칠천불명신부」는 『불설칠천불신부경』의 부적을 명칭 및 효능과 함께 수록한 것이다. 『불설칠천불신부경』은 거의 온전한 내용이 S.2708에 남아 있으며, 이 사본은 《대정신수대장경》 중 『칠천불신부경』의 저본이 되기도 한다.[154]

　　《대정신수대장경》에서 『칠천불신부경』은 돈황 문서를 수록한 제85권 중 의위경(疑僞經), 즉 위경(僞經)을 뜻하는 「의사부(疑似部)」에 속한 것으로, 원래는 『불설칠불신부경(佛説七佛神符經)』이라 칭하였다. 이 경전은 당나라 초부터 위경으로 인식되어, 측천무후 천책만세(天冊萬歳) 원년(695)에 명전(明佺) 등이 찬술한 『대주간정중경목록』의 위경 목록 228부(部) 419권 가운데 "불설칠불신부경(佛説七佛神符經) 1권, 불설익산신부경(佛説益算神符經) 1권"이 포함되었음을 볼 수 있다. 『대주간정중경목록』에는 이들 경전에 대해 다음 내용을 기록하고 있다.

<hr />

154 『七千佛神符經』(『大正藏』85), p.1446.

"위 경(經)들은 모두 고래로 위경[僞謬]이라 전해지는 것이다. 문장의 말들은 무익하고 장황하며, 이치가 경박한 것이다. 다만 불설(佛說)이란 표현을 도용한 것으로, 불법과 무관한 사람(終露人)의 형태를 모방한 것이다. 그러나 미혹에 떨어진 무리들이 오해를 벗어나게끔 이같이 구체적으로 나열한다."[155]

이는 『칠천불신부경』이 도교 경전인 『태상노군설장생익산묘경(太上老君說長生益算妙經)』을 인용해 성립되었기에 위경에 포함했던 것으로,[156] 『칠천불신부경』에는 16종의 부적을 싣고 있음에 비해, 『태상노군설장생익산묘경』에는 15종의 부적이 실려 있다.[157]

한편 730년에 서숭복사(西崇福寺) 사문 지승(智昇)이 찬술한 『개원석교록 부(附) 입장목록(入藏目錄)』에서는 "익산경(益算經) 1권은 칠불신부경 내지 도산신부경(盜算神符經)이라 칭하는 것인데, 『대주간정중경목록』에서는 이를 세 경(經)으로 나눠 수록한 오류를 범했다"[158] 하여, 『칠불신부경』은 『익산경』 내지 『도산신부경』이라 칭하기도 했음을 알 수 있다.

P.2153에 실린 「칠천불명신부」의 경우, 경문(經文)은 생략된 채 다음과 같이 16종 부적과 부적의 명칭 내지 그 효능만이 실려 있다[도13].

155 『大周刊定衆經目錄』(『大正藏』 55), p.474下.

156 다음 사이트에서 두 經文의 원문을 검색할 수 있다. 『太上老君說長生益算妙經』(https://ed29.com), 『七千佛神符經』(https://21dzk.l.u-tokyo.ac.jp/SAT/index.html).

157 『太上老君說長生益算妙經』(『道藏』 11), pp.412-413.

158 『開元釋教錄 附 入藏目錄』(『大正藏』 55), p.677下.

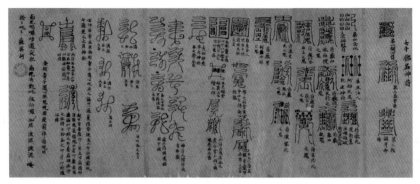

도13. P.2153 중 「칠천불명신부」에 실린 16종 부적

여기 실린 16종 부적의 명칭 내지 그 효능을 들면 다음과 같다.

① 제1(第一) 마음을 열게 하는 부적(開心符).

② 제2(第二) 수명을 증장시키는 부적(益算符).

③ 제3(第三) 몸과 목숨을 구하고 보호하는 부적(救護身命符).

④ 제4(第四) 금수화 등 (五行)이 순행하도록 하는 부적(金水火不相尅符).

⑤ 제5(第五) 죽음의 귀신 아진(阿姬)와 모허신(耗虚神)으로부터 사람을 살려내
는 부적(注人阿姬死鬼 耗虚神符).

⑥ 모든 죽음을 예방하며[厭], 음양의 부조화로 인한 병과 학질[伏連]을 치료하
는 부적(符厭死喪新舊 注雌雄破殃伏連之病).

⑦ 산림(山林)과 사직(社禝)의 귀신을 예방하는 부적(符厭山林社禝之鬼).

⑧ 하늘을 나는 귀신을 예방하는 부적(符厭遊天行之鬼).

⑨ 붉은색 입을 가진 귀신을 예방하는 부적(符厭赤口之鬼).

⑩ 주변[比舍]과 오토(五土)의 귀신을 예방하는 부적(符厭比舍五土之鬼).

⑪ 태양에서 노니는 토기(土氣)의 귀신을 예방하는 부적(符厭日遊土氣之鬼).

⑫ 전장에서 죽은 귀신을 떠나게 하는 부적(符去兵死之鬼).

⑬ 별[星]로 인해 죽은 귀신을 예방하는 부적(符厭星死之鬼).

⑭ 무고(無孤)의 귀신을 예방하는 부적(符厭無孤之鬼).

⑮ 객사한 귀신을 예방하는 부적(符厭客死之鬼).

⑯ 남녀 사이에 재앙의 귀신을 예방하는 부적(符厭男祥口女祥之鬼).

한편, 앞서 "『칠천불신부경』이 『태상노군설장생익산묘경』을 인용해 성립되었다"고 언급한 바와 같이,『칠천불신부경』에 실린 부적의 형태 및 명칭과 효능은 『태상노군설장생익산묘경』에 실린 것과 거의 흡사하다. 다만 수록 순서가 바뀌었거나, 내용의 경우 『태상노군설장생익산묘경』 중 "④第四 金木水火土不相尅符"를 "④第四 金水火不相尅符"라 하여 오행(五行) 중 목(木)이 빠졌다거나, "⑦山林之鬼"를 "⑦山林社禝之鬼"로 정정한 정도만이 발견된다. 이에 두 문헌과의 차이점을 볼 수 있도록 『태상노군설장생익산묘경』에 실린 15종 부적을 기준 삼아 P.2153에 실린 「칠천불명신부」를 비교해 표를 만들면 다음과 같다【표21】.[159]

||||||||||

‖‖‖‖‖‖‖‖‖

159 『칠천불신부경』과 『태상노군설장생익산묘경』 부적의 관련성에 대해서는 다음 논문을 참조해 서술하였다. Robson, James, "Signs of Power: Talismanic Writing in Chinese Buddhism" *History of Religions* 48(2), 2008. pp.163-164.

115

표21. 『태상노군설장생익산묘경』과 돈황 사본 P.2153에 실린 부적 비교

『태상노군설장생익산묘경』	① 第一 開心符	② 第二 益算符	③ 第三 護身命符	④ 第四 金木水火土不相尅符	⑤ 第五 主人生阿姬死鬼魃耗神符	⑥ 符厭遊光之鬼	⑦ 符厭山林之鬼	⑧ 符厭五土之鬼
P.2153	① 第一 開心符	② 第二 益算符	③ 第三 救護身命符	⑤ 第五 注人阿姬死鬼耗虛神符	④ 第四 金水火不相尅符	⑧ 符厭遊天行之鬼	⑦ 符厭山林社褸之鬼	⑩ 符厭比舍五土之鬼

『태상노군설장생익산묘경』	⑨ 符厭遊止土氣之鬼	⑩ 符厭客死之鬼	⑪ 符厭獄死之鬼	⑫ 符厭犬無辜之鬼	⑬ 符厭赤舌之鬼	⑭ 符厭雌雄之鬼	⑮ 符厭腥死之鬼	
P.2153	⑪ 符厭日遊土氣之鬼	⑮ 符厭客死之鬼	⑫ 符去兵死之鬼	⑭ 符厭無孤之鬼	⑨ 符厭赤口之鬼	⑥ 符厭死喪新舊 注雌雄破殃伏連之病	⑬ 符厭星死之鬼	⑯ 符厭男祥□女祥之鬼

(2) 스타인 사본 S.2708

S.2708은 경명(經名) 및 역자와 앞부분 일부가 탈락된 것으로, 후반부는 온전한 모습을 갖추고 있다[도14].

이 사본은 《대정신수대장경》 중 『칠천불신부경』의 저본이 되었던 것으

도14. S.2708 말미에 실린 「칠천불명신부」의 15종 부적

로, 말미에 『불설칠천불신부경(佛說七千佛神符經)』이라 경명이 쓰여 있으며, 그 앞에는 15종 부적의 명칭과 효능을 싣고 있다.

　　P.2153에는 16종의 부적이 실린 것과는 달리 S.2708에는 15종이 실려 있는데, 이는 P.2153 중 ⑦ 부염산임사직지귀(符厭山林社禝之鬼)가 생략된 것이다(사본에 실린 부적의 명칭 및 효능은 이후 공관표에 싣기로 한다).

(3) 펠리오 사본 P.2558

P.2558은 8면으로 구성되었으며, 전반부 5면 9행까지는 『불설칠천불신부경』이 실려 있고, 5면 10행부터는 『불설익산경(佛說益算經)』이 실려 있다. 『불설칠천불신부경』의 경우 앞부분 일부가 찢긴 상태로, 전반 11행은 일부 글자를 파악할 수 없는 상태이다. 그럼에도 P.2558에는 -《대정신수대장경》 중 『칠천불신부경』의 저본으로 사용된 - S.2708에 비해 앞부분의 경문 9행이 추가되어 있음을 알 수 있다.

　　한편 앞서 언급했듯이, 『개원석교록 부(附) 입장목록』 중 "'익산경' 1권은 '칠불신부경' 내지 '도산신부경'이라 칭하는 것인데, 『대주간정중경목록』에서는 이를 세 경(經)으로 나눠 수록한 오류를 범했다"는 내용과도 같이,

P.2558에 실린 『불설칠천불신부경』과 『불설익산경』 등 두 경전은 동일한 내용이 기록되었음을 알 수 있다. 다만 『불설익산경』의 경우 『불설칠천불신부경』에 실린 부적이 생략된 형태로, 이런 까닭에 경명(經名) 가운데 신부(神符)란 명칭이 생략되었음을 알 수 있다.

한편 이 사본에서 『불설칠천불신부경』의 경우, 경명(經名) 부분 일부가 찢긴 상태로 "- 佛神符益 -" 부분만 쓰여 있는데, 이는 애초 『불설칠천불신부경』의 경명이 『불설칠천불신부익산경(佛說七千佛神符益算經)』이었음을 알려준다. 그리고 이 경문 중 일부 글자를 파악할 수 없는 전반 11행 부분은 『불설익산경』의 앞 5~6행을 통해 내용이 보충될 수 있으며, 《대정신수대장경》 중 『칠천불신부경』에서 누락된 부분 역시 이를 통해 보완 가능함을 알수 있다.

P.2558 중 『불설칠천불신부경』 말미에는 16종 부적과 그 명칭 및 효능이 실려 있다.[도15](사본에 실린 부적과 효능은 이후 공관표에 싣기로 한다).

도15. P.2558에 실린 「칠천불명신부」의 16종 부적

(4) 펠리오 사본 P.2723

P.2723은 3면으로 구성된 것으로, 『불설칠천불신부경』의 앞부분 1면 정도가 탈락된 형태이다. 경전 본문에 이어 부적과 부적의 명칭 및 효능이 실려

도16. P.2723에 실린 「칠천불명신부」의 부적 11종

있는데, 후반부의 탈락으로 인해 11종의 부적과 그 명칭 및 효능만이 실려 있다[도16].

(5) 펠리오 사본 P.3022

P.3022는 8면으로 구성되었으며, 5면 8행까지는 『불설구발염구아귀다라니경(佛說救拔焰口餓鬼陁羅尼經)』이, 5면 10행부터는 『불설칠천불신부경』이 실려 있다. 『불설구발염구아귀다라니경』의 경우 1면의 하단 일부가 찢겨 탈락된 상태이며, 5면 마지막 부분에서는 경문 가운데 경(經)을 주(呪)로 바꾼 채, 이하 유통분(流通分)의 문구가 누락된 상태이다.[160]

『불설칠천불신부경』의 경우 앞부분은 온전히 남아 있는데, 그 내용은 앞서 살펴본 P.2558 후반에 실려 있는 『불설익산경』과 동일한 것임을 알 수 있다. 한편 후반의 경문 일부가 탈락되어 있으며, 부적 역시 일부 훼손되어 16종의 부적 중 8종만이 실려 있다[도17].

ΙΙΙΙΙΙΙΙΙ

160 P.3022에서는 다음 경문 중 經을 呪로 바꿔 기록하고 있다. 『佛說救拔焰口餓鬼陁羅尼經』(『大正藏』21) p.465中. "(經). 以是名字汝當奉持. 一切大衆及阿難等 聞佛説已 一心信受歡喜奉行 救拔焰口餓鬼陀羅尼(經)."

119

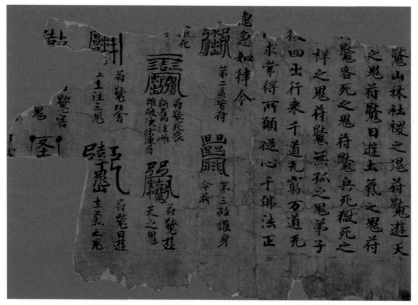

도17. P.3022에 실린 「칠천불명신부」의 부적 8종

　　이상의 내용을 바탕으로 『태상노군설장생익산묘경』과 5종의 돈황 사본 중 『불설칠천불신부경』에 실린 부적을 각각 비교해 보기 위해, 부적의 형상과 효능을 종합한 공관표를 제시해 보기로 한다. 이를 통해 『태상노군설장생익산묘경』과 5종 사본에 실린 부적의 누락 여부 내지, 각 부적의 명칭 및 효능이 사본에 어떻게 묘사되었는지를 파악할 수 있을 것이다[표22].

표22. 『태상노군설장생익산묘경』과 『불설칠천불신부경』 5종 사본의 부적 공관표

『태산노군설장생익산묘경』	P.2153	S.2708	P.2558	P.2723	P.3022
① 第一 開心符	① 第一 開心符	① 第一 心開符	① 第一 心開符	① 第一 心開符	

120

『태산노군설 장생익산묘경』	P.2153	S.2708	P.2558	P.2723	P.3022
② 第二 益算符	② 第二 益算符	② 第二 益算符	② 第二 益算符	② 第二 益算符	① 第二 益算符
③ 第三 護身命符	③ 第三 救護身命符	③ 第三 救護身命符	③ 第三 救護身命符	③ 第三 救護身命符	② 第三 救護身命符
④ 第四 金木水火土不相尅符	④ 第五 注人阿姬死鬼耗虛神符	⑤ 第五 注生人阿姬死鬼耗虛神符	⑤ 第五 注生人阿姬死鬼耗虛神符	⑤ 第五 注人阿姬死鬼耗虛神符	
⑤ 第五 主人生阿姬死鬼魃耗神符	④ 第四 金水火土不相尅符	④ 第四 金木水火土不相尅符	④ 第四 金木水火土不相尅符	④ 第四 金木水火土不相尅符	
⑥ 符厭遊光之鬼	⑧ 符厭遊天行之鬼	⑦ 符厭遊天之行鬼	⑧ 符厭遊天之神鬼	⑧ 符厭目遊之鬼	④ 符厭遊天之鬼
⑦ 符厭山林之鬼	⑦ 符厭山林社稷之鬼		⑦ 符厭山林社稷之鬼	⑦ 符厭山林社稷之鬼	
⑧ 符厭五土之鬼	⑩ 符厭比舍五土之鬼	⑨ 符厭比舍五土之鬼	⑩ 符厭比舍五土注之鬼	⑩ 符厭比舍五土之鬼	⑤ 符厭比舍五土注之鬼
⑨ 符厭遊止土氣之鬼	⑪ 符厭日遊土氣之鬼	⑩ 符厭日遊土氣之鬼	⑪ 符厭日遊土氣之鬼	⑪ 符厭日遊之鬼	⑥ 符厭日遊土氣之鬼

『태산노군설 장생익산묘경』	P.2153	S.2708	P.2558	P.2723	P.3022
⑩ 符厭客死之鬼	⑮ 符厭客死之鬼	⑫ 符厭客死之鬼	⑬ 符厭客死之鬼		⑦ □□客□□鬼
⑪ 符厭獄死之鬼	⑫ 符去兵死之鬼	⑬ 符厭兵死獄死之鬼	⑭ 符厭兵死獄死之鬼		
⑫ 符厭犬無辜之鬼	⑭ 符厭無辜之鬼	⑮ 符厭無辜之鬼	⑯ 符厭無孤之鬼		⑧
⑬ 符厭赤舌之鬼	⑨ 符厭赤口之鬼	⑧ 符厭赤舌之鬼	⑨ 符厭赤舌之鬼	⑨ 符厭赤舌之鬼	
⑭ 符厭雌雄之鬼	⑥ 符厭死喪新舊注雌雄破殃伏連之病	⑥ 符厭死喪新舊注雌雄破殃伏連之病	⑥ 符厭死喪新舊注雌雄破殃伏連之病	⑥ 符厭死喪新舊雌雄破殃伏連之鬼	③ 符厭死喪新舊注雌雄破殃伏連符
⑮ 符厭腥死之鬼	⑬ 符厭星死之鬼	⑪ 符厭星死之鬼	⑫ 符厭星死之鬼		
	⑯ 符厭男祥□女祥之鬼	⑭ 符厭男祥女祥之鬼	⑮ 符厭男祥女祥之鬼		

3) 『불설상구리독녀다라니주경』과 기타 부적

이상 「여의륜왕마니발타별행법인」과 「금강동자수심주」, 『불설칠천불신부경』 외에, 돈황 사본 중 『불설상구리독녀다라니주경』과 『삼만불동근신비지인병법 용종상존왕불법』 등의 경전에 부적이 실려 있으며, 이외에 성수(星宿) 관련 부적과 「불칙옴자부(佛勅唵字符)」 등의 부적이 실려 있다.

(1) 『불설상구리독녀다라니주경』의 부적

P.3835 말미에는 부적 형상의 왼손 도상이 실려 있는데[도18], 이는 《대정신수대장경》 중 『불설상구리독녀다라니주경』에 실린 도상 중 왼손 도상과 같은 것임을 알 수 있다[도19].

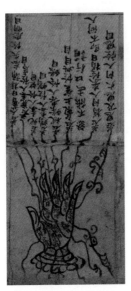

도18. P.3835 말미의 도상

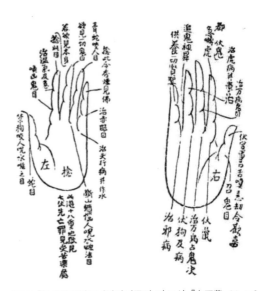

도19. 『불설상구리독녀다라니주경』의 도상, 『大正藏』21, p.295.

『불설상구리독녀다라니주경』에는 4종의 부적과, 부적과는 상관 없는 양손 손바닥의 형상 등 5종의 도상이 실려 있는데, P.3835 말미에 5종 도상 중 하나인 손바닥 형상이 실려 있다는 것은 돈황 사본 가운데 『불설상구리독녀다라니주경』의 부적 역시 존재했음을 알려주는 예가 된다.

그런데, P.3835에 실린 도상에 대한 설명은 1152년(仁平二年) 일본 간슈지[勸修寺]의 사본을 저본으로 한 《대정신수대장경》 중 『불설상구리독녀다라니주경』[161]에 실린 것과는 다른 내용으로, 이 사본은 『불설상구리독녀다라니주경』의 원래 형태를 보여주는 자료로 추정된다(『불설상구리독녀다라니주경』에 대해서는 Ⅲ장 1절의 〈1〉 식재법에 따른 불교 부적〉 중 〈(2) 『불설상구리독녀다라니주경』〉 부분에서 상세히 설명하기로 한다).

(2) 『삼만불동근신비지인병법 용종상존왕불법』

『삼만불동근신비지인병법 용종상존왕불법(三萬佛同根神祕之印竝法 龍種上尊王佛法)』은 돈황 문서 중 스타인(Stein) S.2438에 그 내용이 실린 것으로, 이 사본은 《대정신수대장경》 「고일부(古逸部)」에 실린 경전의 원자료에 해당하는 것이다[도20].

경문 중간에는 부처님께서 타화자재천에 머물 때, 용종상존왕불(龍種上尊王佛)께서 중생을 위해 인(印)을 설했던 내용이 담겨 있다. 즉 용종상존왕불께서 "나에게 □□□□ 신인(神印)'이 있어 부처님 이전과 이후 3만여 인이 이 인(印)으로 인해 무상도를 얻고 마침내 열반에 들었음"을 말하는 것으로, 이런 까닭에 경전 제목을 『삼만불동근신비지인병법(三萬佛同根神祕之印竝法)』이라 칭하기도 한다.

이어 경전은 "먼저 단(壇)을 세우고, 3일에 한 번 욕실에서 목욕을 한 연

---

161 『佛說常瞿利毒女陀羅尼呪經』(『大正藏』21), p.295中. "仁平二年八月三日於勸修寺書寫之."

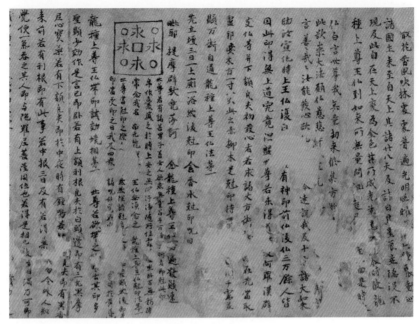

도20. S.2438 중『삼만불동근신비지인병법 용종상존왕불법』부분

후에 함향수극인(含香水刼印)의 인(印)을 새겨야 한다"는 내용과 함께 1종의
부적을 싣고 있으며, 용종상존왕주(龍種上尊王呪)로서 "비야(毘耶) 제마벽태
두(提摩辟馱兜) 사바하(莎訶)"란 주문을 싣고 있다.

    또한 아라한과 벽지불의 지위를 얻지 못한 자이거
나, 하류 범부와 초발심자로서 모든 대방술(大方術)과 □
□ 자재함을 구하려면, 먼저 이 인을 깎아 □□ 주머니에
담아 말린 고기 위에 안치해 더러움이 없게 하면 행주좌
와에 방해됨이 없음을 말하며, 항상 "나무(南無) 용종상존왕불(龍種□□王佛)"
이란 명호를 외울 것을 전하고 있다.[162]

||||||||||||
162 『三萬佛同根神祕之印竝法 龍種上尊王佛法』(『大正藏』85), p.1451上.

(3) 성수(星宿) 관련 부적

한편 돈황 사본에는 성수(星宿)와 관 련된 부적이 실려 있기도 하여, 오대 (五代) 중엽(926~975년경)인 10세기 중 반에 제작된 것으로 추정되는 S.Ch. liv.0033을 들 수 있다[도21].

도21. S.Ch.liv.0033 중 九曜 관련 부적

    문서 상단에는 2인의 신상(神像) 이 그려져 있는데, 상단 우측의 경우 방제란(傍題欄)에 "근청(謹請) 계도성 (計都星) 호신보명(護身保命) 제자(弟子) 일심공양(一心供養)"이 기록되어 계도 성을 형상화한 것임을 알 수 있다. 그 리고 좌측 여신(女神)의 방제란에는 "근청(謹請) 북방신성(北方神星) 호신보명(護身保命) 제자(弟子) 일심공양(一心 供養)"이 기록되어, 북방신성을 형상화한 것임을 알 수 있다.

    여기서 '계도성(計都星)'은 인도(印度)의 천문(天文) 개념에서 유래한 구 요(九曜) 중 하나로, 구요(九曜)는 일월(日月)과 오성(五星)을 합한 칠요(七曜) 에, 태양의 궤도인 황도(黃道)와 달의 궤도인 백도(白道)가 만나 형성되는 일 식(日蝕)과 월식(月蝕)으로서 라후(羅睺, Rahu)와 계도(計都, Ketu)가 합해진 것 을 말한다.[163] 그런데 인도의 천문(天文) 개념은 앞서 『개원석교록』에 실린 비장방(費長房)의 저술 『장방록』 중 "(북)주(北周)의 무제(武帝) 천화(天和) 4년 (569) 마륵국(摩勒國) 사문 달마류지(達摩流支)가 『바라문천문(波羅門天文)』(20

---

163 정진희, 「한국 치성광여래 신앙과 도상 연구」, 동국대 미술사학과 박사학위논문, 2017. pp.9-10.

126

권)을 번역하였다"[164]는 내용을 통해 볼 수 있듯이 북주(北周, 557~581) 이래에 통용되었으며, 이를 바탕으로 계도성이 형상화되었음을 알 수 있다.

그렇다면 왼손에 책과 오른손에 붓을 든 모습의 '북방신성'은 무엇을 말하는 것일까? 이에 8세기 후반~9세기 초에 편찬된 『범천화라구요(梵天火羅九曜)』에서 이 도상과 관련된 예를 찾을 수 있다. 『범천화라구요』는 일요(日曜)인 대양밀일(大陽密日)과 월요(月曜)인 모대음(暮大陰), 그리고 화요(火曜) 형혹성(熒惑星)과 수요(水曜) 신성(辰星), 목요(木曜) 세성(歲星), 금요(金曜) 태백성(太白星), 토요(土曜) 진성(鎭星) 등 칠요(七曜)와 함께 라후성(羅睺星), 계도성(計都星)을 포함한 구요(九曜)에 대해 설명한 책으로, 그와 관련된 도상을 다음과 같이 제시하고 있다.[표23].[165]

표23. 『범천화라구요』에 실린 구요(九曜)와 형상

164 『開元釋敎錄, 附入藏目錄』(『大正藏』55), p.544下. "長房等錄云 周武帝代 天和四年己丑 摩勒國 沙門 達摩流支 …(중략)… 譯婆羅門天文二十卷…"

165 『梵天火羅九曜』(『大正藏』21), pp.459~461.

그런데 위 『범천화라구요』에서 왼손에 책과 오른손에 붓을 든 인물은 ③'적북진성(嫡北辰星)'으로 '수성(水星)'에 해당함을 알 수 있다. 이에 위 돈황 사본에 그려진 '책과 붓을 든 북방신성'은 '적북진성(嫡北辰星)'으로 '수성(水星)'에 해당함을 알 수 있다.

한편 위 돈황 사본 중 두 인물이 그려진 하단에는 2종의 부적이 실려 있는데, '북방신성'의 부적 옆에는 다음과 같이 부적의 효능이 기록되어 있다.

"이 부(符)는 '다라니부(陁羅尼符)'로, 지니는 자 신통을 얻을 것이며 천겁(千劫)의 죄를 제거할 수 있다. 시방제불께서 홀연 목전에 계실 것이니, 지니는 자 불길함이 없을 것이고 이익이 끝없을 것이다. (이 부적을) 얻어 가진 사람을 공경할 것이고, 비할 바 없는 공능을 얻게끔 보호해야 할 것이니, 서둘러 율(律)을 시행할지어다."[166]

이에 여기 실린 2종의 부적은 '계도성'과, '북방신성(적북진성)'인 수성(水星)의 부적임을 알 수 있다[표24].

표24. 돈황 사본 S.Ch.liv.0033에 실린 2종의 성수(星宿) 부적

북방신성(北辰星), 수요성(水曜星) 부적	계도성(計都星) 부적

166 S.Ch.liv.0033. "此符 陁羅尼符 帶者得新通 除罪千劫 十方諸佛 惣在目前 去者無不吉 利達 一世 得人恭敬 功得無比護净 急急如律令."

그런데 위 인용문 가운데 "이 부(符)는 다라니부(陁羅尼符)"라는 내용을 미루어 볼 때, 위 부적은 구요(九曜) 관련 다라니와 관련된 것으로, 앞서 든 569년 마륵국(摩勒國) 사문 달마류지(達摩流支)가 번역한 『바라문천문(波羅門天文)』으로부터 유래했을 가능성을 생각할 수 있다. 한편 구요 가운데 수성(적북진성)과 계도성의 부적이 돈황 문서에 존재하고 있음은, 구요에 해당하는 전체 부적이 존재할 것임을 알려주기도 한다. 이에 달마류지(達摩流支)가 번역한 『바라문천문』 내지 그와 관련된 문헌을 통해 구요(九曜)에 해당하는 전체 부적의 모습을 찾을 수 있을 것이다.

(4) 불칙옴자부(佛勅唵字符)

독일 베를린 브란덴부르그(Berlin-Brandenburgische) 과학연구소(Akademie der Wissenschaften, BBAW)에 소장된 돈황문서 Ch 3107에는 「불칙옴자부(佛勅唵字符)」가 실려 있다[도22].

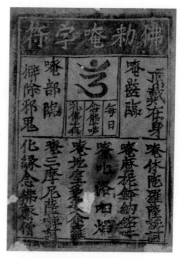

도22. 佛勅唵字符, Ch 3107

1면의 목판 인출본 중앙에 범자(梵字) 옴(唵, ᰔ)을 써둔 것으로, 이를 "부처님께서 발부한[勅] '옴(ᰔ) 자(字)' 부적(符)"이라 이름한 것이다. 이는 '옴'이란 범자(梵字) 자체에 특정 의미를 부여해 부적이라 명명한 것으로, 범자(梵字) 자체에 신성성을 부여한 한 예로 이해될 수 있다(이에 대해서는 V장 1절의 〈4〉 불인과 종자 - 종자의 불인화〉 부분에서 상세히 설명하기로 한다).

3. 돈황 사본 이외의 불교 부적

돈황 문서에 실린 부적 외에 교하성(交河城) 출토의 위구르어 문서와 경전, 오대(五代, 907~960)의 유물과 북송(北宋, 960~1127)의 경전, 그리고 서하(西夏, 11~13세기 초)에서 제작된 경전에서 불교 부적이 발견되기도 한다.

1) 교하성 출토 위구르어 문서

이 가운데 20세기 초 갑둘 라시드 라흐마티(Gabdul Rašid Rachmati)가 고창국 (高昌國, Turfan 盆地) 교하성(交河城, Yarkhoto)에서 수집한 9세기경의 위구르어 문서에 주목할 필요가 있다. 이 문서는 〈T Ⅱ Y 61〉과 〈T Ⅱ Y 51〉 등으로 나뉘어진 것으로, 독일의 페터 찌메(Peter Zieme)는 이 중 〈T Ⅱ Y 61〉는 Ch/U 6786과 Ch/U 6944를 바탕으로 제작된 것으로 보았으며, 라슈만(Raschman) 은 BΦ-4203를 바탕으로 제작된 것임을 말하기도 하였다.[167]

이 문서는 2차 세계대전 중에 유실되었으나 그중 B2288, 2289, 2290, 2291 등 4장의 사진 자료가 베를린 아시아 미술 박물관(Museum für Asiatische

167 Yukiyo Kasai, *Talismans used by the Uyghur Buddhists and their relationship with the Chinese tradition*, Journal of the International Association of Buddhist Studies Volume 44, 2021. p.530.

Kunst)에 소장되어 있는데[168] 연결 부위를 고려할 때, 이 문서는 하나의 권자본 문서를 4장의 사진으로 나눠 찍은 것으로 추정된다[도23].

도23. 고창국(高昌國) 교하성(交河城) 수집 위구르어 문서, Yukiyo Kasai

최근 위구르 문헌학자 유끼요 카사이(Yukiyo Kasai)는 위 사진에 실린 부적을 연구하였으며, 이를 통해 위 문서가 불교 부적과 관련이 있음을 말하였다. 먼저 두 번째 사진인 B2289를 들며 이 안에서 불교 부적과 관련된 다음 내용을 언급하였다[도24].

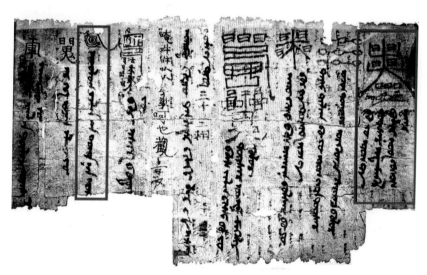

도24. B 2289, Yukiyo Kasai의 논문, p.532.

||||||||||

168   Yukiyo Kasai, pp.530-532.

즉 우측 첫 번째 부적의 경우 P.2602 중『여의륜왕마니발타별행법인』전반부에 실린 ③천불부(千仏符)와 같은 형태임을 말하였다[표25]. [169]

표25. 위구르어 문서 B2289 중 첫 번째 부적과 돈황 사본과의 비교

B2289 중 첫 번째 부적	P.2602 전반부 중 ③천불부(千仏符)

또한 B2289 중 일곱 번째 부적에 보이는 동심원 형태의 문양을 언급하는 가운데, 이것이『불설상구리독녀다라니주경』중 하나의 부적과 관련된 것임을 말했으며, 돈황 사본 중『여의륜왕마니발타별행법인』에 수록된 '신족인(神足印)'의 한 부분과 유사한 것임을 말하기도 하였다[표26]. [170]

표26. 위구르어 문서 B2289 중 일곱 번째 부적과 돈황 사본과의 비교

B2289 중 일곱 번째 부적	『불설상구리독녀다라니주경』중 하나의 부적	돈황 사본 중『여의륜왕마니발타별행법인』		
		P.2153 ③神足印	P.2602 ④神足印	P.3835 ④神足印

169 Yukiyo Kasai, pp.543-544.

170 Yukiyo Kasai, pp.546-548.

이어 네 번째 사진인 B2291을 들며 이 안에서 불교 부적과 관련된 다음 내용을 언급하였다[도25].

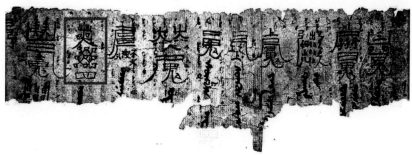

도25. B 2291, Yukiyo Kasai의 논문, p.533.

즉 B2291 중 아홉 번째 부적이 『불설칠천불신부경』에 실린 부적 중 ③ '구호신명부(救護身命符)'와 유사함을 발견할 수 있다는 것이다[표27].[171]

표27. 위구르어 문서 B2291 중 아홉 번째 부적과 돈황 사본과의 비교

B2291 중 아홉 번째 부적	돈황 사본 『불설칠천불신부경』 중 ③救護身命符				
	P.2153	S.2708	P.2558	P.2723	P.3022

그리고 세 번째 사진인 B2290을 들며 이 안에서 불교 부적과 관련된 다음 내용을 언급하였다[도26].

||||||||||

171　Yukiyo Kasai, pp.541-542.

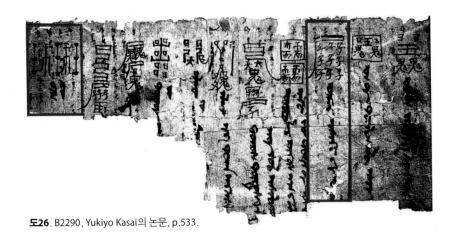

도26. B2290, Yukiyo Kasai의 논문, p.533.

먼저 B2290 중 마지막 부적이 『불설칠천불신부경』 중 P.2153과 P.2558, P.2723, 그리고 P.tib.2207 중 ⑤의 부적과 같음을 말하였다.[표28].[172]

표28. 위구르어 문서 B2290 중 마지막 부적과 돈황 사본과의 비교

B2291 중 마지막 부적	돈황 사본 『불설칠천불신부경』 중 ⑤의 부적			
	P.2153	P.2558	P.2723	P.tib.2207

이어 B2290 중 3번째 부적이 돈황 사본 중 P.3358 「호택신력권(護宅神曆卷)」[도27] 중 하나와 유사함을 말하였다.[표29].[173]

〳〳〳〳〳〳〳〳〳

172 Yukiyo Kasai, pp.545-546.

173 Yukiyo Kasai, p.549.

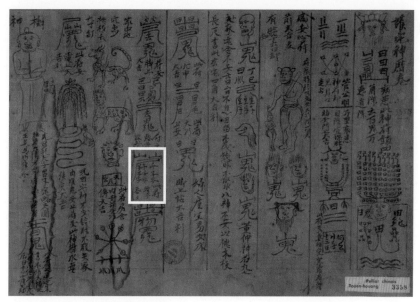

도27. P.3358 중 「호택신력권(護宅神曆卷)」

표29. 위구르어 문서 B2290 중 세 번째 부적과 돈황 사본과의 비교

B2290 중 3번째 부적	P.3358 「護宅神曆卷」 중 일부

그런데 P.3358의 「호택신력권(護宅神曆卷)」은 불교가 아닌 도교 부적에 해당하는 것으로, 위 위구르어 문서에는 불교 부적과 도교 부적이 혼재한 것임을 알 수 있다. 이는 9세기 이래 위구르족이 투루판(Turfan)의 교하성(交河城, Yarkhoto) 일대에 머물던 당시 불교 신앙과 도교 신앙이 혼재해 있었음을 알려준다.

한편 위 4장의 사진에 실린 나머지 부적의 경우, 돈황 사본 중 「여의륜왕마니발타별행법인」 중 「대악도방인(大惡都方印)(제11)」 말미에 실린 다음 내용과의 관련성을 생각할 수 있는 여지를 갖게 한다.

즉 "「대악도신인」 이하의 인(印)'은 612년에 삼장 담마급다가 번역한 인법(印法)으로, 140종의 부적이 실려 있었으나 금령으로 행해지지 않았다는 것이다"라는 것으로, 위 4장의 사진에 실린 나머지 부적의 경우 140종의 부적 중 돈황 사본에 전해진 것 이외의 부적일 수 있는 것이다. 이에 대해서는 추후 또 다른 자료와의 비교 연구를 통해 그 관련성을 밝혀야 할 것이다.

한편 교하성(交河城) 출토의 위구르어 문서 외에, 부적이 실린 위구르어 경전의 단편이 존재하기도 한다. 이 경전의 단편은 20세기 초 독일의 투르판 탐험대에 의해 발견된 것으로, 현재 베를린 주립도서관(Der Staatsbibliothek zu Berlin)에 소장되어 있다[도28]. [174]

도28. 위구르어 경전 단편, 베를린 주립도서관 소장. 소장번호 U 496_01.

174 Jens Wilkens, "Practice and Rituals in Uyghur Buddhist Texts: A Preliminary Appraisal", in *Buddhism in Central Asia II*, edited by Yukiyo Kasai, Henrik H. Sørensen (Leiden and Boston: Brill, 2023), 456. DER STAATSBIBLIOTHEK ZU BERLIN, 소장번호 U 496_01.

최근 독일 브란덴부르크 과학 인문학 아카데미(BBAW)에 소속된 옌스 윌켄스(Jens Wilkens)는 「Practice and Rituals in Uyghur Buddhist Texts: A Preliminary Appraisal(위구르 불교 문헌에서의 풍습과 의식)」이란 논문에서 이 유물은 『불두칠성연명경(佛說北斗七星延命經, Yetikän Sudur)』의 일부로 부적과 다라니가 실려 있음을 언급한 바 있다.[175]

그런데 옌스 윌켄스(Jens Wilkens)의 경우 경전 왼쪽 상단에 실린 부적의 내용에 대해서는 언급하지 않았는데, 필자가 확인해 보니 이 부적은《대정신수대장경》중 『불두칠성연명경』에 실린 칠성부(七星符) 가운데 거문성(巨文星) 부적과 유사한 것임을 알 수 있다【도29】.

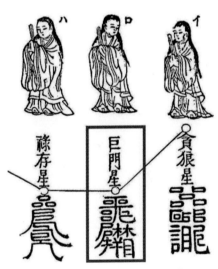

여기서《대정신수대장경》에 실린 『불두칠성연명경』이 12세기에 일본에 전해진 필사본을 근거한 것임을 놓고 볼 때, 위 위구르어 경전 단편에 실린 부적은《대정신수대장경》에 실린 '거문성' 부적보다 좀 더 원형에 가까운 것으로 생각된다. 이에 추후 위구르어 경전에 실린 부적이 새롭게 발견된다면, 이는 현재 전하는 부적에 비해 좀 더 원형에 가까운 부적의 형태를 찾을 수 있을 것이다.

도29. 『불두칠성연명경』중 巨文星 부적, 『大正藏』 21, p.425 중 부분.

||||||||||

175 Jens Wilkens, "Practice and Rituals in Uyghur Buddhist Texts: A Preliminary Appraisal", in *Buddhism in Central Asia II*, edited by Yukiyo Kasai, Henrik H. Sørensen (Leiden and Boston: Brill, 2023), 455-456.

2) 서하(西夏) 경전과 부적

서하(西夏, 1038~1227)에서 간행된, 서하문자(西夏文字)로 쓰인 경전에서 불교 부적이 발견되기도 한다. 이 경전은 1156년(天盛 8)에 필사된 것으로 추정되는[176] 『불정심관세음보살대다라니경(佛頂心觀世音菩薩大陀羅尼經)』으로, 경전 말미에 구산난부(救産難符)가 실려 있는 것이다[도30].

도30. 西夏 경전 중 救産難符, 1156년, 『東アジア仏教学術論集』8, p.250.

이렇듯 서하에서 제작된 경전에 불교 부적이 실려 있음은 불교 부적의 확산을 보여줌과 동시에, 서하에서 제작된 기타 고문헌에서 불교 부적이 발견될 수 있음을 알려준다.

3) 북송(北宋) 경전과 오대(五代) 유물에 실린 부적

위구르어 문서와 서하문자(西夏文字)로 쓰인 경전 외에 한문 경전과 기타 유물에서도 부적이 발견되기도 한다. 한 예로 1108년(大觀 2) 북송(北宋)에서 제

---

176 西夏(1038~1227) 문자로 번역된 최초의 『佛頂心陀羅尼経』은 1166년(天盛丙戌十八年)으로 알려져 있어, 이에 대해서는 추후 연구가 필요한 부분이라 하겠다. 崔紅芬, 「イギリス所蔵の西夏語『佛頂心大陀羅尼経』の翻訳・解釈と関連する諸問題」, 『東アジア仏教学術論集』8, 2020.2. pp.250-251.

작된 「불경인판(佛經印版)」의 탁편(拓片)을 들 수 있다. 이 「불경인판」은 1919 년 현재의 하북성(河北省) 거록현(巨鹿縣)에서 출토된 것으로, 미국 New York Public Library(紐約市立圖書館)에 소장되어 있다. 이 「불경인판」의 상단부에 는 6구(軀)의 불상이 새겨 있고, 좌측에는 하나의 부적이 2번 중복해 새겨져 있음을 볼 수 있다[도31].[177]

도31. 佛經印版 탁편, 1108년, 『中國佛敎版畫全集』第2卷, p.29.

    이 부적의 경우, 유사한 형태가 돈황 사본 P.2153의 「금강동자수심인 (金剛童子隨心印)」 항목에 '호신익산부(護身益筭符)'란 명칭으로 실려 있으며, S.2498의 「금강동자수심인」 항목에 '도호신명익산부(都護身命益筭符)'란 이 름으로 실려 있어[표30], 위 「불경인판」은 「금강동자수심인」과 관련된 자료의 일부임을 알 수 있다.

‖‖‖‖‖‖‖‖‖
177   翁連溪, 李洪波 主編, 『中國佛敎版畫全集』第2卷, 2018. p.29.

돈황 사본 P.2153, 護身益筭	돈황 사본 S.2498, 都護身命益筭符	「불경인판(佛經印版)」 北宋, 1108년

문서 내지 경전 외에 골호(骨壺)에서 부적이 발견되기도 한다. 이 골호는 오대(五代, 907~960)시대에 제작된 높이 25.8cm의 유물로, 중국 옌난성(燕南省) 일대에서 출토된 것으로 알려져 있다. 백토로 제작된 도기(陶器) 골호(骨壺)로, 안에는 재[灰]를 담은 흔적이 있고 바깥 부분에는 범자(梵字) 명문이 주사(朱砂)로 기록되어 있다.

그리고 골호의 어깨 부분에는 범자로 기록된 명문(銘文) 사이에 부적이 쓰여 있으며[도32], 골호의 바닥 면에도 또 다른 형태의 부적이 쓰여 있음을 볼 수 있다[도33].

도32. 骨壺, 五代, 907~960년, 고양 원각사 소장

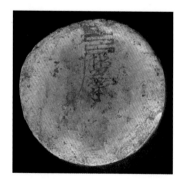

도33. 골호 바닥 면의 부적, 고양 원각사 소장

여기 쓰인 부적은 망자(亡者)의 추선(追善)을 위한 것으로 추정되며, 이렇듯 상장례(喪葬禮) 용품에 부적이 쓰인 실례는 추후 망자의 무덤을 발굴하는 가운데 다양한 형태의 불교 부적이 발견될 수 있음을 알려준다.

대장경 소재 부적의 내용과 의미

《대정신수대장경》 중 부적 수록 문헌을 중심으로

위 돈황 사본 및 돈황 사본 이외의 부적 외에도 다수의 불교 부적이 대장경(大藏經) 안에 수록되어 있다. 대장경이란 북방불교에 전하는 개별 경전을 집성한 총록(總錄)을 말하는 것으로, 이러한 대장경은 북방불교의 전통에서 다수 제작되어 전하고 있다. 이에 필자는 북방불교의 대장경 중 20세기 초에 각국의 대장경을 총집(總輯)한 것으로 알려진 《대정신수대장경(大正新修大藏經)》에 한정하여 이 부분을 정리하고자 하는데, 추후 《티벳대장경》 등 또 다른 대장경 안에서 부적이 실린 새로운 자료가 발견될 수 있으리라 본다.

　　《대정신수대장경》은 인도(印度) 및 중국찬술부(中國撰述部) 55권과, 일본찬술부(日本撰述部) 29권, 의사부(疑似部) 및 고일부(古逸部) 1권, 도상부(圖像部) 12권, 목록 3권 등 총 100권으로 이루어져 있다. 이 가운데 일본찬술부와 도상부를 제외한 '정장(正藏)'과 '고일부(古逸部)' 56권 중 11종의 문헌에 부적이 수록되어 있어, 각 권(卷)별로 부적이 수록된 문헌을 정리하면 다음과 같다[표31].

표31. 《대정신수대장경》 정장(正藏) 중 부적이 수록된 문헌

大正藏 권차	經번호	경(문헌) 제목
19	974	①『가구영험불정존승다라니기(加句靈驗佛頂尊勝陀羅尼記)』
20	1042	②『관자재보살대비지인주변법계이익중생훈진여법(觀自在菩薩大悲智印周遍法界利益衆生薰眞如法)』

	1219	③『만수실리염만덕가만애비술여의법(曼殊室利焰曼德迦萬愛祕術如意法)』
21	1229	④『예적금강금백변법경(穢跡金剛禁百變法經)』
	1238	⑤『아타파구귀신대장상불다라니경(阿吒婆狗鬼神大將上佛陀羅尼經)』
	1265	⑥『불설상구리독녀다라니주경(佛說常瞿利毒女陀羅尼呪經)』
	1275	⑦『성환희천식법(聖歡喜天式法)』
	1289	⑧『불설금비라동자위덕경(佛說金毘羅童子威德經)』
	1307	⑨『불설북두칠성연명경(佛說北斗七星延命經)』
	1420	⑩『용수오명론(龍樹五明論)』
85	2906	⑪『삼만불동근신비지인병법 용종상존왕불법(三萬佛同根神祕之印竝法 龍種上尊王佛法)』

　위《대정신수대장경》에 실린 불교 부적에 대해 몇몇 연구가 진행되었다. 한정섭은「불교 부적신앙 소고 – 특히 밀교부(密敎符)를 중심하여」란 논문에서 위 문헌 중 ③『만수실리염만덕가만애비술여의법』, ④『예적금강금백변법경』, ⑤『아타파구귀신대장상불다라니경』, ⑥『불설상구리독녀다라니주경』, ⑦『성환희천식법』에 실린 부적에 대해 간략한 설명을 행한 바 있다.[178]

　강대현은「밀교 경전에 나타난 부인(符印)의 현황과 그 현실적 공능」이란 논문에서 위 문헌에 실린 부적을 (1)경전의 내용과 무관하게 나타나고 있는 부인(符印), (2)범자를 이용한 부인의 작도, (3)다라니설법부인, (4)신통력과 연명을 위한 부인, (5)일월성진(日月星辰)과 관련된 부인, (6)부술법[外五明] 및 12방향과 관련된 부인 등으로 구분했으며, 각 부적에 대해 간략히 설명하

178　한정섭,「불교 符籍信仰 小考 – 특히 密敎符를 중심하여」,『한국불교학』2, 한국불교학회, 1976.8. pp.106-115.

기도 하였다.[179] 그리고 문상련(정각)은「불교 부적의 연원과 전개 – 돈황 사본에 실린 불교 부적을 중심으로」란 논문에서 위 부적 중 ⑩『용수오명론』을 간략히 소개했으며, 돈황 문서에서 발견된 ⑥『불설상구리독녀다라니주경』 도상의 일부를 소개하기도 하였다.[180]

그럼에도 위 연구들에는 약간의 미비점이 발견된다. 한정섭은《대정신수대장경》에 실린 문헌 중 일부만을 다루었고, 강대현은《대정신수대장경》 가운데 '고일부(古逸部)'에 속한 ⑪『삼만불동근신비지인병법 용종상존왕불법』을 간과하였음을 알 수 있다.

또한 강대현은 위 문헌 중 ②『관자재보살대비지인주변법계이익중생훈진여법』에 실린 3종의 인(印) 모두를 부인(符印), 즉 부적으로 설명했으며, ⑩ 『용수오명론』 중 12진(辰)의 신문(神門)과 간방 사우(四隅)를 표기한 비결도 (祕決圖)를 부인(符印)으로 취급하였다. 그리고 (5)일월성진 관련 경문 중『칠요성진별행법(七曜星辰別行法)』과『범천화라구요(梵天火羅九曜)』에 부인이 실려 있음을 말한 바 있다. 그러나 이 도상들은 부인(符印)이 아닌 구요(九曜)를 의인화한 도상이거나 28성수(星宿)를 의인화한 채 별자리를 부가한 것으로, 부적과는 상관없는 것이라 할 수 있다. 이외에, 위 연구자들은 지면의 한계상《대정신수대장경》에 실린 불교 부적의 상세한 내용을 담아내지 못한 아쉬운 점이 있다.

한편 위 '정장'과 '의사부 및 고일부' 외에《대정신수대장경》의 '일본찬술부'와 '도상부'를 합한 총 41권 안에는 7종의 문헌에 부적이 실려 있다. 이

〃〃〃〃〃〃〃

179 강대현,「밀교경전에 나타난 符印의 현황과 그 현실적 功能 – 대정장 '밀교부'를 중심으로」,『동아시아불교문화』42, 동아시아불교문화학회, 2020.

180 문상련(정각),「불교 符籍의 연원과 전개 – 돈황 사본에 실린 불교 부적을 중심으로」,『불교학보』101, 동국대 불교문화연구원, 2023.4. pp.171-217.

는 현재 전래되지 않은 불교 부적의 다양한 예를 보여줄 수 있는 자료가 될 것으로, 이들 부적이 수록된 문헌을 각 권별로 정리하면 다음과 같다[표32].

표32. 《대정신수대장경》'일본 찬술부'와 '도상부' 중 부적이 수록된 문헌

大正藏 권차	經번호	경(문헌) 제목
78	2482	⑫『전수집(傳受集)』「관숙승도전(觀宿僧都傳)」
도상부3		⑬『별존잡기(別尊雜記)』「묘견법(妙見法)」 중 묘견만다라(妙見曼荼羅)
도상부4		⑭『제호본도상(醍醐本圖像)』「마두등(馬頭等)」 중 12지(十二支), 12궁(十二宮) 부적
도상부4		『각선초(覺禪鈔)』 ⑮ 지우부(止雨符)
도상부4		『각선초(覺禪鈔)』 ⑯「육자경법(六字經法)」 중 12지 부적
도상부5		⑰「육자명왕(六字明王)」 중 12지, 12궁 부적
도상부6		⑱『백보구초』 중 대불정법

　　이에 필자는 《대정신수대장경》 중 '정장'과 '의사부' 및 '고일부' 소재 부적에 대한 기존 연구의 미비점을 보완하는 한편, '일본전래부'와 '도상부'에 실린 다양한 형태의 부적을 설명하고자 한다. 이 부분은 논증을 위한 것이라기보다는 문헌 소개의 측면이 있다. 그럼에도 이 부분은 불교에서 사용된 전체 부적 중 누락된 자료를 개관하는 역할로서 뿐만이 아닌, 추후 연구를 위한 자료를 제공한다는 점에서 그 의미가 있을 것이다.

　　한편 《대정신수대장경》 '고일부(古逸部)'에 속한 ⑪『삼만불동근신비지인병법 용종상존왕불법』의 경우, II장 중 〈2. 돈황 사본에 전하는 불교 부적〉 중 〈(3)『불설상구리독녀다라니주경』과 기타 부적〉에서 그 내용을 언급한 까닭에 여기서는 제외하기로 한다.

1.《대정신수대장경》정장(正藏)에 실린 불교 부적

필자는《대정신수대장경》정장(正藏)에 실린 불교 부적을 설명함에 있어 내용상 '식재법(息災法)에 따른 부적'과 '말세 중생을 위한 증익법(增益法)의 부적', '도교 부적을 차용한 불교 부적' 등으로 이를 나눠 설명하고자 한다.

1) 식재법(息災法)에 따른 불교 부적

식재법이란 재난을 멈추게 하는 기능을 말하는 것으로, 백성들을 구제하기 위한『용수오명론』의 부적과, 독을 해소하기 위한『불설상구리독녀다라니주경』의 부적, 중생의 병을 치료하기 위한『불설금비라동자위덕경』의 부적, 귀신들로 인한 난치병을 치료하기 위한『아타파구귀신대장상불다라니경』의 부적 등이 이에 해당한다. 이에 각 문헌에 실린 부적을 설명하기로 한다.

이 중『용수오명론』에는 26종의 부적이 실려 있다. 이에 대해서는 앞서, [Ⅱ. 불교 부적(符籍)의 연원과 전개] 중 〈1.『오명론』과『용수오명론』〉 항목의 〈2)『용수오명론』과 부적의 실체〉 부분에 내용을 설명했기에 여기서는 생략하기로 한다.

(1)『불설상구리독녀다라니주경』

『불설상구리독녀다라니주경(佛説常瞿利毒女陀羅尼呪經)』은 중천축 사문 아지구다(阿地瞿多)가 번역한 것으로, 아지구다는 652년(唐 高宗 3) 장안에 와 혜일사(慧日寺)에 머물며 『다라니집경(陀羅尼集經)』을 편찬하기도 하였다.

　『불설상구리독녀다라니주경』은 부처님께서 사위국 기수급고독원에 머물 때 이후 악세 중생들의 독을 해소할 방법을 설한 내용으로 상구리(常瞿利) 동녀(童女)가 설한, 독을 제거하는 주문과 5종의 부적을 전하고 있다.**[도34]** .[181]

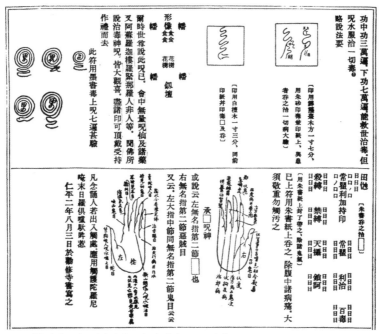

도34. 『불설상구리독녀다라니주경』에 실린 5종 부적, 『大正藏』 21, p.295.

　상구리는 설산 북측 향산(香山)에 사는 동녀로, 사슴 가죽을 입고 독사로 영락(瓔珞)을 두르고 있으며, 배고프면 독 과일을 먹고 목마르면 독즙을 마시

181 『佛說常瞿利毒女陀羅尼呪經』(『大正藏』 21), pp.294-295.

는 자로 소개되어 있다. 그 상구리 동녀가 부처님께 "저에게 상구리법문(常瞿利法門)이 있으니, 능히 일체 세간의 모든 독을 멸할 수 있다"고 하면서 주문을 설하였다. 이어 세존께서 앞선 주문에 대한 심주(心呪)와 그 공덕을 설하였으며, 일체중생이 상구리의 진언에 따라 대이익을 얻을 것임을 설하였다. 그리고 상구리의 상법(像法) 및 작단법(作坦法)과 함께 다음과 같이 5종의 부적과 그 용례 및 효능을 설하고 있다.

① 벼락 맞은 대추나무를 사용해 1촌(寸) 7푼(分)의 방형으로 인(印)을 만들며, 주사(朱砂)를 묻혀 독(毒)이 있는 곳에 찍거나 종이 위에 찍는다. 환자에게 줘 삼키게 하면 일체 병을 치료하는 큰 효험이 있다.[182]

② 백단목(白檀木)을 사용해 1촌 3푼의 방형(方形)으로 인(印)을 만들며, 앞의 인과 같이 종이 또는 독이 있는 곳에 찍거나 삼키게 한다.[183]

③ 이 부적을 독이 있는 위에 먹으로 쓰고 주문을 7편 외우면 효험이 크다. 전중(田衄)이란 글자를 붉은 글씨로 써서 삼키면 치료할 수 있다.[184]

④ 붉은 글씨로 종이에 써 봉해 허리에 차면 모든 귀기

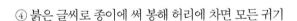

182 『佛說常瞿利毒女陀羅尼呪經』(『大正藏』21), p.295上.

183 『佛說常瞿利毒女陀羅尼呪經』(『大正藏』21), p.295上.

184 『佛說常瞿利毒女陀羅尼呪經』(『大正藏』21), p.295上.

(鬼氣)를 제거한다. 이상의 부적을 붉은 글씨로 종이에 써 삼키면, 뱃속의 모든 병을 제거한다. 모름지기 공경스럽게 하여 더러움이 묻지 않게 하라.[185]

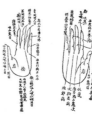

⑤ 승□주신(承□呪神). 혹 이르되, 왼손 무명지(無名指) 둘째 마디는 □□이다. 오른손 무명지 둘째 마디는 악적(惡賊)의 눈이다. 또한 왼손 엄지손가락 가운데 마디는 무명지 둘째 마디와 같이 악적의 (눈이다). 무릇 다라니를 염송하는 사람의 출입처와 닿는 곳에 응당 다라니를 두어 사용하라.[186]

위 5종의 도상 중 앞의 4종은 독(毒)과 귀기(鬼氣)를 제거하는 부적으로서 효능을 갖는 것임을 알 수 있다. 그런데 마지막 두 손의 도상은 그중 일부가 돈황 사본 P.3835 말미에 실려 있기도 하는데,[187] 이는 악적(惡賊)의 위치를 설명한 것으로 부적과는 상관없는 것임을 알 수 있다.

(2) 『불설금비라동자위덕경』

『불설금비라동자위덕경(佛説金毘羅童子威德經)』은 불공(不空, 705~774)이 번역한 것으로, 《대정신수대장경》에 실린 경문은 일본에서 1172년에 제작된 필

---

185 『佛説常瞿利毒女陀羅尼呪經』(『大正藏』21), p.295中.

186 『佛説常瞿利毒女陀羅尼呪經』(『大正藏』21), p.295中.

187 문상련(정각), 「불교 부적의 연원과 전개 – 돈황 사본에 실린 불교 부적을 중심으로」, 『불교학보』 101, 동국대 불교문화연구원, 2023.3. p.210.

사본에 의한 것이다.[188]

전반부에는 부처님께서 도리천 환희원(歡喜園) 동산에 머물 때 금비라동자(金毗羅童子)로 화현해 말세 중생의 고난을 구원코자 '대승금비라동자항천마술묘신주다라니(大勝金毘羅童子降天魔術妙神呪陀羅尼)'를 설하는 내용이 실려 있다.[189]

이어 약왕(藥王)보살이 여래의 법의 교화를 돕고자 중생의 병을 치료하기 위한 60여 종의 비법을 설하고 있으며,[190] 이어 마명보살이 치병 내지 원하는 바에 따른 20여 종의 비법을 설함으로 경전이 마쳐진다.[191]

그리고 부적 명칭은 생략된 채 1종의 도상이 실려 있는데(도35), 도상 밑에는 "혹자가 써서 이르되 이것은 이 경전의 법인(法印)으로, 작법을 행할 때 사용하는 것"[192]이라 기록되어 있으며, "밤에 나무를 1촌 8푼의 크기로 깎아 만든다"고 부적 형태를 기록하고 있다.

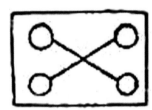

도35. 『불설금비라동자위덕경』의 法印 부적, 『大正藏』 21, p.373.

이어서 대력금강다라니(大力金剛陀羅尼)로서 '예적대단(穢積大壇) 오추사마진언(烏芻沙摩眞言)'과 '기관음진언(期觀音眞言)' 등 2종의 진언을 소개하고 있는데,[193] 이 내용을 감안할 때 이 도상은 '오추사마진언' 및 '기관음진언'의 염송과 관련된 부적임을 알 수 있다.

||||||||||

188 『佛說金毘羅童子威德經』(『大正藏』21), p.374上. "承安二年(1172)五月十二日書之."

189 『佛說金毘羅童子威德經』(『大正藏』21), pp.367下-369中.

190 『佛說金毘羅童子威德經』(『大正藏』21), pp.369中-372上.

191 『佛說金毘羅童子威德經』(『大正藏』21), pp.372上-373下.

192 『佛說金毘羅童子威德經』(『大正藏』21), p.373下. "別人書著云 是此經法印 作法用之時用."

193 『佛說金毘羅童子威德經』(『大正藏』21), p.373下. "夜合木一寸八分剋之. 大力金剛陀羅尼, 二名 穢積大壇烏芻沙摩眞言 …(중략)… 期觀音眞言…"

(3) 『아타파구귀신대장상불다라니경』

『아타파구귀신대장상불다라니경(阿吒婆狗鬼神大將上佛陀羅尼經)』[194]은 역자 미상의 실역(失譯)으로, 730년에 지승(智昇)이 편찬한『개원석교록(開元釋教錄)』에 입장된 점으로 볼 때 730년 이전에 중국에 전래된 것임을 알 수 있다.[195]

이 경전의 전반부는『아타파구귀신대장상불다라니신주경(阿吒婆狗鬼神大將上佛陀羅尼神呪經)』과 거의 유사한 내용을 전하고 있다.[196] 즉 부처님께서 왕사성 가란타(迦蘭陀)의 죽림(竹林)에 머물 때, 한 비구가 도적에게 위협을 당하고 뱀에 물리며 귀신에 씌우는 등 대고뇌를 받게 되었음을 인연으로 경전이 시작된다. 이에 귀신 대장인 아타파구(阿吒婆狗)는 이 비구를 보고 연민의 마음을 내어, 부처님의 허락하에 일체 극악한 귀신들을 항복 받고자 3종의 극엄악주(極嚴惡呪)와 결계의 방법 등을 설하고 있다.

이어『아타바구귀신대장상불다라니경』은 작단(作壇) 및 결인(結印)과 결계(結界)의 방법을 설한 후,[197] 29항목에 걸쳐 결인법(結印法)을 위주로 한「아타파구법(阿吒狗法)」을 설하고 있다. 이어「대장사신산금법(大將使神散禁法)」 항목에서 다음 9종의 부적 명칭과 용례 및 효능이 설해져 있다**[도36]**.

먼저 아타파구(阿吒婆狗)가 다음 부적의 용례 및 효능을 소개하고 있다.

---

194 『阿吒婆鬼神大將上佛陀羅尼經』(『大正藏』21), pp.179中-187中.

195 『開元釋教錄』(『大正藏』55), p.539上. "阿吒婆拘鬼神大將上佛陀羅尼經一卷 亦直云 阿吒婆拘呪經."

196 『阿吒婆鬼神大將上佛陀羅尼經』(『大正藏』21, No.1238), p.181上 17행까지는『阿吒婆拘鬼神大將上佛陀羅尼神呪經』(『大正藏』21, No.1237), pp.178-179中과 거의 동일한 내용을 담고 있다.

197 『阿吒婆狗鬼神大將上佛陀羅尼經』(『大正藏』21), pp.181上-182上.

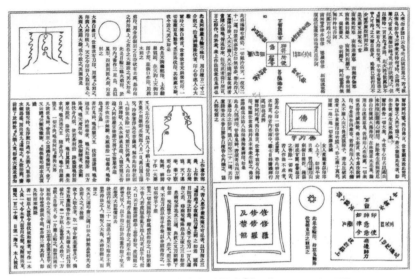

도36. 『아타바구귀신대장상불다라니경』에 실린 9종 부적, 『大正藏』 21, pp.184-185.

① 일체 난치병이 있을 때 이 부적을 하늘에 던지고 주문21편을 외우면 즉시 차도가 있다. 또한 밤에 휴대하고 자면 악몽이 없고, 이 부적을 지니고 군진(軍陣)에 가면 승리하며, 불속에 들어가도 타지 않고 물에 들어가도 빠지지 않는다.[198]

이어 부처님께서 일체 대중에게 과거미래현재제불심신인(過去未來現在諸佛心神印)을 설하셨다.

||||||||||||
198　『阿吒婆拘鬼神大將上佛陀羅尼經』(『大正藏』21), p.184上.

② 과거미래현재제불심신인(過去未來現在諸佛心神印):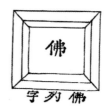
여인으로서 출산에 어려움이 있을 때, 이 인(印)을 가슴
상하에 찍으면 평안을 얻고 저절로 출산하게 된다. 이
인을 가지고 도산지옥(刀山地獄)과 검수지옥(劍樹地獄)
에 가면 (지옥이) 저절로 무너질 것이고, 확탕지옥에 가면 감로로 변할 것이다.
이 심인(心印)은 널리 일체 병고(病苦)를 제거할 것이며 일체법을 모두 성취하
리니, 이 신인(神印)을 지니면 구하는 바 여의할 것이다. 향함(香函) 가운데 지
녀야 하며, 7일 동안 재계[齋]를 지니고 예배한 후 지녀야 한다.[199]

이때 아타파구(阿吒婆拘)가 부처님께 팔부신인(八部神印)이 있음을 말하
며, 미래 중생을 위해 이를 설하였다.

③ 팔부신인(八部神印): 이 '팔부신인'은 귀신을 관리할
수 있으니, 만약 인을 비춰 사방 신들의 왕을 부르면 즉
시 올 것이다. 팔부주(八部呪) 21편을 외우되, 육향(陸
香)과 침수향(沈水香), 백교향(白膠香), 백단향(白檀香)을
같이 피워 (향연기를) 드리운 후 인을 새겨야 한다.[200]

④ 금륜인(金輪印): 이 인을 지니면 모든 악한 귀신에게
항복 받고, 아울러 부릴 수 있다. 대추나무[棘]에 새겨
지녀야 한다.[201]

199 『阿吒婆拘鬼神大將上佛陀羅尼經』(『大正藏』21), p.184中.

200 『阿吒婆拘鬼神大將上佛陀羅尼經』(『大正藏』21), p.184中.

201 『阿吒婆拘鬼神大將上佛陀羅尼經』(『大正藏』21), p.184下.

⑤ 아수라월륜삼매인(阿修羅月輪三昧印): 백단(白檀)을 2촌 3푼으로 깎아 (만든다). 귀신에게 굴복한 자를 치료할 수 있으며, 정신이 혼미한 사람에게 큰 효험이 있다.[202]

이어 (아타바구 귀신) 대장이 일체 독약과 악귀 등을 항복 받을 수 있는 천구등사인(天狗騰蛇印)을 설하였다.

⑥ 천구등사인(天狗騰蛇印): 이 인은 '천구등사인'으로, 용두(龍頭) 위에 하늘 개[天狗]를 새기고 그 위에 사자 형상을 만들며, 입을 벌린 형상으로 인을 만들되 복숭아나무를 깎아 만들어야 한다.[203]

⑦ 일륜삼매화염인(日輪三昧火焔印): 염인(焔印)은 금과 적동(赤銅)을 깎아 만든다. 몸에 지니거나, 가고자 하는 곳이 있을 때 인을 들고 향하거나 종이 위에 인을 찍는다. 7매를 삼키면 큰 효험이 있다. 이는 '일륜삼매화염인'으로, 원형으로 삼족오(三足烏)를 그린다. 4면에 화염(火焔)을 두르고, 안쪽으로 깎아 만든다.[204]

이어 (아타바구 귀신) 대장이 도인(刀印)을 설하였다.

---

202 『阿吒婆拘鬼神大將上佛陀羅尼經』(『大正藏』21), p.185上.

203 『阿吒婆拘鬼神大將上佛陀羅尼經』(『大正藏』21), p.185上.

204 『阿吒婆拘鬼神大將上佛陀羅尼經』(『大正藏』21), p.185上.

⑧ 도인(刀印): 조심스럽게 깎아 병든 사람이나 종이 위에 인(天之令印符)을 찍으면, 귀신에게 송곳을 찌르듯 하여 병든 사람에게 큰 효험이 있게 된다. 그 도(圖)는 이와 같다.[205]

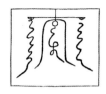

⑨ 위에 노사나불(盧舍那佛)을 그리고 흩어 덮는다. 좌우에 비룡(飛龍)을 그리고, 천(天) 아래에는 연꽃을, 연꽃 밑부분은 벌어지게끔 한다. 중간에 수계신(守契神)을 그리고, 신의 다리 밑에는 대약차왕(大藥叉王)을, 좌우에는 용왕을 그린다. 비단 위에 방형 8촌으로 그리되, 모두 우황(牛黃)으로 그리며 다른 채색을 하지 않는다.

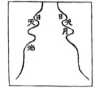

8월 1일 높은 산 정상에서 송주하고, 재(齋)를 지키고 깨끗한 옷을 입고 보살계를 받으며, 이 인을 머리 위에 놓으면 능히 일체 액을 소멸하고 귀신을 항복받으며, 산에 가면 산신이 찾아와 귀경(歸敬)하고, 물에 가면 수신(水神)이 발을 받들어 맞이할 것이다. 용궁에 들면 용왕이 영접할 것이며, 아수라의 궁에 들면 자녀와 권속들을 데리고 와서 영접할 것이다. 일체 독충을 치료할 것이고, 원망의 마음을 누그러지게 한다.[206]

이렇듯 『아타파구귀신대장상불다라니경』에는 9종의 부적 명칭과 용례 및 효능이 실려 있다. 그런데 첫 번째 부적과 ③팔부신인의 경우 부적 도상에 '빨리 율령(律令)에 따라 시행하라(急急如律令)'는 문구가 쓰여 있어 도교 부적과 관계 있음을 알 수 있다.

205 『阿吒婆拘鬼神大將上佛陀羅尼經』,『大正藏』21), p.185上.
206 『阿吒婆拘鬼神大將上佛陀羅尼經』,『大正藏』21), p.185中.

2) 말세 중생을 위한 증익법(增益法)

증익법이란 복덕 및 장수 등을 기원하는 내용으로, 이에 해당하는 것으로는 법성취(法成就)를 위한 『만수실리염만덕가만애비술여의법』과, 대원(大願) 성취를 위한 『관자재보살대비지인주변법계이익중생훈진여법』, 관직과 작위 등을 위한 『성환희천식법』의 부적을 들 수 있으며, 이외에 『가구영험불정존 승다라니기』의 부적 역시 이에 포함할 수 있다.

(1) 『만수실리염만덕가만애비술여의법』

『만수실리염만덕가만애비술여의법(曼殊室利焰曼德迦萬愛祕術如意法)』은 일행 (一行, 683~727)이 찬역(撰譯)한 경전으로, 1157년(保元 2) 일본 칸수테라[勸修 寺] 서명원(西明院)에서 지해(智海)가 교정한 일본 코잔지[高山寺] 소장본을 저 본으로 하고 있다.[207]

　　이 책은 문수사리의 화신인 염만덕가(焰曼德迦)가 말세 중생의 이익을 위해 설한 증익법을 담고 있다. 먼저 만다라 내원(內院)에 물소에 올라탄 6면 (面), 6비(臂), 6족(足)를 한 – 염만덕가로서 – 명왕의 상(像)을 화염 장식의 자 리에 안치하고 12신(神)을 안치한 다음, 외원(外院)에는 여덟 방위에 따라 동 방소청동자(東方召請童子) 등 8위의 동자를 안치한 단을 설치할 것을 말한다.

　　이어 부처님을 향해 '옴(唵) 슬저리(瑟底哩) 가라로파(迦羅嚕婆) 우흠(吽 欠) 사바하(娑呵)'란 주문을 49일간 백만 번 외우면 법성취(法成就)를 얻게 될 것을 말한다. 이어 법성취설부(法成就說符)로서 지부(地符)와 천부(天符) 등 2 종의 부적을 제시하고 있다[표33].

ⁱⁱⁱⁱⁱⁱⁱⁱⁱⁱⁱ

207　『曼殊室利焰曼德迦萬愛祕術如意法』(『大正藏』21), pp.97下-98上. "保元二年寫高山寺藏本." "保元二年七月二十三日。於勸修寺西明院住房　一校了 僧智海."

표33. 『만수실리염만덕가만애비술여의법』에 실린 2종 부적

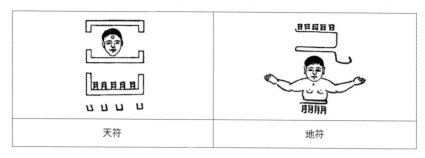

天符	地符

　여기서 법성취란 염만덕가(焰曼德迦, Yamāntaka)란 명칭과 관련해 이해할 수 있다. 즉 문수사리의 화신이자 명왕(明王)으로 인식되는 염만덕가(Yamāntaka)는 '죽음의 신(閻魔, yama)을 제멸함(anta)'을 뜻하는 명칭으로, '문수의 지혜로써 생사(生死)에 머무는 염마를 제멸한다'[208]는 뜻을 담고 있다. 이에 법성취설부(法成就說符)로서 지부(地符)와 천부(天符)는 생사를 벗어난 해탈, 열반의 경지를 표현한 것으로 추정된다.

　이에 천부(天符)의 경우 생사를 벗어난 – 달이 머무는 세상 위, 또 다른 세계에 머무는 모습을 그려두었으며, 지부(地符)의 경우 달과 태양 사이에 팔을 벌린 신체의 상반부를 그려둔 모습으로, 생사의 세계에 머물고 있으나 달의 세계를 뛰어넘은 모습으로, 생사에 걸림이 없는 모습을 표현한 것임을 알 수 있다. 이에 이 부적은 '생사를 벗어나 해탈, 열반의 경지를 얻게 된다'는 효능의 부적으로, '옴 슬저리 가라로파 우흠 사바하'란 주문과 함께 지녀야 하는 것임을 알 수 있다.

ᴵᴵᴵᴵᴵᴵᴵᴵᴵᴵ

208 정성준, 「삶과 죽음에 대한 딴뜨리듬의 과제」, 『인도철학』 37, 인도철학회, 2013.4, pp.157-158.

(2) 『관자재보살대비지인주변법계이익중생훈진여법』

『관자재보살대비지인주변법계이익중생훈진여법(觀自在菩薩大悲智印周遍法界利益衆生薰眞如法)』은 불공(不空)이 번역한 경전이다. 불공은 그의 스승 금강지(金剛智, 671~741)와 함께 719년 이래 중국에 머물며 역경에 종사한 인물로, 이 경전은 8세기 초에 번역된 것임을 알 수 있다.《대정신수대장경》에 실린 이 경전(觀自在菩薩薰眞如香印法, 觀自在妙香印法)은 1721년(享保龍集乙卯) 일본의 윤하사문(輪下沙門) 무등(無等)이 정엄(淨嚴)화상의 수정본(點本)을 바탕으로 판각한 것이다.[209]

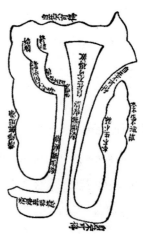

도37. 흐리(𑖮)의 字義, 『大正藏』 20, p.33.

이 경문에는 3종의 도상이 수록되어 있다. 그 중 첫 번째 도상은 범자(梵字) 흐리(𑖮, 紇哩)의 자의(字義)를 설명한 것으로[도37], 흐리(𑖮)란 글자는 하(𑖮, 賀, ha), 라(𑖨, 羅, ra), 이(𑖃, 伊, ī), 아흐(𑖀ḥ, 惡, aḥ) 등 4종의 뜻이 모여 이루어진 것임을 말하고 있다. 또한 '흐리'란 글자를 이루는 각 자의(字義)를 설명하고 있는데, "하(𑖮, 賀)자(字)는 '제법인(諸法因) 불가득(不可得)'의 (뜻이며), 라(𑖨, 羅) 자는 '청정(淸淨) 무구염(無垢染)'(의 뜻)이다. 이(𑖃, 伊) 자는 '자재(自在) 불가득(不可得)'의 (뜻이며), 악(𑖀ḥ, 惡) 자는 '본래(本) 불생불멸(不生不滅)'(의 뜻)이다"라고 각 글자의 의미를 설명하는 가운데 '흐리'란 글자에 이 4종의 뜻이 포함되어 있음을 말하고 있다.[210]

---

209 『觀自在菩薩大悲智印周遍法界利益衆生眞如法』(『大正藏』20), p.34上~中. "觀自在菩薩薰眞如香印法說已竟 觀自在妙香印法一卷 享保龍集乙卯仲夏之穀 以淨嚴和尚之點本 將讐校之壽梓 …(중략)… 大和長谷妙音院輪下沙門無等誌."

210 『觀自在菩薩大悲智印周遍法界利益衆生眞如法』(『大正藏』20), p.33中.

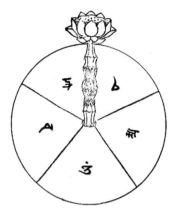

도38. 三昧耶形 圖, 『大正藏』 20, p.33.

도39. 향인(香印), 『大正藏』 20, p.34.

또한 '흐리(紇哩)'란 글자는 향인(香印)에 해당함을 말하고 있다. 그리고 향로에 흐리(紇哩, 🕉)란 글자를 불태우는 가운데 '옴(唵, 🕉) 바(嚩, 🕉) 라(日羅, 🕉) 달마(達磨, 🕉)' 등 5자(五字)가 생겨 나옴을 말한다. 이에 향로의 덮개 위에 옴(唵), 바(嚩), 라(日羅), 달(達), 마(磨) 등 다섯 글자(五字)를 새기고, 중앙에는 일고저(一鈷杵) 위에 활짝 핀 팔엽연화(八葉蓮華)를 안치하는데, 이를 삼매야형(三昧耶形)이라 칭한 채 이에 따른 두 번째 도상을 수록하고 있다.[도38] 211

이어 본존(本尊)의 인계(契)를 결한 후 '옴(唵, 🕉) 바(嚩, 🕉) 라(日羅, 🕉) 달마(達磨, 🕉) 흐리(🕉)'란 근본진언(本眞言)의 인(印)을 송(誦)하면, 구하는 바 세간과 출세간의 모든 대원(大願)이 성취됨을 말하는 가운데 세 번째 도상을 수록하고 있다.[도39] 212

이에 위 3종의 도상 중 첫 번째 내지 두 번째 도상은 자의(字義)와 삼매야형(三昧耶形)을 설명하기 위한 것이며, 마지막 ③'향인(香印)'이야말로 '대원성취'라는 효능과 함께 부적의 용도로 사용된 것임을 알 수 있다.

211 『觀自在菩薩大悲智印周遍法界利益衆生薰眞如法』, 『大正藏』 20), p.33中~下.

212 『觀自在菩薩大悲智印周遍法界利益衆生薰眞如法』, 『大正藏』 20), p.34上~中.

(3)『가구영험불정존승다라니기』

『가구영험존승다라니기(加句靈驗尊勝陀羅尼記)』는 7세기 후반에 불타파리(佛陀波利)가 번역한『불정존승다라니경(佛頂尊勝陀羅尼經)』에 자구(字句)가 첨가된 인연을 설명하고, '불정존승다라니'를 지니고 염송함으로써 얻을 수 있는 영험 공덕을 설한 기(記)이다. 835년(長慶 15) 당나라 조의대부(朝議大夫) 겸 시어사(侍御史)인 무철(武徹)이 지은 것으로, 말미에는「불정존승다라니(佛頂尊勝陀羅尼) 가자구족본(加字具足本)」이 추가되어 있으며, 그 끝에 1종의 부적과 함께 다음 내용이 실려 있다.

> "이 다라니본(陀羅尼本)은 중천축 삼장(三藏) 선무외(善無畏, 637~735)가 가지고 와 이 땅에 전한 것이다. 무릇 사막 땅에서 불타(佛陀)가 물결처럼 밀려와 불교의 여러 책과 함께 도성(闕山)에 전해진 까닭에 본(本)을 갖추어 역출(譯出)해 유행(流行)케 하는 것이다."[213]

위 내용에 따르면 이 부적은 716년에 선무외의 입국과 함께 중국에 전해진 것으로, 인도불교에 전승된 불교 고유 부적의 형태를 알려주는 것으로 추정된다[도40].『가구영험존승다라니기』는 861년 발해 사신 이구정(李居正)에 의해 일본에 전래되어 현재 일본 시가현[滋賀縣] 이시야마지[石山寺]에 소장되어 있는데, 이시야마지 소장본의 경우《대정신수대장경》에 실린 것과 내용에 다소 차이점이 있으며, 부적이 추가되어 있지 않

도40.『가구영험존승다라니기』에 실린 부적,『大正藏』19, p.388.

---

213 『加句靈驗佛頂尊勝陀羅尼記』(大正藏』19), p.388中. "此陀羅尼本 中天竺三藏 善無畏 將傳此土. 凡漠地佛陀波毛來流傳佛諸本並闕山是故具本譯出流行."

다.[214] 그럼에도《대정신수대장경》에 실린 부적은 당나라 무철(武徹)이『가구영험존승다라니기』를 저술하는 과정에서 선무외가 중국에 전한 부적을 그대로 삽입한 것으로 추정된다.

한편 현재 전하는 이 책이 발해 사신에 의해 일본에 전래된 것으로 미루어, 당시 발해뿐만이 아닌 신라에도 이 책이 유입되었을 가능성이 있을 것이다. 그러나 위 부적의 경우 도상만이 전할 뿐, 이에 대한 명칭 내지 효능은 전해지지 않는다.

(4)『성환희천식법』

『성환희천식법(聖歡喜天式法)』은 당(唐)의 삼장법사 반야야갈라(般若惹羯羅, 847~882)가 지은 것이다. 앞부분에는 '성천법(聖天法)'의 영험을 얻고자 하는 방법으로서, 먼저 천지반(天地盤) 조성과 관련된 내용을 설하고 있다. 즉 하얀 유목(乳木) 내지 향목(香木)을 사용해 3촌(寸) 또는 4촌 크기로 천반(天盤)을 만들며, 지반(地盤)의 경우 방형 7촌 크기로 만들어 세워야 함을 설한다. 이어 천반도(天盤圖) 조성의 경우 동방에 옴(唵)자, 남방에 이(爾)자, 서방에 리(哩)자, 북방에 망(忙)자를 안치해 일왕환희천(日王歡喜天), 애왕환희천(愛王歡喜天), 월애환희천(月愛歡喜天), 의특환희천(議特歡喜天)으로 삼고, 이어 동방에 제석천, 동남방에 화왕(火天), 남방에 염마천(炎魔天), 서남방에 나찰천(羅刹天), 서방에 수천(水天), 서북방에 풍천(風天), 북방에 비사문천(毘沙門天), 동북방에 대자재천(大自在天)과 28수[廿八宿] 및 36의 짐승[禽]을 안치한 예를 설하고 있다.

이어 천반중(衆)과 지반중, 28수[廿八宿] 및 36의 짐승[禽], 일체 제천(諸

214 임석규,「石山寺 所藏 加句靈驗佛頂尊勝陀羅尼記에 대한 一考察」,『동북아역사논총』27, 2010.2. p.229; pp.239-247.

天)에 대한 소청인(召請印)과 보인(普印), 그리고 공양계인(供養契印) 및 주(呪) 등 공양의식과 관련된 의궤를 설하고 있다. 그리고 이어 성명문부(盛冥文符)와 비섭부(祕攝符) 등 2종의 부적을 싣고 있다[표34]. [215]

표34. 『성환희천식법』에 실린 2종의 부적

성명문부(盛冥文符)	비섭부(祕攝符)

그리고 부적에 이어 "관직과 작위, 녹봉을 바라는 자는 일륜천(日輪天)과 제석천에게, 열병을 다스리고자 하면 일륜천과 화왕천(火天王)에게, 복덕을 얻고자 하면 월애천(月愛天)과 비사문천에 빌라"[216]와 같이 구하는 바에 따른 신의 명칭과, 그에 기도할 것을 제시하는 문구가 나열되어 있다. 이렇듯 각각 구하는 바에 따른 내용 앞에 위 2종의 부적이 실려 있는 것은, 이 2종의 부적이 전체 구하는 바에 따른 총체적 효능을 갖는 부적을 뜻하는 것으로 이해된다.

여기서 '성명문부(盛冥文符)'는 '명계(冥界)를 치성케 하는 문자 부적(文符)'의 뜻으로, 그릇[皿] 위에 해[日]와 달[月]을 담고 있는 형태를 하고 있으며, 부적 옆에는 "이모갑이(裏某甲耳)"라 하여 '부적 안쪽에 소지자(某甲)의 이름을 적는다'는 내용이 적혀 있다. 한편 '비섭부(祕攝符)'의 경우 '신비함을 굳게

||||||||||
215 『聖歡喜天式法』(『大正藏』21), p.324上~中.
216 『聖歡喜天式法』(『大正藏』21), p.324下. "欲望官位爵祿者 以日輪天加帝釋天, 若欲令他熱病者 以日輪天加火天王, 若欲得福德者 以月愛天加毘沙門天祈之."

지키는 부적'의 뜻으로, 부적 옆에는 "곁에 그려둠으로써 화를 끊고 방어할 수 있다(固對表畵斷也)"고 부적의 효능 및 지니는 방법을 설명하고 있다.

3) 도교 부적을 차용한 불교 부적

도교 부적에서 차용한 불교 부적으로는 『예적금강금백변법경』, 『불설북두 칠성연명경』 등에 실린 예를 들 수 있다.

(1) 『예적금강금백변법경』

『예적금강금백변법경(穢跡金剛禁百變法經)』은 북천축국(北天竺國) 삼장사문 (三藏沙門) 아질달산(阿質達霰, 唐言으로 無能勝將)이 732년에 번역한 것이다. 794년 원조(圓照)가 찬한 『대당정원속개원석교록(大唐貞元續開元釋教錄)』에 입장되었음을 알 수 있다.

한편 《고려대장경》 중 945년 남당(南唐)의 항안(恒安)이 편찬한 『대당보 대을사세속정원석교록(大唐保大乙巳歲續貞元釋教錄, 속정원석교록)』에는 《대정 신수대장경》『속정원석교록(續貞元釋教錄)』[217]에서는 생략된, 이 경전의 유래 에 대한 상세한 설명이 실려 있다.

> "『대위력오추슬마명왕경(大威力烏樞瑟摩明王經)』 2권(혹 3권) 35지(紙), 『예적금
> 강설신통대만다라니법술령요문(穢跡金剛說神通大滿陀羅尼法術靈要門)』 1권 5
> 지, 『예적금강법금백변법(穢跡金剛法禁百變法)』 1권 3지. 이 3부 5권은 북천축

‖‖‖‖‖‖‖‖‖
217 『續貞元釋教錄』(『大正藏』 55), p.1049中.

국 삼장사문(三藏沙門) 아질달산(阿質達霰, 중국어로는 無能勝將이다)이 안서(安西)에서 번역한 것이다.

개원 20년(732) 법월(法月) 삼장이 공헌(貢獻)하여 조정에 들어오게 되었다. 위의 경들을 가지고 경읍(京邑, 궁궐)에 도착했으나 『개원석교록』에는 편입될 수 없었다. 그 후 칙명에 따라 『정원목록』에 편입되었다."[218]

즉 『예적금강법금백변법(穢跡金剛法禁百變法)』은 중국 서북부 감숙성(甘肅省)의 돈황 일대에서 번역된 것으로, 732년 법월(法月) 삼장이 이를 공물(貢物)로 바쳐 조정에 들어왔으나, (730년에 편찬된 『개원석교록』에는 편입되지 못한 채) 800년에 원조(圓照)가 편찬한 『정원신정석교목록(貞元新定釋教目錄)』에 편입되었다는 것이다. 한편 794년 원조(圓照)가 편찬한 『속개원석교록(續開元釋教錄, 大唐貞元續開元釋教錄)』에 이 경전이 실려 있음을 볼 때, 8세기 후반에 이르러서야 당대(唐代)의 경록(經錄)에 실릴 수 있었음을 알 수 있다. 그럼에도 이 경전은 경록에 실리기 이전인 732년 이래 돈황 지방에 널리 전파되었으리라는 점을 알 수 있다.

예적금강(穢跡金剛)이 부처님께 여러 귀신과 천둥·번개 등 자연재해를 물리치는 방법과 결인법(結印法) 등을 설한 것으로, 전반부에는 단(壇)을 조성하는 방법 등이 설명되어 있다. 또한 후반부에는 「인법제2(印法第二)」 항목에 4종의 부적과 효능이 실려 있으며, 「신변연명법(神變延命法)」 항목에는 15종(42개)의 부적 도상과 그에 대한 효능이 실려 있다(도41). [219]

‖‖‖‖‖‖‖

218 『大唐保大乙巳歲續貞元釋教錄』(『高麗大藏經』 38), p.37下. "於安西譯. 開元二十年 因法月三藏貢獻 入朝, 附上件經到于京邑, 不及得入開元錄. 准勅編入貞元目錄."

219 『穢跡金剛禁百變法經』(『大正藏』 21), pp.160-161.

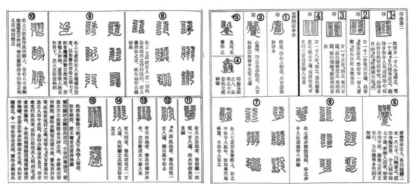

도41.『예적금강금백변법경』에 실린 부적,『大正藏』21, pp.160-161.

이 가운데 「인법제2」 항목에 실린 4종 부적의 경우, 다음과 같이 각각 인(印)을 새기는 방법과 사용법, 그리고 효능을 싣고 있다.

①	②	③	④
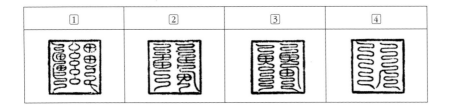			

"① 이 인(印)은 방형으로, 한 치[寸] 8푼(分)으로 새긴다. 하루에 주(呪) - 대원 만다라니신주예적진언(大圓滿陀羅尼神呪穢跡眞言)[220] - 1천 편을 외우고 백교 향(白膠香)으로 찍어낸다. 인(印)을 새기는 날에는 사람이 보게끔 하지 말라. 인을 사용하여 가슴[心]에 찍으면 심지(心智), 자연지(自然智), 숙명지(宿命智)를

<hr>

220 『穢跡金剛說神通大滿陀羅尼法術靈要門』(『大正藏』21), p.158中. "옴 빌시구리 마하바라 한나
예 믹즙믹 미길미 마나셰 오심모구리 훔훔 박박박 사바하(唵 晰咭喔嘩 摩訶鉢囉二合 喂那 吻汁吻 微
咭微 摩那栖 嗚深慕喔嘩 合牛 合牛 泮泮泮 娑訶)."

얻고, 인을 100일 동안 지니면 곧 갖가지 대법문(大法門)을 얻는다."[221]

② 방형으로, 한 치 2푼으로 새긴다. 주(呪) 600편을 외우고 안실향으로 찍어 낸다. 지니고 다니면 모든 사람이 사랑하고 좋아하며, 대자재함을 얻어 영원히 온갖 괴로움을 여읜다.[222]

③ 방형으로, 한 치 5푼으로 새긴다. 주(呪) 600편을 외우고 백교향으로 찍어 낸다. 인(印)을 다리에 찍으면 문득 허공을 날 수 있으며, 향하는 곳에 자유롭게 (갈 수 있다).[223]

④ 방형으로, 한 치 8푼으로 새긴다. 백교향으로 찍어낸다. 주(呪) 7천 편을 외운 후 발에 인을 찍으면, 가히 하루에 3백만 리를 가며, 사람들이 보지 못한다."[224]

이어 「신변연명법」 항목에는 15종 42과(果)의 부적 도상과 함께 부적의 사용 방법 및 효능을 싣고 있다. 순서에 따른 일련번호와 함께 그 내용을 소개하면 다음과 같다.

①	②	③	④	⑤

221 "此印方一寸八分刻之. 呪一千遍曰 白膠香度之, 剋印日勿令人見. 用印印心 得心智自然智 宿命智, 持印百日 卽得住種種大法門."

222 "方一寸二分. 呪六百遍 以安悉香度之. 帶行 令一切人愛樂 得大自在 永離衆苦."

223 "方一寸五分刻之. 呪六百遍 以白膠香度之. 用印印腳 便得飛騰虛空 所向自在."

224 "方一寸八分剋之. 用白膠香度之. 呪七千遍 用印印足, 可日行三百萬里 無人得見."

"① 복련(伏連, 학질, 또는 폐결핵)에 걸렸을 때 가슴 위에 (이 印을) 쓰면 차도가 있으며 대길(大吉)할 것이니, '빨리 율령(律令)에 따라 시행하라(急急如律令)'.

② 가슴에 통증이 있을 때 (이 印을) 쓰고 일어서면 즉시 낮게 되며 대길(大吉)의 이익이 있으니, '빨리 율령(律令)에 따라 시행하라(急急如律令)'.

③ 귀병(鬼病)에 걸리면 주사(朱砂)로 (이 印을) 써서 삼켜라.

④ 정신분열(精魅)의 귀병(鬼病)에 걸리면 주사로 (이 印을) 7매 써서 삼켜라. 크게 신통하며 효험이 있어 일어선 즉시 낮게 된다.

⑤ 만약 법에 의거코자 한다면 2장 1척 7치[寸]의 백단(白檀)을 취해 모서리를 하얀 보자기로 싸서 지륜(地輪) 세계에 두면 수명 70세를 얻게 될 것이다. 자택의 뜰에 땅 7척을 파서 묻는 것 역시 가능하다. 그러면 총명함과 많은 지혜 얻을 것이며, 변재 무애할 것이다.

⑥	⑦	⑧	⑨	⑩

⑥ 이 일곱 부적 역시 능히 만병을 치료할 수 있으니, (이 印을 써서) 삼켜라. 역시 장수와 지혜를 더하고 크게 신통하며 효험이 있다.

⑦ 이 일곱 부적을 주사로 종이 위에 써서 천 매를 삼키면, 수명이 연장된다. 천지(天地)와 같이 끝없는 생명을 얻는다. 타인이 보지 않게끔 하라.

⑧ 일체 병으로 인한 근심이 있을 때, 이 일곱 부적을 서사(書寫)하면 모두 나을 것이다. 이 부적을 써서 삼키는 자는 수명과 지혜가 늘어날 것이며, 큰 효험이 있을 것이다.

⑨ 갖가지 진보(珍寶)를 구하고자 하면, 이 일곱 부적을 주사로 써서 삼켜라. 7일 만에 갖가지 묘한 보배가 스스로 이르게 된다. 타인의 재물을 구하고자 하면 부적 밑에 그 사람의 성명을 쓰면, 즉시 그 사람이 물건을 보내게 된다.

⑩ 이 세 부적을 주사로 써 상(床)의 네 다리 위에 놓으면, 항상 팔대금강(八大金剛)이 호위하여 잠시도 떠나지 않을 것이다. 다만 깨끗해야 하며, 오염된 물건을 방에 두어서는 안 된다. 간절히 모름지기 삼가야 한다.

⑪	⑫	⑬	⑭	⑮
부적	부적	부적	부적	부적

⑪ 큰 화재가 일어날 때, 부적 1매를 써서 주문 108편을 외운 후 불을 향해 던지면 잠시 후 화재가 자연히 꺼질 것이다.

⑫ 불과 바람에 의한 피해가 있으면 이 부적을 쓰고 주문 108편을 외운 후 바람을 향해 던지면 즉시 그친다.

⑬ 큰 홍수가 생길 때, 이 부적을 써서 물에 던지면 흐름이 멈춰 물에 빠지지 않을 것이다.

⑭ 큰비가 오면, 이 부(符)를 쓰고 주(呪)를 108편 (외운 후) 비[雨]를 향해 던져라. 순식간에 그 비가 스스로 멈춘다.

⑮ 이 부적 3매를 주사로 써서 삼키거나 타인에게 부적을 써 주면 즉시 효험이 있을 것이다. 만약 그렇지 않으면 모든 부적을 사용해도 효험이 없다고 할 것이다."[225]

225 『穢跡金剛禁百變法經』(『大正藏』21), pp.160上-161上.

이렇듯 『예적금강금백변법경』에는 「인법제2」 항목과 「신변연명법」 항목에 총 19종 46개의 부적과 효능 및 제작법, 용법 등이 실려 있다. 그런데 「신변연명법」 항목 중 15종 부적의 효능 가운데 첫 번째와 두 번째 부적의 경우 '빨리 율령(律令)에 따라 시행하라(急急如律令)'는 문구가 쓰여 있음을 볼 때, 『예적금강금백변법경』 부적 중 일부는 도교 부적과의 관계 속에 만들어진 것으로 추정된다.

일본의 경우 엔닌[圓仁, 794~864]이 838년부터 9년간 양주(揚州) 오대산 [五臺] 및 장안(長安) 등지를 찾아 수집, 편집한 『입당신구성교목록(入唐新求聖教目錄)』 584부 중에 "예적금강법금백변법경, 사문(沙門) 아질달산(阿質達霰) 역(譯)"[226]이 기록되어, 엔닌의 귀국과 함께 이 경전이 일본에 전래되었음을 알 수 있다. 또한 858년에 일본에 귀국한 천태종 승려 엔친[圓珍, 814~891]의 찬술 『일본비구원진입당구법목록(日本比丘圓珍入唐求法目錄)』에 "『穢跡金剛法禁百變』一卷, 『穢跡金剛説神通法』一卷"[227]이 기록되어, 9세기 중반에 『예적금강금백변법경』이 일본에 전래되었음을 알 수 있다.

한편 1213년에 입멸한 일본의 진언종 승려 카우젠[覺禪, 1143~1213]이 필사한 『각선초(覺禪鈔)』[228] 「지우법(止雨法)」 중 '지우봉사(止雨封事)'에는 다음과 같이 비를 그치는 법이 실려 있다.

"『권수사기(勸修寺記)』에, 『오슬사마예적금강법금백변법경(烏瑟沙麼穢跡金剛法禁百變法經)』에 이르되, '큰비가 오면, 이 부(符)를 쓰고 주(呪)를 108편 (외운 후)

---

226 『入唐新求聖教目錄』(『大正藏』55), p.1080下.

227 『日本比丘圓珍入唐求法目錄』(『大正藏』55), p.1097中21.

228 『覺禪鈔』(『大正藏』圖像部4), p.741.

비[雨]를 향해 던져라. 순식간에 그 비가 멈춘다…"[229]

이 내용과 함께 부적이 실려 있는데(표35-①), 여기 실린 부적은『예적금강금백변법경』「신변연명법」항목에 중 14번째의 부적을 변형한 것임을 알 수 있다(표35-②). 이에『각선초』에 실린 이 내용은 13세기경에 일본에서 이 부적이 실제 사용되었음을 알려준다(표35).

표35. 『각선초』에 실린 지우부(止雨符)와 『예적금강금백변법경』에 실린 지우부

①『각선초』「止雨法」 항목의 부적	②『예적금강금백변법경』「神變延命法」 항목 중 14번 부적

(한국 전래에 대한 상세한 내용은 [IV. 한국의 불교 부적] 중 〈3. 조선시대 불교 부적의 확산과 다양화〉 항목의 〈1〉 도교 부적의 유입〉 부분에서 확인할 수 있다.)

(2)『불설북두칠성연명경』

『불설북두칠성연명경(佛説北斗七星延命經)』은 당나라 때부터 유통된 것으로, 《대정신수대장경》 경문(經文) 서두에 "바라문승(婆羅門僧)이 이 경을 가지고 와 당조(唐朝)에서 수지(受持)하였다"[230]는 내용이 실려 있다.

||||||||||

229 『覺禪鈔』(『大正藏』圖像部 4), p.625中.

230 『佛説北斗七星延命經』(『大正藏』21), p.425中. "婆羅門僧將到此經唐朝受持."

한편《대정신수대장경》중『불설북두칠성연명경』서두에는 칠성을 의인화한 인물과 함께, 각 칠성을 부적으로 묘사한 도상이 실려 있다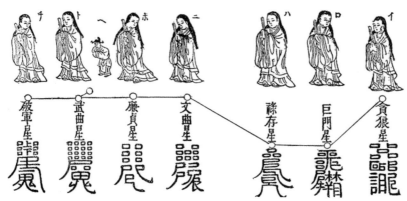[도42].

도42.『佛說北斗七星延命經』소재 七星符(七星의 의인화 모습),『大正藏』21, p.425.

이어『불설북두칠성연명경』가운데 각 사람은 12지(十二支)에 따라 칠성 중 한 별에 소속됨을 말하고 있는데, 한 예로 "자생(子生)인 사람은 이 별을 따라 태어났으니, 복록과 식생에 재앙이 있으면 의당 이 경전에 공양하고 이 별의 부적[星符]을 지니면 대길(大吉)한다"[231]는 내용이 실려 있으며, 재앙이 있을 때 이 경전에 공양하고 소속 별에 따른 부적을 지니면 대길(大吉)할 것임을 기록하고 있다.

그리고 "나무(南無) 탐랑성(貪狼星) 시(是) 동방최승세계(東方最勝世界) 운의통증여래불(運意通證如來佛)과 같이 ① 탐랑성, ② 거문성(巨門星), ③ 녹존성(祿存星), ④ 문곡성(文曲星), ⑤ 염정성(廉貞星), ⑥ 무곡성(武曲星), ⑦ 파군

ııııııııııı

231 『佛說北斗七星延命經』(『大正藏』21), p.425下. "子生人 向此星下生 祿食黍有厄 宜供養此經 及帶本星符 大吉."

174

성(破軍星) 등 칠성을 각각 여래로 칭한
채,[232] 그에 대한 예문을 싣고 있다. 그리
고 후반에는 부처님께서 문수사리보살에
게 이 경(經)에는 대위신력(大威神力)이 있
음과 함께, 일체중생의 중죄를 멸하고 일
체 업의 장애에서 구할 수 있음을 전하는
등 경의 위력을 설하는 것으로 경전이 마
무리되고 있다.

도43. 『태상현령북두본명연생진경주
해』, 칠원성군 부적과 圖, 『道藏』17,
p.34.

그런데 여기 실린 의인화된 도상은
1334년에 성립된 『태상현령북두본명연
생진경주해(太上玄靈北斗本命延生眞經註
解)』에 실린 것과 유사한 것으로[도43], [233]
『불설북두칠성연명경』이 『태상현령북두

본명연생진경』과 관련이 있음을 알 수 있다(『태상현령북두본명연생진경주해』에 실
린 도상은 부적이 아닌 보장에 해당하는 것으로 이에 대해서는 뒤에 설명하기로 한다).

또한 『불설북두칠성연명경』에 실린 각 칠성의 부적은 도교 경전인 『태
상노군설익산신부묘경(太上老君說益算神符妙經)』에 실린 부적과 더욱 흡사한
것으로, 『불설북두칠성연명경』과 여기 실린 부적은 『태상노군설익산신부묘
경』과 직접 관련이 있음을 시사하며, 도교 경전을 바탕으로 형성된 것임을

---

232 『佛說北斗七星延命經』(『大正藏』21), p.426上. "①南無 貪狼星 是 東方最勝世界 運意通證如
來佛, ②南無 巨門星 是 東方妙寶世界 光音自在如來佛, ③南無 祿存星 是 東方圓滿世界
金色成就如來佛, ④南無 文曲星 是 東方無憂世界 最勝吉祥如來佛, ⑤南無 廉貞星 是 東方
淨住世界 廣達智辯如來佛, ⑥南無 武曲星 是 東方法意世界 法海遊戱如來佛, ⑦南無 破軍
星 是 東方琉璃世界 藥師瑠璃光如來佛."

233 『太上玄靈北斗本命延生眞經註解』(『道藏』17), p.34.

표36. 『불설북두칠성연명경』과 『태상노군설익산신부묘경』의 칠성부(七星符) 비교

	탐랑성 (貪狼星)	거문성 (巨門星)	녹존성 (祿存星)	문곡성 (文曲星)	염정성 (廉貞星)	무곡성 (武曲星)	파군성 (破軍星)
『불설북두 칠성연명 경』	符	符	符	符	符	符	符
	北斗 貪狼星君	北斗 巨門星君	北斗 祿存星君	北斗 文曲星君	北斗 廉貞星君	北斗 武曲星君	北斗 破軍星君
『태상노군 설익산신 부묘경』	符	符	符	符	符	符	符

한편 《대정신수대장경》 중 『불설북두칠성연명경』 말미에는 "『박초자구결(薄草子口決)』 제17 「본명성공(本命星供)」 항목에 이 경이 인용되어 있다"[234] 는 내용이 실려 있다. 『박초자구결』은 교토[京都] 대학 도서관에 소장된 필사본으로, 1262년(弘長 2) 이래 진언종 승려 라이유[賴瑜]에게 전수받은 내용을 기록한 책이다.[235] 한편 1191년(建久 2)에 서사된 『별행(別行)』[236]의 경우 "칠성(七星)의 형상은 『북두연명경(北斗延命經)』 도상에는 모두 여자의 형상이다"[237]는 내용이 실려 있기도 하여, 이 책이 12세기 말에 일본에 전래된 것임

234 『佛說北斗七星延命經』(『大正藏』21), p.426中. "薄草決十七本命下 引用此經."

235 『薄草子口決』(『大正藏』79), p.175上. "弘長二年壬戌(1262)正月九日 參宿日曜 於醍醐寺報恩院 三寶院正流遍知院付法 傳受始之."

236 『別行』(『大正藏』78), p.186下. "寫本云 建久二年 正月十六日終 書寫交點之功也."

237 『別行』(『大正藏』78), p.182中. "七星形像 北斗延命經 圖像者 皆同女形也."

을 알 수 있다.

이상 《대정신수대장경》 정장(正藏)에 실린 10종의 문헌 가운데 총 90종
의 부적이 실려 있음을 볼 수 있다.

2.《대정신수대장경》 도상부에 실린 불교 부적

《대정신수대장경》 도상부(圖像部)에는 『백보구초(白寶口抄)』와 『별존잡기(別尊雜記)』, 『제호본도상(醍醐本圖像)』과 「육자명왕(六字明王)」 등에 다수의 불교 부적이 실려 있다. 여기 실린 부적들은 내용상 '팔괘(八卦) 부적'과 '십이지(十二支) 및 십이궁(十二宮) 관련 부적'으로, '팔괘 부적'의 경우 팔대보살과 관련되며, '십이지 및 십이궁 관련 부적'은 묘견(妙見)과 관련된 것임을 알 수 있다.

1) 팔괘(八卦) 부적

일본 고야산(高野山) 금강삼매원(金剛三昧院)에 소장된 『백보구초(白寶口抄)』의 「대불정법(大佛頂法) 5」 항목에 불교 부적이 실려 있다. 『백보구초』 중 「대불정법 5」는 1083년(永保 3) 필사된 것으로,[238] 이 책 '당탑지진단사(堂塔地鎭壇事)' 항목에 팔괘(八卦) 관련 부적이 실려 있다. 이 부분은 당(堂)을 건립하기에 앞서 행하는 진단작법(鎭壇作法)을 설명한 부분으로, 그중 팔방(八方)에 대한 결계(結界)를 행할 때 안치하는 팔대보살(八大菩薩)의 방위를 설명하는 가

---

[238] 『白寶口抄』(『大正藏』圖像部 6), p.482. "永保三歲 七月二十一日…"

운데 8종의 도상이 실려 있는 것이다[도44].[239]

도44.『백보구초』「대불정법」항목 중 팔대보살도,『大正藏』圖像部 6, p.480.

위 도상에서는 ①흥검대보살(興劍大菩薩), ②흥성대보살(興成大菩薩), ③흥고대보살(興高大菩薩), ④흥문대보살(興文大菩薩), ⑤흥견대보살(興見大菩薩), ⑥흥진대보살(興進大菩薩), ⑦흥사대보살(興私大菩薩), ⑧흥명대보살(興明大菩薩) 등 팔대보살의 형상을 싣고 있으며, 각 8인의 보살 옆에는 각 보살을 12지(十二支)에 소속시킨 채, 각 소속된 십이지(十二支)의 형상을 의인화해 싣고 있다. 또한 각 보살 및 12지를 의인화한 형상 밑에는 보살의 명칭과 십이지의 소속을 적고 있으며, 각 인물들의 상단에는 다음과 같이 8종의 부적이 실려 있다[표37].

표37.『백보구초』에 실린 팔대보살(八大菩薩)과 그에 해당하는 팔괘 부적

興明 大菩薩 (巳, 午, 未)	興私 大菩薩 (巳, 午, 未)	興進 大菩薩 (亥, 子, 丑)	興見 大菩薩 (申, 酉, 戌)	興文 大菩薩 (申, 酉, 戌)	興高 大菩薩 (亥, 子, 丑)	興成 大菩薩 (寅, 卯, 辰)	興劍 大菩薩 (寅, 卯, 辰)

239　『白寶口抄』(『大正藏』圖像部 6), pp.478-481.

위 8종의 부적은 각각 건(乾, ☰), 곤(坤, ☷), 감(坎, ☵), 리(離, ☲), 간(艮, ☶), 손(巽, ☴), 진(震, ☳), 태(兌, ☱) 등 팔괘(八卦)의 형상과 조합된 것임을 알 수 있다. 그런데 위 부적에서는 팔괘 중 리(離, ☲)와 간(艮, ☶)의 괘가 중복되어 있으며, 손(巽, ☴)과 곤(坤, ☷)의 괘는 생략되어 있음을 알 수 있다. 이는 팔괘를 그려두는 가운데 오류가 발생한 것임을 알 수 있다. 그럼에도 위 도상 중 팔괘의 형상을 제외하면 팔괘 부적의 원래 모습을 발견할 수 있는 것으로, 팔괘 중 손(巽, ☴)과 곤(坤, ☷) 등 생략된 부적 및 리(離, ☲)와 간(艮, ☶) 등 중복된 4종을 제외한 4종의 경우 괘를 확실히 알 수 있다. 나머지 4종의 경우 어떤 괘에 속한 것인지는 알 수 없으나 – 이 부분은 '중복'이라 표시하였다 – 그 부적의 형상만은 확실히 알려주고 있다. 이에 이를 표로 보이면 다음과 같다〔표38〕.

표38. 『백보구초』에 실린 팔괘(八卦) 부적

간(艮) ☶ (중복)	리(離) ☲ (중복)	간(艮) ☶ (중복)	감(坎) ☵	건(乾) ☰	태(兌) ☱	진(震) ☳	리(離) ☲ (중복)

2) 십이지(十二支) 및 십이궁(十二宮) 관련 부적

십이지(十二支) 및 십이궁(十二宮)과 관련된 부적은 묘견(妙見)과 관련된 도상으로서 『각선초』와 『별존잡기』, 『제호본도상』과 「육자명왕(六字明王)」 등에서 발견되고 있다.

(1) 『각선초』

『각선초(覺禪鈔)』는 일본의 진언종
승려 카우젠[覺禪, 1143~1213]이 필
사한 것으로,「육자경법(六字經法)」
가운데 존상(尊像)과 관련된 내용
이 실려 있다. 즉 "손에 큰 칼을 들
어 재차 원적(怨敵)을 떨쳐내고, 머
리에는 뱀의 머리를 드러내 능히
혹업(惑業)을 멸하며…"[240] "좌우
한 쌍의 손은 수인(手印)을 짓고,
두 번째 왼손에는 삼극차(三戟叉,
삼지창)와 오른손에는 큰 칼을, 세
번째 왼손에는 월륜(月輪)과 오른
손에는 일륜(日輪)을 든다"[241]는 것
으로, 이같은 설명은 다음에 싣고
있는 〈육자천(六字天)〉 도상과 흡
사한 것임을 알 수 있다.[도45].[242]

도45. 〈六字天〉,『大正藏』圖像部 4,『覺禪鈔』,
p.741.

또한 〈육자천(六字天)〉 도상과 관련해 "이 상(像)은 원수(怨家)를 조복하
는 것으로, 만원(萬願) 성취의 형상이다"[243]는 내용이 실려 있다. 그리고 '인

---

240 『覺禪鈔』(『大正藏』圖像部 4), p.740中 10~11行. "手持太刀 更拂怨敵, 首現蛇頭 能減惑業…"

241 『覺禪鈔』(『大正藏』圖像部 4), p.740中 18行. "左右第一 手印, 左第二 三戟叉 右大刀, 左第三 月
輪, 右日輪."

242 『覺禪鈔』(『大正藏』圖像部 4), p.741.

243 『覺禪鈔』(『大正藏』圖像部 4), p.740中 25行. "此像 調伏怨家, 成就萬願形也."

(印)'에 대한 설명이 이어지는데, 이 부분은 '육자천 도상' 중 손에 지물을 들지 않은 수인(手印)과 관련된 것임을 알 수 있다. 그런데 '인(印)'에 대한 설명은 "두 엄지손가락을 비틀어 가운데 손가락 머리에 둔다. 왼 손바닥(定掌)은 위

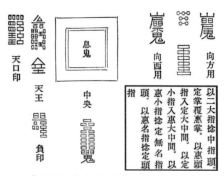

도46. 『전수집』에 실린 부적, 『大正藏』 78, p.258

를 향하고, (오른손) 손바닥은 엎어둔다…"[244] 등의 내용으로, 이와 동일한 내용이 《대정신수대장경》 '일본전래부' 중 관신(寬信)이 지은 『전수집(傳受集)』의 「관숙승도전(觀宿僧都傳)」에 부적 도상과 함께 실려 있기도 하다[도46].[245]

「관숙승도전」은 1632년(寬永 9) 필사본을 바탕한 것으로,[246] '승도(僧都, 승통) 관숙(觀宿)이 전수(傳受)한 것'임을 알 수 있다. 그리고 「관숙승도전」에는 8종의 부적이 실려 있는데[표39], 이 부적들은 『각선초』의 「육자경법」 중 〈육자천(六字天)〉과 관련된 것임을 알 수 있다.

표39. 『전수집』 「관숙승도전」에 실린 8종의 부적

天口印	負印	天王		中央	向西方		向方用

244 『覺禪鈔』(『大正藏』 圖像部 4), p.740下. "以二大指 捻中指頭. 〈仰〉定掌 覆掌. 以惠 頭指 入定大中間. 以定 小指 入惠 大中間. 以惠 小指 捻定 無名指頭. 以惠 〈無〉名指 捻定 頭指."

245 『傳受集』(『大正藏』 78), p.257.

246 『傳受集』(『大正藏』 78), p.258中. "寬永九年(1632)三月二十六日 上醍醐寺以水本報恩院之御本寫之."

위 『각선초』에 실린 '육자천(六字天)'은 '육자(六字)' 내지 '육자명왕(六字明王)'이라 불리며, '묘견(妙見)' 또는 '묘견보살(妙見菩薩)'이라 불리기도 한다. 북극성을 신격화한 천존(天尊)으로, 치성광여래 신앙이 본격적으로 성립되기 이전에 유행한 북극성 신앙의 주존에 해당한다.[247]

위 '육자천' 도상에는 대좌 밑으로부터 시계 방향으로 광배 안쪽에 십이지(十二支)의 동물이 배치되어 있음을 볼 수 있다. 그리고 십이지 동물 옆에는 각각 부적이 그려져 있는데, 이는 십이지에 해당하는 부적으로[표40], '육자천' 도상이 십이지와 함께 전래된 것임을 알 수 있다.

표40. 『각선초』에 실린 십이지(十二支) 형상과 십이지 부적

①子 쥐	②丑 소	③寅 범	④卯 토끼	⑤辰 용	⑥巳 뱀	⑦午 말	⑧未 양	⑨申 원숭이	⑩酉 닭	⑪戌 개	⑫亥 돼지

(2) 『별존잡기』

심각(心覚, 1148~1182)이 편집한 『별존잡기(別尊雜記)』 「묘견법(妙見法)」 항목에 '육자천'의 또 다른 명칭인 '묘견(妙見)'을 묘사한 〈묘견도(妙見圖)〉가 실려 있으며, 그 안에는 십이궁(十二宮)을 묘사한 부적이 실려 있다[도47].[248]

||||||||||

247 정진희, 「고려 치성광여래 신앙 고찰」, 『정신문화연구』 36-3, 한국학중앙연구원, 2013.8. p.323.

248 『別尊雜記』(『大正藏』 圖像部 3), p.587.

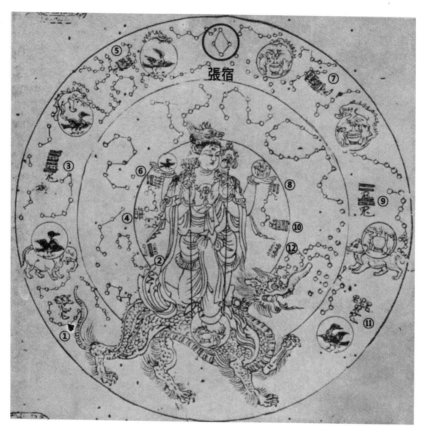

도47. 妙見, 『大正藏』圖像部 3, 『別尊雜記』48, p.587.

　묘견(妙見)과 관련해, 중국 진대(晉代, 265~420)에 번역된 실역(失譯) 『칠불팔보살소설대다라니신주경(七佛八菩薩所説大陀羅尼神呪經)』에 "나 북진보살(北辰菩薩)은 이름이 묘견(妙見)이다. 지금 설하려는 신주(神呪)는 모든 국토를 옹호하며 그 짓는 것이 매우 기특한 까닭에 이름이 묘견이다. 염부제의 별 가운데 가장 뛰어나다"[249] 하여 달리 북진보살이라 불리기도 했음을 알

⁝⁝⁝⁝⁝⁝⁝⁝⁝⁝⁝

249　『七佛八菩薩所説大陀羅尼神呪經』(『大正藏』21), p.546下. "我北辰菩薩 名曰妙見. 今欲説神呪 擁護諸國土, 所作甚奇特故 名曰妙見. 於閻浮提衆星中最勝." 같은 내용이 『陀羅尼雜集』

수 있다.

위 『별존잡기』에 실린 묘견은 3중의 대월륜(大月輪) 안에 용을 밟고 서 있으며, 4비(四臂)의 형태로 묘사되어 있다. 양손에 석장(錫杖)과 삼지창(三戟叉)을 들고 있으며, 나머지 양손 중 향좌측 손에는 삼족오(三足烏)가 묘사된 태양을, 향우측 손에는 한 쌍의 섬여(蟾蜍, 두꺼비)가 묘사된 달을 받쳐 들고 있다. 한편 3중의 대원륜 안에는 28수(宿) 중 장수(張宿, ◇)가 맨 위에 놓인 채 28수(二十八宿)로 추정되는 별의 무리가 배치되어 있고, 그 사이에 8개의 소월륜이 배치되어 있다. 그중 좌측에는 태양과 우측에는 달의 형상을 각각 4개씩 그려 달[月]의 진행에 따른 음양의 변화를 표현하고 있으며, 마갈어(摩竭魚)가 태양과 달을 삼키는 모습으로 일식과 월식의 현상을 그리고 있다.

그리고 안쪽과 바깥쪽 월륜에는 12종의 부적이 그려져 있다. 각각의 부적은 안쪽과 바깥쪽에 번갈아 묘사되어 있는데, 이들 부적은 – 필자가 위 도상에 ①, ②, ③ 등으로 표시한 – 달[月]의 12달 진행과 관련된 것임을 알 수 있다. 즉 12종의 부적은 12달의 진행에 따른 음양의 변화를 표현하는 것으로, 이를 8개의 소월륜과 연관해 보면 다음 내용을 파악할 수 있다.

먼저 향우측 하단의 ⑪은 11월에 해당하는 것으로, 태양을 상징하는 소월륜을 배치해 동짓달을 기점으로 새로운 태양이 시작됨을 표현했으며, ⑫는 12월에 해당하는 것으로, 여전히 음의 세력이 강한 까닭에 우측 달을 상징하는 소월륜 쪽에 배치한 것을 볼 수 있다.

한편 1월~6월에 해당하는 ①부터 ⑥까지는 양의 세력이 강한 때로, 좌측 태양의 소월륜 쪽에 배치되어 있음을 볼 수 있다. 그리고 ⑦은 7월에 해당하는 것으로, 칠석을 기점으로 양의 세력이 음으로 변해감을 나타내기 위해

(『大正藏』21, p.588上)과 寬信 撰 『傳受集』(『大正藏』78, p.235上)에 인용되어 있다.

7월~12월에 해당하는 ⑦부터 ⑫까지는 우측 달의 소월륜 쪽에 배치된 것임을 알 수 있다. 이렇게 본다면 위 – ①~⑫에 해당하는 – 12종의 부적은 1월~12월까지의 달[月]의 진행에 따른 12궁(十二宮)을 표현한 것으로 추정할 수 있다.

　　여기서 12궁은 ① 쌍어(雙魚), ② 백양(白羊), ③ 금우(金牛), ④ 음양(陰陽), ⑤ 거해(巨蟹, 게), ⑥ 사자(獅子), ⑦ 쌍녀(雙女), ⑧ 천칭(天秤), ⑨ 천갈(天蝎, 전갈), ⑩ 인마(人馬, 화살), ⑪ 마갈(磨蝎), ⑫ 보병(寶瓶)을 말하는 것으로, 12궁(十二宮)에 따른 12월의 소속을 알려주는 자료로서 – 일본 도지[東寺]에 소장된 – 1166년에 제작된 〈화라도(火羅圖)〉를 들 수 있다**[도48, 49]**.²⁵⁰

도48. 〈火羅圖〉, 1166년,　　**도49**. 〈火羅圖〉 부분
『東寺の曼茶羅図』. p.76

|||||||||||

250　東寺宝物館 編. 『東寺の曼茶羅図』, 東寺宝物館, 2002. p.76.

186

위 〈화라도〉(부분)의 경우 각각 12궁에 해당하는 달[月]을 명기해 두었음을 볼 수 있다. 즉 향우측 하단으로부터 정월은 ①어궁(魚宮), 2월은 ②양궁(羊宮) 등으로 표기해 각 12달과 12궁(十二宮)이 일치됨을 보여주는 것으로, 12궁의 위치에 대한 정보를 제공하고 있다[표41-①].

표41. 〈화라도〉 중 12궁(宮)의 배치와 〈묘견도〉 중 장수(張宿, ◇)의 위치

①〈火羅圖〉 중 12宮의 배치	②〈妙見圖〉 중 장수(張宿, ◇)의 위치

한편 〈화라도〉에 기록된 12궁의 배치를 바탕해 본다면 〈묘견도〉 중 –[표41-②]의 ○ 안에 표시한 – 장수(張宿, ◇)가 위치한 사자궁은 6월에 해당함을 알 수 있기도 하다. 이에 〈화라도〉의 12궁 배치 및 장수(張宿, ◇)가 위치한 곳이 6월에 해당한다는 사실을 통해, 『별존잡기』 중 〈묘견도〉에 실린 각각 부적이 12궁 가운데 어떤 궁(宮)에 해당하는 것인가를 파악할 수 있다[표41].

현존 자료를 통해 볼 때 12궁은 치성광여래의 향우측 아래로부터 ① 쌍어, ② 백양 등이 시계 반대 방향으로 배치된 예가 다수 발견되고 있다.

972년(北宋 開寶 5) 간행된 『치성광불정대위덕소재길상다라니경(熾盛光

187

佛頂大威德消災吉祥陀羅尼經)」^{[표42-①]251}과 중국 소주(蘇州) 서광탑(瑞光塔)에서 출토된 「범문수구다라니경주(梵文隨求陀羅尼經呪)」[252] 중 〈치성광여래강림도〉^[표42-②], 그리고 일본 도지[東寺]에 소장된 1166년에 제작된 〈화라도(火羅圖)〉^{[표42-③]253}에서 그 예를 찾을 수 있어, 모두가 향우측 아래로부터 ①쌍어, ②백양 등이 시계 반대 방향으로 배치되어 있음을 볼 수 있다^[표42].

표42. 십이궁(十二宮)이 시계 반대 방향으로 배치된 예

①『치성광불정대위덕소재길상다라니경』, 972년	② 蘇州 瑞光塔 출토 「梵文隨求陀羅尼經呪」중 〈치성광여래강림도〉, 1005년	③ 東寺 소장 〈화라도〉, 1166년
일본 奈良 上之坊藏, 『중국불교판화전집』2권, 2項	『중국불교판화전집』2권, 21項	東寺宝物館 編. 『東寺の曼茶羅図』. p.76.

　　한편 12궁의 배치가 치성광여래의 향좌측 아래로부터 시계 방향으로 배치한 또 다른 예를 볼 수 있다. 하북성 선화(宣化)에서 발견된 요나라 고분 선화요묘(宣化遼墓)의 경우, 1113년에 조성된 2호분(M2)과 1116년에 조성된

251　翁連溪·李洪波 主編,『中國佛教版畫全集』第2卷, 中国书店出版社, 2018. 2項.

252　翁連溪·李洪波 主編,『中國佛教版畫全集』第2卷, 中国书店出版社, 2018. 21項.

253　東寺宝物館 編. 『東寺の曼茶羅図』, 東寺宝物館, 2002. p.76.

1호분(M1)의 천장에 그려진 성수도(星宿圖)[254]는 향좌측 아래로부터 ①쌍어, ②백양 등 12궁이 시계 방향으로 그려져 있는 것이다[표43-①, ②]. 이 두 성수도의 경우 〈묘견도〉[표43-③]와 공통점이 발견되는데, 28수(宿) 중 남방칠수(南方七宿) 가운데 장수(張宿, ◇)가 상단 중앙에 위치해 있다는 점이다[표43].

표43. 십이궁(十二宮)이 시계 방향으로 배치된 예와 장수(張宿, ◇)의 위치

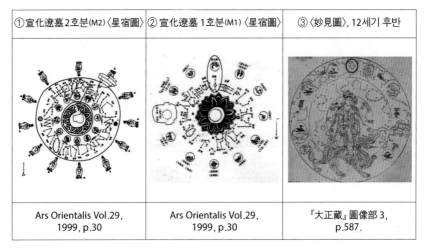

①宣化遼墓 2호분(M2) 〈星宿圖〉	②宣化遼墓 1호분(M1) 〈星宿圖〉	③〈妙見圖〉, 12세기 후반
Ars Orientalis Vol.29, 1999, p.30	Ars Orientalis Vol.29, 1999, p.30	『大正藏』圖像部 3, p.587.

이를 통해 볼 때 〈선화요묘(宣化遼墓)의 성수도〉와 함께 〈묘견도〉의 경우는 〈화라도〉와 반대로 향좌측 아래로부터 ① 쌍어, ② 백양 등이 시계 방향으로 배치되며, 또한 정월과 2월 등이 같이 맞물려 전개됨을 알 수 있어, 이는 12궁 배치에 대한 추후 연구 과제가 되기도 한다.

이렇듯 〈묘견도〉에 나타난 12궁(十二宮)은 12월과 함께 각각 향좌측 아래로부터 시계 방향으로 배치된다는 점을 전제로, 〈묘견도〉에 실린 12궁 부

---

254 Tansen Sen, *Astronomical Tomb Paintings from Xuanhua: Maṇḍalas?*, Ars Orientalis Vol.29, 1999, p.30.

적을 – 〈화라도〉의 12궁 배치를 참고하여 – 다음과 같이 도표화할 수 있다.**[표 44]**.

표44. 『별존잡기(別尊雜記)』 중 〈묘견보살도〉에 보이는 십이궁(十二宮) 부적

1월	2월	3월	4월	5위	6월	7월	8월	9월	10월	11월	12월
① 쌍어 雙魚	② 백양 白羊	③ 금우 金牛	④ 음양 陰陽	⑤ 거해 巨蟹,게	⑥ 사자 獅子	⑦ 쌍녀 雙女	⑧ 천칭 天秤	⑨ 전갈 天蝎	⑩ 활 人馬	⑪ 마갈 磨蝎	⑫ 보병 寶瓶

(3) 십이지(十二支)와 십이궁(十二宮) 부적

한편 십이지와 십이궁이 함께 묘사된 도상이 발견되기도 한다. 그중 하나는 가마쿠라[鎌倉, 1185~1333]시대에 조성된 것으로 추정되는 – 쿄토[京都] 죠쿠지[醍醐寺] 소장의 『제호본도상(醍醐本圖像)』「마두등(馬頭等)」 항목 중 〈육자(六字)〉란 도상이다.**[도50]**[255]

이 도상의 경우 2중의 사각 궤 안에 십이지를 배치하였으며, 중앙의 3중 대월륜(大月輪) 안에는 별자리를 생략한 채 부적으로 십이궁을 나타내고 있다. 또 다른 예로 쿄토[京都] 도지[東寺] 관지원(觀智院)에 소장된 〈육자명왕(六字明王)〉 도상을 들 수 있다.**[도51]**[256]

관지원에 소장된 〈육자명왕〉 도상의 경우 2중의 사각 궤만이 생략되었을 뿐, 『제호본도상』 중 〈육자(六字)〉 도상과 유사한 모습을 보이고 있다.

255 『醍醐本圖像』(馬頭等)(『大正藏』圖像部 4), p.49.

256 「六字明王」(『大正藏』圖像部 5), p.854.

 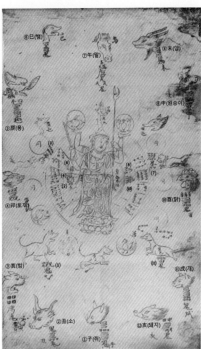

도50. 〈六字〉, 『大正藏』圖像部 4, p.49.   도51. 〈六字明王〉, 『大正藏』圖像部 5, p.854.

　　또한 위 2종의 도상은 『별존잡기』에 실린 〈묘견〉과도 유사한 모습을 보이는데, 다만 『별존잡기』의 경우 묘견이 용을 밟고 서 있는 것과 달리 연꽃대좌에 서 있는 차이가 있으며, 양손에 석장(錫杖)과 삼지창(三戟叉)을 들고 있는 『별존잡기』와는 달리 다른 한 손에 칼을 들고 있는 차이만이 발견될 뿐이다.

　　한편 위 2종의 도상에 실린 십이지의 경우, 앞서 든 『각선초』에 묘사된 것과 같이 하단으로부터 시계 방향으로 십이지가 배치되어 있으며, 부적의 형상 또한 흡사하게 묘사되어 있다. 이에 『각선초』를 포함한 위 2종의 문헌에 실린 십이지 부적을 표로 제시하겠는데, 이를 통해 3종 문헌에 실린 부적 형상의 비교 및 누락된 부적의 모습을 확인할 수 있다[표45].

191

표45. 3종 문헌에 실린 십이지(十二支) 부적의 형태 비교

	① 子 쥐	② 丑 소	③ 寅 범	④ 卯 토끼	⑤ 辰 용	⑥ 巳 뱀	⑦ 午 말	⑧ 未 양	⑨ 申 원숭이	⑩ 酉 닭	⑪ 戌 개	⑫ 亥 돼지
『각선초』												
『제호본도상』												
「육자명왕」												

한편, 위 2종의 도상에 실린 십이궁 부적 역시 앞서 든 『별존잡기』에 묘사된 것과 같이 하단으로부터 시계 방향으로 배치되어 있으며, 부적의 형상 또한 흡사하게 묘사되어 있다. 이에 『별존잡기』를 포함한 2종의 문헌에 실린 십이궁 부적을 표로 제시하겠는데, 이를 통해 3종 문헌에 실린 부적 형상의 비교 및 누락된 부적의 모습을 확인할 수 있다[표46].

표46. 3종 문헌에 실린 십이궁(十二宮) 부적의 형태 비교

	1월 ① 쌍어 雙魚	2월 ② 백양 白羊	3월 ③ 금우 金牛	월4 ④ 음양 陰陽	5월 ⑤ 거해 巨蟹, 게	6월 ⑥ 사자 獅子	7월 ⑦ 쌍녀 雙女	8월 ⑧ 천칭 天秤	9월 ⑨ 전갈 天蝎	10월 ⑩ 활 人馬	11월 ⑪ 마갈 磨蝎	12월 ⑫ 보병 寶瓶
『별존잡기』												
『제호본도상』												
「육자명왕」												

이상《대정신수대장경》도상부(圖像部) 5종 및 일본전래부 1종 등 6종의 문헌을 살펴보는 가운데 팔괘(八卦) 부적 8종이 실려 있음을 알 수 있다. 또한 성수(星宿)와 관련된 부적으로서 십이지 및 십이궁 부적 24종이 실려 있으며, 일본전래부 중『전수집』에 〈육자천〉과 관련된 8종의 부적 등 32종의 성수 관련 부적이 실려 있음을 알 수 있다. 이에 도상부(圖像部) 및 일본전래부에 40종의 부적이 실려 있으며, 정장(正藏)에 실린 90종의 부적까지를 합하면《대정신수대장경》에는 총 130종의 부적이 실려 있음이 확인된다.

이 가운데 십이지 내지 십이궁의 부적이 실린 묘견(妙見)의 그림은 앞서 언급했듯이 '육자(六字)', '육자천(六字天)', '육자명왕(六字明王)'이라 불렸던 것으로, 엔닌[圓仁]이 쓴『입당구법순례행기』838년(開成 3) 11월 30일 기사에 "이른 아침에 가비라(迦毘羅) 신당(神堂) 안에서 비로소 묘견(妙見)과 사천왕상의 초(草)를 그리기 시작했다"[257]는 내용은 9세기 중반에 위 그림과 함께 위 부적들이 일본에 전래되었음을 알려준다.

이외에 아직 발견되지 않은 불교 부적이 존재한다. 한 예로, 앞서 말했듯이, 오대(五代) 중엽(926~975년경)에 제작된 것으로 추정되는 돈황 사본 No.Ch.lvi.0033에는 수요(水曜)를 뜻하는 북방신성(北方神星)의 부적과 계도성(計都星) 부적 등 2종의 부적이 실려 있다[도21, 표24 참조].

여기서 '수요성(水曜星, 북방신성)'과 '계도성'의 부적이 존재한다는 것은 구요(九曜) 내지 십일요(十一曜)와 관련된 각각의 부적이 존재한다는 가능성을 알려준다. 이외에 아직 파악되지 않은 다수의 불교 부적이 존재하였을 것으로, 추후 연구를 통해 여타 부적의 실체가 밝혀질 수 있을 것이다.

---

257 『入唐求法巡禮行記』, 唐 文宗 開成三年 十一月 三十日 條. "卅日 早朝 扵迦毗羅神堂裏 始畫 妙見草幷四天王像."

IV

한국의 불교 부적

앞서 필자는 불교 부적의 원류라 할 수 있는『오명론』의 중국 전래와『용수오명론』에 보이는 부적의 실체를 제시한 바 있다. 그런데 일본의 경우 헤이안[平安, 794~1185]시대 말기의 일본 법상종 승려 요케이[貞慶, 1155~1213]가 지은『법화개시초(法華開示抄)』에『오명론』에 대한 언급이 실려 있으며,[258] 가마쿠라[鎌倉, 1192~1333]시대의 승려 담예(湛叡, 1270~1345)의『화엄연의초찬석(華嚴演義鈔纂釋)』에도『오명론』에 대한 내용이 실려 있어,[259] 12세기 이전 일본에『오명론』이 전래 되었으리라 추정된다.

또한《대정신수대장경》에 실린『용수오명론』의 경우 이시야마데라[石山寺]에 소장된 헤이안[平安, 794~1185]시대의 사본(寫本)을 저본(底本) 삼은 것으로,[260]『용수오명론』역시 9~12세기를 전후해 일본에 전래되었음을 알 수 있다.

한편 앞서 필자는 돈황 문서 중 부적이 실린 경문(經文)으로서「여의륜왕마니발타별행법인」과「금강동자수심주」,『불설칠천불신부경』,『불설상구리독녀다라니주경』을 든 바 있는데, 이 중『여의륜왕마니발타별행법인(一卷)』이 9세기 중반에 일본에 전래되기도 하였다. 즉 일본승 엔닌[圓仁]이 838

258　『法華開示抄』(『大正藏』56), p.417下. "玄贊釋第五地義云, 樂説辯才在五地 解五明論 辨才具故."

259　『華嚴演義鈔纂釋』(『大正藏』57), p.176中. "夫聲明者 梵云攝柂苾馱 即五明論之一明也."

260　『龍樹五明論』(『大正藏』21), p.956下. "平安時代寫 石山寺藏本."

년부터 9년간 양주(揚州) 오대산[五臺] 및 장안(長安) 등지를 찾아 수집, 편집한 『입당신구성교목록(入唐新求聖教目錄)』 584부 중에 『여의륜왕마니발타별행법인(一卷)』이 포함되어 있는 것이다.[261] 또한 884년(元慶 9) 엔닌[圓仁]의 제자 안넨[安然]이 집(集)한 『제아사리진언밀교부류총록(諸阿闍梨眞言密教部類總錄)』에도 "『여의륜왕마니발타별행법인(一卷)』(不空仁運珍)이 수록되어 있기도 하다.[262]

또한 엔닌(圓仁)이 쓴 『입당구법순례행기』 839년(開成 4) 2월 5일 기사에 "화상(和尙) 전아(全雅)가 와서 방 안에 여의륜단(如意輪壇)을 만들었다"[263]는 내용이 기록되어 있다. 이 역시 『여의륜왕마니발타별행법인(一卷)』에 따른 작단(作壇)의 예를 기록한 것으로 추정되며, 스타인 사본 S.2498에 실린 다음 작단도(作壇圖)(도7)에 따른 의궤 역시 일본에 전래되었음을 추정할 수 있다. 그리고 앞서 언급했듯이 『입당구법순례행기』 838년(開成 3) 11월 30일 기사에 "이른 아침에 가비라(迦毘羅) 신당(神堂) 안에서 비로소 묘견(妙見)과 사천왕상의 초(草)를 그리기 시작했다"[264]는 내용은 엔닌(圓仁)에 의해 십이지 및 십이궁 관련 부적이 일본에 전래되었음을 추정케 하는 내용이기도 하다.(Ⅲ장 2절, 〈(2) 십이지 및 십이궁 관련 부적〉 참조)

이상의 예로 볼 때 9세기 중반경 일본에는 부적 관련 도상뿐만이 아닌, 부적의 제작 방법과 부적을 활용해 여의륜마니주(如意輪摩尼呪)를 외우는 방

261　『入唐新求聖教目錄』(『大正藏』55), p.1080下.

262　『諸阿闍梨眞言密教部類總錄』(『大正藏』55), p.1128中. "如意輪王摩尼跋陀別行法印)(一卷)』(不空仁運珍)."

263　『入唐求法巡禮行記』卷第一, 開成 4년 二月 五日 條. "二月五日 和尙全雅來房裏 作如意輪壇."

264　『入唐求法巡禮行記』, 唐 文宗 開成三年 十一月 三十日 條. "卅日 早朝 於迦毗羅神堂裏 始畫 妙見草幷四天王像."

법, 그리고 이에 따른 작단법(作壇法)과 함께 묘견(妙見)의 도상을 통해 십이지 및 십이궁 관련 부적 역시 전래 되었을 것이다.

이처럼 엔닌(圓仁)에 의해 『여의륜왕마니발타별행법인(一卷)』과 '묘견'의 도상이 일본에 전래되었다면, 이 역시 당시 신라(新羅)에 전해졌을 가능성이 있다. 이에 『입당구법순례행기』(卷第2) 개성(開成) 5년(840년) 3월 2일 기사 중 다음 내용을 주목할 수 있다.

> "당나라 …(중략)… 개성 4년(839) …(중략)… 6월 7일에 문등현 청녕향에 도착해 적산(赤山) 신라원(新羅院)에 기숙하며 한겨울을 넘겼습니다. 금년 2월 29일에 적산원을 떠나 이달 2일 황혼 무렵에 이곳 개원사에 도착해 묵고 있습니다."[265]

위 내용에 따르면 엔닌은 839년 6월 7일부터 840년 2월 29일까지 무려 9개월 동안 적산 신라원에 머물렀음을 알 수 있다. 그런데 앞서 언급한 - 839년(開成 4) 2월 5일에 "화상(和尙) 전아(全雅)가 와서 방 안에 여의륜단(如意輪壇)을 만들었다"는 내용과, 838년(開成 3) 11월 30일에 "묘견(妙見)과 사천왕상의 초(草)를 그리기 시작했다"는 내용을 미루어 볼 때, 당시 엔닌은 『여의륜왕마니발타별행법인(一卷)』과 '묘견(妙見)의 초(草)'를 이미 습득했음을 알 수 있다. 이에 적산 신라원에서 9개월의 체류 기간 중 이를 신라원에 머물던 신라 승려들과 공유했을 가능성이 있는 것이다.

이외에 "수당대(隨唐代)에 180명의 신라 구법승들이 중국에 유학하였으며 오대(五代) 이후 29명, 통일신라 시기인 7세기에 42명, 8세기에 38명, 9세

---

265 『入唐求法巡禮行記』, 開成5年(840) 3月 2日 條.

기에 96명이 중국에 가서 불법을 익혔던 예"[266]를 통해서도 『여의륜왕마니발타별행법인(一卷)』과 기타 부적의 한국 유입 가능성을 생각해 볼 수 있다.

이와 관련해 『삼국유사』「명랑신인(明朗神印)」항목에 "법사는 신라에서 태어나 당에 들어가 도(道)를 배웠다(入唐學道)"[267]는 내용이 기록되어 있다. 그런데 여기서 통상적 용례로서 '입당구법(入唐求法)'이 아닌 '입당학도(入唐學道)'가 쓰여 있음은, 명랑이 일반적 구법 활동이 아닌 부적(符印)과 관련된 내용, 즉 도(道)를 학습했음을 뜻하는 것으로 이해된다.

즉 도(道)란 표현과 관련해 ― 앞서 「여의륜왕마니발타별행법인」항목에서 언급했듯이 ― "담마급다(曇摩岌多)가 …(중략)… 인법(印法)을 번역한 것이다. 140종의 도(道, 부적)가 갖추어 있었다(具有一白卄卄道)"[268]에서와 같이 ― 〈도(道)〉란 〈부(符, 부적)의 수량〉을 지칭하는 표현임을 알 수 있다. 또한 『예적금강금백변법경』「인법(印法)」항목에서도 "이 7도(七道, 7종의 부적)는 역시 능히 만병을 다스린다(此七道 亦能治萬病)"거나 "이 위에 7도(七道, 7종의 부적)를 종이 위에 주사로 쓰되(朱書)(此上七道 用朱書紙上)"[269]와 같이 도(道)가 부(符)의 수량을 지칭하는 말로 쓰이고 있는 까닭이다.

또한 『삼국유사』「혜통항룡(惠通降龍)」조에는 "밀본법사의 뒤에 고승 명랑이 있었다. 용궁(龍宮)에 들어가 신인(神印)을 얻었다"[270]고 기록하고 있는데, 이는 통상적 구법 활동이 아닌 명랑이 당에서 부인(符印, 부적)과 관련된

266 정병삼, 「신라 구법승의 구법과 전도」, 『불교연구』27, 한국불교연구원, 2007. p.60.

267 『三國遺事』卷第五, 神呪 第六, 「明朗神印」條. "師挺生新羅 入唐學道."

268 Pelliot chinois, Touen-houang No.2153, 4면. "曇摩岌多 …(중략)… 譯印法 具有一白卄卄道."

269 『穢跡金剛禁百變法經』(『大正藏』21), p.160中.

270 『三國遺事』卷第五, 神呪 第六, 「惠通降龍」條. "密本之後 有高僧明朗 入龍宮得神印."; 여기서 神印에 대해 『삼국유사』의 저자 一然은 "梵云 文豆婁, 此云 神印"이란 주석을 붙여 두었다.

내용을 학습한 것을 '용궁에서 신인을 얻음'이라 표현했으리라 생각할 수 있다. 이외에 "선덕여왕 원년(632)에 당에 들어갔다가 정관(貞觀) 9년(635) 귀국한 명랑이 668년 당나라 군사가 신라를 치려 할 때 비법(문두루법)으로 이를 물리쳤고, 이로 인해 신인종(神印宗) 개조(開祖)가 되었고 …(중략)… 안혜(安惠)·낭융(朗融)의 후예인 광학(廣學)·대연(大緣)이 명랑의 계통을 이었다"[271]는 『삼국유사』의 기록에서 〈신인(神印)〉은 부인(符印), 즉 부적을 뜻하는 것으로 여겨진다. 이에 신라에는 7세기 중반부터 신인종(神印宗)을 중심으로 부적이 유통되었으리라 생각할 수 있으며, 안혜(安惠)·낭융(朗融)의 후예인 광학(廣學)·대연(大緣)을 통해 부적이 전수되었으리라 추정할 수 있다.

한편 『삼국유사』 「혜통항룡(惠通降龍)」 조에 "석혜통(釋惠通)은 씨족을 자세히 알 수 없는데, …(중략)… 문득 속세를 버리고 출가하여 이름을 혜통으로 바꾸었다. 당나라에 가서 무외삼장(無畏三藏)을 찾아가서 배우기를 청하니 …(중략)… (무외삼장은 혜통을) 왕화상(王和尙)이라 부르고 그릇됨을 깊게 여겨 인결(印訣)을 전해 주었다"[272]는 내용이 기록되어 있다. 그런데 여기서 '무외삼장(無畏三藏)'은 선무외(善無畏, 637~735)를 말하는 것으로, 『가구영험존승다라니기(加句靈驗尊勝陀羅尼記)』에는 "이 다라니본(陀羅尼本)은 중천축 삼장(三藏) 선무외가 가지고 와 이 땅에 전한 것이다 …(중략)… (이에) 본(本)을 갖추어 역출(譯出)해 유행(流行)케 하는 것이다"[273]는 내용과 함께 부적 도상이 실려 있다. 이로써 본다면 위 "인결(印訣)을 전해 주었다"는 내용은 혜통(惠通)이 선무외로부터 부적을 전수받았음을 뜻하고 있음을 알 수 있다. 그럼에

271 『三國遺事』卷第5, 神呪第六, 「明朗神印」條.

272 『三國遺事』卷第5, 神呪第六, 「惠通降龍」條. "徃唐謁無畏三藏請業 …(중략)… 号王和尚 深器之 傳印訣."

273 『加句靈驗佛頂尊勝陀羅尼記』(大正藏 19), p.388中.

도 신라의 경우 이외에 부적과 관련된 자료 및 어떤 기록도 남아 있지 않다.

고려시대의 경우 현존 자료를 분석해 볼 때, 돈황 문서 중 『여의륜왕마니발타별행법인』과 「금강동자수심인」이, 그리고 『예적금강금백변법경』과 『불설북두칠성연명경』 등의 경전과 관련된 부적이 유입되었음을 알 수 있다. 또한 1287년 승재색(僧齋色)에서 간행된 「차인출불공역대화수경(此印出不空譯大華手經)」이 서산 문수사 금동여래좌상 복장유물에서 수습되었는데, 이는 불공(不空, 705~774) 역 『대화수경』의 중국 전래와 함께 관련 부적이 유입되었음을 알려준다. 이를 바탕으로 1375년 간행된 〈합천 해인사 원당암 목조아미타여래삼존상 복장전적 - 제다라니(諸陀羅尼)〉에는 18종의 부적이 실려졌으며, 이를 포함한 총 20종의 부적이 고려시대에 사용되었음을 알 수 있다.

한편 조선시대에는 〈합천 해인사 원당암 목조아미타여래삼존상 복장전적 - 제다라니〉에 실린 18종의 부적이 주를 이룬 채, 여기에 도교 부적이 추가된 예를 볼 수 있다. 즉 조선 초 15세기에는 〈원당암 - 제다라니〉에 실린 18종 중 17종의 부적에 도교 문헌인 『태상비법진택영부(太上秘法鎭宅靈符)』의 부적 72종 중 7종이 불교 부적에 추가되어 24종의 부적이 실린 「진언집목(眞言集目)」이 형성되었다. 이 「진언집목」은 이후 1569년 안심사에서 중간(重刊)된 『제진언집(諸眞言集)』에 실린 이래 조선 말까지 불교 부적의 주류를 형성하였다.

그리고 도교 경전 『옥추경(玉樞經)』에 실린 부적 중 일부가 불교 부적으로 사용되기도 하였다. 또한 『불설북두칠성연명경』의 경우 고려시대에 유입된 이래 고려시대에는 이 경전에 실린 부적이 활용되지 않았으나, 16세기에는 칠성신앙의 확산과 함께 이 경전에 실린 '칠성부(七星符)'가 불교 부적으로 자리 잡기도 하였다.

이외에 조선 후기 18세기에는 『예적금강금백변법경(穢跡金剛禁百變法

經)』및 「금강심부주(金剛心呪符)」와 관련된 부적이 판각되기도 했는데, 이는 앞서 「차인출불공역대화수경」과 관련해 언급한 불공(不空) 역 『대화수경』이 당시 재유입되었으며, 이와 함께 전혀 새로운 부적이 중국에서 유입되었으리란 가능성을 생각할 수 있다. 18세기에는 특정 신앙 및 의식과 관련해 부적이 사용되기도 하였다. 특히 「진언집목(眞言集目)」의 확산과 함께 사용된 24종의 부적 외에, 정토신앙과의 관련 속에 왕생정토부(往生淨土符)가 새롭게 도입되어 사용되기도 하였다.

　한편 일제강점기를 지나 근현대에는 기존 조선시대에 사용된 부적 중 특정 부적이 조합, 사용되었음을 볼 수 있으며, 최근에는 불교 부적이 정법(正法)과는 무관하다는 인식이 확산되는 가운데 부적이 거의 사용되고 있지 않다. 그럼에도 일부 사찰에서는 입춘(立春)을 맞이해 입춘방(立春榜) 내지 삼재부(三災符)를 사용하기도 하는데, 이 경우 일부 상인들이 부적을 제작해 불교용품점에 공급하는 예가 행해지고 있다.

　이렇듯 부적의 간행 주체가 사찰이 아닌 상인들로 뒤바뀐 가운데, 상인들은 고려시대로부터 이어진 불교 부적의 전통에 대한 몰인식 속에 불교와는 무관한 왜곡된 부적을 제작, 배포하고 있으며, 도교 내지 민속의 부적이 마치 불교의 전통 부적인 양 유통되고 있음을 볼 수 있다.

1. 고려 후기 불교 부적의 전개

고려시대의 기록 중에서는 일부 부적과 관련된 내용이 발견된다. 먼저 『동문선(東文選)』 가운데 고려 말 문신 최자(崔滋, 1186~1260)가 쓴 「지념업선사 조유 위 대선사 교서(持念業禪師祖猷爲大禪師敎書)」 항목에, "모(某, 지념업 선사 조유 趙猷)가 총지(總持)의 법력으로 학질과 염병[虐瘴]을 구제하여 무릇 치료하고 살려낸 것이 무릇 몇 사람이던가?"[274]라는 내용이 실려 있다.

여기서 학질과 관련해 돈황 사본 P.2153 ④ 「금강동자수심인」의 16종 부적 가운데 ⑯ 관세음보살인(觀世音菩薩印)의 경우 "귀기(鬼氣)와 도깨비[精魅], 학질[小虐] 등 만병(万病)이 인신(印身)을 위에 (대면) 인(印)을 따라 사라져 흩어진다"[275]는 내용이 실려 있다.

한편 『예적금강금백변법경』의 「인법제2」 항목에 실린 4종의 부적 중 첫 번째 부적의 설명 가운데 "① 복련(伏連, 학질, 또는 폐결핵)에 걸렸을 때 가슴 위에 (이 印을) 쓰면 차도가 있으며 대길(大吉)할

도52. P.2153 중 관세음보살인

도53. 『예적금강금백변법경』 부적, 『大正藏』 21, p.158

274 『東文選』第27, 「持念業禪師祖猷爲大禪師敎書」條. "某 以總持法力 驅除虐瘴 凡救活幾人耶."

275 "觀世音菩薩印 印身上万病隨印消散 鬼氣精魅小虐 印着."

것이니, '빨리 율령(律令)에 따라 시행하라(急急如律令)'"는 내용이 실려 있기도 하다. 이는 부적과 관련된 돈황 문서 중「금강동자수심인(金剛童子隨心印)」 또는『예적금강금백변법경』이 13세기경에 고려에서 실사용되었을 가능성을 알려주는 예라 할 수 있다.

또한 고려의 문신 이숭인(李崇仁, 1347~1392)의 문집『도은집(陶隱集)』「추야감회(秋夜感懷)」에 "저 잡된 부주(符呪)는 괴이하여 말할 수도 없는 것이니, 그 책을 모아 불태워 심각한 폐해를 제거하도록 해야 할 것이다"[276]라는 내용이 쓰여 있다. 여기서 "잡된 부주(符呪)의 괴이함"이란 특이한 형상을 한 부적을 뜻하는 것으로 이해된다. 또한 이를 "심각한 폐해"라 하여 관련 책자를 모아 불태워야 한다고 우려한 것은 고려 말에 부적 사용이 보편화되었으며, 부적이 책으로 간행되기도 했음을 알려준다.

그럼에도 이러한 책들은 현존하지 않는데, 이는 고려시대 정통 교단에서 부적 사용에 대한 회의적 인식과 함께, 조선 초의 배불정책과 관련이 있을 것이다. 특히 조선의 3대 국왕 태종(太宗, 1400~1418년 재위)은 "불법(佛法)은 치국(治國) 안민(安民)의 도(道)에 어긋난다"[277]는 선왕의 원칙에 따라 불교의 신앙 형태를 부정한 채 송주승(誦呪僧)을 멀리했던 한편,[278] 1417년에 이르러서는 당시 명맥을 유지하던 청우재(請雨齋) 및 시식의례(施食儀禮)의 의궤를 제외한 진언종(眞言宗)의 경전 및 다라니 등 밀교 관계 서적들을 불살라버렸던 것이다.[279]

〰〰〰〰〰

276 『陶隱集』第一卷, 詩, 秋夜感懷 其三 條. "況乃雜符呪 神怪不容說 安得火其書 坐令深弊祛."

277 『定宗實錄』, 定宗 2年(1400) 1월 24일 條. "夫佛法 非治國安民之道."

278 權相老, 『朝鮮佛敎略史』, 新文館, 1917. p.175.

279 李能和, 『朝鮮佛敎通史』下, 新文館, 1918, p.162. "至于朝鮮之初 悉焚懺緯諸書 眞言宗之眞經神呪 亦在所禁 僅有請雨 施食之儀."

1) 현존하는 고려시대 불교 부적

고려시대 유물 중 불교 부적이 실린 유물이 상당수 남아 있는데, 그중 일부는 탑 내지 불상의 복장(腹藏)에 안치되었거나 팔찌와 같은 금속공예품 안에 담겨 있었던 까닭에 오늘날까지 전해질 수 있었다. 그런데 고려시대의 불교 부적 중에는 기존 돈황 사본 내지 대장경에 포함되지 않은 새로운 부적이 실려 있기도 하다. 이는 앞서 소개한 돈황 사본 내지 대장경에 실린 부적들 외에 또 다른 부적 자료가 고려시대에 전래되었음을 알려주는 예라 할 수 있다.

현재 고려시대 불교 부적의 연구로는 「고려 후기 불교 부인(符印)의 전개」[280]라는 논문만이 발견되고 있는데, 위 논문의 일부 오류를 수정한 채, 몇몇 부분을 추가하는 가운데 이 부분을 서술하기로 한다.

(1) 은제연화당초문천 출토 부적

고려시대의 부적 중 가장 오래된 것으로 생각되는 유물로는, 현재 국립중앙박물관 소장의 '은제연화당초문천(銀製蓮花唐草文釧)' 안에서 발견된 것을 들 수 있다. 은으로 만든 팔찌 안에서 범자(梵字) 진언 1매와 3종의 부적 인쇄물 1매가 수습된 것으로[도54],[281] 이는 고려시대의 다른 부적들과 비교해 볼 때 형태가 자연스럽고 양식화(樣式化, stylization)가 덜 이루어진 까닭에 현존하는 고려시대의 부적 중 제작 시기가 가장 오래된 것으로 생각된다.

||||||||||||

280 문상련(정각)·김연미, 「고려 후기 불교 부인(符印)의 전개」, 『불교학보』 96, 동국대 불교문화연구원, 2021.9. pp.123-155.

281 국립중앙박물관, 『대고려, 그 찬란한 도전』, 서울, 국립중앙박물관, 2018. p.145.

도54. 은제연화당초문천과 출토 진언 및 부적,『대고려, 그 찬란한 도전』, p.145.

이 중 3종의 부적이 인쇄된 유물의 경우, 우측 부적에는 '천광왕여래대
보인(千光王如來大宝印)'이란 명칭과 효험이 명기되어 있으며, 좌측의 부적 2
종은 그 효험만이 각 부적의 밑부분에 설명되어 있다. 우측 상단으로부터 반
시계 방향으로 각 부적에 적힌 내용을 소개하면 다음과 같다.

"① 천광왕여래대보인(千光王如來大宝印): 만약 선남자가 고운 향낭(香囊)에 지
니면, 그가 지은 무량한 범죄가 곧 멸하게 되고, 연후 현세에 자재함을 얻을 것
이며, 미래에는 성불의 열매를 얻을 것이다. 만약 나의 원(願)이 이루어지지
않는다면 (나의) 불명(佛名)도 없어지리니, 작은 원마저도 이루지 못한다 하리
라(若善男子 以彩香囊帶持者 則滅無量所作犯罪 然後 顯世得自在 未來成佛果 若我願不
成則 滅佛名 砕於微塵願).
② (諸花印): 하늘에서 보배의 비, 향기로운 바람 공양하여 지옥의 아픈 고통
벗어나리라(天寶雨香風 供養 出地獄楚苦也).
③ (愛樂之印)[282]: 모든 장애 소멸되어 보는 자 환희할 것이고, 세존께서 사랑
하고 공경할 것이다(諸障消 見者歡喜 世尊愛敬)."

‖‖‖‖‖‖‖‖‖

282 印의 명칭이 없는 것으로, 燉煌寫本 No.3874에 동일 형태 및 내용이 실린 것을 근거로 ( )에 명
칭을 써두었다.

위 3종의 부적 가운데 ① 천광왕여래대보인(千光王如來大宝印)은 돈황 사본 내지 대장경 소재의 부적에 실리지 않은 것으로, 전혀 새로운 부적 자료가 고려시대에 전래되었음을 알려주는 한 예가 된다.

한편 좌측에 명칭이 명기되지 않은 2종의 부적 중 위에 실린 ②의 경우 기존 돈황 사본에 보이는 '묘과인(妙果印)'과 유사한 효험이 설명되어 있다. 즉 펠리오 사본 P.3874 중 ⑫ (묘과인)의 경우, "단목(檀木)을 깎아 인(印)을 만들고, 여의륜상(如意輪像)을 향해 앞에서 주 108편을 외우면 잠깐 사이에 하늘에서 보화(寶花)의 비[雨]가 내리되〈天雨寶花〉, 보화(寶花)가 내리면 갖가지 향기로운 바람 불어〈種種香風〉 …(중략)… 인(印)을 땅에 대면 지옥죄인(地獄罪人)이 땅을 뚫고 솟아나〈從地涌出〉 불퇴륜지(不退輪地)를 얻고 무상도(無上道)를 증득할 것"이란 내용이 실려 있다. 이에 비해 은제연화당초문천 출토 유물의 경우 부적의 명칭 및 제작법과 상세한 설명이 생략된 채, 〈天寶雨〉, 〈香風〉, 〈出地獄楚苦〉 등 내용 중 일부만을 써놓고 있다[표47].

표47. 돈황 사본 P.3874와 은제연화당초문천 출토 유물에 실린 '묘과인'의 효능 설명 비교

	돈황 사본 P.3874	은제연화당초문천 출토 유물
② 묘과인 妙果印	若有衆生 求諸妙果 以聖木尅印 向如意輪像前 呪一白八遍 乃▨▨順教 大慈悲心 須臾中間 **天雨寶花** 寶花而下 **種種香風** 持▨▨養行者 更欲求驗 以印 於日月 角落印 山河石壁 令如微塵 用印 印地 **地獄罪人 從地涌出** 得不退輪地 遠證無上道	**天寶雨 香風** 供養 **出地獄楚苦**也

이를 통해 본다면 은제연화당초문천 출토 유물 중 부적 ②의 경우 '묘과인(妙果印)'을 실어둔 것이며, 부적 설명을 간략하게 실어둔 것으로 생각될 수 있다. 그런데 부적의 형상을 비교해 보면, 이는 '묘과인'이 아닌 P.3874 중 ⑪ '제화인(諸花印)'이 차용되어 있음을 볼 수 있다. 즉 부적 설명에서는 '묘

과인'을 차용했으나, 부적 형상에서는 '제화인'을 차용한 것이다. 이는 기존 자료를 인용하는 과정에서 생겨난 실수임을 알 수 있는데, 부적 도상 역시 P.3874에 실린 부적의 형상을 제대로 그려내지 못했음을 알 수 있다[표48].

표48. 돈황 사본 P.3874와 은제연화당초문천 출토 유물 중 '제화인'의 형태 비교

	돈황 사본 P.3874	은제연화당초문천 출토 유물
② 제화인 (諸花印)		

한편, 좌측에 명칭이 명기되지 않은 2종의 부적 중 아래에 실린 ③의 경우, 기존 돈황 사본에 보이는 '애락지인(愛樂之印)'과 유사한 효험이 설명되어 있다.

돈황 사본 중 '애락지인'의 경우 "애락(愛樂)을 구하고자 하면 복숭아나무[桃木]를 깎아 인(印)을 만들어 지니고 다니면, 가는 곳마다 보는 자가 환희〈見者歡喜〉할 것"을 말하고 있다. 또한 "〈하루를 지니면 만 가지 죄가 소멸될(帶一日〈万罪消滅〉) 것이고 …(중략)… 7일을 지니면 해탈을 얻게 될 것"을 말하고 있다. 이에 비해 은제연화당초문천 출토 유물의 경우 부적 명칭 및 제작법이 생략되었으며, 지니는 기간에 따른 효험 역시 생략되어 있다. 그럼에도 "〈諸障消〉〈見者歡喜〉世尊愛敬" 등 돈황 사본 중 부적의 효능 중 몇몇 부분을 그대로 인용하고 있음을 볼 수 있다[표49].

표49. 돈황 사본 및 은제연화당초문천 출토 유물에 실린 '애락지인'의 효능 설명 비교

	사본 3874	사본 2153	사본 3835	은제연화 당초문천 출토 유물
③ 애락지인 愛樂之印	世尊 此隱印 愛樂之 印 若有衆生 欲求愛 者 以桃木尅印 方圓 八分尅 帶行之處 **見 者歡喜** 人人愛樂 **帶 一日 万罪消滅** 若帶 二日 □病消除 若帶 三日 功力無比 若帶 四日 神通自在 若帶 五日 勝空(遊戲) 若帶 六日 三千大千世界 所有微塵 皆悉知數 若帶七日 當得解脫	世尊 此印 愛樂之印 若有衆生 欲求愛樂者 以桃木尅作印 方圓八 分尅取帶行 所行之處 **見者歡喜** 人 **若一日 帶 万罪消滅** 若二日 帶 万病消除 若三日 帶 功力無比 若四日 帶 神通自在 若五日 帶 勝空遊戲 若六日 帶 三千世界 所有微 塵 皆悉知數 若七日 帶 即得解脫	世尊 此愛樂之印 若有 衆生 求愛樂之者, 以桃 木尅印 方圓一寸八分 帶行 **見者歡喜** 人人愛 樂 **若帶一日 万罪消滅** 若帶二日 万病消除 若 帶三日 功力無比 若帶 四日 神通自在 若帶五 日 勝空遊戲 若帶六日 三千大世界 所有微塵 皆悉知數 若帶七日 當 得解脫 不離一年捨身 他世界 即生我前	**諸障消 見者歡喜** 世尊愛敬

한편 부적의 형상 역시 유사한 모습으로 실려 있음을 볼 수 있다. 그런데 부적 형상의 경우 기존 3종의 돈황 사본에 실린 '애락지인'과 미세한 차이점을 발견할 수 있는데, 이를 비교 설명하기 위해 표를 보이면 다음과 같다(**표50**).

표50. 돈황 사본 및 은제연화당초문천 출토 유물에 실린 '애락지인'과 '제화인'의 형태 비교

	사본 3874	은제연화당초문천 출토 유물	사본 2153	사본 3835
③ 애락지인 (愛樂之印)				
② 제화인 (諸花印)				

이에 앞서 논자는 [표16]과 관련해 부적의 양식화를 설명하는 가운데 양식화(樣式化, stylization)가 진행되지 않은 사본 P.3874의 경우 성립 시기를 대략 9세기~10세기 초반쯤으로 추정한 바 있다[표19 부분 참조]. 또한 나머지 돈황 사본의 선후관계에 대해 P.2602 → P.3835(978년 서사한 기록과 거의 동일한 시기에 書寫됨) → P.2153 → P.3835 등으로 부적의 제작 순서를 언급한 바 있다.

이에 도상의 양식화 진행이란 관점에서 본다면, 위 은제연화당초문천 출토 유물 중 애락지인(愛樂之印)은 사본 P.2153보다 이른 시기에 해당하는 양식을 보이고 있다. 그리고 P.3874와 비교해 볼 때는 돈황 사본에 보이는 부적의 형태적 측면이 거의 유지되고 있음을 볼 수 있다.

또한 제화인(諸花印)의 경우 P.3874보다 늦은 시기의 양식을 보이고 있음이 눈에 띈다. 이를 통해 볼 때, 은제연화당초문천 출토 유물의 부적은 P.3874보다는 후대에, P.2153보다는 이른 시기에 제작된 부적의 영향하에 조성된 것임을 알 수 있다. 이에 은제연화당초문천 출토 유물의 경우 돈황 사본의 영향 관계 속에 대략 10세기 후반 이후에 제작된 것을 모본 삼은 것으로 추정되며, 이 시기를 즈음하여 부적 조성의 문헌적 근거가 되는 『여의륜왕마니발타별행법인(一卷)』이 당시 존재했다는 것을 추정할 수 있는 근거가 되기도 한다.

(2) 『불정심관세음보살대다라니경』과 능구산난부(能救産難符)

고려시대의 유물 중 정확한 연대와 함께 부적이 실린 최초의 예를 『불정심관세음보살대다라니경(佛頂心觀世音菩薩大陀羅尼經)』(보물)에서 찾을 수 있다. 이 책은 나무로 만든 외합에 담겨 은제도금(銀製鍍金)의 경갑(經匣) 안에 넣어진 것으로, 위에 달린 고리를 통해 볼 때 목에 걸기 위한 것이었음을 알 수 있다[도55].

도55. 『불정심관세음보살대다라니경』(보물), 1206~1207년, 문화재청 홈페이지

　　이 책은 『불정심다라니경』과 『관세음보살보문품』이 합철(合綴)된 것으로, 『관세음보살보문품』 말미에 "特爲 晉康侯 崔 □ 第男 □ 內侍將軍 瑀 殿中內給事 珦 厄難頓消 福壽無量之願"이란 발원이 기록되어 있다. 즉 "진강후(晉康侯) 최충헌(崔忠獻, 1149~1219)이 아들 내시장군(內侍將軍) 최우(崔瑀, ?~1249) 및 전중내급사(殿中內給事) 최향(崔珦, ?~1230)과 함께 재난이 소멸되고 복을 누리며 오래 살기를 기원한 내용"[283]으로, 최충헌이 진강후로 책봉된 1206년 2월부터 진강공(晉康公)에 책봉된 1207년[284] 사이에 간행된 것임을 알 수 있다.

　　그런데 이 책 중 『불정심다라니경』 권하(卷下) 말미에는 2종의 다라니와 함께 부적 하나가 수록되어 있다. 먼저 "일자정륜왕다라니(一字頂輪王陀羅尼) 옴 치림(唵 齒臨)"과 "자재왕치온독다라니(自在王治溫毒陀羅尼) 옴 부림(唵 部臨)"에 이어 "한숨에 21편을 염송하라(一氣念二十一徧)"는 내용과 함께 언뜻 보기에 3개의 글자처럼 보이는 형태의 부적이 실려 있는 것이다〔도56〕.

　　이 부적의 내용을 파악할 수 있게 해주는 또 다른 유물로, 화성 봉림사

‖‖‖‖‖‖‖‖

283　남권희, 「고려시대 간행의 수진본 小字 총지진언집 연구」, 『서지학연구』 제71집, 한국서지학회, 2017.9. p.338.

284　「崔忠獻 墓誌銘」, 1219년, 日本 東京國立博物館 소장(No 27412), "丙寅(1206)遷拜中書令上柱國判吏部事晉康侯. 丁卯(1207)加晉康公."

212

목조아미타불좌상 복장유물(보물) 중
『불정심관세음보살대다라니경』을 들
수 있다. 이 유물은 3매로 구성된 자료
로, 마지막 장 권하(卷下) 말미에는 "聖
□文 □ 淸河相國 福壽 □ □ 經 □ …
□"이란 간행 기록이 실려 있다. 이는
청하상국(淸河相國)의 수복을 기원해
간행된 것으로, 청하상국은 고려 고종

도56. 『불정심관세음보살대다라니경』 수록
부적, 문화재청 홈페이지

대의 권신(權臣) 최우(崔瑀, 1166~1249)를 말한다.[285] 이에 이 경전은 고려 고종
즉위년(1213)으로부터 최우가 사망한 1249년 11월 사이에 판각된 것임을 알
수 있다.

　이 책 권말의 간기 앞에는 "일자
정륜왕다라니(一字頂輪王陀羅尼) 옴(唵)
치림(齒臨)"과, "자재왕치온독다라니
(自在王治溫毒陀羅尼) 옴(奄) 부림(部臨)"
등 2종의 진언이 실려 있다. 그리고 앞
서 든 『불정심관세음보살대다라니경』
에서와 같이 3개의 글자처럼 보이는
형태의 부적이 실려 있는데, 그 옆에

도57. 『불정심관세음보살대다라니경』 수록
부적, 1213~1249년, 문화재청 홈페이지

'능구산난(能救産難)'이란 효험이 쓰어 있다[도57]. '능히 출산의 어려움에서 구
해준다'는 내용의 부적임을 알 수 있다.

||||||||||||

285　『東國李相國集』第17卷, 古律詩, 「又別成一首。謝惠燭」 항목에 "爲今淸河相國所薦(今晉陽侯
　　　也) 乃入晉康公邸(지금의 淸河相國〈지금의 晉陽侯〉의 추천으로 晉康公〈崔忠獻〉의 私邸에 들어갔는데…"
　　　라는 내용이 쓰여 있어, 淸河相國은 晉陽侯 즉 崔瑀(?~1249)를 말하고 있음을 알 수 있다.

도58.『불정심다라니경』, 북송, 1102년(崇寧元年), 中国国家圖書館藏.

도59.『불정심다라니경』,Talisman Culture, and Women in Popular Buddhist Print Culture, 2023. p.306.

　위 2종의 책이 13세기 초에 제작된 것을 놓고 볼 때, 이들 경전과 여기 실린 부적은 중국 송대(宋代) 내지 서하(西夏)의 간행본을 바탕으로 제작되었을 가능성이 있다. 그리고 이와 관련해 송대에 간행된 『불정심다라니경』2 종을 찾을 수 있다. 그중 하나는 북송 1102년(崇寧元年) 승의랑(承議郎) 석처도(石處道)와 그의 처 계창현군(繁昌顯君) 양씨(梁氏)가 시주해 간행한 것이며 〔도58〕, [286] 또 다른 하나는 남송 1172년(乾道八年壬辰) 여수현(麗水縣)의 엽악(葉岳)과 그의 처(妻) 왕씨(王氏)가 시주해 간행한 것이다〔도59〕. [287]

　한편 서하(西夏, 1038~1227)의 경우 『불정심다라니경』은 1166년 이래 서하문자로 번역되었으며,[288] 12세기 후반경에 필사된 『불정심다라니경』이 현

286　张总,「〈佛顶心观世音菩萨大陀罗尼经〉咒印秘符探析」,『篆物铭形──图形印与非汉字系统印章国际学术研讨会论文集』,西泠出版社, 2016. p.733.

287　Shih-shan Susan Huang(黃士珊), The Fodingxin Dharani Scripture and its Audience: Healing, Talisman Culture, and Women in Popular Buddhist Print Culture, 美術史研究集刊 第五十四期, 2023년(民國112年). p.306.

288　崔紅芬,「イギリス所蔵の西夏語『佛頂心大陀羅尼経』の翻訳・解釈と関連する諸問題」,『東アジア仏教学術論集』8, 2020.2. pp.250-251. "ロシア(러시아) 所蔵 西夏語館 冊第4357호 下卷『仏頂心観世音菩薩前往難救経典』의 사본 말미에 다음 経題와 연도가 쓰여 있다. "天盛丙

존해 있기도 하다.

이에 송대(宋代) 내지 서하(西夏)에서 유입된 경전을 바탕으로 위 고려본『불정심다라니경』이 간행되었을 가능성이 있는데, 위 송대의 간행본과 서하문자로 된 필사본 경전 모두 3개의 글자처럼 보이는 형태의 부적 옆에 "능구산난(能救産難)"이란 효험이 기록되어 있음을 볼 수 있다.

도60. 西夏文『불정심다라니경』, 1156년(12세기)

한편 중국 명대(明代)에 간행된『불정심다라니경』의 경우 1432년(宣德 7) 간행본이 전해지는데, 이 책에는 3개의 글자처럼 보이는 형태의 부적 상단에 〈비자인(秘字印)〉이란 내용이 실려 있음을 볼 수 있다.²⁸⁹

도61.『불정심다라니경』, 1432년,『中國佛敎版畫全集』第8卷, p.31.

戌十八年(1166년) 3月 14日 抄畢. 発願者, 写経者, 善男子布由訛玉."

289 张总,「〈佛頂心观世音菩薩大陀罗尼经〉咒印秘符探析」,『篆物銘形——图形印与非汉字系统印章国际学术研讨会论文集』, 西泠出版社, 2016. p.729.

도62.『佛頂心陀羅尼經』卷中 1면, 1485년, 호림박물관 소장

　　여기서 〈비자인(秘字印)〉이란『불정심다라니경(佛頂心陀羅尼經)』가운데 "여인이 (출산 시) 고통에 못이겨 신음하고 혼절하여 어찌할 수 없을 때, 좋은 주사(朱砂)로 이 다라니와 〈비자인(秘字印)〉을 써서 의식용(密用) 향수로 삼기면 즉시 출산하게 된다"[290]는 내용에 의거한 표현이다. 또한 1485년에 당본 (唐本, 明本을 말함)을 본떠 간행한 이『불정심다라니경』말미에는 "이 부적[符]을 붉은 (주사로) 써라. 능히 출산의 어려움에서 구해줄 것이다(朱書此符 能求産 難)'는 내용과 함께 '비자인', 즉 '능구산난'의 부적이 실려 있어,[291] '능구산난' 의 부적을 '비자인'이라 칭했음을 알 수 있다[도62].

　　한편 이 〈비자인(秘字印)〉에 담긴 뜻을 알려주는 문헌이 존재한다. 1442 년(正統 7) 북경(北京)에서 불신관(佛信官)에 의해 간행된『태상삼생해원묘경 (太上三生解冤妙經)』[292]이 그것으로, 이 책 말미에는 위 능구산난(能求産難)의

290　『佛頂心陀羅尼經』卷中 1면. "令此女人 苦痛叫喚 悶絶號哭 無處投告者 卽以好朱砂 書此 陀羅尼及 秘字印 密用香水吞之"; 卷下 末尾 참조.

291　『佛頂心陀羅尼經』, 1485년(成化21), 王室 刊行. 卷下 末尾 참조.

292　Shih-shan Susan Huang(黃士珊), *The Fodingxin Dharani Scripture and its Audience:*

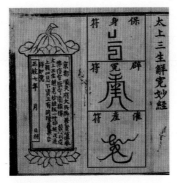
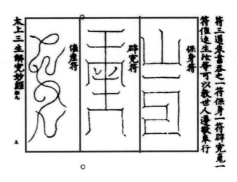

도63. 『태상삼생해원묘경』 목판본 말미, 1442년, 北京, 智化寺 소장

도64. 『太上三生解冤妙經』, 『道藏』6, p.314.

부적을 3종의 부적으로 나눠 – 파자(破字)의 형태로 – 싣고 있음을 볼 수 있다[도63].

　『태상삼생해원묘경』은 『도장(道藏)』에 포함된 도교 경전으로, 이 경전 말미에는 보신부(保身符)와 벽원부(辟冤符), 최산부(催産符) 등 3종의 부적이 나열되어 있다[도64].[293] 이는 '(산모의) 몸을 보호하는 부적(保身符)'과, '원결(怨結, 冤)을 물리치는 부적(辟冤符)', '생산을 재촉하기 위한 부적(催産符)' 등 3종의 부적임을 알 수 있다. 이에 『태상삼생해원묘경』에 실린 3종의 부적은 『불정심대다라니경』 말미에 실린 비자인(秘字印)이 3종의 부적이 합해진 것을 알려줌과 함께, 『불정심대다라니경』에 실린 '능구산난(能救産難)'의 부적이 도교 부적과 밀접한 관계가 있음을 알려준다.

　　　　　　　　　　　Healing, Talisman Culture, and Women in Popular Buddhist Print Culture, 美術史研究集刊 第五十四期, 2023년(民國112年). p.315.

293　『太上三生解冤妙經』(『道藏』6), 天津古籍出版社, 1988. pp.313-314.

(3) 『범서총지집』과 『대화수경(大華手經)』의 부적

한편, 1227년 간행된 개인 소장의 유물에서도 부적이 발견된다. 이 유물은 '은제연화당초문천'에 실린 것과 동일하거나 유사한 부적들이 담긴 것으로, 전체 16장으로 구성된 문헌 중 일부 내용이 누락된 형태의 유물이다. 각 장에 한자(漢字)와 실담자(悉曇字) 104행을 배열한 것으로, 전체 306종의 진언이 수록되어 있다. 내용 면에서 볼 때 『범서총지집(梵書摠持集)』이라 칭할 수 있는 것으로, 마지막 16장 말미에는 '법신연기게(法身緣起偈: 緣起法頌)' "諸法從緣起 如來說是因 是法因緣滅 是大沙門說" 등의 내용에 이어 다음의 간행 기록이 실려 있다.

> "伏爲 聖壽天長 儲齡地久 淸河相國 福壽無疆 兼發四弘願 募工彫板 印施無窮者 丁亥(1227)八月日 大門 書."

즉 임금의 장수를 빌고 청하상국(淸河相國)이 복을 받고 무강하며, 사홍(四弘)을 서원하기를 바라면서 대문(大門)이 판하본(板下本)을 써 목판에 새긴 것으로, 정해(丁亥)년에 간행된 것임을 알 수 있다. 여기서 청하상국은 앞서 언급한 고려 고종 대의 권신 최우(崔瑀, 1166~1249)를 칭하는 것으로, 이 책은 고려 고종 즉위(1213) 이후의 정해년인 1227년에 판각, 간행된 것임을 알 수 있다[도65].

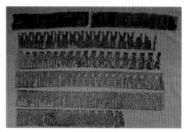

도65. 『범서총지집』, 1227년, 사진 남권희 교수 제공

이 책의 권수(卷首)에 해당하는 1장에는 3종의 불보살상(佛菩薩像)과 9종의 부적, 그리고 1종의 불인(佛印, 佛頂心印)이 수록되어 있다[도66].[294]

⑩　⑨　⑧　⑦　⑥　⑤　④　③　②　①

도66.『범서총지집』, 1227년, 사진 남권희 교수 제공

이 모두는 명칭이거나 용례에 대한 설명 없이 도상만이 소개되어 있는데, 여기 실린 부적 중 ①은 돈황 사본 중 호신인(護身印)에 해당하며, ③은 P.3874와 은제연화당초문천 출토본 중 제화인(諸花印)임을 알 수 있다. 또한 ④는 P.3874 중 마하화수지인(摩訶花手之印), ⑦은 돈황 사본과 은제연화당초문천 출토본 중 애락지인(愛樂之印), ⑩은 돈황 사본 중 신족인(神足印)에 해당하는 것임을 알 수 있다.

이후 좀 더 다양한 부적과 함께 각 부적의 용례를 구체적으로 설명해 주는 문헌으로『대화수경(大華手經)』을 들 수 있다.『대화수경』의 경우 구마라집(鳩摩羅什, 344~413)이 번역한 경전이 1251년(高宗 38) 완성된《재조대장경(再雕大藏經)》에 대한 수기(守其)의 찬술『대장목록(大藏目錄)』에 수록[295]된 점을 미루어, 13세기 초반까지는 고려에 유입되었음을 알 수 있다.

그런데 이『대화수경』과 관련해 부적의 다양성과 용례를 설명해 주는 유물이 1346년 조성된 서산 문수사 금동여래좌상 복장유물(보물) 중에서 수

294　남권희, 「고려시대 간행의 수진본 小字 총지진언집 연구」,『서지학연구』제71집, 한국서지학회, 2017.9. pp.338-339. 남권희 교수에게 사진 자료를 얻어 검토하였다.

295　『大藏目錄』(『韓佛全』6). p.169. "信函 入十卷 入紙十六牒十五張 華手經 十卷 後秦龜玆三藏 鳩摩羅什譯."

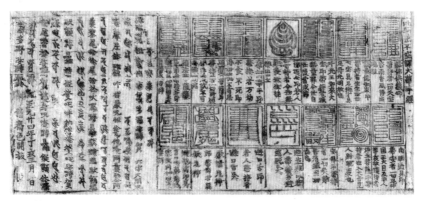

도67. 「차인출불공역대화수경(此印出不空譯大華手經)」, 1287년, 수덕사 제공

습되었다. 앞부분에 「차인출불공역대화수경(此印出不空譯大華手經)」이라 기록된 낱장 2매가 한 장의 종이에 인출된 것으로, 말미에 "至元卄四年丁亥 三月日 …(중략)… 僧齋色開板"이라 기록되어 1287년 승재색(僧齋色)이란 기관에서 간행된 것임을 알 수 있다. 이 안에는 1종의 불정심인(佛頂心印)과 13종의 부적, 그리고 미타심주(彌陀心呪), 육자대명주(六字大明呪), 능엄주(楞嚴呪), 호신주(護身呪) 등 4종 진언이 범어와 한문 음역(音譯)으로 같이 실려 있다[도67].

이 유물은 앞부분에 "차인출불공역대화수경(此印出不空譯大華手經)"이라 기록되어, 불공(不空, 705~774)이 번역한 『대화수경』에서 이 인(印)이 차용되었음을 밝히고 있다. 따라서 현존하는 구마라집 역(譯) 『대화수경』 외에 불공 (不空) 역 『대화수경』이 고려에 유통되었음과 함께, 불공 역 『대화수경』 안에는 다수의 부적이 실려 있었음을 알 수 있다.

위 인출본의 경우 1종의 불정심인(佛頂心印)을 중심으로 13종의 부적이 수록되어 있으며, 각각의 명칭과 효험이 실려 있다. 아래에 각 부적의 형상과 그 명칭을 정리했으며, 분석의 편의를 위해 좌측에서 우측으로 순서대로 번호를 부여하였다[표51].

표51. 「차인출불공역대화수경(此印出不空譯大華手經)」에 수록된 부적과 명칭

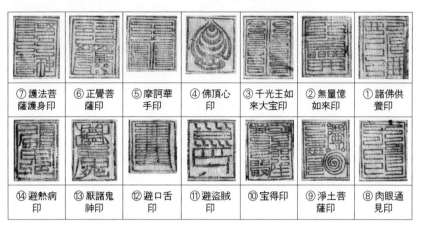

⑦ 護法菩薩護身印	⑥ 正覺菩薩印	⑤ 摩訶華手印	④ 佛頂心印	③ 千光王如來大宝印	② 無量億如來印	① 諸佛供養印
⑭ 避熱病印	⑬ 厭諸鬼神印	⑫ 避口舌印	⑪ 避盜賊印	⑩ 宝得印	⑨ 淨土菩薩印	⑧ 肉眼通見印

위 부적의 경우, 부적 하단에 각 부적의 명칭과 효험이 실려 있는데, 원문과 함께 이를 해석해 보기로 한다. 여기서 대부분 부적은 현생에서의 소원 성취와, 갖가지 복을 빌고 나쁜 일을 피하는 효험을 가진 것으로 설명되며, 그밖에 지옥을 벗어나 극락 왕생하거나 성불을 비는 부적도 들어있다. 다만 ⑭ 피열병인(避熱病印)의 경우 하단에 효험 대신 범어를 음역한 진언이 적혀 있다.

"① 제불공양인(諸佛供養印): 몸에 지니는 자는 일체 하늘의 보배와 향기로운 비와 바람을 얻을 것이며, 지옥에서 벗어나게 된다(帶持者 一切天宝 香雨香風得 出地獄).

② 무량억여래인(無量億如來印): 몸에 지니는 자는 세세생생에 칠보가 구족할 것이며, 변재가 구족하고 광명 비추임을 얻을 것이다(帶持者 生生世世 七宝具足 辨才具足 得光明放也).

③ 천광왕여래대보인(千光王如來大宝印): 몸에 지니는 자는 무량한 죄를 멸하고 금생에 자재하게 될 것이며, 후세에는 응당 성불할 것이다(帶持者 滅無量罪

今世自在 後當成佛).

④ 불정심인(佛頂心印): 만약 어떤 사람이 몸에 지니면 금세에 무난할 것이며, 후세에는 극락국토에 나게 될 것이다(若人帶持者 今世無難 後世生極樂国土).

⑤ 마하화수인(摩訶華手印): 몸에 지니는 자는 만겁에 먹지 않아도 죽지 않음을 얻을 것이며, 공덕이 가히 사량할 수 없다(帶持者 万劫 不食不死 即得功德 不可思).

⑥ 정각보살인(正覺菩薩印): 몸에 지니는 자는 일체 원하는 바 모두 성취할 것이고, 공덕이 불가사의할 것이다(帶持者 一切所願 皆得成就 不可思議 功德).

⑦ 호법보살호신인(護法菩薩護身印): 몸에 지니는 자는 일체 귀신이 수호할 것이고, 국왕이 너그러이 봐주는 등 큰 길상함이 있을 것이다(帶持者 守護 一切鬼神 国王大目等 大吉祥).

⑧ 육안통견인(肉眼通見印): 몸에 차는 자는 일체 귀신과 국왕이 너그러이 봐주며, 또한 비인(非人) 등도 지니는 모든 자를 애련히 공경할 것이다(帶安者 一切鬼神 国王 大目 及非人等 哀敬諸持者).

⑨ 정토보살인(淨土菩薩印): 몸에 지니는 자는 출입에 큰 길함 있을 것이고, 보는 자 공경할 것이며, 경사로울 것이다(帶持者 出入大吉 見人則 跪慶也).

⑩ 보득인(宝得印): 몸에 지니는 자는 일체 재난을 모두 소멸하고 공덕에 이를 것이다(帶持者 一切災難 皆消滅 至功德也).

⑪ 피도적인(避盜賊印): 만약 어떤 사람이 몸에 지니면 도적의 어려움[哭]을 피할 수 있다(若人帶持者 避盜賊哭).

⑫ 피구설인(避口舌印): 만약 어떤 사람이 몸에 지니면 구설(口舌)의 어려움[哭]을 피할 수 있다(若人帶持者 避口舌哭).

⑬ 염제귀신인(厭諸鬼神印): 몸에 지니는 자는 능히 귀신이 (이 부적을) 싫어하게 될 것이다(帶持者 能厭鬼神).

⑭ 피열병인(避熱病印): 진언은 다음과 같다. 옴 소실지 새우리 사바하(眞言曰 唵 蘇悉地 塞訖利 娑婆訶)."

이 서산 문수사 금동여래좌상 출토 「차인출 불공역 대화수경」에 수록된 부적들 중 ① 제불공양인(諸佛供養印)은 돈황 사본 P.3874와 은제연화당초문천 출토 부적 중 제화인(諸花印)이 명칭을 바꿔 실린 것이며, ③ 천광왕여래대보인(千光王如來大宝印)은 은제연화당초문천 출토 부적과 동일한 것임을 알 수 있다. 또한 ⑤ 마하화수인(摩訶華手印)은 돈황 사본 P.3874 중 마하화수지인(摩訶華之手印)이, ⑦ 호법보살호신인(護法菩薩護身印)은 돈황 사본 중 (제)신호신인諸神護身印)이, ⑧ 육안통견인(肉眼通見印)은 돈황 사본 중 전단마니지인(栴檀摩尼之印)이, ⑨ 정토보살인(淨土菩薩印)은 돈황 사본 중 신족인(神足印)이 각각 명칭을 달리한 채 실린 것임을 알 수 있다.

한편 ⑪ 피도적인(避盜賊印)의 경우 돈황 사본 P.3874와 P.2153 중 마하인(摩訶印)의 왼쪽 부분만을 취한 형태로 추정되며[표52], 이런 문제점이 인지되었는지 ⑪ 피도적인은 이후에 간행된 부적 목록에서 더 이상 나타나지 않고 있다.

표52. 돈황 사본과 「차인출불공역대화수경」의 '마하인' 형태 및 '피도적인'의 형성

P.3874 중 ⑦마하인(摩訶印)	P.2153 중 ⑦마하인(摩訶印)	「차인출불공역대화수경」 중 ⑪피도적인(避盜賊印)

그리고 ⑬ 염제귀신인(厭諸鬼神印)의 경우, 유사한 형태가 1108년(大觀 2) 북송(北宋)에서 제작된 「불경인판(佛經印版)」의 탁편(拓片)에서 발견된다[도68].

이 자료는 앞서 [도29]에서 소개하기도 한 것으로, 이 「불경인판」의 좌

도68. 佛經印版 탁편, 1108년, 『中國佛敎版畫全集』 第2卷, p.29.

측에는 '염제귀신인'과 유사한 형태의 부적이 2번 중복해 새겨져 있다. 이 부적은 돈황 사본 P.2153의 「금강동자수심인」 항목에 실린 '호신익산부(護身益笁)' 내지 S.2498 중 「금강동자수심인」 항목에 실린 '도호신명익산부(都護身命益笁符)'와 유사한 모습을 갖는 것으로, 위 『대화수경』에 실린 ⑬ 염제귀신인(厭諸鬼神印)과도 거의 유사한 형태의 부적임을 알 수 있다[표53].

표53. 돈황 사본 중 '호신익산부'와 북송본, 「차인출불공역대화수경」의 '염제귀신인'

돈황 사본 P.2153, 護身益笁符	돈황 사본 S.2498, 都護身命益笁符	北宋, 1108년	厭諸鬼神印, 「대화수경」, 1287년

이외에 ② 무량억여래인, ⑥ 정각보살인, ⑩ 보득인, ⑫ 피구설인, ⑭ 피열병인 등은 기존 돈황 사본 내지 기타 자료에서 발견되지 않는 것으로, 불공 역 『대화수경』과 함께 전래된 것임을 알 수 있다.

한편 서산 문수사 금동여래좌상 복장유물에서는 위 「차인출 불공역 대

화수경」 외에도 「단온진언(斷瘟眞言)」이 수습되기
도 하였다(**도69**).

여기서 「단온진언」의 경우 연화좌대 위에 패신
(牌身)과 연잎이 장식된 위패 형식의 도판에 단온진
언(斷瘟眞言)이란 진언명(眞言名)과 진언의 범자, 한
문 음역(音譯)을 병기한 형태로, 아래 부분에는 '불
법승 삼보에 의해 야귀(耶鬼) 등 일곱 귀신과 병을
물리치는 내용'이 쓰여 있다. 이에 이 「단온진언」은
「차인출 불공역 대화수경」에 소개된 정형화된 부적
의 형태 외에 부적과 진언이 융합된 형태의 특이한
유물이 존재했을 가능성을 알려준다.

도69. 문수사 금동여래좌상
복장 「斷瘟眞言」, 수덕사 제
공

(4) 국립중앙박물관 소장 호부(護符)

이 유물은 '호부(護符)'란 명칭으로 1923년 경에 촬영한 유리원판이 국립중
앙박물관에 소장되어 있다.[296] 1종의 도상을 중심으로 7종의 부적이 실린 것
으로, 각 부적의 경우 우측에 부적 명칭과 함께 부적 밑에는 각 부적의 효능
이 기록되어 있다(**도70**).

우측 상단으로부터 시계 방향으로, 부적 명칭과 부적의 효능을 소개하
면 다음과 같다.

"① 천광왕여래대보인(千光王如來大寶印): 만약 어떤 사람이 ㅁㅁ하면 무량한
죄를 멸하고, 금세에 ㅁㅁ하고 미래에 성불할 것이다(若人ㅁㅁ者 滅無量罪 今世

---

296 護符, 국립중앙박물관 소장, 소장품번호: 건판 15857. 『유리원판목록집』 Ⅱ, 1998. p.314.

도70. 호부(護符), 국립중앙박물관 소장, 소장품번호: 건판 15857, e뮤지엄

□□ 未來成(佛).

② 무량억여래인(無量億如來印): 몸에 지니는 자는 세세에 칠보가 □□□할 것이다(帶持者 世世七宝 □□□).

③ 정토보살인(淨土菩薩印): 몸에 지니는 자는 출입에 □□할 것이다(若帶持者 出入□□).

④ 애락지인(愛樂之印): 지니는 자 □□□하고, 보는 자가 환희할 것이다(若持者 □□待□ 見者歡喜).

⑤ 성정각인(成正覺印): 지니는 자, 마땅히 부처를 보게 된다(持人 當得見佛).

⑥ 육안보살인(肉眼菩薩印): 몸에 차는 자는 귀신과 국왕, 비인(非人) 등이 애련히 공경할 것이다(若帶持者 鬼神 國王人非 哀敬).

⑦ 피열병부진언(避熱病符眞言): 나무 아밀□아□다 □□결□제 사바하(南無阿密□阿□多 □□決□提 娑婆訶)."

이 가운데 ① 천광왕여래대보인과 ② 무량억여래인, ③ 정토보살인은 1287년 승재색(僧齋色)에서 간행된 서산 문수사 금동여래좌상 출토 「차인출

226

불공역 대화수경」에 실린 것으로, 부적의 효능은 축약된 형태로 기록되어 있다. 또한 ⑤ 성정각인은 「차인출 불공역 대화수경」에 '정각보살인(正覺菩薩印)'이라 기록된 것이며, ⑥ 육안보살인은 「차인출 불공역 대화수경」에 '육안통견인(肉眼通見印)'이라 기록된 것으로 명칭이 바뀐 채 실려 있음을 볼 수 있다.

그리고 ⑦ 피열병부진언은 「차인출 불공역 대화수경」에 '피열병인(避熱病印)'이라 실린 것으로, 「차인출 불공역 대화수경」에서는 "옴(唵) 소신지(蘇悉地) 새우리(塞訥利) 사바하(娑婆訶)"란 진언을 싣고 있음에 비해, 여기서는 진언구가 달리 쓰여 있음을 볼 수 있다. 한편 ④ 애락지인은 돈황 사본과 은제연화당초문천 출토 유물에 실린 '애락지인(愛樂之印)'에 해당하는 것을 알 수 있다.

이에 국립중앙박물관 소장 '호부(護符)'에 실린 부적은 1287년 승재색(僧齋色)에서 간행된 「차인출 불공역 대화수경」과 은제연화당초문천 출토 유물에 실린 부적을 근거로 제작되었을 것이라 추정할 수 있다.

(5) 다라니에 실린 능구산난(能求産難) 부적

이외에 1300년경에 간행된, 몇몇 다라니를 수록한 낱장의 다라니에 '능구산난(能求産難)'의 부적이 실린 예가 발견되기도 한다. 이 다라니는 '불정심(佛頂心)' 다라니(佛頂心觀世音菩薩姥陀羅尼)와 '소재주(消災呪)', '파지옥(破地獄)', '준제(准提)', '보루각심(寶樓閣心)', '대명(大明)', '소만병(消万病)', '단온(斷溫)' 등의 진언이 실린 낱장의 다라니로, '불정심(다라니)' 말미에 '능구산난(能求産難)' 부적이 실려 있음을 볼 수 있다[도71].[297]

ııııııııı
297 위덕대학교, 『한국의 전통 다라니 – 동재문고 소장자료 특별전』, 위덕대학교 출판부, 2004, p.9.

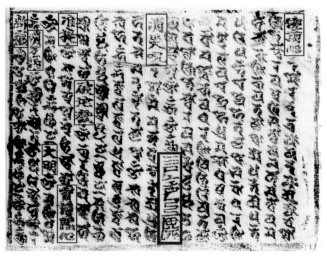

도71. 다라니, 1300년경, 위덕대학교, 『한국의 전통 다라니』, p.9.

    이상을 통해 볼 때 고려 중기인 13세기까지 제작된 부적의 경우 상당 부분이 돈황 사본의 전래본과 1287년에 간행된 불공(不空) 역 『대화수경』, 그리고 송대 내지 서하(西夏)에서 간행된 『불정심다라니경』에 실린 부적에 연원을 둔 것임을 알 수 있다.

2) 고려 후기, 불교 부적의 수합과 통합 현상

고려 후기인 14세기에 간행된 몇몇 전적 중에서 부적이 실린 예가 발견된다. 이때 간행된 부적의 경우, 대체로 이전 시기의 부적을 그대로 받아들인 예가 많으나, 일부는 부적 명칭을 바꿔 사용한 예가 보여진다. 또한 『불정심관세음보살대다라니경』에 실린 '능구산난'의 경우 기존 문헌에서는 '능구산난(能救産難)'이란 효험만이 기록되었던 반면, 고려 후기에는 능구산난인(能救産難印) 내지 구산난부(救産難符)란 정식 명칭을 갖게 된 모습을 볼 수 있다.

이외에 여의인(如意印)과 같이 기존에 알려지지 않았던 새로운 부적이 추가된 예를 볼 수 있기도 하다. 그러나 고려 후기의 부적은 대체로 이전 시기의 부적을 수용한 채, 이전 자료를 통합하고자 했던 경향을 볼 수 있다.

(1) 금동(金銅) 경갑(經匣) 소재 『다라니경』 부적

국립중앙박물관에 소장된 금동(金銅) 경갑(經匣)에 담겨진 『다라니경』 안에서 부적이 발견된다. 이 책은 1306년(大德 10) 2월, 생몰함령(生沒含靈)의 깨달음을 기원하며 고령군부인(高靈郡夫人) 오씨(吳氏)가 시주해 간행한 소형 절첩본으로, 권수(卷首)에 불좌상(佛坐像) 도상과 함께 불정심주(佛頂心呪)와 능엄주(楞嚴呪)가 범자 및 한문 음역(音譯)으로 실려 있다. 그리고 말미에는 7종의 부적이 그 명칭 및 효능과 함께 실려 있다.[298] **(도72)**

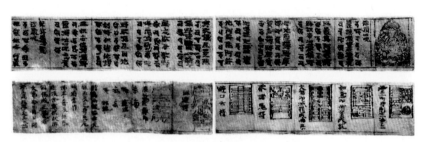

도72. 금동 경갑 소재 『다라니경』, 1306년, 『朝鮮古蹟圖譜』 9, p.1253.

여기 수록된 7종의 부적을 그 명칭 및 효능과 함께 순서에 따라 소개하면 다음과 같다 **(표54)**.

‖‖‖‖‖‖‖‖‖

298 朝鮮總督府, 『朝鮮古蹟圖譜』 第九册, 靑雲堂印刷所, 昭和三年(1928), p.1253.

229

표54. 금동 경갑(經匣) 소재 『다라니경』(1306년)에 수록된 부적과 명칭

⑦ 능구산난인 (能救産難印)	⑥ 온퇴부 (瘟退符)	⑤ 피구설부 (避口舌符)	④ 염제귀부 (厭諸鬼符)	③ 대보인 (大寶印)	② 여의인 (如意印)	① 정토인 (淨土印)

"① 정토인(淨土印) : 지니는 즉, 정토에 태어난다(持則生淨土).

② 여의인(如意印) : 소망을 성취한다(所望成就).

③ 대보인(大寶印) : 죄를 멸하고 성불의 열매를 맺는다(滅罪成佛果).

④ 염제귀부(厭諸鬼符)

⑤ 피구설부(避口舌符)

⑥ 온퇴부(瘟退符)

⑦ 능구산난인(能救産難印)"

이상 7종의 부적에 이어 간기(刊記) 앞에는 '옴(唵) 치림(齒臨)'과 '옴(唵) 부림(部臨)'이 범자와 음역으로 실려 있는데, 이는 1206~1207년 간행된 『불정심관세음보살대다라니경』(보물)에 실린 '일자정륜왕다라니'와 '자재왕치온독다라니'의 진언(眞言)임을 알 수 있다.

위 1306년 간행된 『다라니경』에 실린 7종 부적 중 ①정토인, ③대보인, ④염제귀부, ⑤피구설부 등 4종은 1287년 승재색(僧齋色) 개판의 「차인출 불공역 대화수경」의 부적 중 ⑨정토보살인, ③천광왕여래대보인, ⑬염제귀신인, ⑫피구설인 등이 명칭을 바꾼 채 사용되었음을 알 수 있다. 또한 『불정심관세음보살대다라니경』에 실린 능구산난(能救産難)의 부적이 ⑦능구산난인(能救産難印)이란 명칭으로 수록되어 있다. 그리고 ②여의인(如意印)과 ⑥온

퇴부(瘟退符)는 기존에 알려지지 않았던 것으로, 새롭게 추가된 것임을 알 수 있다.

(2) 〈봉림사 목조아미타불좌상〉 출토 『금강반야바라밀다경』의 부적

화성 봉림사 목조아미타불좌상 복장전적(보물) 중 『금강반야바라밀경(金剛般若波羅蜜經)』에서도 부적이 실린 예가 발견된다. 지기(誌記)에 따르면, 이 책은 전대동(田大同)이 옛 연나라[古燕](땅)에서 우연히 본국의 승려 홍회(洪淮)가 쓴 소자본(小字本) 금강경 1본을 보고 발원하여, 각원(覺圓)이 비구(比丘) 달현(達玄)과 신사(信士) 이기(李琦) 등과 함께 1311년(至大 4, 忠宣王 3) 5월에 공인(工人)에게 판을 새기게 한 것이다.[299] 이 경전에는 1339년(至元 5, 忠惠王復位 8) 진성군(晉城君) 강금강(姜金剛)이 시주(施主)하여 인출(印出)한 기록이 수록되어 있기도 하다.[300] [도73]

도73. 봉림사 복장전적 중 『금강반야바라밀경』 말미, 1311년, 문화재청 홈페이지

‖‖‖‖‖‖‖

299 "覺圓洎同願比丘 達玄 永興 懷英千備希印 行全 宗信信士 李琦 田大同在 古燕 偶見本國僧 洪淮所書金剛經一本 字小體臭使人可觀 因發難遭慶辛之心 重法輕財 命工刊板 …(중략)… 時至大四年(1311)五月日誌."

300 "重大匡 晉城君 金剛 伏爲 …(중략)… 印成 金剛般若經 ▨▨▨ ▨施▨通 伏願 持經善人 一覽 便悟 本性之彌陸 同登惟心之淨土者 至元五年二月日誌 施主 晉城君 姜金剛 同願比丘 一 昌." 이 印出記는 忠惠王 때의 환관 姜金剛이 至元五年(1339) 印出時에 새긴 것이다. 김민기는 『韓國의 符作』(보림사, 1987, p.48)에서 至元五年을 元宗 때의 1268년으로 잘못 적었으며, 김영자도 이를 답습하였다.(『한국의 부적』, 대원사, 2020, p.87).

한편 위 인출 기록 앞에는 범자(梵字)로 된 불정심다라니(佛頂心陀羅尼) 등 8종의 다라니와 함께,[301] ① 여의인(如意印), ② 생정토인(生淨土印), ③ 염제귀부(厭諸鬼符), ④ 피열부(避熱符), ⑤ 퇴온부(退溫符), ⑥ 멸죄성불과(滅罪成佛果), ⑦ 피구설부(避口舌符), ⑧ 소삼재부(消三災符), ⑨ 능산인(能產印, 吞之胎衣卽出), ⑩ 구산난부(救產難符) 등 10종의 부적이 명칭과 함께 실려 있다[표55].

표55. 〈봉림사 목조아미타불좌상〉 출토 『금강반야바라밀다경』 소재 부적

⑩ 救產難符	⑨ 能產印	⑧ 消三災符	⑦ 避口舌符	⑥ 滅罪成佛果	⑤ 退溫符	④ 避熱符	③ 厭諸鬼符	② 生淨土印	① 如意印

위 1311년 판각된 『금강반야바라밀경』에 실린 10종 부적의 경우, ② 생정토인, ③ 염제귀부, ④ 피열부, ⑥ 멸죄성불과(滅罪成佛果), ⑦ 피구설부 등 5종은 1287년 승재색(僧齋色) 개판의 「차인출 불공역 대화수경」 부적 중 ⑨ 정토보살인(淨土菩薩印), ⑬ 염제귀신인(厭諸鬼神印), ⑭ 피열병인(避熱病印), ③ 천광왕여래대보인(千光王如來大宝印), ⑫ 피구설인(避口舌印) 등 5종이 명칭을 바꾼 채 사용되었음을 볼 수 있다. 또한 『불정심관세음보살대다라니경』에 실린 능구산난(能救產難)의 부적이 ⑩ 구산난부(救產難符)란 명칭으로 수록되어 있다. 한편 ⑤ 퇴온부(退溫符)의 경우 1306년 간행된 다라니경 중 ⑥ 온퇴부(瘟退符)가 명칭이 바뀐 채 사용되었음을 볼 수 있다.

<hr />

301 ①佛頂心陀羅尼와 ②小寶樓閣呪, ③悉怛多波怛羅呪, ④消災吉祥陀羅尼, ⑤大寶樓閣呪, ⑥大准提陀羅尼, ⑦六字呪, ⑧辟除一切天魔神呪 등 8종의 다라니가 梵字로 쓰여 있다.

이외에 ⑦ 여의인(如意印), ⑧ 소삼재부(消三災符), ⑨ 능산인(能産印) 등 3
종은 기존에 나타나지 않았던 새로운 부적이 추가된 것임을 알 수 있다. 이
러한 현상은 후대로 오면서 기존 부적을 수용하거나, 기존 진언(眞言)을 부적
으로 전환해 사용한 한편, 새롭게 다양한 부적이 추가되며 부적 명칭에도 변
화가 생겨났음을 알려준다.

(3) 〈합천 해인사 원당암 목조아미타여래삼존상〉 출토 부적

이러한 변화 및 전개의 모습은 〈합천 해인사 원당암 목조아미타여래삼존
상 복장전적 – 제다라니(諸陀羅尼)〉(이후 『제다라니』로 칭함)를 통해 두드러진다.
『제다라니』는 원당암 목조아미타여래삼존상 복장(腹藏)에서 수습된 1권 1
첩의 수진본으로, 1375년 임금의 수복(壽福)과 조정(朝廷)의 안녕 등을 목적
으로 간행된 것이다. 낭장(郎將)을 역임한 박면(朴免)이 시주(施主) 및 범자(梵
字), 한자의 필사와 교정을 맡았으며, 김윤귀 등이 각수(刻手, 刊字)를 맡았고,
전성척(田成尺)이 변상도를 새겨 만들었다.

　이 책에는 40수주(手呪)를 포함한 다수의 주(呪)가 한자 명칭과 함께 범
자로 수록되어 있으며, 이어 18종의 부적 및 그에 대한 효능이 실려 있다.[도
74].

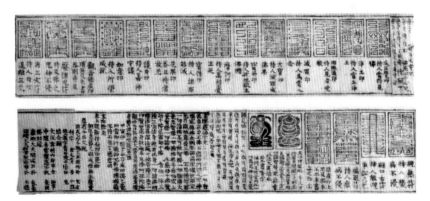

도74. 해인사 원당암 복장전적 – 『제다라니』, 1375년, 해인사 제공

수록된 내용과 함께 순서에 따라 전체 18종의 부적을 소개하면 다음과 같다.

"① 성정각인(成正覺印): 지니는 자, 마땅히 부처를 보게 된다(持人 當得見佛).

② 정토인(淨土印): 지니는 자, 마땅히 정토에 태어난다(持人 當生淨土).

③ 육안통인(肉眼通印): 지니는 자, 보는 자가 애경(愛敬)할 것이다(持人 見者愛敬).

④ 멸죄인(滅罪印): 지니는 자, 귀인이 생각해 줄 것이다(持人 爲貴人念).

⑤ 대보인(大寶印): 지니는 자, 죄를 멸하고 성불의 열매를 맺는다(持人 滅罪成佛果).

⑥ 보우인(寶雨印): 지니는 자, 지옥을 파하고 불국(佛國)에 태어난다(持人 破地獄生佛國).

⑦ 마하인(摩訶印): 지니는 자, 만겁에 걸쳐 생사(生死)를 받지 않는다(持人 萬劫不受生死).

⑧ 보득인(寶得印): 지니는 자, 모든 죄를 능히 멸한다(持人 諸罪能滅).

⑨ 화과인(花果印): 지니는 자, 삼키거나 지니는 자, 방광하게 될 것이다(持人 呑且持者 放光).

⑩ 호신인(護身印): 지니는 자, 선신이 수호한다(持人 善神守護).

⑪ 여의인(如意印): 지니는 자, 소망을 성취한다(持人 所望成就).

⑫ 관음능산인(觀音能産印): 정수리에 놓거나 주서(朱書)로 써서 삼키면 쉽게 출산한다(頂安 及 朱書呑則 易産).

⑬ 염제귀부(厭諸鬼符): 지니거나 주련 등에 써 붙이면 귀신이 침입하지 못한다(持及帖之 鬼神不侵).

⑭ 소삼재부(消三灾符): 지니는 자, 자연히 삼재를 멀리 여의게 된다(持人 自然遠離三灾).

234

⑮ 피열부(避熱符): 지니는 자, 열병이 침범하지 못한다(持人 熱病不侵).

⑯ 피구설부(避口舌符): 지니는 자, 능히 쟁송의 액을 피할 수 있다(持人 能避爭訟之厄).

⑰ 온퇴부(瘟退符): 지니는 자, 염병[瘟病]이 침입하지 못한다(持人 瘟病不侵).

⑱ 능산인(能産印): (태아의) 머리[上兒]나 태반[胎衣]이 나오지 않을 때, 주서(朱書)로 써서 삼키면 즉시 나오게 된다(上兒及胎衣不出 朱書吞之 即出)."

이 『제다라니』에 실린 부적(1375년)의 형상을 살펴보면, 앞서 살펴본 「차인출 불공역대화수경」(1287년)과 1306년 간행된 『다라니경』, 그리고 『금강반야바라밀경』(1311년)에 수록된 부적들 중 상당수를 명칭 및 효험을 변경하여 종합해 수록한 것임을 알 수 있다.

『제다라니』에 실린 부적 중 ①성정각인, ②정토인, ③육안통인, ⑤대보인, ⑥보우인, ⑦마하인, ⑧보득인, ⑨화과인, ⑩호신인, ⑬염제귀부, ⑮피열부, ⑯피구설부의 경우 1287년 「차인출불공역대화수경」 중 ⑥정각보살인, ⑨정토보살인, ⑧육안통견인, ③천광왕여래대보인, ①제불공양인, ⑤마하화수인, ⑩보득인, ②무량억여래인, ⑦제법보살호신인, ⑬염제귀신인, ⑭피열병인, ⑫피구설인 등이 명칭 및 효험이 바뀐 채 사용되었음을 볼 수 있다.

또한 ④멸죄인은 은제연화당초문천 출토 부적과 국립중앙박물관 소장 '호부(護符)'의 ④애락지인이 명칭 및 효험이 바뀐 채 사용되었다. 그리고 ⑪여의인, ⑫관음능산인, ⑰온퇴부 등은 1306년 간행된 다라니경 중 ②여의인, ⑦능구산난인, ⑥온퇴부 등이 사용되었으며, ⑭소삼재부, ⑱능산인 등은 1311년 간행된 『금강반야바라밀경』 중 ⑧소삼재부, ⑨능산인 등에서 유래한 것임을 알 수 있다.

즉 1375년 간행된 『제다라니』에 실린 부적의 경우, 은제연화당초문천 출토 부적과 국립중앙박물관 소장 '호부(護符)', 1227년 『범서총지집』과

1287년 「차인출불공역대화수경」, 그리고 1306년 간행된 다라니경, 1311년 간행된 『금강반야바라밀경』의 부적을 종합 수용한 것으로, 명칭 및 효험에는 많은 변화가 생겨났음을 알 수 있다.

3) 고려시대 불교 부적의 변화 과정 분석

이렇듯 고려시대의 유물에 실린 여러 부적들은 명칭 내지 효험에 대한 설명이 계속 변형되었으며, 부적의 효험 중 하나가 부적의 명칭으로 변화된 모습이 보이기도 한다. 한편 형상에 있어서는 시대가 내려갈수록 점차 양식화되고 단순화되는 경향을 보인다.

이에 시대에 따른 고려시대 부적들의 변화 과정을 한눈에 볼 수 있도록, 위에 소개한 부적 중 20종을 각 부적에 대한 명칭 및 효험과 함께 하나의 표로 정리해 보기로 한다. 앞서 든 8종의 유물을 중심으로 표를 작성했으며, 표 안에 ①, ② 등 부적에 부여된 숫자는 각 유물에 수록된 부적의 순서이다.

한편 부적을 ①에서 ⑳까지 배열한 순서는 가장 많은 부적을 수록한 1287년 간행된 『대화수경』을 기준 삼았다. 그리고 좌우 행에는 동일 부적을 명칭과 함께 시대순으로 배치했으며, 부적 명칭은 굵게 표시하였고, 원래 문헌에 명칭이 소개되지 않은 경우는 공란으로 비워 두었다[표56].

표56. 고려시대 부적과 변천 과정 공관표

	은제연화당초문천 출토 부적	『범서총지집』, 1227년	서산 문수사 「차인출불공역대화수경」, 1287년	국립중앙박물관, 호부(護符)	금동 경갑 『다라니경』, 1306년	봉림사 『금강반야경』, 1311년	원당암 – 『제다라니』, 1375년
1	② 天宝雨香風 供養 出地獄 楚苦也	③	① 諸佛供養印 帶持者 一切天宝 香雨香風得 出地獄				⑥ 寶雨印 持人 破地獄生佛國
2		⑧	② 無量億如來印 帶持者 生生世世 七宝具足 辨才具足 得光明放也	② 無量億如來印 帶持者 世世七宝 □ □□			⑨ 花果印 持人 呑且持者 放光
3	① 千光王如來大宝印 若善男子 以彩香囊帶持者 則滅無量所作犯罪 然後顯 世得自在 未來成佛果 若我願不成則 滅佛名 砕於微塵顯		③ 千光王如來大宝印 帶持者 滅無量罪 今世自在 後當成佛	① 千光王如來大寶印 若人□□者 滅無量罪 今世成 (自在) 未來成(佛)	③ 大寶印 滅罪成佛果	⑥ 滅罪成佛果	⑤ 大寶印 持人 滅罪成佛果
4		⑨	④ 佛頂心印				
5		④	⑤ 摩訶華手印 帶持者 万劫不食不死 即得功德 不可思				⑦ 摩訶印 持人 萬劫不受生死

6	②	⑥ 正覺菩薩印 帶持者 一切所願 皆得成就 不可思議 功德	⑤ 成正覺印 持人 當得見佛			① 成正覺印 持人 當得見佛
7	①	⑦ 護法菩薩護身印 帶持者 守護 一切鬼神 国王大目等 大吉祥				⑩ 護身印 持人 善神守護
8	⑥	⑧ 肉眼通見印 帶安者 一切鬼神 国王大目 及非人等 哀敬諸持者	⑥ 肉眼菩薩印 若帶持者 鬼神國王人 非哀敬			③ 肉眼通印 持人 見者愛敬
9	⑩	⑨ 淨土菩薩印 帶持者 出入大吉 見人則跪慶也	③ 淨土菩薩印 若帶持者 出入□□	① 淨土印 持則生淨土	② 生淨土印	② 淨土印 持人 當生淨土
10	⑤	⑩ 宝得印 帶持者 一切災難 皆消滅 至功德也				⑧ 寶得印 持人 諸罪能滅
11		⑪ 避盜賊印 若人帶持者 避盜賊哭				

12		⑫ 避口舌印 若人帶持者 避口舌哭		⑤ 避口舌符	⑦ 避口舌符	⑯ 避口舌符 持人 能避爭 訟之厄
13		⑬ 厭諸鬼神 印 帶持者 能 厭鬼神		④ 厭諸鬼符	③ 厭諸鬼符	⑬ 厭諸鬼符 持及帖之 鬼 神不侵
14		⑭ 避熱病印 眞言曰 唵 蘇 悉地 塞訖利 娑婆訶	⑦ 避熱病符 眞言 南無阿 密□阿□多 □□決□提 娑婆訶	④ 避熱符		⑮ 避熱符 持 人 熱病不侵
15				② 如意印 所 望成就	① 如意印	⑪ 如意印 持 人 所望成就
16				⑥ 瘟退符	⑤ 退溫符	⑰ 瘟退符 持 人 瘟病不侵
17	③ 諸障消 見 者歡喜 世尊 愛敬	⑦	④ 愛樂之印 若持者□待 □見者 歡喜			④ 滅罪印 持 人 爲貴人念

239

18						⑧ 消三災符	⑭ 消三灾符 持人 自然遠 離三災
19						⑨ 能産印 呑 之 胎衣卽出	⑱ 能産印 上 兒 及 胎衣 不 出 朱書呑之 卽 出
20	불정심경, 1213~1249 년 能救産難			⑦ 能救産難印	⑩ 救産難符		⑫ 観音能産 印 頂安 及 朱 書呑則 易産

위 표를 살펴보면 고려시대에 여러 종류의 부적들이 다양한 형태와 명칭을 지닌 채 통용되었음을 알 수 있다. 한편 부적 형태는 단순화되는 경향을 볼 수 있는데, 이는 특정 형상만을 모방한 채 일정한 형(型)에 따라 양식화된 예에 보여주는 것이라 할 수 있다. 또한 부적의 명칭과 효험 역시 시기에 따라 변화되는 모습을 볼 수 있다.

(1) 부적의 형태와 명칭, 효험의 변화

이 부분을 고찰함에 있어 위에 실린 20종 부적 전체를 대상으로 삼는 것은 무리이므로 이 가운데 은제연화당초문천 출토 유물을 기준 삼아 이 부분을 설명하고자 한다.

먼저 명칭과 효험의 변화를 보여주는 예로, 은제연화당초문천 출토의 '천광왕여래대보인'을 들 수 있다. '천광왕여래대보인'은 3종 부적 중 유일하

240

게 명칭이 표기된 것으로,『대화수경』등 6종 유물에 실려 있기도 하여 고려시대에 널리 사용되었던 것임을 알 수 있다(**표57**).

표57. 고려시대 부적 중 '천광왕여래대보인'의 명칭과 효험의 변화

은제연화당초문천 출토 부적	「차인출불공역대화수경」, 1287년	국립중앙박물관, 호부(護符)	『다라니경』, 1306년	『금강반야바라밀경』, 1311년	원당암-『제다라니』, 1375년
① 千光王如來大宝印 若善男子 以彩香囊帶持者 則滅無量所作犯罪 然後 顯世得自在 未來成佛果 若我願不成則 滅佛名 碎於微塵願	③ 千光王如來大宝印 帶持者 滅無量罪 今世自在 後當成佛	① 千光王如來大寶印 若人□□者 滅無量罪 今世(自在) 未來成(佛)	③ 大寶印 滅罪成佛果	⑥ 滅罪成佛果 효험에 대한 설명 없음	⑤ 大寶印持人 滅罪成佛果

위 표에서 은제연화당초문천 출토본의 경우, 부적의 효험으로는 멸죄(滅罪), 현세자재(現世自在), 미래성불(未來成佛) 등 세 가지가 주를 이루고 있다. 한편 1287년『대화수경』의 부적과 국립중앙박물관 소장 호부(護符)의 경우 '천광왕여래대보인'이란 명칭은 유지되고 있으며 효험 역시 부연 설명이 생략된 면은 있으나 멸죄, 금생자재, 후세성불이라는 세 가지 효험이 그대로 유지되고 있다. 그러나 1306년『다라니경』과 1375년 원당암 –『제다라니』에서는 '천광왕여래대보인'이란 명칭이 '대보인'으로 간략화되었으며, 효험의 경우 금생자재가 빠진 채 멸죄, 성불만이 실려 있다. 그리고 1311년 유물에서는 1306년『다라니경』에 쓰인 효험이 부적 명칭으로 사용되었음을 볼 수 있다.

한편 부적의 형태에 있어, 위 부적들은 유사한 형상이 일관되게 유지되었음을 볼 수 있다. 다만 은제연화당초문천 출토 유물과 1287년『대화수경』

부적에서는 부적 상단부의 '曰'자와 같은 형상이 사각형이 아닌 육각형 형태로 나타난다. 이는 곡선 내지 사선을 사용함으로써 수직과 수평의 선을 피한 형태로 고식(古式)에 가까운 모습을 보이고 있다.

또 다른 예로서 – [표56] 중 1번 부적인 – '제불공양인'을 들 수 있다. 이 부적은 은제연화당초문천 출토 부적 중 '천광왕여래대보인' 다음에 실린 것으로, 돈황 사본 P.3874와 1227년의 『범서총지집』, 1287년의 『대화수경』, 1375년 원당암 『제다라니』에도 동일 부적이 실려 있다[표58].

표58. '제불공양인'의 명칭과 효험 및 형태의 변화

돈황 사본 P.3874	은제연화당초문천 출토 부적	『범서총지집』, 1227년	『대화수경』, 1287년	원당암 – 『제다라니』, 1375년
⑪ 諸花印 효능은 妙果印 것을 차용	② 명칭 없음. 天宝雨 香風 供養 出地獄楚苦也	③ 명칭 없음. 효능 설명 없음	① 諸佛供養印 帶持者 一切天宝雨 香風 得出地獄	⑥ 寶雨印 持人 破地獄 生佛國

이 가운데 돈황 사본 P.3874에 실린 제화인(諸花印)은 – 앞서 P.3874의 ⑪제화인(諸花印) 항목에서 설명했듯이 – "단목(檀木)을 깎아 지니면, 가는 곳마다 제불보살(諸佛菩薩)이 항상 묘화(妙花)를 흩뜨려 행주좌와 가운데 몸과 마음이 안은(安隱)할 것"과 "악심이 생겨나지 않으며 눈이 청정하여 장애가 없을 것"을 설하고 있다.

한편 P.3874에는 ⑪제화인(諸花印)에 이어 ⑫명칭 없이 (妙果印) 인(印)의 효능을 설명하는 가운데 "천우(天雨)와 보화(寶花)가 내리고, 갖가지 향기로운 바람이 □□□. □□을 구하려는 행자는 인(印)으로… 지옥 죄인이 지옥

242

을 벗어나 불퇴전지(不退轉地)를 얻고 속히 무상도(無上道)를 얻게 된다"는 내용을 싣고 있다.

이에 은제연화당초문천 출토의 이 부적의 경우, 부적 도상은 P.3874 중 ⑪제화인(諸花印)을 차용하되 효험의 설명은 그 뒤에 실린 ⑫(묘과인妙果印)의 것을 차용해 전혀 다른 내용을 전하고 있다. 이는 기존 자료를 인용하는 과정에서 생겨난 실수로, 부적 도상 역시 P.3874에 실린 부적의 형상을 제대로 그려내지 못했음을 알 수 있다

한편 은제연화당초문천 출토 유물의 경우, 효험에 대한 설명으로 "하늘에서 보배의 비, 향기로운 바람 공양하여(天宝雨香風 供養)" 부분은 1287년 『대화수경』에서는 "하늘의 보배와 향기로운 비와 향기로운 바람 얻을 것이며(天宝香雨香風得)"로 변화되었으며, 1375년 『제다라니』에서는 아예 사라진다. 그럼에도 지옥에서 구제해 준다는 효험은 계속 등장하고 있어, 고려에서 지옥 구제가 이 부적의 주요 기능으로 인식되었음을 알 수 있다. 다만 '지옥에서 벗어난다'는 "출(出)지옥"이란 문구가 1375년에 이르러 '지옥을 부순다'는 "파(破)지옥"으로 바뀌는데, 이는 고려시대에 유행한 파지옥진언(破地獄眞言)의 영향일 가능성이 있다. 그리고 지옥 구제의 기능에서 한발 더 나아가, 1375년 『제다라니』에서는 '불국(佛國)에 태어난다'는 효험이 더해졌음을 볼 수 있다.

그리고 부적 명칭과 관련해서 1287년 『대화수경』에는 '제불공양인'으로 칭해졌는데, 이는 은제연화당초문천 출토 유물 중 "하늘에서 보배의 비, 향기로운 바람을 공양한다"는 내용과 일맥상통한다. 다만 1287년 『대화수경』에서는 '공양'이란 단어가 부적의 효험에서 생략된 대신 부적 명칭에 들어간 것이다.

이런 현상은 1287년 『대화수경』과 1375년 『제다라니』의 비교 속에서도 발견된다. 즉 1287년 『대화수경』의 효험에 들어간 '보우(宝雨)'란 글자가

1375년『제다라니』에서는 효험에서 생략된 채 부적 명칭으로 옮겨간 것이다. 이처럼 변화 과정을 살펴봄으로써, 왜 제불공양인(諸佛供養印)과 보우인(宝雨印)이란 명칭의 부적이 명칭과는 다르게 지옥 구제의 효험을 가진 부적이 되었는지 이해할 수 있다.

(2) 부적의 밀집화 현상

위 '제불공양인(보우인)'의 경우, 형태에도 변화가 있음을 볼 수 있다. 먼저 은제연화당초문천 출토 부적은 손으로 그린 듯 유기적 선들로 이어져 있으며, 곡선과 사선 및 작은 원형(圓形)으로 이루어진 채 네 개의 독립적 문자가 하나로 합해진 형태를 취하고 있다.

이에 비해 1227년『범서총지집』부적의 경우 약간의 곡선 형태가 남아 있으며, 1287년, 1375년 유물에서는 곡선이 수직과 수평의 직선으로 변형된 양식화된 모습을 보이고 있다. 한편 1227년과 1287년, 1375년 부적은 거의 동일한 형태처럼 보이나, 전자에 비해 후자는 몇 가지 선이 생략되었거나 단순화된 모습을 보이고 있음을 볼 수 있다.

또한 1227년과 1287년, 1375년 부적의 경우, 시기가 앞선 것으로 추정되는 은제연화당초문천 출토본에 비해 네 개의 문자처럼 보이던 형상이 밀집되어 하나로 합쳐졌음을 볼 수 있다.

이러한 밀집화 현상은 능구산난(能救産難), 즉 구산난부(求産難符)의 형태 변화에서도 보여진다. '능구산난' 부적은 1206~1207년 간행된『불정심관세음보살대다라니경』과 1213~1249년 간행된『불정심관세음보살대다라니경』에서는 수직으로 배열된 세 개의 문자처럼 보였으나, 14세기 유물에서는 하나의 문자처럼 조합되었다.

또한 이 부적은 다른 부적들과 달리 인장 형태에서 기원한 사각의 외곽선이 둘러 있지 않았으나, 1375년『제다라니』의 경우 외곽선을 둘러 다른 부적들과 동일성을 가지도록 재구성한 모습을 볼 수 있다[표59].

표59. 고려시대 부적 중 '구산난부'의 형태 변화

『불정심 대다라니경』, 1206~1207년	『불정심 대다라니경』, 1213~1249년	『다라니경』, 1306년	『금강반야바라밀경』, 1311년	원당암-『제다라니』, 1375년

은제연화당초문천 출토 부적 중 또 다른 예로서 애락지인(愛樂之印) 내지 멸죄인(滅罪印)이라 칭해진 부적을 들 수 있다. 이 부적은 돈황 사본 중 P.3874, P.2153, P.3835 등에 '애락지인'이란 명칭과 함께 실린 것으로, 고려시대 부적 중에는 은제연화당초문천 출토 부적과 1227년의 『범서총지집』, 국립중앙박물관의 호부(護符), 1375년 원당암 『제다라니』 등에 동일 부적이 실려 있음을 볼 수 있다[표60].

표60. 고려시대 부적 중 '애락지인'의 명칭과 효험 및 형태의 변화

은제연화당초문천 출토 부적	『범서총지집』, 1227년	국립중앙박물관, 호부(護符)	원당암 –『제다라니』, 1375년
③ 명칭 없음. 諸障消見者歡喜 世尊 愛敬	③ 명칭 없음. 효험 설명 없음	④ 愛樂之印若持者□ 待□ 見者歡喜	④ 멸죄인(滅罪印) 持人 爲貴人念

한편 돈황 사본 중 P.2153의 경우, 이 부적과 관련해 다음 도상과 함께 대략 다음과 같은 내용을 싣고 있다.

"이 인(印)은 '애락지인(愛樂之印)'으로, 만약 중생으로서 애락(愛樂)을 구하고자 하는 자는 …(중략)… 이것을 취해 다니면 가는 곳마다 〈보는 자가 환희할 것이며〉, 어떤 사람이 〈만약 1일 만이라도 지니면 만 가지 죄가 소멸될 것이고〉, 2일을 지니면 만병이 사라져 제거될 것이며 …(중략)… 7일을 지니면 해탈을 얻게 될 것입니다."

이를 통해 본다면, 은제연화당초문천 출토 부적과 국립중앙박물관 소장 호부(護符)의 경우 돈황 사본 P.2153의 효험 가운데 "보는 자가 환희할 것이며(見者歡喜)"라는 내용을 효험으로 취한 것임을 알 수 있다. 또한 은제연화당초문천 출토 부적 중 "모든 장애 소멸"이란 내용은 돈황 사본 P.2153의 효험 가운데 "만약 1일 만이라도 지니면 만 가지 죄가 소멸될 것이고"라는 내용을 취한 것임을 알 수 있다. 그런데 이에 비해 1375년 『제다라니』에서는 이 효험을 취해 부적 명칭을 멸죄인(滅罪印)이라 칭하였음을 볼 수 있다. 이러한 점은 고려시대에 사용된 부적이 돈황 부적과 밀접한 관련이 있음을 알려주는 것이라 할 수 있다.

한편 위 부적의 경우, 상당한 연대 차에도 불구하고 유사한 모습을 띠고 있다. 즉 돈황 사본 P.2153의 부적과 4종의 고려시대 부적 모두 하단 중앙에 '成'과 유사한 형태가 있고, 그 위에는 '曰'자 두 개가 상하로 배열된 모습을 볼 수 있는 것이다.

그런데 P.2153의 경우 좌측 하단에 'ㄹ' 형태가 곡선으로 그려진 것에 비해 고려시대 부적에서는 '口'자 9개가 그려져 있음을 볼 수 있다. 이런 현상을 설명하기 위해 '애락지인'이 실린 돈황 부적 전체와 고려시대 부적을 같이 검토할 필요가 있어, 이를 종합한 표를 제시하면 다음과 같다[표61].

표61. '애락지인'의 명칭과 효험 및 형태의 변화

돈황 사본 P.3874	돈황 사본 P.2153	돈황 사본 P.3835	은제연화당초문천 출토 유물	『범서총지집』, 1227년	국립중앙박물관, 호부 (護符)	원당암 – 『제다라니』, 1375년
③ 愛樂之印	⑤ 愛樂之印	⑥ 愛樂之印	③ (명칭 없음)諸障消 見者歡喜 世尊愛敬	③ (명칭과 효험 설명 없음)	④ 愛樂之印 若持者 □待 □ 見者歡喜	④ 멸죄인 (滅罪印) 持人 爲貴 人念

위 표에 의하면 돈황 사본 P.2153 외에 P.3874와 P.3835에도 '애락지인'이 실려 있음을 볼 수 있다. 한편 이와 관련해 필자는 – 표49와 관련하여 – P.3874는 대략 9세기~10세기 초반에 성립되었으며, 이후 (10세기 후반에) P.2153 → P.3835 순으로 돈황 사본이 성립되었으리란 점을 말한 바 있다.[302]

그런데 위 표에서 볼 때 P.3835의 경우, 좌측 하단에 'ㄹ' 형태가 곡선으로 그려진 P.2153과는 달리 'ㅁ'자 9개가 그려져 있음을 볼 수 있다. 또한 나머지 고려시대의 부적 모두 P.3835와 같은 형태를 취하고 있는데, 이런 점은 은제연화당초문천 출토의 부적 이래 모든 부적이 10세기 후반에 형성된 P.3835류(類)의 영향하에 제작되었으리란 점을 알려준다.

한편 1227년『범서총지집』과 1375년『제다라니』의 부적에서는 양식화가 진행된 모습이 보인다. 예를 들어, 고려시대의 부적은 P.3835의 영향 하에 모든 부적의 좌측 하단부에 'ㅁ'자 9개가 그려져 있으나, 은제연화당초문

302 [IV. 한국의 불교 부적], 〈1. 고려후기 불교 부적의 전개〉의 〈1) 현존하는 고려시대 불교 부적〉 중 〈(1) 은제연화당초문천 출토 부적〉 항목 참조.

천 출토본만 P.3835와 같이 9개의 '口'자를 연결하는 사선이 나타나 있으며, 나머지 부적에서는 사선이 생략된 예를 볼 수 있는 것이다.

또한 부적의 우측 하단부에는 '亻'자 3개가 겹쳐진 형상이 그려져 있는데, 1227년『범서총지집』에서는 '亻'자의 머리 위에 'ノ'자 하나가 더 추가된 모습을 볼 수 있다. 이러한 점들은 기존 형태를 모방하는 가운데 생겨난 실수로, 양식화 과정에서 나타나는 한 예임을 알 수 있다.

이상 은제연화당초문천 출토 유물의 경우 대략 10세기 후반 이후 조성된 돈황 사본을 모본 삼은 것으로 추정되며, 이는 부적 조성의 문헌적 근거인『여의륜왕마니발타별행법인(一卷)』이 10세기 후반에 한국에 유입된 가능성을 추정케 한다. 그럼에도 고려시대의 경우 부적 도상(圖相)만이 사용되었을 뿐, 부적의 제작법 내지 부적을 활용해 여의륜마니주를 외우는 법, 그리고 작단법(作壇法)과 관련된 의궤(儀軌)가 시행된 예를 발견할 수 없다.

(3) 고려시대의 부적 20종과 돈황 사본에 실린 부적의 비교

한편 돈황 사본에 실린 부적 외에 1287년 간행된 불공(不空, 705~774) 역『대화수경』이 고려시대의 부적 사용에 영향을 미쳤음을 알 수 있다. 그런데『대화수경』의 경우 일부 돈황 사본과 동일한 부적을 싣고 있으나, 동일 부적의 경우에도 그 명칭과 효능, 부적 도상에서도 큰 차이를 보이고 있다. 이외에 고려시대에 사용된 또 다른 부적들 역시 돈황 사본에 실린 부적과 형태적 차이뿐만 아니라 명칭 및 효능에서도 차이를 보인다. 이런 점에서 생각할 때, 고려시대에 제작된 부적의 원형을 알기 위해서는 돈황 사본과의 비교가 필요하리라 생각된다. 이에 고려시대에 유통된 20종의 부적 중 돈황 사본에 실린 동일 부적 8종을 비교한 표를 제시해 보기로 한다[표62].

표62. 돈황 사본 소재 부적과 고려시대 불교 부적의 비교 공관표(共觀表)

①돈황 3874	②돈황 2153	③돈황 2498	④돈황 2602	⑤돈황 3835	은제연화당초문천출토본	불정심경, 1213~1249년	범서총지집, 1227년	大華手經, 1287년	국박, 호부	다라니경, 1306년	금강경, 1311년	제다라니, 1375년
⑪諸花印					②	③	①諸佛供養印					⑨花果印
⑥摩訶花手之印						④	⑤摩訶華手印					⑦摩訶印
	②(護神護身印)	③(護神護身印)	③(護神護身印)			①	⑦護法菩薩護身印					⑩護身印
①栴檀摩尼之印	①栴檀摩尼之印	①栴檀摩尼印				⑥	⑧肉眼通見印	⑥肉眼菩薩印				③肉眼通印
③神足印	④神足印	④神足印				⑩	⑨淨土菩薩印	③淨土菩薩印	①淨土印	②生淨土印	②淨土印
⑦摩訶印	⑦摩訶印						⑪避盜賊印				

249

13	 [護身符]	③護身 名盆符				⑬厭 諸鬼 神印			③厭諸 鬼符	⑬厭諸 鬼符
15	⑳如意 印(玉女 奉佛印)	④如意 印(玉女 奉佛印)						②如意 印	①如意 印	⑪如意 印
17	③愛樂 之印	⑤愛樂 之印		⑥愛樂 之印	③(愛 樂之 印)	⑦		④愛樂 之印		④減罪 印
19 20									⑨能産 印	⑱能産 印
	⑱(難産 呑之印)	②(難産 呑之印)		能救 産 難				⑦能救 産難印	⑩救産 難符	⑫觀音 能産印

위 표에서 볼 수 있듯이, 고려시대에 유통된 부적 20종 가운데 돈황 사본과 관련된 것은 전체 10종이 발견된다. 그런데 이 가운데 돈황 사본 내지 은제연화당초문천 출토본과, 그 이후 유통된 부적과를 비교해 보면 상당한 도상적 차이가 있음을 알 수 있다. 즉 1227년 간행된 『범서총지집』과 1287년 간행된 『대화수경』에 실린 부적의 경우, 돈황 사본 내지 은제연화당초문천 출토본에 비해 형태가 크게 왜곡되어 있으며, 양식화(樣式化, stylization)가 두드러짐을 볼 수 있다. 이러한 예는 은제연화당초문천 출토본이 돈황 사본

에 근접한 모본(模本)을 바탕한 것에 비해, 이후 유통된 부적의 경우 양식화가 진행된 후대의 모본에 근거했기 때문이라 할 수 있다.

한편 부적의 명칭과 효능에서도 큰 차이점이 보이고 있다. 위 표 가운데 8번째 항목에 있는 ①전단마니지인의 경우, P.2153에 실린 부적의 효험을 앞서 다음과 같이 언급한 바 있다.

"세존이시여, 이것은 전단마니지인으로 …(중략)… 이 인(印)을 가슴 쪽에 놓거나, 타인의 가슴을 열고 다라니문을 (외우면) 외우는 중에 육안(宍眼)을 통달하여 위를 살펴봄에 장애가 없을 것입니다. 무색계의 정천(頂天), 밑으로는 금강륜(金剛輪)에 이르기까지 장애가 없이 모두 통달함을 얻을 것입니다."[303]

그럼에도 1287년 간행된 『대화수경』에서는 이를 '육안통견인(肉眼通見印)'이라 이름한 채 "띠에 둘러차는 자는 일체 귀신과 국왕이 너그러이 봐주며, 또한 비인(非人) 등도 지니는 모든 자를 애련히 공경할 것이다(帶安者 一切 鬼神 国王 大目 及非人等 哀敬諸持者)"라는 전혀 다른 설명을 하고 있는 것이다. 또한 1375년 간행된 『제다라니』에서는 이를 '육안통인(肉眼通印)'이라 이름한 채 "지니는 자, 보는 자가 애경(愛敬)할 것이다(持人 見者愛敬)"라는 또 다른 설명을 하고 있다.

이외에 위 표 9번째 항목의 '신족인(神足印)'을 '정토보살인' 내지 '생정토인', '정토인'이라 칭하고 있거나, 17번째 항목의 '애락지인'을 '멸죄인'이라 칭한 채, 그에 따른 효험 역시 전혀 다른 내용을 적고 있음을 볼 수 있다.

|||||||||

303 Pelliot chinois No.2153, 6면 4~6행. "世尊 此栴檀摩尼之印 …(중략)… 以用印心便有他心 開陀羅尼門 於此中 宍眼即有通達 無有障礙上宥見 乃至 無色界頂天 下至金剛輪 已未無障 畧 皆悉得通達."

이러한 예를 통해 볼 때 고려시대에 유통된 부적의 경우, 부적 제작법 및 그와 관련된 송주(誦呪)와 작단법(作壇法) 등의 의궤(儀軌)를 송두리째 잃어버렸음을 알 수 있다. 또한 부적의 명칭 역시 와전(訛傳)되어 있으며, 부적에 대한 설명도 간략화(簡略化)를 통한 선택적 수용의 차원을 넘어, 심지어 왜곡된 양상을 보이고 있음이 눈에 띈다. 그리고 도상적 측면에서 본다면 『대화수경』에 바탕한 부적을 기점으로 상당히 양식화(樣式化)된 모습을 보이고 있음을 알 수 있다.

그럼에도 위 고려시대의 부적 20종 중 돈황 사본과 관련된 10종을 제외한 나머지는 돈황 사본의 일실(逸失)된 부분을 복원할 수 있는 자료로 남아 있다는 측면에서 긍정적 요인을 갖는다고 할 수 있다.

2. 조선시대 불교 부적의 연원과 전개
고려시대 전통의 계승과 변화

조선시대의 간행 부적은 고려시대 부적 전통을 계승한 채 그에 대한 변화를 보이는 것으로, 이에 대해서는 몇몇 연구가 행해졌다. 강대현·권기현은 불교의식집을 바탕으로 조선 후기의 불교 부적에 대한 몇몇 예를 소개했는데,[304] 이는 경전이나 조선시대에 간행된 『제진언집(諸眞言集)』, 『일용작법』 등에 수록된 부적들만을 대상으로 한 것이었다. 또한 김수정은 조선시대의 부적 중 안산(安産) 부적에 대한 연구를 행했던 바,[305] 이 역시 일부 부적에 한정된 것으로 조선시대 전반에 사용된 부적의 현황을 파악함에 어려움이 있다.

이에 필자는 「조선시대 불교 부적의 연원과 전개 – 고려시대 전통의 계승과 변화」란 제목하에 조선시대에 사용된 부적 전체에 대한 개관과 성립에 대해 논한 바 있다.[306] 그러나 당시 논문에는 몇몇 오류가 있었으며, 지면의 한정으로 인해 서술하지 못한 부분이 있었는데, 여기서는 이를 수정한 채 몇몇 부분을 추가하고자 한다.

304 강대현·권기현, 「불교의식집에 나타난 符籍과 그 역할」, 『동아시아불교문화』 35집, 동아시아불교문화학회, 2018.9. pp.425-463.

305 김수정, 「부적을 만나다: 조선불교에서의 안산(安産)부적」, 『미술사와 문화유산』 10, 명지대학교 문화유산연구소, 2022. pp.69-93.

306 문상련(정각)·김연미, 「조선시대 불교 부적의 연원과 전개 – 고려시대 전통의 계승과 변화」, 『한국불교학』 106, 2023.5. pp.157-209.

1) 고려시대 부적의 조선 초기 수용

조선 초기의 부적 자료는 불복장(佛腹藏)에 납입된 다라니 내지, 망자의 묘에서 출토된 다라니, 그리고『제진언집(諸眞言集)』을 통해 발견되고 있다. 여기 실린 부적은 대부분 고려시대에 사용된 것과 같은 형태로, 〈해인사 원당암 목조아미타여래삼존상〉 복장 출토의, 1375년에 제작된『제다라니(諸陀羅尼)』에 실린 부적[307]이 조선 초기에 사용된 부적의 주류가 됨을 알 수 있다. 그런데 조선 초기의 다라니에는『제다라니』에 비해 불인(佛印)의 숫자가 추가되며, 부적의 경우 전체가 아닌 일부를 사용한다거나, 일부 부적 명칭이 생략되며 부적의 효능이 부적 명칭으로 사용된 예가 보인다. 또한 진언(眞言)의 글자를 부적 형상으로 변형시켜 사용한 예가 발견되기도 한다.

(1) 〈파계사 건칠관음보살좌상〉 복장 중 묵인다라니

조선 초기의 부적 중 가장 이른 예로는 〈대구 파계사 건칠관음보살좌상〉(보물) 복장에서 수습된 〈묵인다라니(墨印陀羅尼)〉(보물)를 들 수 있다. 복장 발원문에 의하면 이 불상은 1447년에 중수(重修)된 것으로, 이 다라니는 1447년 중수 때거나, 또는 그 이전에 간행된 것임을 알 수 있다[도75].

　　이 다라니는 우측 상단의 곽(廓) 안에 "범자(梵字)는 제불(諸佛)이 상주해 설법하는 도량으로, 만약 어떤 사람이 현전(現前)에 예배하면 모두 성불하리라(梵字 諸佛常住說法道場場 若人 現前礼拜即 皆有成佛)"는 내용과 함께 2종의 불인(佛印)과 1종의 탑인(塔印), 1종의 만다라, 1종의 원형 다라니, 그리고 15종의 부적이 실려 있다.

---

307 문상련(정각)·김연미,「고려후기 불교 부인(符印)의 전개」,『불교학보』96, 동국대학교 불교문화연구원, 2021. 9. pp.123-155.

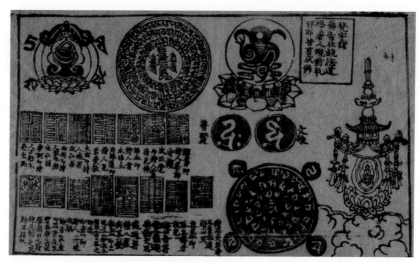

도75. 〈파계사 건칠관음보살좌상〉 복장 중 〈墨印陀羅尼〉, 1447년 이전, 원각사 소장

　　이 다라니는 원당암 『제다라니(諸陀羅尼)』[도76]에 실린 18종의 부적 중 15종의 부적을 차용했으며, 2종의 불인(佛印)을 변형해 사용하였고, 그 외에 탑인과 만다라, 원형 다라니 1종씩을 추가한 형태이다.

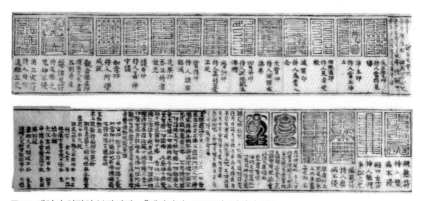

도76. 해인사 원당암 복장전적 – 『제다라니』, 1375년, 해인사 제공

255

파계사 복장 중 〈묵인다라니〉에 실린 부적은 『제다라니』의 18종 부적 중 15종을 차용한 것으로, 〈묵인다라니〉에 실린 부적은 수록 순서에 차이가 있을 뿐, 형태 및 효능에 대한 설명은 〈원당암 – 제다라니〉와 동일한 것임을 알 수 있다. 〈묵인다라니〉에 실린 15종 부적의 형상과 명칭 및 효능을 표와 함께 소개하면 다음과 같다.(상단부터 우에서 좌의 순으로 다음 내용이 실려 있다)〔표 63〕.

표63. 〈파계사 건칠관음보살좌상〉 복장 중 '묵인다라니'에 실린 부적

⑦摩訶印 持人万劫 不受生死	⑥寶雨印 持人破地 獄生仏國	⑤大寶印 持人滅罪 成仏果	④肉眼通 印 持人見 者愛敬	③淨土印 持人當生 淨土	②成正覺 印 持人當 得見佛	①護身印 持人善神 守護	
⑮厭諸鬼 符 持及帖 之鬼神不 侵	⑭觀音能 産印 頂安 及朱書呑 則易生	⑬如意印 持人所望 成就	⑫能産印 上兒及胎 衣不出朱 書呑之即 出	⑪瘟退符 持人瘟病 不侵	⑩避口舌 符 持人能 避爭訟之 厄	⑨花果印 呑且持者 放光	⑧消三災 符 持人自 然遠離三 災

① 호신인(護身印): 持人 善神守護(지니는 자, 善神이 수호한다).

② 성정각인(成正覺印): 持人 當得見佛(지니는 자, 마땅히 부처를 뵙게 된다).

③ 정토인(淨土印): 持人 當生淨土(지니는 자, 마땅히 정토에 태어난다).

④ 육안통인(肉眼通印): 持人 見者愛敬(지니는 자, 보는 자가 愛敬할 것이다).

⑤ 대보인(大寶印): 持人 滅罪成仏果(지니는 자, 죄를 멸하고 성불의 열매를 맺는다).

⑥ 보우인(寶雨印): 持人 破地獄生仏國(지니는 자, 지옥을 파하고 仏國에 태어난다).

⑦ 마하인(摩訶印): 持人 万劫不受生死(지니는 자, 만겁에 걸쳐 生死를 받지 않는다).

⑧ 소삼재부(消三灾符): 持人 自然遠離三災(지니는 자, 자연히 삼재를 멀리 여읜다).

⑨ 화과인(花果印): (持人 생략) 吞且持者 放光(삼키거나 지니는 자, 방광하게 된다).

⑩ 피구설부(避口舌符): 持人 能避爭訟之厄(지니는 자, 능히 쟁송의 액을 피할 수 있다).

⑪ 온퇴부(瘟退符): 持人 瘟病不侵(지니는 자, 염병[瘟病]이 침입하지 못한다).

⑫ 능산인(能産印): 上兒及胎衣不出 朱書吞之 即出(〈태아의〉 머리[上兒]나 태반[胎衣]이 나오지 않을 때, 朱書〈로 써서〉 삼키면 즉시 출산한다).

⑬ 여의인(如意印): 持人 所望成就(지니는 자, 소망을 성취한다).

⑭ 관음능산인(觀音能産印): 頂安 及 朱書吞則 易生(정수리에 놓거나 朱書를 삼키면 쉽게 출생한다).

⑮ 염제귀부(厭諸鬼符): 持及帖之 鬼神不侵(지니거나 주련 등에 써 붙이면 귀신이 침입하지 못한다).

위 〈묵인다라니〉 중 ① '호신인'의 경우, 〈원당암 – 제다라니〉에서는 ⑩에 배치된 것으로, 여기서 호신인을 맨 앞에 둔 것은 〈원당암 – 제다라니〉 중 ①에 배치된 '성정각인(지니는 자, 마땅히 부처를 뵙게 된다)'에서 '부처를 뵙는다'는 것보다 '호신인'을 통한 '선신 수호'라는 현실적 목적이 강조된 것을 볼 수 있다. 한편 ⑨ '화과인'의 경우 〈원당암 – 제다라니〉에 있는 "持人(지니는 자)"이 빠져 있는데, 이는 효능 중에 "持者(지니는 자)"란 표현이 있는 까닭에 생략한 것으로, 〈묵인다라니〉는 〈원당암 – 제다라니〉의 내용을 일부 수정해 사용하였음을 알 수 있다.

또한 위 내용 중 각종 부적은 삼키거나 몸에 지님으로 효능을 얻게 됨을 말하는데, ⑨ '화과인'의 경우 지인(持人)을 생략함으로 삼킨다는 예가 강조되고 있으며, ⑫ '능산인'과 ⑭ '관음능산인' 등 출산과 관련된 부적의 경우

"주서(朱書)를 삼키면 쉽게 출산한다"거나 "정수리에 놓거나 주서(朱書)를 삼키면 쉽게 출생한다" 하여, 부적을 지니거나 삼키는 예가 설명되어 있다. 이 외에 ⑤ '염제귀부'의 경우, "지니거나 주련 등에 써 붙이면 귀신이 침입하지 못한다" 하여 주련에 붙이는 예가 설명되어 있기도 하다.

한편 위 〈묵인다라니〉에서는 〈원당암 – 제다라니〉의 18종 부적 중 ④ 멸죄인(滅罪印), ⑧ 보득인(寶得印), ⑮ 피열부(避熱符) 등 3종이 생략된 15종의 부적이 사용되었음을 알 수 있다. 그런데 여기서 생략된 3종의 부적은 〈묵인다라니〉에 실린 1종의 원형 다라니 안에서 또 다른 형태로서 3종이 보충되고 있다.

즉 상단의 원형 다라니 중앙에 '능구산난(能救産難)' 부적이 실려 있으며, 왼쪽에는 일자정륜왕다라니(一字頂輪王陀羅尼)인 '옴(唵) 치림(齒臨)'과 오른쪽에는 자재왕치온독다라니(自在王治溫毒陀羅尼)인 '옴(奄) 부림(部臨)'이란 범자(梵字)를 부적처럼 형상화해 이를 3종의 부적으로 설정한 채, 〈원당암 – 제다라니〉의 18종 부적과 같이 18종의 부적을 싣고 있는 것이다[표64].

표64. 능구산난부, 일자정륜왕다라니, 자재왕치온독다라니 등 3종의 부적화 형태

1206~1207년, 『불정심관세음보살대다라니경』	1213~1249년, 봉림사 복장유물『불정심관세음보살대다라니경』	1447년경, 파계사 묵인다라니(墨印陀羅尼)

여기서 '옴 치림', '옴 부림' 등 2종의 다라니는 1206~1207년에 조성된 『불정심관세음보살대다라니경』(보물)과 1213~1249년에 조성된 봉림사 목

조아미타불좌상 복장유물(보물) 중 『불정심관세음보살대다라니경』에 '능구산난'의 부적과 함께 한문으로 음사(音寫)되어 실린 것으로, 여기서는 다라니를 범자의 형상화된 형태로 실어 부적과 같은 예로 사용했음을 볼 수 있다. 이는 일자정륜왕다라니(옴 치림)와 자재왕치온독다라니(옴 부림) 등 2종 다라니를 부적화(符籍化)한 형태라 할 수 있다.

한편 다라니 중앙에 있는 '능구산난' 부적의 경우 1306년 간행의 「다라니경」과 1311년 간행의 『금강반야바라밀경』, 1375년 간행의 〈원당암 – 제다라니〉에도 실린 것으로, 1311년 간행된 『금강반야바라밀경』에는 능산인(能産印)과 구산난부(救産難符)로, 1375년 간행의 〈원당암 – 제다라니〉에서는 능산인(能産印)과 관음능산인(觀音能産印)이란 이름으로 각각 실려 있다. 그런데 위 〈묵인다라니〉에서는 ⑫ '능산인'에 이어 ⑭ '관음능산인'이 실려 있는데, ⑭ '관음능산인'과 동일한 내용을 갖는 '능구산난' 부적을 별도의 원형 다라니 안에 또다시 실어, 한 장의 다라니 판목에 세 차례나 동일 유형의 부적을 싣고 있음을 알 수 있다. 이는 당시 출산과 관련된 부적이 선호되었음을 알려준다.

(2) 〈흑석사 목조아미타여래좌상〉 복장 다라니와 〈수덕사 소조여래좌상〉 복장 다라니

1458년 조성된 경북 영풍 〈흑석사 목조아미타여래좌상〉 복장에서도 위와 유사한 다라니가 수습되었다. 이 다라니에는 2종의 불인(佛印)과 1종의 탑인(塔印), 2종의 만다라와 18종의 부적이 실려 있으며, 우측에는 시주자로 추정되는 한 여인이 구름 위에 합장한 채 서 있는 모습이 새겨져 있다[도77].

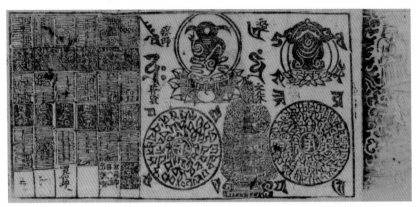

도77. 〈흑석사 목조아미타여래좌상〉 복장 다라니, 1458년, 문화재청 홈페이지

여기 실린 18종 부적은 〈원당암 – 제다라니〉를 차용한 것으로 보이며, 부적이 나열된 순서는 상이하다. 〈흑석사 목조아미타여래좌상〉 복장 수습 다라니에 실린 18종 부적의 형상과 명칭 및 효능을 표로 보이면 다음과 같다 (진언의 경우 상단부터 우에서 좌의 순으로 다음 내용이 실려 있다. 이후 모든 다라니 역시 이같은 순서에 따라 설명하기로 한다)〔**표65**〕.

표65. 〈흑석사 목조아미타여래좌상〉 복장 다라니에 실린 부적

⑨如意印	⑧護身印 持人善神守護	⑦花果印 呑且持者放光	⑥寶雨印 持人破地獄	⑤大寶印 持人滅罪成仏果	④滅罪印 持人爲貴人念	③肉眼通印 持人見者愛敬	②淨土印 持人當生淨土	①成正覺印 持人當得見佛
⑱	⑰	⑯避口舌符	⑮	⑭寶得印 持人諸罪能滅	⑬摩訶印 持人万劫不受生死	⑫消三灾印	⑪厭諸鬼印	⑩能産印

260

이 내용을 볼 때, 몇몇 경우는 부적의 명칭 내지 효능 부분이 생략된 형태로, ⑦ '화과인'의 경우 파계사 〈묵인다라니〉에서와 같이 '持人'이 생략되었으며, ⑥ '보우인'에서는 '持人 破地獄生佛國' 중 '生佛國'이 생략되어 있다.

또한 ⑨ '여의인'과 ⑩ '능산인', ⑪ '염제귀인', ⑫ '소삼재인', ⑯ '피구설부'의 경우 부적의 효능 설명이 생략되었다. 한편 ⑩ '능산인'의 경우 〈원당암 – 제다라니〉에서의 '관음능산인'이 여기서는 ⑩ '능산인'으로 잘못 표기되었으며, 명칭과 효능 설명이 빠져 있는 ⑱이 '능산인'에 해당하는 것임을 알 수 있다. 그리고 ⑮ '피열부', ⑰ '온퇴부', ⑱ '능산인' 등은 부적의 명칭과 효능이 모두가 생략되었음을 볼 수 있다. 그뿐만 아니라 부적의 형태 역시 〈원당암 – 제다라니〉와 비교해 볼 때 변화된 모습을 보이는데, 이런 현상은 부적 도상 및 의미에 대한 이해가 없는 가운데 이를 차용한 것에 기인한 것이라 할 수 있다.

위 〈흑석사 목조아미타여래좌상〉 복장 다라니와 유사한 또 하나의 예가 발견된다. 〈수덕사 소조여래좌상〉의 복장에서 수습된 것으로, 하단의 발원문에 의하면 이 다라니는 1489년에 홍양사문 이암(伊菴)과 각수(刻手) 김구산(金龜山), 화주 규지(逵志) 등에 의해 간행된 것이다.[도78]. [308]

다라니 우측 상단에는 2종의 불인과 1종의 탑인, 그리고 준제구자도(准提九字圖)와 파지옥진언이 새겨진 2종의 만다라가 실려 있으며, 왼쪽에는 6칸씩 3줄로 총 18종의 부적이 실려 있다.

부적의 경우 〈흑석사 목조아미타여래좌상〉 복장 다라니와 동일한 순서로 배열되어 있어, 이 다라니가 〈흑석사 목조아미타여래좌상〉 복장 다라니

---

308 문상련(정각), 「수덕사 소조여래좌상 복장 전적류 고찰」, 『정토학연구』 30, 한국정토학회, 2018.12. pp.187-189. 하단의 발원문 말미에 다음 내용이 기록되어 있다. "弘治貳年己酉 十一月日 洪陽沙門 伊菴跋. 刻手 司直 金龜山, 化主 逵志."

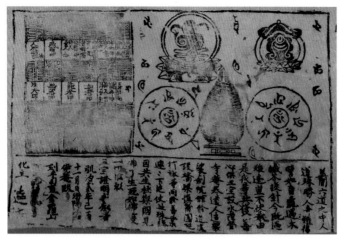

도78. 〈수덕사 소조여래좌상〉 복장 다라니, 1489년, 수덕사 성보박물관, 필자 사진

내지 〈원당암 – 제다라니〉에서 기원한 것임을 알 수 있다. 또한 다수의 부적
은 명칭이 생략되었으며, 효능에 대한 설명이 부적의 명칭을 대신하고 있음
을 볼 수 있다. 〈수덕사 소조여래좌상〉 복장 다라니에 실린 18종 부적의 형
상과 명칭 및 효능을 표로 보이면 다음과 같다[표66].

표66. 〈수덕사 소조여래좌상〉 복장 다라니에 실린 부적

⑨如意印	⑧護身印 持人善神守護	⑦持者放光	⑥持人破地獄	⑤滅罪印	④滅罪印 持人貴人念	③肉眼通印 持人見者愛敬	②淨土印 持人當生淨土	①成正覺印 持人當得見佛
⑱	⑰	⑯	⑮	⑭	⑬	⑫消災印	⑪厭鬼印	⑩能産印

이 내용을 볼 때, 〈수덕사 복장 다라니〉의 경우 다수의 부적 명칭이 생략되어 있으며, 효능에 대한 설명 역시 빠져 있음을 볼 수 있다. 이러한 변화의 예를 한눈에 볼 수 있도록, 〈원당암 – 제다라니〉와 〈파계사 복장 묵인다라니〉, 그리고 〈수덕사 복장 다라니〉에 기록된 내용을 하나의 표로 정리하면 다음과 같다[표67].

표67. 원당암 – 『제다라니』, 파계사 묵인다라니, 수덕사 복장다라니의 부적 비교

원당암 – 제다라니, 1375년	파계사 복장 묵인다라니, 1447년 이전	수덕사 복장 다라니, 1489년
① 成正覺印 : 持人 當得見佛	① 成正覺印 : 持人 當得見佛	① 成正覺印 : 持人 當得見佛
② 淨土印 : 持人 當生淨土	② 淨土印 : 持人 當生淨土	② 淨土印 : 持人 當生淨土
③ 肉眼通印 : 持人 見者愛敬	③ 肉眼通印 : 持人 見者愛敬	③ 肉眼通印 : 持人 見者愛敬
④ 滅罪印 : 持人 爲貴人念	④ 滅罪印 : 持人 爲貴人念	④ 滅罪印 : 持人 爲貴人念
⑤ 大寶印 : 持人 滅罪成佛果	⑤ 大寶印 : 持人 滅罪成仏果	⑤ (大寶印인데 滅罪印이라 명칭 기록)
⑥ 寶雨印 : 持人 破地獄生佛國	⑥ 寶雨印 : 持人 破地獄 (生佛國 생략)	⑥ (寶雨印 명칭 생략, 持人 破地獄이라고 효능의 일부만 기록)
⑨ 花果印 : 持人 呑且持者 放光	⑦ 花果印 : (持人 생략) 呑且持者 放光	⑦ (花果印 명칭 생략, 持人 呑且생략, 持者 放光이란 효능 일부만 기록)
⑩ 護身印 : 持人 善神守護	⑧ 護身印 : 持人 善神守護	⑧ 護身印 : 持人 善神守護
⑪ 如意印 : 持人 所望成就	⑨ 如意印 (효능 설명 생략)	⑨ 如意印 (효능 설명 생략)
⑫ 觀音能産印 : 頂安 及 朱書呑則 易産	⑩ 能産印 (효능 설명 생략)	⑩ 能産印 (觀音能産印을 能産印이라 쓰고, 효능 생략. ⑬과 도상 바뀜)
⑬ 厭諸鬼符 : 持及帖之 鬼神不侵	⑪ 厭諸鬼印 (효능 설명 생략)	⑪ 厭鬼印 (厭諸鬼符를 厭鬼印으로 기록, 효능 생략)
⑭ 消三灾符 : 持人 自然遠離三灾	⑫ 消三灾印 (효능 설명 생략)	⑫ (消三灾印인데 消灾印이라 기록)
⑦ 摩訶印 : 持人 萬劫不受生死	⑬ 摩訶印 : 持人 万劫不受生死	⑬ (摩訶印인데 내용 없음)

⑧ 寶得印 : 持人 諸罪能滅	⑭ 寶得印 : 持人 諸罪能滅	⑭ (寶得印인데 내용 없음)
⑮ 避熱符 : 持人 熱病不侵	⑮ (전체 내용 생략)	⑮ (避熱符인데 내용 없음)
⑯ 避口舌符 : 持人 能避爭訟之厄	⑯ 避口舌符 (효능 설명 생략)	⑯ (避口舌符인데 내용 없음)
⑰ 瘟退符 : 持人 瘟病不侵	⑰ (전체 내용 생략)	⑰ (瘟退符인데 내용 없음)
⑱ 能産印 : 上兒及胎衣不出 朱書呑之 即出	⑱ (전체 내용 생략)	⑱ (能産印인데 내용 없음. ⑩과 도상 바뀜)

위 표를 통해 가장 먼저 알 수 있는 것은 〈수덕사 복장 다라니〉 중 ⑤의 경우 원래 부적 명칭이 대보인(大寶印)인데 여기서는 멸죄인(滅罪印)이라 기록되어 있으며, 부적의 효능 또한 생략되어 있음을 볼 수 있다. ⑪ 역시 '염제귀부'를 '염귀인'으로 기록하였고, ⑫에서는 '소삼재인'을 '소재인'이라 기록했으며, 각각의 효능에 대한 설명 역시 생략되었음을 볼 수 있다. 또한 '관음능산인'을 ⑩'능산인'이라 기록했으며, ⑩의 도상을 동일 명칭의 ⑱과 바꿔 수록한 예를 볼 수 있다. 그리고 ⑥과 ⑦의 경우 부적의 명칭이 생략되었고 효능 또한 일부 생략되었으며, ⑨와 ⑩의 경우는 부적의 효능이 생략되었음을 볼 수 있다. 이외에 ⑬~⑱의 경우 부적의 명칭과 효능 모두가 생략되었음을 볼 수 있다.

이렇듯 간행 연대가 후대로 오면서 부적 본래의 명칭과 효험이 잘못 기록되며, 심지어 명칭이 생략된 채 도상만이 전하는 경우가 생겨남을 볼 수 있다. 그리고 부적의 도상 역시 원래의 형태와 모습이 변형되었음을 볼 수 있는데, 이는 지방 사찰에서 간행된 자료의 한계점일 수 있다.

이러한 예를 보여주는 또 하나의 예로 〈대전 월드컵경기장 부지 내 묘지에서 수습된 다라니〉를 들 수 있다. 이 다라니는 대전시 노은동 월드컵경기장 부지 조성 중 무연고 묘에서 수습된 것으로, 조선 초 15세기에 조성된 것으로 추정된다[도79].

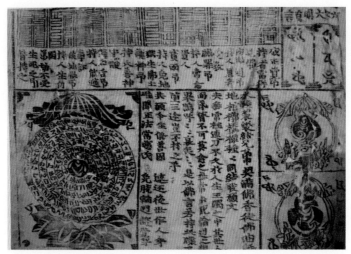

도79. 대전 월드컵경기장 부지 내 묘지 수습 다라니, 15세기 추정, 한남대박물관 소장

이 다라니는 시신을 감싸고 있던 저고리 안에서 발견된 것으로, 상단 우측에는 곽 안에 육자대명진언(六字大明眞言)이란 명칭과 범자 다라니가, 좌측에는 8종의 부적이 새겨져 있다. 그리고 하단 양옆에는 만다라 1종과 2종의 불인이 배치되었고 중앙에는 발원문이 기록되어 있다.

먼저 발원문에는 다음 내용이 기록되어 있다.

"수륙[水陸]과 가사(袈裟), 결주(結呪)를 위한 갑신계(甲申契) 불향도(佛香徒)로서 불유(佛油)와 종이, 땅과 관곽(棺槨), 교량(橋梁) 등 종종의 것을 (조성코자) 함께 맺은 발원문.
대저 무상(無常)한 육체 속히 소멸하지 않는가! 저 인생 보배로우나 혼탁함 중에 세상 사람 황혼의 대가 불가하다고 생각하지 말라. 무상(無常)의 말미에 윤회의 과보 어찌 다툴 것인가? 슬프도다.
부처님께서 말씀하시되, 만약 이 첩(牒)을 지니면 삼악도에 떨어지지 않는다 했으니, 어찌 기대하지 않겠는가? 함께 원하건대, 금생(今生)에 선한 인연 닦

265

아 속히 후세에 사람 몸 받고 돌아와, 오직 정법(正法) 듣고 항상 자씨(慈氏, 미륵)를 (쫓아) 윤회를 면해 벗어나고, 깨달음의 몸 증득하여 지이다."[309]

그리고 발원문의 한문 문장만큼이나 조악한 솜씨로 8종의 부적 도상과 명칭 및 효능이 새겨져 있는데, 이를 표로 정리하면 다음과 같다(표68).

표68. 대전 월드컵경기장 부지 내 묘지 수습 다라니에 실린 부적

⑧ 萬劫不受生死之印皆持之	⑦ 破地獄印持人生仏國	⑥ 避口舌印持人能避爭訟	⑤ 護神印持人善神守護	④ 寶雨印持人破地獄生佛土	③ 滅罪印持人常念貴人	② 肉眼通印持人見者愛敬	① 成正覺印持者當得見佛

그런데 위 부적 중 ④ '보우인'과 ⑦ '파지옥인'의 경우 효능이 중복되어 있으며, 부적의 형상 또한 비슷한 것을 알 수 있다. 이를 〈원당암 - 제다라니〉에 수록된 부적과 비교해 보면 ⑦에 수록된 '파지옥인'은 〈원당암 - 제다라니〉에서는 보우인(寶雨印)이라 칭한 채 "持人 破地獄生佛國"란 효능을 적고 있다. 이에 위 내용 중 ⑦'파지옥인'은 보우인(寶雨印)이라 바꿔 적어야 할 것이며, 위 부적 중 ④'보우인'은 이전의 부적에서 그 모습이 발견되지 않는 것임을 알 수 있다. 이렇듯 지방 사찰에서 제작된 다라니에 실린 부적의 경우, 부적의 원형을 잃게 된 경우가 발견된다.

---

309 "水陸袈裟結呪甲申契. 備 佛香徒 佛油 紙 地 棺槨 橋梁 種種之 同結 發願文. 夫無常柩 速刀不. 又於人生 玉濁之中 其世人而 昏貸不可 莫念之. 無常未記 淪廻之報果 諍呼呼. 哀矣. 是佛言 若持此牒 不墮三途 豈不持之乎. 共願今生修善因 速還後世作人身 唯聞正法常慈氏 免脫輪回證覺身."

(3) 〈월정사 중대 사자암 목조비로자나불좌상〉 복장 다라니와 중간본

지방에서 간행되었다 할지라도, 왕실과 관련된 불사를 통해 간행된 다라니에 실린 부적의 경우, 비교적 원형의 형태를 유지하고 있음을 볼 수 있다. 〈평창 월정사 중대 사자암 목조비로자나불좌상〉(강원도 유형문화재) 복장에서 수습된 이 다라니는 성상(聖上, 세조)에 대한 축수와, 1445년에 세상을 떠난 광평대군(1425~1445)이 윤회에서 벗어날 것[出火坑]을 기원하며 영가부부인(永嘉府夫人) 신씨(申氏)와 영순군(永順君, 1444~1470), 그리고 곧 태어날 아기 이씨 등의 시주로,[310] 신미(信眉)와 학열(學悅) 등이 1456년(세조 2)에 간행한 것이다. 2종의 불인(佛印)과 18종의 부적과 함께 부적의 명칭과 효능을 싣고 있으며, 상단 왼쪽에는 다음의 발문(跋文)이 실려 있다[도80].

도80. 〈월정사 중대 사자암 목조비로자나불좌상〉 복장 다라니, 1456년, 월정사성보박물관 소장, 월정사 제공

---

310 1445년 세상을 떠난 廣平大君과 영가부부인 신씨 사이에 태어난 永順君(1444~1470)은 김제군부인 전주최씨와의 사이에 장남 남천군 이쟁(1458~1519)을 낳은 것으로 알려져 있다. 그런데 이 다라니에 시주로 아기 이씨(阿技李氏)가 기록된 점을 미루어 볼 때, 1456년에 영순군의 부인 김제군부인 전주최씨가 장남 탄생에 앞서 1456년에 임신을 하였고, 이에 무사 탄생을 발원하여 이 다라니를 간행한 것으로 보인다.

"수구(隨求)(경)의 1자(一字) 공덕은 극히 신령하며, 신령한 주[靈呪]를 모아[集靈呪] 간행 시주함도 (공덕이) 무궁하니, 받아 지니라.

생각건대 부적[簡]은 명부[冥]의 재물이라. 성냄을 가라앉히면[均沈] 재난이 없으리니, 어찌 근심에 빠져 있는가. 원컨대 장차 비밀스런 보호 있으리… 성상께서는 늙지 않고, 상서로서 사방이 경사롭고 윤택하며, 조정에서 (정사를) 살피는 여가에 무생(無生)의 자량을 깨닫고, 은혜로서 영가(含)께서는 (윤회의) 불구덩이에서 벗어나기를…

1456년(景泰丙子) 여름 비구 신미(信眉) 학열(學悅), 시주 영가부부인(永嘉府夫人) 신씨(申氏), 영순군(永順君), 아기 이씨(阿技李氏)."[311]

그런데 위 발문의 전반부는 〈원당암 – 제다라니〉에 실린 내용을 인용한 것으로, 조선시대에 간행된 부적이 〈원당암 – 제다라니〉의 부적과 관련 있음을 말해주는 예라 할 수 있다. 1~2행 부분은 〈원당암 – 제다라니〉 전반에 실린 '수구즉득제주(隨求卽得諸呪)'에 대한 「박면(朴免)의 지문(誌文)」을 인용했으며, 3행 부분은 〈원당암 – 제다라니〉 말미에 실린 「박면의 발문」을 인용한 것으로, 이 부분을 표로 들면 다음과 같다(인용 부분에 밑줄을 그어 두었다)〔표69〕.

311 "隨求一字功德 極神 又 集靈呪 刊施無窮 奉持 惟 簡冥資 恚均沈 無災難 何患沈淪 願將密護. 聖上 退齡祥疑 四埜慶洽 朝庭 秉彝之暇 咸悟 無生廣資 恩 有含出火坑. 景泰丙子(1456) 夏 比丘 信眉 學悅, 施主 永嘉府夫人 申氏 永順君 阿技李氏."

표69. 월정사 중대 사자암 복장 다라니 발문의 인용 부분

전반부 인용		후반부 인용	
	隨求卽得諸呪 **隨求一字功德 極神** 能救俱 縛 至成佛 哀慈無 玆本得之 其珎因集靈呪 並刊施人 **奉** **持 惟簡冥資 耒 均沈 無災難** **何患沈淪**. 金副正 永富 文字 中 印字示 玆本曰 得 未曾有 果 □字也 謹謄刻 □□工 失 眞 甲寅秋 朴免誌		甲寅 伊始于今乃成功德之 [處] 所當卽行過神呪影佛 種猶萌 況持而信玄應愈 明 太后難老 **主上遐齡祥** **疑 四埜慶洽 朝廷秉彛之** **暇 咸悟無生廣資 恩 有令** **出火阮** 洪武乙卯冬 施主 苬郞將 朴免 述

　이 다라니는 발문 외에도 2종의 불인(佛印)과 18종의 부적 역시 〈원당암 – 제다라니〉의 것을 인용했는데, 불인의 경우 상하에 연꽃 문양의 장식과 불인 주변에 범자를 써둔 차이가 있다. 그런데 부적의 경우 이를 인용하면서 대부분 부적 명칭이 생략되었으며 효능에 대한 설명이 부적 명칭을 대신하고 있는데, 이는 후대로 내려오면서 생겨난 현상으로 생각된다.

　그런데 이 다라니에는 〈원당암 – 제다라니〉에 실린 '⑰온퇴부(瘟退符, 持人 瘟病不侵)' 대신에 '②구산난부(救産難符)'가 추가되었다. '구산난부'는 앞서 든 〈대구 파계사 건칠관음보살좌상〉 복장에서 수습된 1447년경에 제작된 〈묵인다라니〉의 원형 다라니에도 실려 있어, 고려 13세기에 간행된 『불정심관세음보살대다라니경』에 실린 출산 관련 부적이 여전히 선호되었음을 알 수 있다.

　한편 〈평창 월정사 중대 사자암 목조비로자나불좌상〉 복장에서 수습된 다라니의 경우 '②구산난부'와 함께 '⑩(관음능산인)' 및 '⑱능산인' 등 출산을 위한 부적 3종이 중복해 실려 있는데, 이는 위 발원문에서 볼 수 있듯이 영가부부인 신씨와 영순군이 (영순군과 김제군부인 전주최씨 사이에) 곧 태어날 아기 이씨(阿技李氏)를 위해 다라니를 간행하였기에 '구산난부'가 추가되었을

269

것으로, 부적을 간행함에 있어 상황에 따라 전래의 부적에 증감이 행해졌음을 알 수 있다.

이 다라니에 실린 18종 부적의 형상 및 실린 내용을 표로 보이면 다음과 같다[표70].

표70. 월정사 중대 사자암 복장 다라니에 실린 부적

⑨ 所望成就	⑧ 善神守護	⑦ 呑且持者放光	⑥ 諸罪能滅	⑤ 萬劫不受生死	④ 滅罪成佛果	③ 破地獄生佛國	② 救産難符	① 避熱符
⑱ 能産印 朱書呑之卽出	⑰ 能避爭訟之厄	⑯ 自然遠離三災	⑮ 爲貴人念	⑭ 見者愛敬	⑬ 當生淨土	⑫ 當得見佛	⑪ 鬼神不侵	⑩

위 표에서 볼 수 있듯이 수록된 부적의 경우 명칭 내지 효능이 다수 생략되었는데, 〈원당암 – 제다라니〉에 실린 내용을 통해 원래의 명칭과 효능을 알 수 있다[표71].

표71. 사자암 복장 다라니와 〈원당암– 제다라니〉에 실린 부적의 설명 비교

월정사 사자암 목조비로자나불좌상 복장 다라니의 부적, 1456년	〈원당암 – 제다라니〉의 부적, 1375년
①피열부(避熱符)	⑮避熱符: 持人 熱病不侵
②구산난부(救産難符)	⑰瘟退符: 持人 瘟病不侵

③파지옥생불국(破地獄生佛國)	⑥寶雨印: 持人 破地獄生佛國
④멸죄성불과(滅罪成佛果)	⑤大寶印: 持人 滅罪成佛果
⑤만겁불수생사(萬劫不受生死)	⑦摩訶印: 持人 萬劫不受生死
⑥제죄능멸(諸罪能滅)	⑧寶得印: 持人 諸罪能滅
⑦탄차지자방광(呑且持者放光)	⑨花果印: 持人 呑且持者放光
⑧선신수호(善神守護)	⑩護身印: 持人 善神守護
⑨소망성취(所望成就)	⑪如意印: 持人 所望成就
⑩(내용 없음) 觀音能産印임	⑫觀音能産印: 頂安 及 朱書呑則 易産
⑪귀신불침(鬼神不侵)	⑬厭諸鬼符: 持及帖之 鬼神不侵
⑫당득견불(當得見佛)	①成正覺印: 持人 當得見佛
⑬당생정토(當生淨土)	②淨土印: 持人 當生淨土
⑭견자애경(見者愛敬)	③肉眼通印: 持人 見者愛敬
⑮위귀인염(爲貴人念)	④滅罪印: 持人 爲貴人念
⑯자연원리삼재(自然遠離三灾)	⑭消三灾符: 持人 自然遠離三災
⑰능피쟁송지액(能避爭訟之厄)	⑯避口舌符: 持人 能避爭訟之厄
⑱능산인(能産印) 주서탄지(朱書呑之) 즉출(卽出)	⑱能産印: 上兒及胎衣不出 朱書呑之 即出

〈월정사 중대 사자암 비로자나불좌상〉 복장에서 수습된, 1456년 신미 (信眉)와 학열(學悅)에 의해 간행된 이 다라니는 1579년 담정(淡晶)에 의해 중간되었으며[도81], 다음 발문이 실려 있다.

"隨求一字功德 極神 又 集靈呪 刊施無窮 奉持 惟 簡冥資 耒均沈 無災難 何患沈淪 願將密護. 聖上 退齡祥疑 四埜慶洽 朝庭 秉彝之暇 咸悟 無生 廣資 恩 有含出火坑.

景泰丙子(1456)夏 比丘 信眉 學悅,〈我□ □刊施〉施主 永嘉府夫人 申氏.

萬曆己卯(1579)季冬 比丘 淡晶之印出."

271

도81. 담정(淡晶)이 중간한 다라니, 1579년 간행, 원각사 소장

　이는 〈월정사 중대 사자암 비로자나불좌상〉 복장에서 수습된 다라니 가운데 "永順君 阿技李氏"를 "我□ □刊施"로 고치고 "景泰丙子(1456)夏"의 간기를 "萬曆己卯(1579)季冬 比丘 淡晶之印出"로 고친 것임을 알 수 있다. 또한 중간시 불인 양옆에 2종의 작은 불인(佛印)을 추가했으며, 좌측 상단에 티베트어로된 된 탑 형태의 도상을 추가하였다. 그리고 밑에는 「멸악심취신주(滅惡心趣神呪)」와 「괴조금강근본주(壞祖金剛根本呪)」 등 2종의 주(呪)가 추가된 형태이다.

　다만 차이점은 〈평창 월정사 중대 사자암 목조비로자나불좌상〉 복장에서 수습된 다라니에 추가된 ②「구산난부(救產難符)」를 곽 안에 배치해 부(符)를 부적으로 변형했으며, ⑦탄차지자방광(呑且持者放光)을 탄자지자방광(呑者持者放光)으로 차(且)를 자(者)로 수정하였고, ⑩의 '관음능산인'을 실은 공란에 '여심소원(如心所願)'이란 효능을 써두었다. 그리고 ⑰능피쟁송지액(能避爭訟之厄)에서 액(之厄)을 삭제했으며, 나머지는 〈사자암 비로자나불좌상〉 복장 수습의 다라니와 동일한 것을 알 수 있다.

　〈월정사 중대 사자암 비로자나불좌상〉 복장에서 수습된 다라니가 중간(重刊)된 또 다른 예를 볼 수 있다. 파주 금릉리에 안장된 정온(鄭溫, 1481~1538)의 묘를 이장하는 과정에서 수습된 것으로, 정온 묘에서는 3종의 부적 관련 유물이 출토되었다. 정온은 국가 의식을 관장하던 정5품 벼슬의 통례원(通禮院) 찬의(贊儀)를 역임한 인물로 그의 장녀는 인조의 후궁 인묘혜빈(仁廟惠嬪)이었던바, 그의 묘에서 출토된 유물은 당시 왕실과의 관련 속에 조성되었으리라 추정된다.

출토 유물 중 시신을 안치한 내관(內棺)에는 다라니가 찍힌 한지가 부착되었으며, 관 안에서 수습된 적삼에는 관에 찍힌 것과 같은 종류의 다라니가 주사(朱砂)로 찍혀 있다.[312] 이 가운데 부적이 찍힌 부분은 적삼 뒷면으로, ① 상단 중앙과 양옆 소매에 한 종류의 목판을, ②하단에는 또 다른 종류의 목판을 주사로 찍어 두었다(표72).

표72. 정온(鄭溫) 묘 출토 적삼에 찍힌 다라니

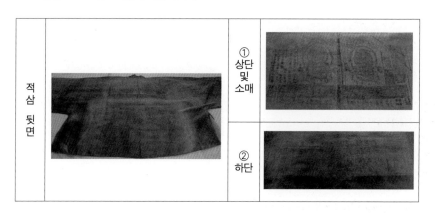

312 박성실,「파주 금릉리 출토 경주정씨 유물 소고」,『석주선기념민속박물관 제16회 학술세미나 – 파주 금릉리 출토 경주정씨 유물 세미나 자료』, 단국대학교 석주선기념민속박물관, 1998.5. p.33, p.36.

이 중 ①적삼 뒷면 상단과 좌우 소매에 찍힌 목판의 경우 중앙에 2종의 불인(佛印)이 찍혀 있으며, 우측면과 하단에는 18종의 부적 도상과 함께 부적의 명칭 및 효능이 실려 있다[표73].

표73. 정온 묘 출토 적삼에 찍힌 다라니와 사자암 복장 다라니의 부적 비교

정온 묘 출토 적삼 뒷면 상단의 다라니	월정사 사자암 목조비로자나불좌상 복장 다라니
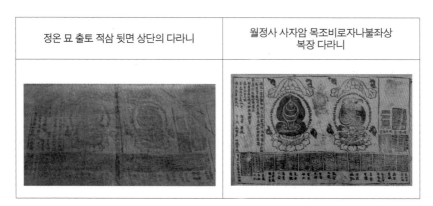	

그리고 좌측에는 발원문이 실려 있는 것으로, 이는 앞서 든 ─〈월정사 중대 사자암 목조비로자나불좌상〉 복장 다라니와 거의 흡사한 것임을 알 수 있다. 다만 이 다라니의 경우 〈월정사 중대 사자암 목조비로자나불좌상〉 복장 다라니의 우측 상단 빈공간에 작은 형태의 불인이 추가되었는데, 이 불인은 1579년 담정이 중간한 다라니에 보이는 양옆 작은 형태의 불인과 유사한 형태로 추정된다.

한편 ②적삼 뒷면 하단에는 양옆에 위패가 배치된 또 다른 형태의 다라니가 실려 있다. 위패 안에는 중앙에 간략한(상하 연꽃과 불인 둘레를 제외한) 형태의 불인 2종과, 제불공양인(諸佛供養印)으로 추정되는 부적 1종이 실려 있으며, 좌우에 육자대명왕진언을 3자씩 배치하였다. 그리고 중앙에는 사각의 궤(匭) 안에 "정토인(淨土印) 지인(持人) 당생정토(當生淨土)"라 쓴 '정토인'을 배치했는데, 이는 묘주(墓主)인 망자의 왕생 정토를 염원한 것임을 알 수 있

다. 그리고 주변에는 작은 원권문(圓圈文) 안에 9행 5자로 범자 다라니를 한 글자씩 써두었다**[도82]**.

도82. 정온 묘 출토 적삼 뒷면 하단의 다라니 및 세부, 1538년경, 김연미 사진

한편 적삼 뒷면에 찍힌 위 2종의 다라니는 묵(墨)으로 인출되어 목관 내부에도 부착되었으며, 목관에는 이 2종 외에 또 1종의 다라니가 부착되어 있다**[도83,84]**.

도83. 정온 묘 출토 목관 내부 부착 다라니, 김연미 사진

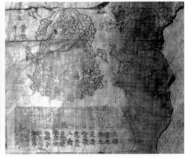

도84. 정온 묘 출토 목관 내부 부착 다라니 (부분), 김연미 사진

이 다라니는 ①적삼 뒷면 상단과 좌우 소매에 찍힌 것과 유사한 것으로, 상단에 2종의 불인(佛印)이, 그리고 하단에는 18종 중 12종의 부적만이 새겨졌으며, 이 각각의 부적 밑에는 당득견불(當得見佛), 당생정토(當生淨土), 견자애경(見者愛敬), 위귀인염(爲貴人念), 자연원리삼재(自然遠離三灾), 능피쟁송지

액(能避爭訟之厄), 능산인(能産印) 주서탄지즉출(朱書吞之即出) 등이 새겨져 있어 부적의 형태와 명칭 내지 효능을 명확히 확인할 수 있다.

　　이상 조선 초기의 부적 자료는 주로 1375년 고려시대에 간행된〈원당암 - 제다라니〉를 바탕으로 제작되었으며,〈원당암 - 제다라니〉에 비해 탑인(塔印)과 만다라 내지 다라니 도상이 추가되었음을 알 수 있다. 한편 부적의 경우 전체가 아닌 일부를 사용한다거나, 상황에 따라 고려 13세기에 간행된『불정심관세음보살대다라니경』에 실린 출산 관련 부적으로서 '구산난부'가 추가된 예를 볼 수 있다. 이외에 일부 부적의 경우 명칭이 생략된 채 부적의 효능이 부적 명칭으로 사용된 예를 볼 수 있다. 그럼에도 실제 부적을 간행할 경우에 있어서는 대체로 18종이란 숫자가 유지되었음을 알 수 있다.

2)「진언집목(眞言集目)」과 부적 종류의 다양화

15세기 후반에는〈원당암 - 제다라니〉에 실린 부적 내지『불정심관세음보살대다라니경』에 실린 출산 관련 부적 외에, 또 다른 형태의 부적이 추가된 예가 발견된다.

(1)「조선국경성내외만인동발원」다라니 간행과「진언집목」

이 다라니는 2023년에 오대산 상원사 영산전 소조 나한상 복장(腹藏)에서 수습된 2매의 자료로, 1매의 경우 상단에는 3종의 불인(佛印)과 1종의 탑인(塔印), 그리고 1종의 병(瓶) 모양의 인(印)과 2행에 걸쳐 24종의 부적이 실려 있다. 그리고 또 다른 1매에는「성불수구(成佛隨求)」라는 제목과 함께 25행 13자로, 총 323자의 범자 다라니가 각각 작은 원권(圓圈) 안에 새겨져 있다[도85].

도85. 상원사 소조나한상 복장 조선국경외만인동발원 다라니, 1467년, 월정사 제공

이 유물 중 불인(佛印)과 부적이 실린 자료의 왼쪽에는 「조선국경외만인 동발원문(朝鮮國京外萬人同發願文)」이 실려 있는데, 발원문에 "成化三年丁亥 □□□□"란 간기가 기록되어 1467년 간행된 것임을 알 수 있다.[313]

그런데 위 유물 중 부적이 실린 자료의 경우, 좌우측 일부와 부적 부분 이 탈락되었으며 본문 역시 심한 훼손과 탈락, 그리고 인출된 상태의 미흡함 으로 인해 전모를 파악함에 어려움이 있다.

그런데 다행히 위 내용을 그대로 복각한 (복장 출토로 추정되는) 또 다른 다 라니가 발견된다. 「조선국경성내외만인동발원문(朝鮮國京城內外万人同發願 文)」이 실린 것으로, 발원문에 "弘治 7年 孟春有日 開刊"이란 간기가 기록

〰〰〰〰〰

313 발원문에 실린 내용은 다음과 같다. "朝鮮國京外萬人同發願文」弟子某甲 本無始 六道今得」 人身 念佛 □像 仏□□□水陸」□□諸□□□年 □秋□□三宝」勤修正果 世世□同□道」隨 求一字功德 □基□□也」成化三年丁亥□□□□」

도86. 「조선국경성내외만인동발원」 다라니, 1494년, 원각사 소장

되어 1494년 간행된 것임을 알 수 있다. 그리고 하단 우측에는 「성불수구(成佛隨求)」라는 제목과 함께 25행 13자로, 총 323자의 범자 다라니가 각각 작은 원권(圓圈) 안에 새겨져 있다.[도86].

발원문은 상원사 소조나한상 복장(腹藏)에서 출토된 "조선국경외만인동발원문(朝鮮國京外萬人同發願文)"을 "조선국경성내외만인동발원문"이라 하여 "조선국경외(朝鮮國京外)"를 "조선국경성내외(朝鮮國京城內外)"라 수정하였으며, 발원문의 내용 또한 상당 부분 수정한 것으로, 다음 내용이 실려 있다.

"제자 모갑(某甲)은 본래 무시 이래로 육도(六道)에 (윤회하여) 이제 사람 몸 얻게 되었습니다. (이에) 불화[影]와 불상을 조성하고 다라니[陀]와 가사, 불유(佛油)를 (마련하고자 합니다.)

염불 수륙(水陸) 갑계(甲契)의 모든 향도(香徒)들은 매년 봄과 가을에 삼보께 공양 올리고 바른 과보 부지런히 닦고, 세세에 갚기 어려운 부모의 은혜에 보답코자 하오니, 선망 (부모들은) 속히 해탈을 얻고 아미타불 친견하며, 마정수기 받아지니며, 나와 남이 일시에 함께 불도를 이루어지이다.

홍치 7년(1494) 맹춘 어느 날 개간(開刊). 시주(施主)."**314**

한편 이 다라니에 실린 24종의 부적은 ①피열부(避熱符)와 ②구산난부(救産難符)를 제외하고는 모두 부적의 명칭이 생략되었으며, 효능에 대한 설명이 이를 대신하고 있음을 볼 수 있다.

이를 살펴보기 위해 위 다라니에 실린 부적을 표로 보이면 다음과 같다〔표74〕.

표74. 「조선국경성내외만인동발원」 다라니에 실린 부적

 ⑧夫婦子孫和合長壽	 ⑦金銀自來富貴	 ⑥諸罪能滅	 ⑤万劫不受生死	 ④減罪成仏果	 ③破地獄生佛土	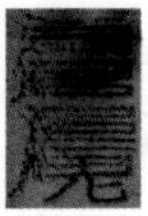 ②救産難符	 ①避熱符

이미지 부분은 표 상단에 있으나 이미지 감지 안됨

||||||||||

314 "朝鮮國京城內外 万人同發願文. 弟子某甲 本無始已來 六道今得人身. 欲影造像造陀袈裟佛油 念佛水陸甲契 諸香徒 每年春秋 供奉三宝 勤修正果, 世世難報 父母恩 先亡速得解脫 親見弥陁 摩頂授記 自他一時 同成佛道. 弘治七年 孟春有日 開刊. 施主."

⑯ 鬼神 不侵	⑮	⑭ 所望 成就	⑬ 善神 守護	⑫ 大招 官職	⑪ 産女 胎血能出	⑩ 能避 爭訟之厄	⑨ 自然 遠離三災
㉔ 疾病 消除增福 壽	㉓ 難産 即 朱書 呑之 即 出	㉒ 爲貴 人念	㉑ 見者 愛敬	⑳ 三㕵 百雲雷電 不侵	⑲ 宅内 百神不侵	⑱ 當生 淨土	⑰ 當得 見佛

　　위 24종의 부적을 〈원당암 – 제다라니〉에 실린 18종의 부적과 비교해 볼 때, 위 다라니에는 〈원당암 – 제다라니〉에 실린 부적 중 ⑨화과인(花果印)과 ⑫관음능산인 등 2종이 빠져 있으며, 〈월정사 중대 사자암 비로자나불좌상〉 복장 다라니에서 추가된 '구산난부'가 추가되어 18종 중 17종이 실려 있으며, ⑦, ⑧, ⑪, ⑫, ⑲, ⑳, ㉔ 등 전혀 새로운 7종의 부적이 추가되어 있음을 볼 수 있다.

　　위 부적에 실린 명칭과 효능을 〈원당암 – 제다라니〉의 것과 비교해 표를 만들면 다음과 같다[표75].

표75. 1494년 간행 다라니와 〈원당암 – 제다라니〉에 실린 부적의 설명 비교

1494년 간행 다라니	원당암 – 제다라니, 1375년
①避熱符	⑮避熱符 : 持人 熱病不侵
②救産難符(觀音能産印 대신 수록)	⑫觀音能産印 : 頂安 及 朱書呑則 易産
③(寶雨印) 破地獄生佛土	⑥寶雨印 : 持人 破地獄生佛國
④(大寶印) 滅罪成仏果	⑤大寶印 : 持人 滅罪成佛果

⑤(摩訶印) 万劫不受生死	⑦摩訶印：持人 萬劫不受生死
⑥(寶得印) 諸罪能滅	⑧寶得印：持人 諸罪能滅
⑦金銀自來富貴	
⑧夫婦子孫和合長壽	
⑨(消三灾印) 自然遠離三災	⑭消三灾符：持人 自然遠離三災
⑩(避口舌符) 能避爭訟之厄	⑯避口舌符：持人 能避爭訟之厄
⑪産女胎血能出	
⑫大招官職	
⑬(護身印) 善神守護	⑩護身印：持人 善神守護
⑭(如意印) 所望成就	⑪如意印：持人 所望成就
⑮(瘟退符)	⑰瘟退符：持人 瘟病不侵
⑯(厭諸鬼印) 鬼神不侵	⑬厭諸鬼符：持及帖之 鬼神不侵
⑰(成正覺印)：當得見佛	①成正覺印：持人 當得見佛
⑱(淨土印) 當生淨土	②淨土印：持人 當生淨土
⑲宅內百神不侵	
⑳三炎百雲雷電不侵	
㉑(肉眼通印) 見者愛敬	③肉眼通印：持人 見者愛敬
㉒(滅罪印) 爲貴人念	④滅罪印：持人 爲貴人念
㉓(能産印) 難産即 朱書吞之 即出	⑱能産印：上兒及胎衣不出 朱書吞之 即出
㉔疾病消除增福壽	

1467년과 1494년에 간행된 이 다라니와 동일한 불인 및 부적을 담고 있는 다라니는 이후 16~18세기에 걸쳐 폭넓게 간행, 유통되었다. 현재 발견된 동일 유형의 다라니를 간략히 표로 정리하면 다음과 같다[표76].

표76. 1494년 간행 다라니와 동일 형식인 16~18세기 간행 다라니

1557년, 원각사 소장		1586년, 상원사 간행, 위덕대 소 장	
"丁巳四月日 化主灵峻"이 기록. 灵峻은 1542년 광흥사 간행의『월인석보』에 "大大化主"로 기록되어, 丁巳年은 1557년임을 알 수 있다. 1456년 월정사 사자암 복장 다라니와 동일 발원문이 쓰여 있다.		"萬曆丙戌孟秋日 龍華山上院寺 開板"기록. 1586년 상원사에서 信連 등의 시주로 간행. 1494년 간행본과 동일 발원문이 실려 있다. 하단에 역시「成佛隨求」란 제목의 범자 다라니가 실려 있다.	
1607년, 위덕대 소장		1608년, 담양 용천 사 개판[315]	
간기에 "萬曆三十五年丁未季春"이 기록되어 있으며, 法□ 등의 시주로 간행되었다. 1494년 간행본과 동일한 발원문이 적혀 있다.		순창 강천사 아미타불좌상 복장유물로, 간기에 "萬曆36年(1608)丁未季春 全羅道潭陽地秋同山 龍泉寺刊板"이 기록되어 있다.	
1614년, 九山開 板, 개인 소장		1665년, 송림사 석 조 천장보 살좌상 복 장다라니 ₃₁₆	

|||||||||

315 문화재청, ㈜불교문화재연구소,『한국의 사찰문화재 2, 전북, 제주』, 일탈기획, 2003. p.21.

316 문화재청, ㈜불교문화재연구소,『한국의 사찰문화재 7, 대구, 경북1』, 일탈기획, 2007. p.512.

1738년, 도갑사 간행, 원각사 소장	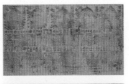 	1743년 開板, 국립민속박물관 소장, 민속 39601	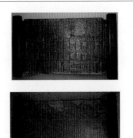
"乾隆三年 三月日開刊 道岬寺"가 기록. 하단에「隨求卽得成佛圖」라는 제목과 隨求經의 공덕이 설명되어 있다. 뒷면에는 隨求經의 緣起와 지공과 나옹, 무학 등을 증명으로 청해 축원하는 축문이 실려 있다.		하단 중앙에 "乾隆八年癸亥"의 간기가 기록. 뒷면에는 寶篋印陀羅尼와 隨求陀羅尼 등이 범자로 판각되어 있다.	
1790년 추정, 용주사 석가모니불 복장유물[317]		간기 미상, 충남 용봉사 목판 소장[318]	

    한편 이 다라니를 변형시킨 다라니가 간행되기도 하였다. 위덕대에 소장된 1706년 간행된 다라니의 경우 병(甁) 모양의 인(印)을 생략한 채 3종의 불인과 1종의 탑인, 그리고 24종의 부적이 실려 있으며, 하단에는 다라니가 실려 있다. 그리고 위덕대에 소장된 간기 미상의 다라니에는 불인과 탑인, 병 모양의 인의 형상 안에 종자(種字)를 써 두었으며, 1494년 간행 다라니에 실린 24종의 부적 중 ⑫ 대초관직(大招官職), ⑮ (온퇴부), ㉓ 난산즉(難産即) 주서탄지(朱書吞之) 즉출(即出), ㉔ 질병소제증복수(疾病消除增福壽) 등 4종을 제

ⁱⁱⁱⁱⁱⁱⁱⁱⁱⁱ

317 문화재청, (재)불교문화재연구소,『한국의 사찰문화재 – 2014 전국 사찰문화재일제조사(1) 인천광역시, 경기도』, ㈜조계종출판사, 2015, p.389.

318 박상국,『全國寺刹所藏木版集』, 국립문화재연구소, 1987. p.198.

외 한 20종의 부적만이 실려 있다[표77].

표77. 1494년 간행 다라니의 변형된 형식

1706년, 위덕대 소장	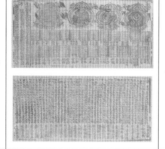	간기 미상, 위덕대 소장	
둘째 면 말미에 "康熙四十五年丙戌 春亢飯月 門人 海振書"란 간기가 기록되어 있다. 甁印을 생략한 채 3종의 佛印과 1종의 塔印, 24종의 부적을 싣고 있다.		佛印과 塔印, 甁印 안에 種字를 써두었으며, 24종의 부적 중 ⑫大招官職, ⑮(온퇴부), ㉓難産即 朱書呑之即出, ㉔疾病消除增福壽를 제외한 20종 부적 실음.	

이처럼 변형된 형식이 간행되었으나, 대체로 3종의 불인과 1종의 탑인, 1종의 병(甁) 모양의 인과 24종의 부적을 수록한 다라니는 15~18세기에 걸쳐 다라니 간행의 규준이 되었으며, 여기 새롭게 추가된 7종 부적의 존재는 조선 초에 고려로부터 전래된 〈원당암 – 제다라니〉에 실린 부적 외에 또 다른 형태의 부적 목록이 존재했음을 알려준다.

이러한 예를 알려주는 것으로 「진언집목(眞言集目)」을 들 수 있다. 「진언집목」은 〈파계사 목조관음보살좌상〉 복장에서 수습된 것으로, 마지막 4면에 실린 간기를 미루어 볼 때 1703년 팔공산 동화사에서 4매의 형태로 간행된 것임을 알 수 있다.[319]

||||||||||||

319 「眞言集目」, 康熙四十二年 癸未(1703년)二月 日 大丘八公山桐花寺開刊. 낱장으로 수습된 「眞言集目」은 1~3면에는 佛印과 부적 도상이 실려 있었을 것으로 추정되며, 4면에는 大隨求

이 〈파계사 목조관음보살좌상〉 복장에서는 – 1면과 2면이 빠진 형태로 – 3면과 4면만이 수습되었는데, 각각 판심제(板心題)에 '진언집목(眞言集目)'이 쓰여 있어 이 문헌의 명칭이 「진언집목」임을 알려주고 있다. 그런데 이 중 3면에 실린 12종의 부적 가운데 위 1494년 간행 다라니에 추가된 7종의 부적이 실려 있음을 볼 수 있는 것이다[도87].

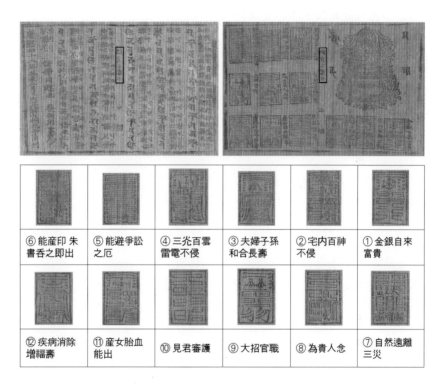

⑥ 能産印 朱書呑之即出	⑤ 能避爭訟之厄	④ 三尖百雲雷電不侵	③ 夫婦子孫和合長壽	② 宅内百神不侵	① 金銀自來富貴
⑫ 疾病消除增福壽	⑪ 産女胎血能出	⑩ 見君審護	⑨ 大招官職	⑧ 爲貴人念	⑦ 自然遠離三災

도87. 「진언집목」, 파계사, 1703년 간행, 동국대 불교학술원 아카이브

285

이러한 점은 이 「진언집목」이 1467년과 1494년 이전부터 독자적 형태로 존재했으며, 이 「진언집목」으로 인해 〈원당암 – 제다라니〉에 실린 부적에 7종이 추가된 24종의 부적이 15세기 이래 널리 통용되었음을 추정할 수 있는 근거가 된다.

(2) 불교 부적과 도교 부적의 혼용 – 「진언집목」

위 「진언집목」에 추가된 7종의 부적은 도교(道敎) 문헌인 『태상비법진택영부(太上秘法鎭宅靈符)』에 실린 도교 부적에서 차용된 것임을 알 수 있다.[320] 『태상비법진택영부』에는 팔괘지도(八卦之圖)와 함께 72종의 부적이 실려 있는데, 이 72종 중 7종의 부적이 「진언집목」에 추가되어 있는 것이다.

추가된 7종의 부적이 실린 최초 문헌인 1467년과 1494년 간행된 「조선국경(성내)외만인동발원」 다라니를 기준으로 『태상비법진택영부』에 실린 72종의 부적 중 7종 부적을 비교해 보면, 부적의 효능에 대한 설명만이 약간 다를 뿐, 부적의 형태에는 큰 차이가 없음을 알 수 있다. 이에 두 문헌에 실린 부적을 표로 보이면 다음과 같다.[表78]. 『태상비법진택영부』에 실린 부적 72종 중 「조선국경성내외만인동발원」 다라니에 차용된 부적은 원전(原典) 수록 순서에 따라 번호를 부여했다.

320 강대현·권기현, 「불교의식집에 나타난 符籍과 그 역할」, 『동아시아불교문화』 35집, 동아시아 불교문화학회, 2018.9. pp.454-455; 『太上秘法鎭宅靈符』(『道藏』 2), 上海: 上海書店, 1988. pp.180-186.

표78. 『태상비법진택영부』 부적과 1494년 간행 다라니에 추가된 7종 부적의 비교

『태상비법진택영부』	(68) 厭病患沉重減福短壽之鬼	(63) 厭産育男女胎衣血腥不淨鬼	(24) 此符 大招官職	(49) 三光百靈雷電不侵	(62) 宜子孫大貴和睦長命	(60) 厭除百鬼不得害人	(37) 招金銀自入大富貴
「조선국경성 내외만인동발원」다라니	㉔ 疾病消除增福壽	⑪ 産女胎血能出	⑫ 大招官職	⑳ 三炎百雲雷電不侵	⑧ 夫婦子孫和合長壽	⑲ 宅内百神不侵	⑦ 金銀自來富貴

  이렇듯 도교 부적이 불교 부적에 차용된 것은 고려 말기인 13세기 후반부터 도교의 도량(道場)이 국가 행사로 빈번히 행해졌던 것[321]과 관련된 것으로 추정된다. 그 가운데『태상동현영보소양화재경(太上洞玄靈寶消禳火災經)』에 바탕한 〈영보도량(靈寶道場)〉의 빈번한 설행[322]은 『태상동현영보소영진부』,『태상비법진택영부』,『태상동현영보오악신부』 등 〈태상(太上)~ 류(類)의

---

321 고려 원종 이래 공양왕에 이르기까지 무려 70회의 도교 도량이 행해졌다. 원종대(1259~1274) 15회, 충렬왕대 25회, 충선왕대(1308~1313) 2회, 충숙왕대(1313~1348) 7회, 충목왕대(1344~1348) 6회, 충정왕대(1348~1351) 3회, 공민왕대(1351~1374) 2회, 우왕대(1374~1388) 9회, 공양왕대(1389~1392) 1회 등. 徐慶田·梁銀容,「高麗道教思想의 研究」,『圓光大論文集』19. 원광대학교, 1985. pp.68-69.

322 『고려사』,「世家」기록에 의하면 1265년 이래 1354년에 이르기까지 11차례 靈寶道場이 설해졌음을 알 수 있다. 1265년 2월 1일, 1286년 11월 2일, 1288년 10월 6일, 1293년 10월 11일, 1317년 10월 14일, 1318년 10월 15일, 1344년 10월 20일, 1347년 10월 15일, 1349년 10월 26일, 1350년 10월 8일, 1354년 10월 21일 등.

부(符))에 실린 여러 부적의 유통을 초래했을 것이다. 한편 직접적인 예로는, 조선 초에 성립된 『경국대전』「예전(禮典)」의 '취재(取才)' 조에 "도류(道流)의 경우 금단(禁壇)의 송(誦)과 영보경(靈寶經)의 독(讀)을 시험했으며…"[323]라는 예에서, 소격서(昭格署) 관리를 선발하는 과정에 '영보경(靈寶經)의 독(讀)'이 실려 있는데, 이 역시 『태상비법진택영부』의 부적이 불교 부적에 편입되는 계기가 되었을 것이다.

즉 조선 초에는 왕실을 중심으로 약 21인의[324] 경사승(經師僧)[325]이 활동했으며, 이들은 부적(符籍) 내지 독경(讀經), 기우(祈雨) 등을 담당하였다.[326] 또한 『세종실록』 세종 6년(1424) 8월 기사에 의하면 경사(經師) 가운데 중앙에는 상경사(上經師)와 부경사(副經師), 경사(經師) 등이 있었고, 상경사는 정3품, 부경사는 정·종4품, 경사는 정·종7품 정도의 품계를 지녔던 것으로 보인다. 또한 외방에는 정·종8품에 해당하는 외방관경사(外方官經師)와 정·종9품의 경사(經師) 등이 파견되었으며,[327] 이들 경사(經師)는 관상감(觀象監)에 속하였음을 알 수 있다.[328] 이에 관상감에 속한 경사승(經師僧)과 소격서에 속

323 『經國大典』「禮典」의 '取才' 조. "道流 誦禁壇 讀靈寶經…"

324 『태종실록』, 태종 12년(1411) 12월 5일 條. "經師 21명을 內庭에 모았으니, 經을 읽어 재앙을 없애려 함이었다"; 『태종실록』, 태종 13년(1413) 5월 6일 조. "藥師精勤을 本宮에서 베푸니, 중궁의 병이 위독하기 때문이었다. 또 經師 21인을 본궁에, 僧 100員을 慶會樓에 모아 불경을 읽으며 기도를 드렸다"; 『태종실록』, 태종 13년 5월 26일 조. "經師 3·7(21)인을 모아 昌德宮에서 불경을 읽게 하였다."

325 『태종실록』, 태종 11년(1411) 5월 6일 條. "代言들이 經師僧에게 물으니…"

326 『태종실록』, 태종 11년(1411) 5월 6일 條에 經師僧의 符籍 사용에 대한 기사가 실려 있으며, 『중종실록』 중종 35년(1540) 5월 14일 條에 祈雨와 관련된 기사가 실려 있다.

327 『세종실록』, 세종 6년(1424) 8월 8일 條.

328 『중종실록』, 중종 35년(1540) 5월 14일 조. "맹인과 무당은 이미 기우제를 지냈다. 觀象監도 아울러 기도해야 한다. 官員뿐만이 아니라, 經師도 그 司에 소속되어 있으니~"; 『광해군일기』(중초본), 광해 11년(1619) 4월 22일 조. "관상감이 아뢰기를, '明光殿 禳謝讀經의 길일을 이달 4월 26

한 도류(道流)와의 교류는 불교 부적에 도교 부적이 편입된 계기가 되었으며, 이러한 정황 속에 불교 부적과 도교 부적이 혼용된 「진언집목」이 제작되었을 가능성이 있다고 할 수 있다.

(3) 『제진언집』 중 「진언집목」과 「진언집목」의 독자적 간행

이 「진언집목」은 4매의 형태로 간행된 것 외에, 단행본에 편입되어 실리기도 하였다. 1569년 안심사에서 중간(重刊)된 『제진언집(諸眞言集)』[329]에는 『불정심다라니경』과 「실담장(悉曇章)」에 이어, 이 책 16~18장에 「진언집목(眞言集目)」이라 판심제(板心題)가 새겨진 3장의 자료가 첨부되어 있다[도88].

도88. 안심사 『諸眞言集』 중 「眞言集目」 항목, 1569년, 동국대불교학술원 아카이브

그런데 이 중 3번째 장은 〈파계사 목조관음보살좌상〉 복장에서 수습된 1703년 간행의 「진언집목」과 동일한 형태임을 알 수 있다. 이에 안심사 간행의 「진언집목」은 파계사 간행본 중 탈락된 1면, 2면의 형태를 알려줌과 함께, 「진언집목」의 온전한 형태를 보여주는 것이기도 하다.

―――――――

일로 이미 계하하셨습니다. 그런데 관상감에 소속된 經師의 원래 수가 적은데다~"; 『숙종실록』, 숙종 6년(1680) 8월 2일 조. "임금이 移御할 날짜를 擇日하였는데, 뒤에 觀象監에서 舊例대로 經師가 經을 외면서 祈禳하는 행사를 거행하도록 청하였다."

329 『諸眞言集』, 隆慶三年己巳(1569)仲夏 全羅道同卜地 無等山安心寺重刊.

이 「진언집목」에는 3종의 불인과 1종의 탑인, 1종의 병(甁) 모양의 인과 함께 총 24종의 부적이 실려 있어, 앞서 든 1494년 간행된 다라니와 같은 구성을 담고 있다. 여기 실린 부적의 경우 각각 부적의 명칭 내지 효능이 기록되어 있는데, 이를 표로 정리하면 다음과 같다[표79].

표79. 안심사 간행 『제진언집』 중 「진언집목(眞言集目)」에 실린 부적

⑫諸罪能滅	⑪當生淨土	⑩當得見佛	⑨萬劫不受生死	⑧鬼神不侵	⑦滅罪成仏果	⑥명칭없음(癰退符)	⑤破地獄生佛土	④所望成就	③善神守護	②救産符	①避熱符
㉔疾病消除增福壽	㉓産女胎血能出	㉒見君密護	㉑大招官職	⑳爲貴人念	⑲自然遠離三災	⑱難産即朱書呑之即出	⑰能爭訟之厄	⑯三百雷電不侵	⑮夫婦子孫和合長壽	⑭宅內百神不侵	⑬金銀自來富貴

위 『제진언집』에 수록된 부적의 경우 1494년 간행 다라니와 수록 순서에 차이가 있다. 또한 1494년 간행된 다라니에서의 ② 구산난부(救産難符)가 『제진언집』에서는 ② 구산부(救産符)로 기록되어 있으며, 1494년 간행 다라니에서의 ㉑ 견자애경(見者愛敬)이 『제진언집』에서는 ㉒ 견군밀호(見君密護)로 기록된 차이를 발견할 수 있기도 하다.

1569년 안심사 간행의 『제진언집』은 이후 여러 사찰에서 중간되었으며, 현재 1658년 신흥사본, 1688년 보현사본, 1694년 금산사본, 1777년 만연사본, 1800년 망월사본 등이 전해지고 있다. 이 중 1688년 보현사 간행본

발문에서 운파자(雲坡子)는 이 책을 간행하는 이유에 대해 "여러 곳의 판본에 점획이나 그림 등이 마멸되어 구송(口誦)하면서 마음을 궁구함에 있어 선범(先梵)의 예를 깨뜨리는지라(破先梵之幻)"[330]라고 쓴 점을 미루어, 1688년 이전에 불인과 부적이 실린『제진언집』의 다수 판본이 존재했음을 알 수 있다.

그런데 현존 자료 가운데 불인(佛印) 등과 부적 도상이 함께 실린 것으로는 1777년 만연사본과 1800년 망월사본 2종으로 파악된다.[331] 그런데 이들 판본에는 3종의 불인과 1종의 탑인, 1종의 병 모양의 인(印)이 실린 안심사 간행본과는 달리 1종의 불인과 1종의 탑인만이 실려 있으며, 판심제(板心題)의 경우「진언집목」이 아닌「진언집」이라 표기되어 있다. 그럼에도 이 두 판본 모두 24종의 부적이 실려 있으며, 수록 순서만이 다를 뿐 안심사 판본과 동일한 부적의 도상 내지 효능을 담고 있다[도89,90].

도89. 만연사『진언집』, 1777년, 동국대불교학술원 아카이브

|||||||||||

330 『眞言集』, 康熙二十七年(1688)平安道寧邊妙香山佛影臺開板移鎭于普賢寺. 78면. "諸處板木點畵磨滅 口誦心繹而 破先梵之幻."

331 (만연사본)『眞言集』, 乾隆四十二年丁酉(1777)四月 日 全羅左道和順地羅漢山萬淵寺刊 蒜山寓客鄭崟書. 16~17면; (망월사본)『眞言集』, 上之二十四季嘉慶庚申(1800)孟夏重刊 楊州道峯山望月寺藏板. 24~25면.

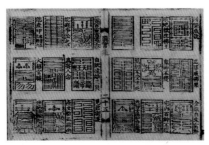

도90. 망월사 『진언집』, 1800년, 동국대불교학술원 아카이브

『제진언집』에 실린 「진언집목」은 이후 여러 사찰에서 이 부분 중 일부만을 따로 간행하기도 하였다. 먼저 1656년 정혜사에서 간행한 다라니를 들 수 있다**[도91]**.

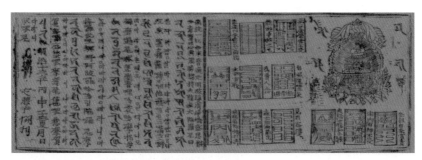

도91. 대수구다라니, 1656년, 정혜사 간행, 원각사 소장

이 다라니는 우측에 1종의 병 모양의 인(印)과 12종의 부적이 실려 있어, 이는 안심사 『제진언집』 중 「진언집목」의 3장 중 마지막 장에 해당하는 것임을 알 수 있다. 그리고 좌측에는 〈불설일체여래보변광명청정치성여의보인심무능승대명왕대수구다라니(佛說一切如來普遍光明淸淨熾盛如意寶印心無能勝大明王大隨求陀羅尼)〉가 범자와 한글, 한자로 표기되어 있는데, 이는 '수구다라니(隨求陀羅尼)'라 통칭되는 것이다.

'수구다라니'가 실린 경전으로는 7세기 말, 보사유(寶思惟)가 번역한 『불설수구즉득대자재다라니신주경(佛說隨求卽得大自在陁羅尼神呪經)』과 8세기 중엽, 불공(不空)이 번역한 『보변광명 청정치성여의보인심무능승대명왕대수구다라니경(普遍光明 淸淨熾盛如意寶印心無能勝大明王大隨求陀羅尼經)』,『금강정유가최승비밀 성불수구즉득신변가지성취다라니의궤(金剛頂瑜伽最勝秘密成佛隨求卽得神變加持成就陀羅尼儀軌)』등 세 종류가 있는데, 새겨진 다라니의 명칭을 미루어 볼 때 위 정혜사 간행의 '수구다라니'는 불공(不空) 역 『보변광명 청정치성여의보인심무능승대명왕대수구다라니경』에 실린 다라니임을 알 수 있다.

위 다라니와 관련된 또 다른 예로 김제 홍복사(興福寺)에서 개판(開板)한 다라니를 들 수 있다. 이 다라니는 전북 부안 봉황리에 안장된 유인(孺人) 고부이씨(古阜李氏)의 묘를 이장하는 과정에서 출토된 것이다.[332] 다라니 우측 난외(欄外)에는 "金堤地 僧加山 興福寺開板"이란 간기와 함께 다라니 우측에는『불설일체여래보편광명염만청정치성사유여의보인심무능승총지대수구대다라니(佛說一切如來普遍光明燄鬘淸淨熾盛思惟如意寶印心無能勝摠持大隨求大陀羅尼)』(수구다라니)가, 그리고 좌측에는 1종의 병(瓶) 모양의 인(印), 그리고 12종의 부적이 새겨져 있다[도92].

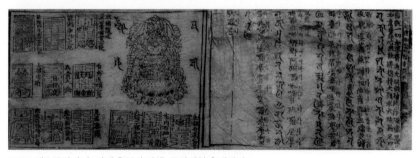

도92. 대수구다라니, 김제 흥복사 간행, 문화재청 홈페이지

||||||||||
332 엄기표, 「부안 고부이씨 묘 출토 다라니에 대한 고찰」, 『한국복식』 29, 단국대학교 석주선기념박물관, 2011. pp.15~45.

이외에 1727년 조성된 대구 동화사 석가모니불좌상에서 수습된, 1703
년에 간행된 다라니[333] 역시 동일한 내용을 담고 있다[도93].

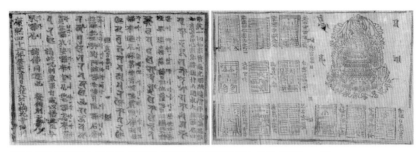

도93. 대수구다라니, 동화사, 1703년, 『한국의 사찰문화재 7, 대구, 경북1』. p.21.

그런데 이들 다라니에 실린 내용은 좌우 위치만 바뀌었을 뿐, 1656년
정혜사 간행의 다라니와 동일한 것으로, 이 역시 『제진언집』 중 「진언집목」
의 3장 중 마지막 장에 해당하는 것임을 알 수 있다.

또한 경기도 청계사에는
〈부적판(符籍板)〉이라 명칭된
목판 1매가 전하는데,[334] 이
목판은 안심사 『제진언집』 중
「진언집목」의 1장과 2장 중
한면 씩을 조합한 구성임을
알 수 있다[도94].

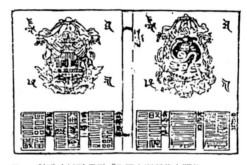

도94. 청계사 부적 목판, 『全國寺刹所藏木版集』, p.160.

333 문화재청, ㈜불교문화재연구소, 『한국의 사찰문화재 7, 대구, 경북1』, 일탈기회, 2007. p.21. "康
熙四十二年癸未 二月日 大邱八公山桐花寺開刊."

334 박상국, 『全國寺刹所藏木版集』, 국립문화재연구소, 1987. p.160.

이러한 예는 안심사 간행의 『제진언집』 중 「진언집목」 3장 전체 또는 일부가 독립적으로 간행되었음을 알려주며, 이 경우 「진언집목」은 주로 수구다라니와 함께 간행되었음을 알 수 있다. 그리고 여기 실린 24종의 부적은 조선 후기에 이르기까지 불교 부적의 규준(規準)이 되었음을 알 수 있다.

여기서 24종이란 〈원당암 – 제다라니〉에 실린 18종 중에서 '⑨화과인'을 빼고 '⑫관음능산인' 대신 '구산(난)부'를 포함한 17종에 7종의 부적이 추가한 것을 말한다. 한편 월정사 중대 사자암 복장 다라니에서는 〈원당암 – 제다라니〉의 '⑰온퇴부(瘟退符)' 대신 '구산난부'가 사용되었는데, 이로써 본다면 조선시대에 주로 사용된 부적은 '화과인'과 '구산(난)부'를 포함해 총 26종이 된다고 할 수 있다.

한편 이 24종 부적은 1869년 정행(井幸)이 불교 의식을 총망라해 해인사에서 편찬한 『일용작법』에도 실려 있는데,[335] 여기 실린 24종의 부적은 만연사와 망월사에서 간행된 『진언집』과 몇몇 수록 순서만이 다를 뿐, 동일한 도상과 동일 효험을 담고 있음을 알 수 있다[도95].

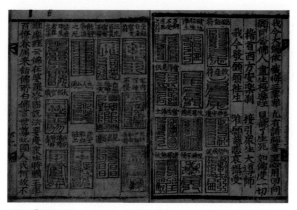

도95. 『일용작법』, 1869년, 원각사 소장

335 『日用作法』, 同治八年己巳(1869)三月日 陜川海印寺兜率庵開刊仍以留置. 59–60면.

이에 『일용작법』에 실린 24종의 부적과 그 내용을 표로 보이면 다음과 같다[표80].

표80.『일용작법』에 실린 24종의 부적

⑫諸罪能滅	⑪當生淨土	⑩當得見佛	⑨万劫不受生死之符	⑧鬼神不侵	⑦滅罪成佛	⑥(명칭無)瘟退符	⑤破地獄生淨土	④所望成就	③善神守護	②救産符	①避熱符

㉔疾病消除增福壽	㉓大招官職	㉒能産卽書朱呑之卽生	㉑産女胎血能出	⑳爲人念佛	⑲能避爭訟之厄	⑱見君密護	⑰自然離三灾	⑯三百灵雷電不侵	⑮夫婦子孫和合長壽	⑭宅内百神不侵	⑬金銀自來富貴符

(4) 「진언집목」 소재 부적 활용의 간략화 경향

이렇듯 「진언집목」의 전체 내지 일부를 수구다라니와 함께 개별 목판에 새겨 제작했던 전통과는 달리, 19~20세기에는 수구다라니 말미에 불인(佛印) 및 탑인(塔印)과 함께 24종의 부적 중 몇 종만을 수록한 다라니가 제작되기도 하였다. 한 예로 19세기에 간행된 것으로 추정되는 용주사 소장 목판을 들 수 있다. 이 목판의 경우 〈불설일체여래보변광명청정치성여의보인심무능승대명왕대수구다라니〉 말미에 1종의 불인과 1종의 탑인에 이어 6종의 부적을 싣고 있다[도96].

도96. 용주사 수구다라니, 19세기, 원각사 소장

이와 유사한 몇몇 또 다른 예를 찾을 수 있다. 용인 백련암 소장 목판의 경우 수구다라니와 함께 1종의 불인 및 1종의 병 모양의 인과 6종의 부적을 싣고 있으며, 불인과 탑인 내지 병 모양의 인을 제외한 채 그 공간에 부적을 추가해 총 9종의 부적을 담은 다라니가 □암사, 개운사, 망월사 등에서 간행되기도 하였다[표81].

표81. 19~20세기 간행 다라니

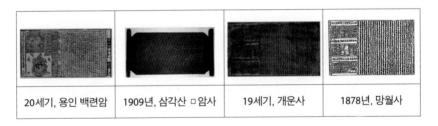

20세기, 용인 백련암	1909년, 삼각산 □암사	19세기, 개운사	1878년, 망월사

이같은 예는 19~20세기에 이르러 24종의 부적 중 어떤 부적을 선호했는가를 알려주는 것으로, 이들 다라니에 실린 부적을 표로 소개하면 다음과 같다[표82].

표82. 19~20세기 간행 다라니에 실린 부적 현황

화성 용주사, 19세기	①當得見佛	②鬼神不侵	③能避熱符	④當生淨土	⑤所願成就	⑥善神守護				
용인 백련암, 20세기	②當得見佛	⑥	⑤百忍大吉	①當生淨土	③善神守護	④破地獄生淨土				
개운사, □암사, 망월사, 19~20세기	⑥當得見佛		⑧當生淨土	⑦所望成就		②破地獄生佛土	①諸罪能滅	③往生淨土	④萬劫免苦	⑤滅罪成佛	⑨變成佛土

이 가운데 화성 용주사 다라니에는 ① 당득견불(當得見佛), ② 귀신불침(鬼神不侵), ③ 능피열부(能避熱符), ④ 당생정토(當生淨土), ⑤ 소원성취(所願成就), ⑥ 선신수호(善神守護) 등이 실려 있다. 또한 용인 백련암 다라니에는 ① 당생정토, ② 당득견불, ③ 선신수호, ④ 파지옥생정토(破地獄生淨土), ⑤ 백인대길(百忍大吉)과, ⑥ 염제귀부(厭諸鬼符)의 변형 형태 등이 실려 있다. 그리고 개운사, □암사, 망월사 다라니는 동일 내용이 담긴 것으로, ① 제죄능멸(諸罪能滅), ② 파지옥생불토, ③ 왕생정토, ④ 만겁면고(萬劫免苦), ⑤ 멸죄성불(滅罪成佛), ⑥ 당득견불, ⑦ 소망성취, ⑧ 당생정토, ⑨ 변성불토(變成佛土) 등이 실려 있다.

한편 용주사 다라니의 경우 ③ 피열부(避熱符)의 명칭에 능(能)이 추가되었으며, 백련암 다라니의 경우 ⑥ 염제귀부(厭諸鬼符)가 변형된 형태로 실려 있고, ⑤ 백인대길(百忍大吉)이 피열부(避熱符)의 변형된 형태로 실려 있다. 그리고 개운사 다라니의 경우 ⑨ '변성불토(變成佛土)'와 ③ '왕생정토'가 추가되어 있는데, ⑨ '변성불토'는 〈원당암 – 제다라니〉와 〈파계사 묵인다라니〉에 실린 '온퇴부'를 대신한 것으로, '온퇴부'와 유사한 '구산난부'를 새기고 명칭을 잘못 기재하였다.

위 몇몇 예를 놓고 볼 때, 19~20세기에는 주로 24종의 부적 중 10여 종의 부적이 주로 활용되었음을 알 수 있다. 한편 24종의 부적 가운데 '당득견불'과 '당생정토'는 5종의 다라니에 공통으로 실려 있으며, '소원성취', '파지옥생불토'는 4종의 다라니에, 그리고 '선신수호'는 2종의 다라니에 실려 있음을 볼 때 특히 선호되었던 것임을 알 수 있다. 그리고 '귀신불침'과 '능피열부', '염제귀부', '제죄능멸', '만겁면고', '멸죄성불' 역시 당시 신앙인의 관심사였음을 알 수 있다.

그런데 여기서 특이한 점은 「진언집목」에 실린 7종의 도교 부적은 『진언집』과 『일용작법』 등 부적을 총집(總集)한 경우를 제외하고는 개별 목판에서의 용례가 많지 않음을 알 수 있는데, 이는 불교 전통의 부적을 고수하려는 경향이 존재했음을 알려준다. 한편, 개운사·□암사·망월사 다라니 중 '③ 왕생정토'는 24종의 부적과는 달리 새롭게 추가된 것으로, 이에 대해서는 다음 항목에서 다루기로 한다.

이상에서 볼 때, 조선 초기에는 고려시대에 유통된 〈원당암 – 제다라니〉의 18종 부적이 주로 사용되었으며, 18종의 부적 중 '⑰ 온퇴부(瘟退符)'를 대신해 '구산(난)부'가 포함된 19종의 부적이 사용되기도 하였다. 이후 1494년 간행된 「조선국경성내외만인동발원」 다라니에서는 「진언집목」에 추가된 7종의 도교 부적이 합해져 24종 – 온퇴부, 구산난부를 포함하면 25종 내지 26종 – 의 부적이 사용되었으며, 이러한 예는 1569년 안심사 간행의 『제진언집』 외에 여러 『진언집』과 1869년에 간행된 『일용작법』에 이르기까지 적용되었다. 한편 이 24종(25종 내지 26종)의 부적 중 일부가 단일 판목에 새겨지기도 하였는데, 19세기에는 여기에 '왕생정토' 부적이 추가되어 조선 후기에는 전체 27종의 부적이 주로 통용되었음을 알 수 있다.

　　이에 〈원당암 – 제다라니〉와 「진언집목」을 기준 삼아 조선시대에 주로 사용된 전체 부적을 연대순으로 배치한 공관표(共觀表)를 제시하겠는데, 이를 통해 시기에 따른 부적의 명칭 및 형태의 변화 양상과 함께, 시기에 따라 선호된 부적을 한눈에 볼 수 있다[표83].

표83. 조선시대에 주로 사용된 부적의 명칭 및 시기에 따른 형태의 변화

	원당암–제다라니, 1375년	파계사 묵인다라니, 1447년경	사자암 복장 다라니, 1456년	흑석사 복장 다라니, 1458년	수덕사 복장 다라니, 1489년	다라니, 1494년	월드컵 경기장 수습 다라니, 15세기	안심사 제진언집, 1569년	정혜사 다라니, 1656년	『일용작법』, 1869년	수구다라니, 19세기
1	① 成正覺印持人當得見佛	② 成正覺印持人當得見佛	⑫ 當得見佛	① 成正覺印持人當得見佛	① 成正覺印持人當得見佛	⑰ 當得見佛	① 成正覺印持者當得見佛	⑩ 當得見佛		⑩ 當得見佛	當得見佛(용주사)
2	② 淨土印持人當生淨土	③ 淨土印持人當生淨土	⑬ 當生淨土	② 淨土印持人當生淨土	② 淨土印持人當生淨土	⑱ 當生淨土		⑪ 當生淨土		⑪ 當生淨土	當生淨土(용주사)
3	③ 肉眼通印持人見者愛敬	④ 肉眼通印持人見者愛敬	⑭ 見者愛敬	③ 肉眼通印持人見者愛敬	③ 肉眼通印持人見者愛敬	㉑ 見者愛敬	② 肉眼通印持人見者愛敬	㉑ 見君密護	㉒ 見君密護	⑩ 見君密護	⑱ 見君密護

300

#										
4	④滅罪印持人爲貴人念		⑮爲貴人念	④滅罪印持人爲貴人念	④滅罪印持人貴人念	㉒爲人念	③滅罪印持人常念貴人	⑳爲貴人念	⑧爲貴人念	⑳爲人念佛
5	⑤大寶印持人滅罪成佛果	⑤大寶印持人滅罪成仏果	④滅罪成佛果	⑤大寶印持人滅罪成仏果	⑤滅罪印	④滅罪成仏果		⑦滅罪成仏果	⑦滅罪成佛	滅罪成佛(개운사)
6	⑥寶雨印持人破罪生佛國	⑥寶雨印持人破地獄生仏國	③破地獄生佛國	⑥寶雨印持人破地獄	⑥持人破地獄	③破地獄生佛土	④寶雨印持人破地獄生佛土	⑤破地獄生佛土	⑤破地獄生淨土	破地獄生佛土(개운사)
7	⑦摩訶印持人萬劫不受生死	⑦摩訶印持人万劫不受生死	⑤萬劫不受生死	⑬摩訶印持人万劫不受生死	⑬	⑤万劫不受生死	⑧萬劫不受生死之印皆持之	⑦萬劫不受生死	⑨万劫不受生死之符	萬劫免苦(개운사)
8	⑧寶得印持人諸罪能滅		⑥諸罪能滅	⑭寶得印持人諸罪能滅	⑭	⑥諸罪能滅		⑫諸罪能滅	⑫諸罪能滅	諸罪能滅(개운사)
9	⑨花果印持人吞且持者放光	⑨花果印吞且持者放光	⑦吞且持者放光	⑦花果印吞且持者放光	⑦持者放光					

301

#											
10	⑩護身印善神守護	①護身印持人善神守護	⑧善神守護	⑧護身印持人善神守護	⑧護身印持人善神守護	⑬善神守護	⑤護神印持人善神守護	③善神守護		③善神守護	善神守護(용주사)
11	⑪如意印持人所望成就	⑬如意印持人所望成就	⑨所望成就	⑨如意印	⑨如意印	⑭所望成就		④所望成就		④所望成就	所願成就(용주사)
12	⑫觀音能産印頂安及朱書呑則易産	⑭觀音能産印頂安及朱書呑則易生	⑩	⑩能産印	⑱						
13	⑬厭諸鬼符及帖之鬼神不侵	⑮厭諸鬼符及帖之鬼神不侵	⑪鬼神不侵	⑪厭諸鬼印	⑪厭鬼印	⑯鬼神不侵		⑧鬼神不侵		⑧鬼神不侵	鬼神不侵(용주사)
14	⑭消三灾符持人自然遠離三災	⑧消三灾符持人自然遠離三災	⑯自然遠離三災	⑫消三灾印	⑫消災印	⑨自然遠離三災		⑲自然遠離三災	⑦自然遠離三災	⑰自然遠離三災	
15	⑮避熱符持人熱病不侵		①避熱符	⑮	⑮	①避熱符		①避熱符		①避熱符	能避熱符(용주사)

	1	2	3	4	5	6	7	8	9	10
16	⑯避口舌符持人能爭訟之厄	⑩避口舌符持人能避爭訟之厄	⑰能避爭訟之厄	⑯避口舌符	⑯	⑩能避爭訟之厄	⑥避口舌印持人能避爭訟	⑰能避爭訟之厄	⑤能避爭訟之厄	⑲能避爭訟之厄
17	⑰瘟退符持人瘟病不侵	⑪瘟退符持人瘟病不侵	⑰	⑰		⑮(명칭없음=瘟退符임)	⑥	⑥		
18	⑱能產印上兒及胎衣不出 朱書呑之即出	⑫能產印上兒及胎衣不出 朱書呑之即出	⑱能產印朱書呑之即出	⑱		⑩能產印	㉔難產即朱書呑之即出	⑱難產即朱書呑之即出	⑥能產印朱書呑之即出	㉒能產印朱書呑之即生
19		②救產難符					②救產難符	②救產符	②救產符	變成佛土(개운사)
20							⑦金銀自來富貴	⑬金銀自來富貴	①金銀自來富貴	⑬金銀自來富貴符
21							⑧夫婦子孫和合長壽	⑮夫婦子孫和合長壽	③夫婦子孫和合長壽	⑮夫婦子孫和合長壽

22										
						⑪ 産女胎血能出	㉓ 産女胎血能出	⑪ 産女胎血能出	㉑ 産女胎血能出	
23						⑫ 大招官職	㉑ 大招官職	⑨ 大招官職	㉓ 大招官職	
24						⑲ 宅内百神不侵	⑭ 宅内百神不侵	② 宅内百神不侵	⑭ 宅内百神不侵	
25						⑳ 三光百雲雷電不侵	⑯ 三光百雲雷電不侵	④ 三光百雲雷電不侵	⑯ 三光百灵雷電不侵	
26						㉔ 疾病消除増福壽	㉔ 疾病消除増福壽	⑫ 疾病消除増福壽	㉔ 疾病消除増福壽	
27									往生淨土(개운사)	

304

위 표를 살펴보면 조선시대에 사용된 부적들의 경우 1489년에 간행된 수덕사 복장 다라니 중 ⑩ 능산인과 ⑫ 소재인을 제외하면 대체로 〈원당암 – 제다라니〉에서의 기본 형태를 유지하고 있음을 볼 수 있다. 한편 〈원당암 – 제다라니〉에서의 ⑨ 화과인과 ⑫ 관음능산인은 15세기 이후에는 전혀 사용되지 않음을 볼 수 있는데, 이 중 ⑫ 관음능산인의 경우 ⑱ 능산인이 이를 대신하였거나, 〈원당암 – 제다라니〉에 포함되지 않은 '⑲ 구산(난)부'가 이를 대치하였음을 알 수 있다.

　　한편 1456년 사자암 복장 다라니부터 16세기 이후에 간행된 문헌의 경우 부적의 명칭 내지 효능이 생략된 예를 볼 수 있다. 그리고 1489년에 간행된 수덕사 복장 다라니에서와 같이 – 대보인(大寶印)이 멸죄인(滅罪印)으로 – 부적의 명칭이 다르게 적혀 있거나 생략된 예를 볼 수 있으며, 생략된 경우 부적의 효능이 그 명칭을 대신하였음을 알 수 있다.

3. 조선시대 불교 부적의 확산과 다양화

앞서 필자는 고려시대 1375년에 제작된 해인사 원당암 목조아미타여래삼
존상 복장 중 〈원당암 - 제다라니(諸陀羅尼)〉에 실린 18종의 부적과 도교 문
헌인 『태상비법진택영부』에 실린 7종의 부적을 차용해 불교 부적과 도교 부
적이 혼용된 「진언집목」이 제작되었고, 「진언집목」에 실린 24종의 부적은
조선 후기에 이르기까지 불교 부적의 주류가 되었음을 말하였다.

여기서 24종이란 〈원당암 - 제다라니〉에 실린 18종 가운데 '⑨화과인'
을 빼고 '⑫관음능산인' 대신 '구산(난)부'를 포함한 17종에 7종의 도교 부적
이 추가한 것이다. 한편 월정사 중대 사자암 복장 다라니에서는 〈원당암 -
제다라니〉의 '⑰온퇴부(瘟退符)' 대신 '구산난부'가 사용되었음을 볼 수 있어,
조선시대에 주로 사용된 부적은 24종의 부적에 '화과인'과 '구산(난)부'를 포
함한 총 26종이 된다고 할 수 있다.

그런데 조선시대에는 『태상비법진택영부』 외에 또 다른 도교 부적이 사
용된 예를 발견할 수 있다. 또한 『예적금강금백변법경』과 함께 돈황 부적이
재도입된 예를 발견할 수 있기도 하다. 이외에 신앙 및 의식 용도에 따라 기
존 24종(26종)의 부적 중 특정 부적이 결합된 예를 발견할 수 있으며, 특정 불
교 의식에 부적이 활용되었음을 볼 수 있기도 하다. 그리고 기존 24종 내지
26종의 부적 외에 몇몇 부적이 추가되며, 민속신앙과의 관련 속에 민속신앙
의 부적이 불교 부적으로 유입된 예를 볼 수 있기도 하다.

이에 필자는 조선시대에 사용된 부적 중 기존에 언급되지 않았던 또 다

른 도교 부적의 유입과, 돈황 부적의 재도입, 그리고 신앙 및 의식 용도에 따라 사용된 불교 부적 및 민속신앙 부적의 불교 유입에 대해 고찰해 보고자 한다.

1) 도교 부적의 유입

조선시대에 사용된 불교 부적 중에는 또 다른 도교 부적이 유입된 예가 발견된다. 1570년 안심사에서는 도교 부적이 실린 『옥추경(玉樞經)』이 간행되기도 하였는데, 이 책은 몇몇 사찰에서 중간되기도 하였다. 또한 16세기의 불교 문헌에서 「북두칠성공양문」과 함께 『불설북두칠성연명경(佛說北斗七星延命經)』에 실린 7종의 칠성부(七星符)가 발견되기도 하여, 『북두칠성연명경』이란 도교 경전이 불교에 혼입된 예를 볼 수 있다.

　　이렇듯 도교 부적이 불교에 차용된 것은 고려 말기인 13세기 후반부터 도교의 도량(道場)이 국가 행사로 빈번히 행해졌던 것과 관련이 있을 것이다. 또한 1485년에 완성된 『경국대전』 「예전(禮典)」의 '취재(取才)' 조에 "도류(道流)의 경우 …(중략)… 과거[科義]에서 연생경(延生經), 태일경(太一經), 옥추경(玉樞經), 진무경(眞武經), 용왕경(龍王經) 중 3경을 시험한다"[336]는 내용이 실려 있다. 즉 소격서(昭格署) 관리를 선발하는 과정에 『연생경』과 『태일경』, 『옥추경』, 『진무경』, 『용왕경』 중 세 경을 선택해 시험을 보았는데, 과거시험에 해당하는 경전으로 『연생경』과 『옥추경』이 포함되었던 까닭에, 이 책은 조선 초에 널리 독송되었을 것이다. 그리고 관상감에 속한 경사승(經師僧)과 소격서에 속한 도류(道流)와의 교류는 불교 부적에 도교 부적이 편입된 계기

‖‖‖‖‖‖‖‖‖‖

336 『經國大典』 「禮典」의 '取才' 조. "道流 誦禁壇 讀靈寶經 科義 延生經 太一經 玉樞經 眞武經 龍王經 中 三經."

가 되었을 것이다.[337]

(1) 『옥추경』과 도교 부적의 사용

도교 경전인 『옥추경』의 원래 제목은 『구천응원뇌성보화천존설옥추보경(九天應援雷聲普化天尊說玉樞寶經)』으로, 장사성(張嗣成, ?~1344)이 완성한 책으로 알려져 있다. 불교에서 『옥추경』과 관련된 최초 기록으로는 명종(1545~1567 년 재위) 때의 고승 보우(普愚, 1509?~1565)의 저술 『나암잡저(懶庵雜著)』에 그 내용이 실려 있는데, 『나암잡저』의 「사경발(寫經跋)」 항목에 『옥추경』과 관련한 다음 내용이 기록되어 있다.

> "내탕금을 내어 『장수(경)』, 『약사(경)』, 『금강(경)』, 『옥추(경)』 등 약간의 경전을 금으로 정밀하게 사성(寫成)하니 …(중략)… 우리 성상께서 『금강경』 무아(無我)의 큰 지혜로 장수멸죄(長壽滅罪)의 요문(要門)에 들어 12대장의 옹호를 얻고 구천(九天)의 상서로움 얻게 하시며, 왕비(聖母)께는 원자(元子)를 안을 수 있게 하소서."[338]

이외에 함월해원(涵月海源, 1691~1770)의 문집 『천경집』에 실린 「독옥추경표백(讀玉樞經表白)」[339]이거나 해붕전령海鵬展翎(?~1826)의 문집 『해붕집』 중 「차한묵장음(次翰墨場韻)」에 실린 "하늘의 옥추(玉樞)에 땅의 보축(寶

---

337 문상련(정각)·김연미, 「조선시대 불교 부적의 연원과 전개 – 고려시대 전통의 계승과 변화」, 『한국불교학』 106, (사)한국불교학회, 2023.5. pp.188-190.

338 『懶庵雜著』(『韓佛全』7), p.578上. "出帑精金寫成長壽藥師金剛玉樞等經若干 …(중략)… 使我聖上 以金剛無我之大智 入長壽滅罪之要門 爲十二大將之所擁護 得九天之降祥 以應聖母抱送元子之."

339 『天鏡集』卷上(『韓佛全』9), p.602中.

軸)을 겸하였고"[340] 등의 내용은 『옥추경』이 승려들 사이에서 독송되었음을 알려주는 예이다. 이에 1563년 옥천 감로사, 1570년 동복 안심사, 1612년 진안 반룡사, 1733년 영변 보현사 등에서 『옥추경』이 간행되기도 하였는데, 원문만이 실려 있는 감로사 판본에 비해, 1570년 안심사 판본부터는 책 안에 다수의 변상도와 신중상(神衆像) 및 부적 등이 판각되어 있음을 볼 수 있다.

이 중 1570년 안심사 간행의 『옥추경』[341]에는 다음 15종의 부적(도97)과 함께 부적의 효능이 실려 있다.

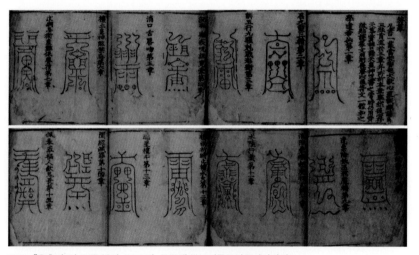

도97. 『옥추경』의 15종 부적, 1570년, 동국대 불교기록문화유산아카이브

제1장. 학도희선(學道希仙): 도를 배워 신선을 희구함.

제2장. 소구령삼정(召九靈三精): 구령(九靈) 삼정(三精)을 불러 소통함.

제3장. 해오행구요극전형충(解五行九曜剋戰形衝): 오행과 구요의 불균형을 해

ıılıılıılı

340 『海鵬集』(『韓佛全』12), p.252中. "天玉樞兼地寶軸."

341 『玉樞經』, 隆慶四禩庚午(1570)仲春 全羅道同福地無等山安心寺開板.

소함.

제4장. 침아고질주저원견(沈痾痼疾呪詛冤牽): 고질병과 저주를 가라앉힘.

제5장. 소구설순문(消口舌脣吻): 구설을 해소함.

제6장. 양토황신살금기(禳土皇神煞禁忌): 동티와 금기를 제거함.

제7장. 구사식위산난보영해(求嗣息衛産難保嬰孩): 자식을 얻고 난산을 지키며 아이를 보호함.

제8장. 멸조요사얼(滅鳥妖蛇孽): 새와 뱀의 해를 없앰.

제9장. 견수제요멸사무염도(遣崇除妖 滅邪巫魘禱): 기이함의 빌미를 없애고 사악한 악몽을 없앰.

제10장. 소제고채초도조현(消除蠱瘵超度祖玄): 독충의 병을 없애고 조상의 액을 벗어남.

제11장. 수륙행장(水陸行藏): 여행의 장애를 누그러뜨림.

제12장. 도우기청지양수화(禱雨祈晴止禳水火): 기우와 기청으로 물과 불의 재앙을 없앰.

제13장. 첨성예두(瞻星禮斗): 별의 재앙을 없앰.

제14장. 문경멸죄(聞經滅罪): 경을 듣고 죄를 멸함.

제15장. 패봉췌복인흠귀외(佩奉萃福人欽鬼畏): 이것을 차면 사람이 공경하고 귀신이 두려워함.

한편 1647년에 조성된 〈대구 보성선원 목조석가여래삼존좌상〉 복장 출토 전적 중, 조선 전기에 간행된 것으로 추정되는 『백의대비오인심다라니경(白衣大悲五印心陀羅尼經)』[342] 말미에는 위 15종의 부적 중 '7.구사식(求嗣息)'

342 동국대학교 불교기록문화유산아카이브, 『白衣大悲五印心陀羅尼經』 항목. 1784년 쌍계사 수도암 간행의 『密教開刊集』에도 『白衣大悲五印心陀羅尼經』이 실려 있다.

부적이 실려 있음을 볼 수 있다. 이는『옥추경』의 부적 중 '자식을 얻고 난산을 지키며 아이를 보호함'을 용도로 한 「구사식위산난보영해(求嗣息衛産難保嬰孩)」부적이 불교에서 활용되었음을 알려주는 예라 할 수 있다[표84].

표84.『옥추경』과『백의대비오인심다라니경』중「구사식부(求嗣息符)」

『옥추경』 제7장, 구사식위산난보영해 (求嗣息衛産難保嬰孩)	『백의대비오인심다라니경』 「구사식부(求嗣息符)」

(2) 성수신앙(星宿信仰)과 칠성부(七星符)

칠성부(七星符)는 북두칠성을 의인화(擬人化)한 채 그 인물들을 7종의 부적으로 형상화한 것으로,『불설북두칠성연명경(佛說北斗七星延命經)』에 그 내용이 실려 있다[도98].[343]

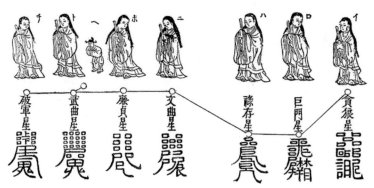

도98.『佛說北斗七星延命經』소재 七星符,『大正藏』21, p.425.

343 『佛說北斗七星延命經』(『大正藏』21), p.425中.

경문(經文)에 의하면 "바라문승(婆羅門僧)이 이 경을 가지고 와 당조(唐朝)에서 수지(受持)하였다"[344]는 것으로, 당나라 때부터 이 경이 유통된 것임을 알 수 있다. 그러나 의인화된 도상은 – 앞서 언급했듯이[345] – 도교 경전 『태상현령북두본명연생진경(太上玄靈北斗本命延生眞經)』과 관련된 것임을 알 수 있다. 한편 『태상노군설익산신부묘경(太上老君說益算神符妙經)』에는 이와 유사한 부적이 실려 있어,[346] 『불설북두칠성연명경』에 실린 부적의 경우는 『태상노군설익산신부묘경』과의 관련 속에 생겨난 것임을 알 수 있다[표85].

표85. 『불설북두칠성연명경』과 『태상노군설익산신부묘경』의 칠성부(七星符) 비교

	탐랑성 (貪狼星)	거문성 (巨門星)	녹존성 (祿存星)	문곡성 (文曲星)	염정성 (廉貞星)	무곡성 (武曲星)	파군성 (破軍星)
『불설북두칠성연명경』							
『태상노군설익산신부묘경』	北斗貪狼星君	北斗巨門星君	北斗祿存星君	北門文曲星君	北斗廉貞星君	北門武曲星君	北斗破軍星君

그런데 『불설북두칠성연명경』의 경우 『태상현령북두본명연생진경』 내지 『태상노군설익산신부묘경』과는 달리 경문 가운데 각 사람은 십이지(十二支)에 따라 칠성 중 한 별에 소속됨을 말하고 있으며, 재앙이 있을 때 이 경전

344 『佛說北斗七星延命經』(『大正藏』21), p.425中. "婆羅門僧將到此經唐朝受持."

345 III장 1절.《대정신수대장경》正藏에 실린 불교 부적 중 〈(3) 도교 부적을 차용한 불교 부적〉의 도 43 부분 참조.

346 『太上老君說益算神符妙經』(『道藏』11), pp.642-643.

에 공양하고 소속 별에 따른 부적을 지니면 대길(大吉)할 것임을 기록하고 있다. 한 예를 들면 다음과 같다.

"자생(子生)인 사람은 이 별을 따라 태어났으니, 복록과 식생에 재앙이 있으면 의당 이 경전에 공양하고 이 별의 부적(星符)을 지니면 대길(大吉)한다."[347]

한편 『불설북두칠성연명경』과 관련해, 〈합천 해인사 대장경판〉 가운데 고려시대에 제작된 〈불설북두칠성연명경 변상(變相)〉 1매가 보존되어 있다. 이 목판은 앞 뒷면의 총 4면에 8종의 도상이 새겨진 것으로, 앞면 1면에는 『불설북두칠성연명경』이란 경명(經名)과 함께 치성광여래(熾盛光如來)와 소재보살(消災菩薩), 식재보살(息災菩薩) 등 삼존이 판각되어 북두칠성을 여래로 의인화한 도상을 싣고 있다. 이어서 ①탐랑성(貪狼星), ②거문성(巨門星), ③녹존성(祿存星), ④문곡성(文曲星), ⑤염정성(廉貞星), ⑥무곡성(武曲星), ⑦파군성(破軍星) 등 북두칠성을 칠여래(七如來)로 칭한 채, 7종의 도상과 함께 다음과 같은 예문을 싣고 있다[도99].

도99. 불설북두칠성연명경 變相, 합천 해인사 대장경판(국보), 고려, 해인사 제공

<hr/>

347 『佛說北斗七星延命經』(『大正藏』 21), p.425下. "子生人 向此星下生 祿食黍有厄 宜供養此經 及帶本星符 大吉."

"① 나무 탐랑성 시 동방 최승세계 운의통증여래불

　　南無 貪狼星 是 東方 最勝世界 運意通證如來佛

② 나무 거문성 시 동방 묘보세계 광음자재여래불

　　南無 巨門星 是 東方 妙寶世界 光音自在如來佛

③ 나무 녹존성 시 동방 원만세계 금색성취여래불

　　南無 祿存星 是 東方 圓滿世界 金色成就如來佛

④ 나무 문곡성 시 동방 무우세계 최승길상여래불

　　南無 文曲星 是 東方 無憂世界 最勝吉祥如來佛

⑤ 나무 염정성 시 동방 정주세계 광달지변여래불

　　南無 廉貞星 是 東方 淨住世界 廣達智辯如來佛

⑥ 나무 무곡성 시 동방 법의세계 법해유희여래불

　　南無 武曲星 是 東方 法意世界 法海遊戲如來佛

⑦ 나무 파군성 시 동방 유리세계 약사유리광여래불

　　南無 破軍星 是 東方 琉璃世界 藥師瑠璃光如來佛."[348]

위 고려시대에 제작된 〈불설북두칠성연명경 변상(變相)〉이 보존된 점을 미루어 볼 때, 고려시대에 한국에도 『불설북두칠성연명경』이 전래되었음을 알 수 있다. 그런데 위 목판에서는 각 칠성(七星)과 관련된 부적이 생략되어 있는데, 이는 당시 고려 불교의 주류를 이루었던 – 또는 해인사에 기반한 – 교단에서 도교 부적의 사용을 꺼려했던 측면을 엿볼 수 있다.

국내 불교 문헌 중 칠성과 관련된 부적이 실린 최초의 예로는 1560년

||||||||||

348　『佛説北斗七星延命經』(『大正藏』21), p.426上.

도100.『諸般文』, 1560년, 중애사 간행, 동국대 불교기록문화유산아카이브

선운산 중애사(重愛寺)에서 간행된 『제반문(諸般文)』을 들 수 있다.[349] 이 책 후반부에는 「북두칠성공양문」과 '칠성하강일(七星下降日)'에 대한 기록에 이어, 제1북두(第一北斗)인 탐랑성(貪狼星)으로부터 제2북두 거문성(巨門星), 그리고 녹존성(祿存星), 문곡성(文曲星), 염정성(廉貞星), 무곡성(武曲星), 파군성(破軍星) 등 제7북두에 이르기까지 칠성의 명칭과 함께 칠성부(七星符) 부적을 싣고 있다[도100].

한편 북두칠성의 명칭과 함께 부적 밑에는 12지(十二支)에 따른 칠성의 소속과, 재앙에 따라 부적을 지닐 것을 적고 있다. 한 예로, 탐랑성(貪狼星)의 경우 부적 하단에 "자생(子生)인 사람은 이 별을 따라 내려왔으니, 복록과 식생에 재앙이 있으면 의당 이 경전에 공양하고(子生人 向此星下 祿食黍米有厄 宜供養 此經及)…"라 쓰여 있어, 『불설북두칠성연명경』의 경문을 변형해 인용하고 있음을 알 수 있다.

그리고 위 『제반문』에는 7종의 부적 외에, 이를 달리 도상화한 또 다른 형태의 부적을 싣고 있으며, 말미에는 가호를 바라는 내용과 함께 상태(上台)

‖‖‖‖‖‖‖‖‖

349 『諸般文』, 嘉靖三十九年庚申 冬 茂長地 禪雲山重愛寺 恩重七星經合部. '七星符' 말미에 다음의 刊記가 기록되어 있다.

와 중태(中台), 하태(下台) 등 삼태육성(三台六星)을 3종의 부적으로 형상화해 싣고 있다. 이 내용을 표로 정리하면 다음과 같다[표86].

표86. 중애사(重愛寺) 간행 『제반문』에 실린 칠성부와 효능 및 지니는 법

북두칠성	칠성부 (七星符)	효능 및 소속 갑자(甲子)	칠성성군 보장(寶章)	각 북두(北斗)와 소속 갑자
탐랑성 (貪狼星)		子生人 向此星下 祿食黍 有厄 宜供養 此經 及(帶本星符大吉 생략)		第一 北斗 貪狼太星君符 子生人偶
거문성 (巨門星)		丑生亥生人 同向此星下生 祿食 粟□ 有厄宜 供養此經及帶本星 符 大吉		第二 北斗 巨門元星君符 丑生人偶
녹존성 (祿存星)		寅生戌生人 同向此星下生 祿食 米 有厄 宜供養此經 及帶本星符 大吉		第三 北斗 祿存眞星君符 寅戌生人偶
문곡성 (文曲星)		卯生酉生人 同向此星下生 祿食 小麥 有厄 宜供養此經 及帶本星 符 大吉		第四 北斗 文曲紐星君符 卯酉生人偶
염정성 (廉貞星)		辰生申生人 同向此星下生 祿食 麻子 有厄 宜供養此經 及帶本星 符 大吉		第五 北斗 廉貞剛星君符 辰申生人偶
무곡성 (武曲星)		巳生未生人 同向此星下生 祿食 大豆 有厄 宜供養此經 及帶本星 符 大吉		第六 北斗 武曲紀星君符 巳未生人偶
파군성 (破軍星)		午生人 向此星下生 祿食小豆 有 厄 宜供養此經 及帶本星符 大吉		第七 北斗 破軍關星君符 午生人偶

삼태생아래 (三台生我來)		삼태양아래 (三台養我來)		삼태호아래 (三台護我來)	

그런데 위 표 말미에 실린, 삼태육성(三台六星)을 형상화한 3종의 부적은

316

『태상노군설익산신부묘경』에 실린 삼태성(표87)[350]을 변형시킨 것임을 알 수 있다.

표87. 『태상노군설익산신부묘경』에 실린 삼태성

상태(上台)		중태(中台)		하태(下台)	

또한 '칠성부'를 도상화한 또 다른 형태의 부적은 '칠성부'에 따른 각 성군(星君)의 '보장(寶章)'에 해당하는 것으로(도43 참조), 1334년(元統 2) 원(元)나라의 서도령(徐道齡)이 주석한 『태상현령북두본명연생진경주(太上玄靈北斗本命延生真經註)』[351]에 원래의 형태가 실려 있다(표88).

표88. 『태상현령북두본명연생진경주』에 실린 칠성성군(七星星君)의 보장(寶章)

탐랑성군 보장(寶章)	거문성군 보장	녹존성군 보장	문곡성군 보장	염정성군 보장	무곡성군 보장	파군성군 보장

이에 중애사(重愛寺) 간행 『제반문』에 실린 '칠성부' 부적과 보장(寶章)은 도교 경전인 『태상노군설익산신부묘경』과 『태상현령북두본명연생진경주』

350 『太上老君說益算神符妙經』(『道藏』11), p.643.
351 『太上玄靈北斗本命延生真經註』(『道藏』17), p.34.

에서 유래한 것임을 알 수 있다.

한편 중애사(重愛寺) 간행의 『제반문』에 실린 것과 동일한 내용은 1568년 광흥사 간행의 『청문(請文)』과 1647년 보현사 간행의 『제반문』에도 실려 있다.[352] 또한 16~19세기에 걸쳐 도상화된 부(符)와 삼태성의 부적을 생략한 채, '칠성부'만을 싣고 있는 10종의 문헌이 간행되기도 하였다.[353] 이처럼 다수의 문헌에 '칠성부'가 실려 있음을 볼 때, 16~19세기에 도교 부적에서 유래한 '칠성부'가 널리 사용되었음을 알 수 있다.

2) 『예적금강금백변법경』과 돈황 부적의 재도입

『예적금강법금백변법경(穢跡金剛法禁百變法經)』은 중국 서북부 감숙성(甘肅省)의 돈황 일대에서 번역된 것으로, 732년 법월(法月) 삼장이 이를 공물(貢物)로 바쳐 조정에 들어온 것으로 알려져 있다.[354] 그리고 일본의 경우 구법승(求法僧) 엔닌[圓仁, 794~864]이 편집한 『입당신구성교목록(入唐新求聖敎目

---

352 『請文』, 隆慶二年戊辰(1568)四月日 慶尙道安東地鶴駕山廣興寺開板; 『諸般文』, 順治四年丁亥(1647)七月日 慶尙道淸松土普賢山普賢寺重開刊.

353 『諸般文』과 『太上玄靈北斗本命延生眞經』에 七星符가 실려 있다. 『諸般文』에 실린 것으로는 다음을 들 수 있다. 『諸般文』, ①1580년, 龍仁地 瑞峯寺; ②1652년 宝城郡 開興寺; ③1662년 金華山澄光寺; ④1670년 鷄龍山岬寺; ⑤1681년 臥龍山龍興寺; ⑥1694년 母嶽山金山寺; ⑦1702년 神魚山甘露寺. 『太上玄靈北斗本命延生眞經』에 실린 것으로는 다음을 들 수 있다. ①1791년 順天松廣寺; ②時維康熙五十三年(1714); ③1864년 三角山道詵菴板刻 移安于奉恩寺. 『雲水壇歌詞』에 실린 것으로는 다음을 들 수 있다. 1605년 伽倻山海印寺, 1607년 曹溪山松廣寺; 1659년 위봉사.

354 『大唐保大乙巳歲續貞元釋敎錄』(『高麗大藏經』 38), p.37下. "於安西譯. 開元二十年 因法月三藏貢獻 入朝."

錄)』에 "예적금강법금백변법경, 사문(沙門) 아질달산(阿質達霰) 역(譯)"[355]이 기록된 점을 미루어, 엔닌이 당(唐)에서 귀국함과 함께 일본에 전래되었음을 알 수 있다.

(1)《고려대장경》중『예적금강법금백변법경』

한국의 경우, 1248년 수기(守其)가 편찬한『대장목록(大藏目錄)』에 이 경전과 관련해 다음 내용이 수록되어 있다.

> "반(磻)함. (10권이 들어 있으며, 종이는 6첩 7장이 들어갔다.)『예적금강법금백변법(穢 跡金剛法禁百變法)』1권 북천축(北天竺) 삼장 아질달산(阿質達霰) 번역."[356]

위 기록에 의하면『예적금강법금백변법경(穢跡金剛法禁百變法經)』은 13세기 이전에 고려에 전래 되었음을 알 수 있다. 이 경전은 현재 해인사에 보존된《재조대장경》목판에 실려 있는데,《재조대장경》의 경우 이 경전의「인법제2」항목에 부적 도상 대신 '인(印)'이란 글자와 공란을 남겨둔 채, 4종 부적에 대한 설명만을 싣고 있다. 한편「신변연명법」항목의 경우 '「신변연명법」항목'의 명칭이 생략되었으며,「신변연명법」항목에 속한 부적의 경우, 15종(42과)의 부적 중 2종과 관련된 내용만을 본문에 싣고 있으며, 이 역시 부적 부분은 '印'이란 글자와 공란을 남겨두고 있음을 볼 수 있다[도101].[357]

이에 대해《재조대장경》을 모본으로 성립된《대정신수대장경》중『예

---

355 『入唐新求聖教目錄』(『大正藏』55), p.1080下.

356 『大藏目錄』(3권). "磻函 入十卷 入紙六牒七張, 穢跡金剛法禁百變法一卷北天竺三藏 阿質 達霰譯."

357 『穢跡金剛禁百變法經』(『高麗大藏經』38), p.588.

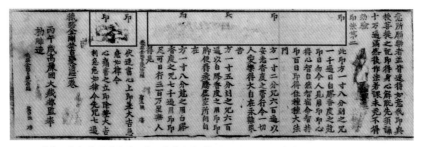

도101.《재조대장경》중『예적금강금백변법경』,『高麗大藏經』38 말미

적금강법금백변법』에는 "이하 인법(印法) 마지막까지가 고려본[麗本]에는 없
다. 이에 명본(明本)에 의거해 보충해서 싣는다"[358] 라고 기록되어 있는데, 이
런 모습은《재조대장경》을 간행할 당시, 일부러 부적 도상 내지 「신변연명
법」 항목의 내용을 제거한 것임을 알 수 있다. 이와 관련해 앞서 〈합천 해인
사 대장경판〉 중 고려시대의 목판 〈불설북두칠성연명경 변상(變相)〉에서도
부적이 생략된 점을 말한 바 있는데, 이는 당시 고려 불교의 주류를 이루었
던 - 또는 해인사에 기반한 - 교단에서 도교 부적의 사용을 꺼렸던 측면을
엿볼 수 있는 부분이기도 하다.

　그럼에도 이 경전을 간행할 당시 이를 인용한 원본에는 부적 도상이 실
려 있었을 것으로, 일부 계층에서는 이 경전에 실린 도상을 활용했으며 일
부 그 도상이 전해지기도 했을 것이다. 한 예로, 고려말의 문신 최자(崔滋,
1186~1260)가 쓴 「지념업선사 조유 위대선사교서(持念業禪師祖猷爲大禪師敎
書)」 항목에, "모(某, 지념업 선사 조유)가 총지(總持)의 법력으로 학질과 염병[虐
癘]을 구제하여 무릇 치료하고 살려낸 것이 무릇 몇 사람이던가?"[359]라는 내

358　『穢跡金剛禁百變法經』(『大正藏』21), p.160上. "以下 至印法終 麗本無之. 今依明本 補載之."

359　『東文選』第27, 「持念業禪師祖猷爲大禪師敎書」條 "某 以總持法力 驅除虐癘 凡救活幾人
耶."

용이 『동문선(東文選)』에 실려 있다.

여기서 '총지법력(總持法力)'이란 '다라니 송주(誦呪)'를 의미한다. 한편 '학질과 염병[虐癘]의 구제'라는 내용과 관련해 – 앞서 언급했듯이 – 『예적금강금백변법경』에는 「신변연명법」의 15종 42과(果)의 부적 중 첫 번째 부적(도102)과 관련해 "① 복련(伏連, 학질)에 걸렸을 때 가슴 위에 (이 印을) 쓰면 차도가 있으며 대길(大吉)할

도102. 『예적금강금백변법경』에 실린 伏連(학질) 관련 부적

것이니, '빨리 율령(律令)에 따라 시행하라(急急如律令)'"는 내용이 실려 있다. 이러한 예는 13세기 당시에 『예적금강금백변법경』에 실린 「신변연명법」의 부적이 실제 사용되었을 가능성을 말해준다. 그럼에도 현재까지 18세기 이전에 이와 관련된 부적이 사용된 실례가 발견되지 않는다.

(2) 해인사 「제다라니」 중 「예적신주부」와 「금강심부주」

그런데 해인사에는 이와 관련한 목판 1매가 남아 있다. 이 목판에 대해서는 그동안 실체가 규명되지 않은 것으로, 필자의 조사에 따라 『예적금강금백변법경』의 부적이 실려 있음이 밝혀진 것이다(도103).

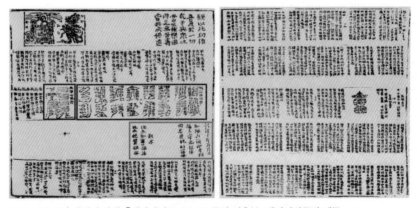

도103. 1745년 해인사 간행, 「제다라니(諸陀羅尼)」 목판 인출본, 해인사박물관 제공

이 유물은 여러 진언과 다라니 등이 목판에 새겨진 까닭에 「제다라니」라 통칭할 수 있는, 2면의 목판 자료이다. 판각된 간기에 따르면 1745년 해인사에서 수원(守元)과 승통(僧統) 환일(幻一)이 간행에 시주하였으며, 화은(和訔)과 파찬(把贊) 등이 각자(刻字)해서 만든 것으로 되어 있다.[360]

목판의 앞뒷면을 각각 다섯 칸으로 구획한 후 소자(小字)로 진언 내지 다라니를 판각한 것으로, 앞면 셋째 칸에는 불탑이 새겨져 있고, 뒷면 첫째 칸에는 위태천(韋太天)과 여래설법도(如來說法圖), 뒷면 셋째 칸에는 부적 형상이, 그리고 뒷면 넷째 칸에는 간기가 새겨져 있다.

그런데 자세히 보면 앞면의 경우 첫째 칸에 '十四', 셋째 칸에는 '十六', 넷째 칸에는 '十'이, 다섯째 칸에는 '十五'가 새겨져 있다. 또한 뒷면의 경우 둘째 칸부터 '十七', '十九', '二十', '十八' 등의 숫자가 본문 사이에 새겨져 있어, 이는 각 면(面)을 표시한 것임을 알 수 있다. 한편 '二十'이 새겨진 부분에 "乾隆十年(1745)五月日 伽倻山海印寺刊…" 등의 간행 기록이 새겨진 점을 고려해 볼 때, 이 목판은 전체 20면으로 판각된 것으로 각 면을 연결해 권자본(卷子本)을 제작하기 위한 것임을 알 수 있다. 이에 이 목판은 2매의 판목에 각각 앞 뒷면에 10면씩 총 20면을 판각한 것으로, 이 목판은 판목 2매 중 1매에 해당하는 것으로 추정된다.

위 판목 2매 중 1매는 다음과 같이 구성되어 있다[표89]. 위 유물은 목판이 심하게 훼손되어 상세한 내용을 파악할 수 없으나, 앞면의 경우 3번째 칸을 제외한 나머지에는 한문으로 된 경문(經文)이 실려 있으며, 3번째 칸의 경

||||||||||||
360 「諸陀羅尼」, 다음 간기가 기록되어 있다. "乾隆十年(1745)五月日 伽倻山海印寺刊. 施主 守元保体, 同參僧統 幻一保体, 刻字 比丘 和訔保体, 比丘 把贊保体." 이 가운데 僧統 幻一의 경우 1724년 해인사에서 간행한 『자기산보문』 간행질에 "十斗米施 嘉善幻一" 즉 "10말의 쌀을 시주한 가선(대부)"라 기록되어, 1724년 종2품인 嘉善大夫의 품계에 있었고, 1745년에 僧統으로 있었던 자임을 알 수 있다.

우 불탑 형상에 이어 '불정심다라니주(佛頂心陀羅尼呪)'와 '□□심주(心呪)'의 명칭과 함께 범자 진언이 새겨져 있다.

표89. 1745년 해인사 간행, 「제다라니(諸陀羅尼)」 판목의 구성

여래 설법도	위태천도	회향게	⑭十四		
⑰十七					
	금강심부주	⑲十九	예적신주부	⑯十六	탑
⑳二十		간행 기록	⑩十		
⑱十八			⑮十五		

그리고 뒷면 2번째 칸과 5번째 칸의 경우 '육자대명주(六字大明呪)' 등 다수의 주(呪)의 명칭과 함께 범자 진언이 새겨진 것으로, 고려시대에 제작된 『범서총지집(梵書總持集)』과도 유사한 구성을 보이고 있음을 알 수 있다.

도104. 해인사 「제다라니(諸陀羅尼)」 중 「예적신주부(穢跡神呪符)」 부분

한편, 뒷면 3번째 칸에는 다수의 부적이 실려 있는데, 앞부분에 「예적신주부(穢跡神呪符)」라는 제목에 이어 다음 16종의 부적이 실려 있다**[도104]**.

그리고 뒤이어 「금강심부주(金剛心呪符)」라는 제목하에 2종의 부적이 실려 있다**[도105]**.

도105. 해인사 「諸陀羅尼」 중 「金剛心呪符」 부분

이렇듯 해인사 소장 「제다라니」 목판에는 총 18종의 부적이 실려 있는데, 이 가운데 「예적신주부」에 실린 부적은 『예적금강금백변법경』에 실린 부적과 동일한 것임을 알 수 있다. 이를 비교해 보기 위해 《대정신수대장경》 중 『예적금강금백변법경』의 부적과, 해인사 목판에 실린 「예적신주부」 부적을 비교해 표를 만들면 다음과 같다.**(표90)** (우에서 좌의 순으로 실린 순서에 따라 배열했으며, 각 문헌에 실린 순서에 따라 번호를 명기하였다).

표90. 해인사 「제다라니」 중 「예적신주부」 부적과 『예적금강금백변법경』 부적의 비교

해인사 「諸陀羅尼」 중 「穢跡神呪符」	⑮	⑬	⑪	⑨	⑦	⑤	③	①
	⑯	⑭	⑫	⑩	⑧	⑥	④	②
『穢跡金剛禁百變法經』 중 「神變延命法」	(9)-7	(10)-2	(7)-7	(4)	(6)-6	(7)-7	(10)-1	(9)-5
	(8)-6	(3)중복	(9)-6	(3)	(7)-5	(6)-7	(9)-3	(10)-3

위 표에 의하면 「제다라니」의 「예적신주부(穢跡神呪符)」 중 ①의 부적은 『예적금강금백변법경』에 실린 (9)의 일곱 개의 부적 중 (9)-5의 것과 동일하며, ④의 부적은 (9)-3과, ⑫의 부적은 (9)-6, ⑮의 부적은 (9)-7과 동일한 것임을 알 수 있다.

| ① | (9)-5 | ④ | (9)-3 | ⑫ | (9)-6 | ⑮ | (9)-7 |

그런데 『예적금강금백변법경』에서는 (9)의 부적에 대해 "갖가지 진보 (珍寶)를 구하고자 하면, 이 일곱 부적을 주사로 써서 삼켜라. 7일 만에 갖가지 묘한 보배가 스스로 이르게 된다. 타인의 재물을 구하고자 하면 부적 밑에 그 사람의 성명을 쓰면, 즉시 그 사람이 물건을 보내게 된다"[361]는 효능을 기록하고 있다.

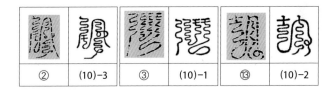

| ② | (10)-3 | ③ | (10)-1 | ⑬ | (10)-2 |

②의 부적은 『예적금강금백변법경』에 실린 (10)-3과 동일하며 ③의 부적은 (10)-1과, ⑬의 부적은 (10)-2와 동일한 것임을 알 수 있다. 『예적금강금백변법경』에서는 (10)의 부적에 대해 "이 세 부적을 주사(朱砂)로 상(床)의 네 다리 위에 놓으면, 항상 팔대금강(八大金剛)이 호위하여 잠시도 떠나지 않을 것이다. 다만 깨끗해야 하며, 오염된 물건을 방에 두어서는 안 된다. 간절히 모름지기 삼가야 한다"[362]고 적고 있다.

||||||||||||

361 『穢跡金剛禁百變法經』(『大正藏』21), p.160.

362 『穢跡金剛禁百變法經』(『大正藏』21), p.160.

| ⑤ | ⑪ | (7)-7 | ⑧ | (7)-5 | ⑥ | (6)-7 | ⑦ | (6)-6 |

⑤와 ⑪의 부적은『예적금강금백변법경』에 실린 (7)-7과, ⑧의 부적은
(7)-5와 동일한 것으로,『예적금강금백변법경』에서는 (7)의 부적에 대해 "이
일곱 부적을 주사로 종이 위에 써서 천 매를 삼키면, 수명이 연장된다"[363]고
적고 있다.

⑥의 부적은『예적금강금백변법경』에 실린 (6)-7과, ⑦의 부적은 (6)-6
과 동일한 것으로,『예적금강금백변법경』에서는 (6)의 부적에 대해 "이 일곱
부적 역시 능히 만병을 치료할 수 있으니, (이 印을 써서) 삼켜라. 역시 장수와
지혜를 더하고 크게 신통하며 효험이 있다"[364]고 적고 있다.

| ⑨ | (4) | ⑩ | ⑭ | (3) | ⑯ | (8)-6 |

⑨의 부적은『예적금강금백변법경』에 실린 (4)와 동일한 것으로,『예적
금강금백변법경』에서는 (4)의 부적에 대해 "정신분열(精魅)의 귀병(鬼病)에
걸리면 주사(朱砂)로 (이 印을) 7매 써서 삼켜라. 크게 신통하며 효험이 있어
일어선 즉시 낮게 된다"[365]고 적고 있다.

||||||||||||

363　『穢跡金剛禁百變法經』(『大正藏』21), p.160.

364　『穢跡金剛禁百變法經』(『大正藏』21), p.160.

365　『穢跡金剛禁百變法經』(『大正藏』21), p.160.

⑩과 ⑭의 부적은『예적금강금백변법경』에 실린 ⑶과 동일한 것으로, 중복 사용되었음을 알 수 있다.『예적금강금백변법경』에서는 ⑶의 부적에 대해 "귀병(鬼病)에 걸리면 주사로 (이 印을) 써서 삼켜라"[366]고 적고 있다.

⑯의 부적은『예적금강금백변법경』에 실린 ⑻-6과 동일한 것으로,『예적금강금백변법경』에서는 ⑻의 부적에 대해 "일체 병으로 인한 근심이 있을 때, 이 일곱 부적을 서사(書寫)하면 모두 나을 것이다. 이 부적을 써서 삼키는 자는 수명과 지혜가 늘어날 것이며, 큰 효험이 있을 것이다"[367]고 적고 있다.

이상에서 볼 때, 해인사「제다라니(諸陀羅尼)」의「예적신주부(穢跡神呪符)」는『예적금강금백변법경』의 15종 42과의 부적 중에서 7종(③, ④, ⑥, ⑦, ⑧, ⑨, ⑩) 14과의 부적만을 인용하였음을 알 수 있다.

한편 인용한 부적의 용례로는 ③ 귀병(鬼病), ④ 정신불열[精魅]의 귀병(鬼病), ⑥ 장수와 지혜, ⑦ 수명 연장, ⑧ 일체 병으로 인한 근심(수명과 지혜), ⑨ 진보(珍寶)를 구함, ⑩ 팔대금강(八大金剛)의 호위 등을 들 수 있어, 이와 관련된 목적하에 여러 부적 중 몇몇 부적을 실어둔 것임을 알 수 있다.

그리고 뒤이어「금강심부주(金剛心呪符)」라는 제목하에 2종의 부적이 실려 있는데, 이 부적 중 좌측의 것은 '염제귀부(厭諸鬼符)'에 해당하며, 우측의 것은 '구산난부(救産難符)'에 해당함을 알 수 있다.

이 가운데 '염제귀부'는 고려시대의 부적 중 1287년 승재색(僧齋色) 간행의「대화수경」에 염제귀신인(厭諸鬼神印)이란 명칭으로 최초 소개된 것으로, 돈황 사본 P.2153의「금강동자수심인」항목에 실린 '호신익산부(護身益筭)' 내지 S.2498 중「금강동자수심인」항목에 실린 '도호신명익산부(都護身

<hr>

366 『穢跡金剛禁百變法經』(『大正藏』21), p.160.

367 『穢跡金剛禁百變法經』(『大正藏』21), p.160

327

命益筭符)', 그리고 1108년(大觀 2) 북송(北宋)에서 제작된 「불경인판(佛經印版)」에 유사한 부적이 실려 있음은 앞서에서 말한 바 있다. 이들 부적의 비교를 위해 표를 제시하면 다음과 같다[표91].

표91. 「금강심부주」에 실린 2종 부적 – '염제귀부'와 '구산난부'의 형태 비교

「금강심부주(金剛心呪符)」	「금강심부주」 중 厭諸鬼符	「금강심부주」 중 救産難符	
	「대화수경」, 1287년	『불정심다라니경』, 1206~1207년	원당암 – 『제다라니』 중 관음능산인, 1375년

또한 '구산난부'는 고려시대의 경우 1206년 2월~1207년 사이에 간행된 『불정심다라니경』에 최초 실려 있으며, 북송 1102년(崇寧元年)에 간행된 『불정심다라니경』에 동일 내용이 실려 있는 것으로, 1375년 원당암 – 『제다라니』에서는 '관음능산인'이라 명명되어 있다.

그런데 1745년 해인사 간행의 「제다라니」 목판은 고려시대의 권자본 판각 형식을 보이는 것임을 미루어 볼 때, 해인사에 고려시대로부터 전래된 목판을 다시 판각한 후 간행 기록만을 다시 새겼을 가능성이 있다. 또 다른 예로서, 1745년 간행의 「제다라니」 목판에 《고려대장경》 판목에서 제외된 『예적금강금백변법경』의 「신변연명법(神變延命法)」 항목 중 일부 부적이 실려 있다는 점을 미루어 볼 때, 18세기에 국외에서 부적 도상을 담은 또 다른 문헌이 유입되었을 가능성을 생각할 수 있기도 하다.

(3) 돈황 부적의 유입

이 가운데 후자, 즉 18세기에 국외에서 부적 도상을 담은 또 다른 문헌이 유입되었을 가능성과 함께, 백하윤순(白下尹淳, 1680~1741)에 주목할 필요가 있다. 윤순(尹淳)은 윤두수(尹斗壽)의 5대손으로, 조선 후기를 대표하는 서예가이며, 원교(圓嶠) 이광사(李匡師)는 그의 문손(門孫)으로 알려져 있다.

그의 문집『백하집(白下集)』부록에는 예조좌랑 김유기(金裕己)가 왕명을 받아 대제학(大提學) 윤순의 영(靈)을 위해 쓴 치제문(致祭文)이 실려 있는데, 그 치제문에 다음 내용이 기록되어 있다.

> "가장 분명한 실적으로는, 아침부터 저녁까지 좌우로 백성을 다스리고 빈객(賓客)을 살펴 덕으로 이끌었고, 〈화수(華手)를 그려둔 돈황(煌煌)의 보책(寶冊)〉에 교문(教文)을 짓고 초도(草圖)를 베껴 썼다."[368]

여기서 〈화수(華手)를 그려둔 돈황의 보책(寶冊)〉이란 다름 아닌『대화수경(大華手經)』을 말하는 것으로 이해된다.『대화수경』과 관련해서는 – 앞서 설명했듯이 – 〈서산 문수사 금동여래좌상〉의 복장유물에서 1287년 승재색(僧齋色) 간행의 「차인출불공역대화수경(此印出不空譯大華手經)」이 수습된 바 있다. 이 「차인출불공역대화수경」이란 불공(不空) 역『대화수경』에 실린 부적을 인출한 것으로, 이 안에 13종의 부적이 실려 있으며,[369] 여기 실린 13종

368 『白下集』,「白下集附錄」, 祭文, 正宗丙辰 致祭文 條. "最著勞績 旣任輔養 旋處賓客 啓導冲德 昕夕左右, 煌煌寶冊 畫曰華手 敎文之製 草圖之寫."

369 문상련(정각)·김연미, 「고려후기 불교 부인(符印)의 전개」,『불교학보』96집, 동국대학교 불교문화연구원, 2021.9. p.133. 여기 실린 13종의 부적은 다음과 같다. ①諸佛供養印, ②無量億如來印, ③千光王如來大宝印, ⑤摩訶華手印, ⑥正覺菩薩印, ⑦護法菩薩護身印, ⑧內眼通見印, ⑨淨土菩薩印, ⑩宝得印, ⑪避盜賊印, ⑫避口舌印, ⑬厭諸鬼神印, ⑭避熱病印 등.

의 부적은 고려시대에 유행한 불교 부적의 근간이 되기도 하였다.

이런 점을 놓고 볼 때 1723년 사은사(謝恩使)의 서장관(書狀官)으로 청(淸)나라에 다녀온 윤순이[370] 청(淸)에서 돈황 전래의 『화수경』을 유입했으며, 이때 승재색에서 간행된 자료 외의 또 다른 불교 부적이 유입되었고, 그 안에 『예적금강금백변법경』 외에 다수의 부적이 포함 되었으라는 추정이 가능하다.

도106. 윤순 필 초서, 서울대박물관, 역2402

이를 전제로 생각할 때, 백하 윤순이 〈화수(華手)를 그려둔 돈황(煌煌)의 보책(寶冊)〉, 즉 『화수경』을 유입해 "교문(敎文)을 짓고 초도(草圖)를 베껴 썼다" 함은 그의 서체 중 초서(草書) 연구를 위한 시도였을 수 있다. 이에 대해 이광사의 아들 이긍익이 쓴 『연려실기술(燃藜室記述)』 「필법(筆法)」 항목에 "백하(白下) (윤순)은 늦게 나서 중국의 획법을 독학하였는데, 서체가 신기·절묘하고…"[371]라 쓰고 있으며, 현재 남아 있는 그의 초서 작품에는 마치 부적에서나 볼 수 있는 붓놀림이 남아 있음을 볼 수 있다[도106].

한편, 백하 윤순이 불교 경전인 『화수경』을 유입한 것은 그의 불교와 관련성과도 연관된다고 할 수 있다. 한 예로 영국박물관에는 신위자하(申緯紫霞, 1769~1845)가 발문을 쓴 윤백하(尹白下)의 「능엄경행서(楞嚴經行書)」[도107][372]

370 『景宗實錄』, 경종 3년(1723) 11월 9일 을유 1번째 기사. "洪廷弼을 執義로, 密豊君 李坦을 謝恩正使로, 權以鎭을 副使로, 尹淳을 書狀官으로 삼았다."

371 『燃藜室記述』, 別集 제14권, 文藝典故, 筆法, 圓嶠「書訣後論」條.

372 https://www.britishmuseum.org/collection/object/A_1997-0720-0-1

가 소장되어 있는데, 불교 경전 중 교학적 견해가 담겨진 『능엄경』을 필사했다는 것은 백하 윤순이 불교에 상당한 관심을 가졌음을 알려주는 예가 된다.

도107. 尹白下의 「楞嚴經行書」, 영국박물관 소장

또한 윤순은 해남 대흥사의 표충사(表忠祠)에 전하는 「사명당방함첩(泗溟堂芳啣帖)」에 축문 「승대장(僧大將) 사명송운(泗溟松雲) 대선사 직첩방함(職帖芳啣)」을 쓰기도 했으며[**도108**], 373 금명보정(錦溟寶鼎, 1861~1930)이 쓴 『저역총보(著譯叢譜)』에 의하면 윤순은 경기도 강화의 「강화군고천리적석사사적비(江華郡古

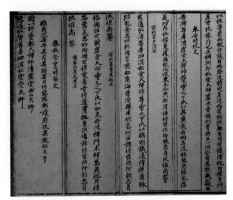

도108. 「泗溟堂芳啣帖」, 대흥사 表忠祠, 대흥사 제공

川里積石寺事蹟碑)」를 쓰기도 하였다.374 이러한 점은 그와 불교와의 관계뿐만이 아니라, 그가 불교 경전인 화수(華手)를 그려둔 〈돈황(煌煌)의 보책(寶冊)〉을 전래한 이유를 짐작할 수 있게 한다.

그렇다면 그가 전래했을 것으로 추정되는, 〈화수(華手)를 그려둔 돈황(煌

||||||||||

373 『泗溟堂芳啣帖』「海南表忠祠院中留傳錄」(ABC, 00244_0001 v1), p.5上. "奉安時祝文. 普濟尊者清虛堂大禪師 覺靈之下 伏以 具廣長舌相 弄沒絃琴瑟臨亂倡義 功存社稷 隻履西歸 化被東土 令典新澤謹將官供 仰報忠貞 伏惟尙饗. 前判書 尹淳 述."

374 『著譯叢譜』『韓佛全』12), p.483中. 〈(ABC, H0311 v12, p.483中23~中24)〉 "江華郡古川里積石寺事蹟碑, 李冲謙撰   尹淳書.": 이 책은 錦溟寶鼎(1861~1930)이 1920년에 쓴 것으로, "庚申孟春(1920) 旣生明日 編者自書于 曹溪山茶松室中"이란 필사기가 쓰여있다.

煌)의 보책(寶冊))이란 어떤 성격의 책이었을까?

현재 미국 프린스턴대학교 동아시아도서관에는 돈황유서(敦煌遺書) 중 일부 자료가 소장되어 있다. 그 가운데 「불설금강신주(佛說金剛神呪)」라 명명된 문헌이 있는데, 이 문헌에는 「불설금강신주」의 다라니에 이어 회향게(願以此功德 普及於一切 我等與衆生 皆共成佛道)와 「예적금강신주(穢跡金剛神呪)」의 다라니가 기록되어 있다[도109].

도109. 敦煌遺書 중 「佛說金剛神呪」와 「穢跡金剛神呪」, Princeton대학 동아시아도서관

이는 돈황 자료 가운데 『예적금강금백변법경』이 포함되어 있음을 알려주는 한편, 윤순(尹淳)이 "화수(華手)를 그려둔 돈황(煌煌)의 보책(寶冊)에 교문(敎文)을 짓고 초도(草圖)를 베껴 썼다"는 내용과의 관련 속에 윤순이 『예적금강금백변법경』이 포함된 – 화수(華手)를 그려둔, 즉 부적이 실린 – 돈황 자료를 중국에서 수입했으며, 윤순이 전래한 이 책을 바탕으로 1745 년 해인사 간행의 「제다라니」 목판이 제작되었다는 추론을 가능케 한다. 그리고 당시 수입된 돈황 자료에는 『예적금강금백변법경』뿐만 아니라, '염제귀부(厭諸鬼符)'가 실린 금강동자수심인'과 '구산난부(救産難符)'의 부적 또한 실려 있었으리라 추정할 수 있다. 이외에 조선 후기에는 어떤 문헌적 근거도 없이 '왕생정토부(往生淨土符)'가 불교 부적에 추가되어 있는데, 이 역시

당시 윤순의 돈황 부적 전래를 통해 유입되었을 가능성 역시 생각해 볼 수 있다.

3) 신앙 및 의식 용도에 따른 다양한 부적

불교의 특정 신앙 및 의식과 관련해 부적이 사용되기도 하였다. 이는 위 『옥추경』 부적과 칠성부(七星符)를 제외한, 기존 통용되던 24종 내지 26종의 부적 중 일부를 신앙 용도에 따라 결합 사용한 것으로, 관음신앙 내지 정토신앙과 관련해, 그리고 불복장(佛腹藏) 및 기타 의식 용도로 부적이 사용되었음을 볼 수 있다.

(1) 관음신앙과 부적의 사용

먼저 관음신앙과의 관련 속에 간행된 〈「신묘장구대다라니」 목판〉을 들 수 있다. 이 목판은 1716년 감로사 간행의 『관세음보살영험약초』[375]에 실린 「화천수(畵千手)」의 도상과 내용을 새긴 것으로, 19세기에 신흥사에서 간행된 것이다.[376] 앞면 상단에는 「은사멸죄 수의만복(恩赦滅罪隨意萬福)」이란 제목하에 석가여래와 가섭, 아난존자가 범자(梵字)와 함께 새겨 있으며, 뒷면 상단에는 「천수(千手) 신묘장구대다라니(神妙章句大陀羅尼)」란 제목하에 '금상천황기도구창(今上天皇祈禱求昌)'의 문구와 범자(梵字), 그리고 아미타접인

||||||||||

375 『觀世音菩薩靈驗略抄』, 康熙五十五年丙申(1716)四月 日 慶尙右道金海神魚山甘露寺開刊, 移置于東來金井山梵魚.

376 박상국, 『全國寺刹所藏木版集』, 문화재관리국, 1987. p.149; 직지사에는 20세기에 간행한 동일 목판이 소장되어 있기도 하다.

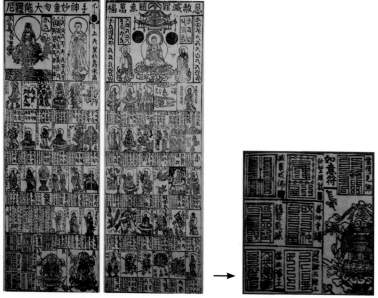

도110.「千手 神妙章句大陀羅尼」, 19세기, 신흥사 목판 소장, 신흥사 제공

도(阿彌陀接引圖)와 관음도(觀音圖)가 새겨져 있다. 여기서「천수(千手) 신묘장
구대다라니」란 제목은 천수천안관세음보살(千手千眼觀世音菩薩)의 손[手], 즉
가호(加護)를 강조하기 위해 쓰인 것으로 추정된다**[도110]**.

이어 앞뒷면 하단에 – '신묘장구대다라니'와 이를 도상화한 –「화천수」
에 실린 도상과 내용을 51개의 구획 안에 한글 및 범자로 새겨 두었으며,「화
천수」끝에는 "誠心, 年 月 日 時生, 命" 등을 새겨 목판 인출본의 소지자가
본인의 생년월일 등을 기록할 수 있게 하였다.

한편 뒷면 하단 밑에는 1종의 불인과 1종의 탑인, 그리고 7종의 부적이
실려 있다. 부적의 경우 ①성정각인(成正覺印)과 ②여의부(如意符), ③호신인
(護身印), ④보우인(寶雨印), ⑤대보인(大寶印), ⑥보득인(寶得印), ⑦정토인(淨土
印) 등이 차례로 실려 있으며, 이 중 ②여의부(如意符)의 경우 부적 명칭과 함
께 소망성취(所望成就)라는 효능이 적혀 있으나, 나머지는 부적 명칭이 생략

된 채 다음 표와 같이 각 부적의 효능만이 기록되어 있다(부적 명칭이 생략된 부분은 괄호 안에 부적 명칭을 써두었다)(표92).

표92. 「신묘장구대다라니」 목판에 실린 7종의 부적

(淨土印) 當生淨土	(寶得印) 諸罪能滅	(大寶印) 滅罪成佛果	(寶雨印) 破地獄生佛土	(護身印) 善神守護	**如意符** 所望成就	(成正覺印) 當得見佛

'관세음보살(千手千眼觀世音菩薩)의 손[手]'이란 제목, 즉 '천수(千手)'를 통한 관세음보살의 가호(加護)를 강조하고 있는 위 목판과 관련해, 관세음보살의 42수(四十二手) 중 일부와 함께 부적이 수록된 또 다른 목판이 간행되기도 하였다.

1838년 (김제) 청하산(靑蝦山) 청운사(靑雲寺)에서 제작된 목판이 그것으로(도111),[377] 이와 유사한 또 다른 형태의 19세기 목판 인출본이 전해지기도 한다(도112).

위 목판과 인출본에는 「대준제솔도파(大准提率都婆)」란 제목과 함께 중앙에는 9층의 탑을, 그리고 상단 양옆에는 비로자나인(毘盧遮那印)과 탑인(塔印)을 새겨 두었다.

중앙에 위치한 탑 상륜부 및 탑신부에는 원(圓) 안에 "옴(唵) 자(折) 례(隷)

---

377 이 목판은 국립민속박물관에 소장되어 있으며, 목판 뒷면에 '佛紀二千三百八十五年戊戌 (1838)七月十五日靑蝦山靑雲寺藏板'이란 刊記가 새겨져 있다. 국립민속박물관, 소장품번호: 민속027919.

도111. 大准提率都婆 다라니 목판,
1838년, 청운사, 국립민속박물관 소장,
e뮤지엄

도112. 大准提率都婆 다라니, 19세기
추정, 고양 원각사 소장

주(主) 례(隸) 준(准) 제(提) 사바(娑婆) 하(訶) 부림(部林)"등 준제진언(准提眞言)
10자가 범자로 새겨져 있으며, 옥개석 처마에는 풍탁을 대신해 '화궁전수진
언(化宮殿手眞言)'과 '정상화불수진언(頂上化佛手眞言)'을 범자로 새겨 두었고,
그 옆에 각각의 진언 제목을 써두었다. 그리고 탑의 하단 좌우에는 4종씩 총
8종의 부적 도상이 새겨져 있다.

　부적의 경우 각각 명칭은 생략된 채 ①당생정토(當生淨土), ②파지옥생
불토(破地獄生佛土), ③제죄능멸(諸罪能滅), ④선신수호(善神守護), ⑤당득견불
(當得見佛), ⑥멸죄성불(滅罪成佛), ⑦만겁불수생사(萬劫不受生死), ⑧소망성취
(所望成就) 등 효험이 쓰여 있어, 각각 ①정토인(淨土印), ②보우인(寶雨印), ③보
득인(寶得印), ④호신인(護身印), ⑤성정각인(成正覺印), ⑥대보인(大寶印), ⑦마
하인(摩訶印), ⑧여의인(如意印) 등이 실려 있음을 알 수 있다. 그리고 여기에는

「신묘장구대다라니」목판과는 달리 ⑦마하인(摩訶印)이 추가되어 있다^[표93].

표93. 「대준제솔도파」 다라니에 실린 부적

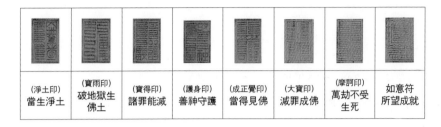

(淨土印) 當生淨土	(寶雨印) 破地獄生 佛土	(寶得印) 諸罪能滅	(護身印) 善神守護	(成正覺印) 當得見佛	(大寶印) 滅罪成佛	(摩訶印) 萬劫不受 生死	如意符 所望成就

한편 위 청운사에서 1838년에 제작된 목판의 경우 뒷면에 '불설금강정유가최승비밀성불수구즉득신변가지성취다라니(佛說金剛頂瑜加最勝秘密成佛隨求卽得神變加持成就陀羅尼)'란 제목과 범자 다라니가 실려 있는데, 이는 불공(不空) 역 『금강정유가최승비밀 성불수구즉득신변가지성취다라니의궤』에 실린 다라니임을 알 수 있다^[도113]. 그리고 우측 하단에는 명칭이 기록되지 않은 채 '왕생정토부(往生淨土符)'가 실려 있기도 하다.

한편 1897년(光武 1) 유점사에서 간행된 〈수구탑솔도파(隨求塔率都波)〉 다

도113. 금강정유가~성취다라니, 청운사, 국립민속박물관 소장. e뮤지엄

337

라니〉[378]의 경우 중앙의 탑을 중심으로 우측 상단에 준제진언(准提眞言)이란 명칭과 함께 준제구자도(准提九字圖)가, 그리고 하단에는 4종의 부적이 실려 있다[도114].

도114.〈수구탑솔도파 다라니〉, 1897년, 유점사 간행, 『한국의 사찰문화재 11, 경남2-1』, 2011. p.332.

도115.〈상불탑솔도파 다라니〉, 1910년, 직 지사 성보박물관, 직지사 제공

또한 1910년에는〈수구탑솔도파 다라니〉와 유사한 형태의〈상불탑솔도파(上佛塔率都婆) 다라니〉가 간행되었으며, 이 역시 4종의 부적이 실려 있다[도115].[379]

이 두〈솔도파 다라니〉의 경우, 각각 하단에 4종의 부적과 함께 명칭은 생략된 채 "①왕생정토(往生淨土), ②만겁불수생사(万劫不受生死), ③당득견불(當得見佛), ④당생정토(當生淨土)" 등의 효험이 쓰여 있어, 각각 ①왕생정토부와 ②마하인(摩訶印), ③성정각인(成正覺印), ④정토인(淨土印) 등이 실려 있음을 알 수 있다[표94].

||||||||||

378 문화재청, (재)불교문화재연구소, 『한국의 사찰문화재 11, 경남2-1』, ㈜조계종출판사, 2011. p.332. 隨求塔率都波 陀羅尼, 大韓光武一年(1897)七月日江原道杆城郡楡岾寺, 무룡사 소장.

379 위 인출본 목판이 다음에 소개되어 있다. 古都舍, 『한국의 부적』, 관훈기획, 1996. p.41. 上佛塔率都婆 陀羅尼, 隆熙四年庚戌 四月初八日開刊 證書 般虛金奉寅 獨刊主 禹榮俊.

표94. 〈상불탑솔도파 다라니〉에 실린 4종의 부적

(淨土印)	(成正覺印)	(摩訶印)	(往生淨土符)
當生淨土	當得見佛	万劫不受生死	往生淨土

(2) 정토신앙과 왕생정토부

한편 위 1838년 청운사 제작 목판과, 1897년 유점사 간행의 〈수구탑솔도파 다라니〉, 1910년에 간행된 〈상불탑솔도파 다라니〉에 실린 '왕생정토부'가 사용된 최초의 예로는 1754년 백양산 운문암에서 간행된 목판을 들 수 있다 〔도116〕 380.

도116. 왕생정토부 목판, 1754년, 백양사 소장, 필자 촬영, 반전

위 목판은 "각공(刻工) 긍인(亘仁) 비구"가 간행한 것으로, 다음 내용과 함께 '왕생정토부' 10매가 새겨져 있다〔도117〕.

||||||||||||
380 대한불교조계종 불교중앙박물관,『백암산 백양사』,㈜도반HC, 2023.9. p.74.

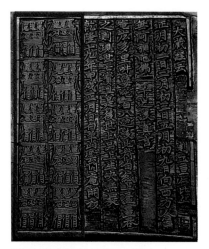

도117. 왕생정토부 목판(부분) 반전

"대장경에 이르되, 정월 초1일, 2월 초3일, 5월 초9일에 서방(西方)을 향해 '나무아미타불' 1천 편을 (송한) 후 (진언을 외운다.) 〈옴(唵) 마다리(麼多里) 훔(吽) 바탁(娑吒)〉, 108편을 (외운) 후 이 부(符)를 백지에 써서 삼킨즉, 현세에 칠보가 구족할 것이며, 후세에 상품상생하니, 결정코 의심할 바 없을 것이다.

건륭(乾隆)19년 갑술 정월일, 백양산 운문암 개판."[381]

이 '왕생정토부'는 주로 정토신앙과의 관련 속에서 사용되기도 했던바, 1781년 송광사에서 간행된 「권수정업왕생첩경도(勸修淨業往生捷徑圖)」 목판에도 '왕생정토부'가 실려 있음을 볼 수 있다(**도118**).

이 목판의 앞면에는 「권수정업왕생첩경도」가 새겨져 있는데, 화면을 상하단으로 나누어 상단에는 극락에서 설법하는 아미타불을 중앙에 배치하고 좌우에 관세음, 미륵, 허공장, 보현, 금강수, 문수, 제개장, 지장 등 팔대보살이 연화대에 서 있는 모습을 묘사하였다.

그 위에는 「권수정업왕생첩경」 여덟 자를 한자로 새겼고, 좌우에는 관세음보살의 「본심미묘육자대명주(本心微妙六字大明呪)」인 '옴마니반메훔' 6자를 범자(梵字)로 좌우 3자씩 써 두었다.

---

381 "大藏經云 正月初一日 二月初三日 五月初九日 向西方 念南無阿彌陀佛 一千篇後, 眞言 〈唵 麼多里 吽 娑吒〉 百八篇後 此符白紙上口書 吞之則 現世七宝具足 後世上品上生 決無 疑. 乾隆十九年甲戌 正月日 白羊山 雲門庵 開板."

도118. 〈권수정업왕생첩경도〉, 84×52cm, 1781년, 원각사 소장

　　하단에는 극락의 구품연화대(九品蓮華臺) 위에 왕생하는 모습을 상중하 3단으로 나누어 원 안에 표시하였다. 하단 왼쪽 하품하생(下品下生)에는 연꽃만이 묘사되어 있고, 상단 중앙의 상품상생(上品上生)에는 보살이 보관(寶冠)을 쓰고 두광(頭光)과 신광(身光)을 발하면서 연꽃 위에 앉아 있는 모습이 대비되어 있다. 9개의 원 사이는 연화(蓮花)로 장식하였다. 위 도상은 염불왕생 수행이 성행했음을 보여주는 자료로, 조선 중기에 주로 판각되었다. 위 목판의 경우 "乾隆46年辛丑(1781) 七月日刊 板于 靈源庵"이란 간기(刊記)가 있으며, 송광사에 목판이 소재해 있음을 미루어, 영원암 간행본을 송광사에서 복각한 것으로 추정된다.

　　한편 뒷면에는「중봉화상보권염불첩경(中峰和尙普勸念佛捷徑)」이란 제목하에「십법계도(十法界圖)」로서 제불법계, 보살법계, 성문법계, 인륜법계, 축생법계, 지옥법계, 아귀법계, 수라법계, 제천법계, 연각법계 등 윤회와 관련된 도상이 소개되어 있으며, 옆면에는 왕생에 이르는 방법이 소개되어 있다. 그리고 「중봉화상보권염불첩경」 상단에는 '왕생정토부' 10매가 새겨져 있으며, 그 위에는 진언을 외운 후 부적을 삼킨다는 다음 내용이 기록되어 있다.

"대장경에 이르되, 정월 초1일, 2월 초3일, 5월 초9일에 서방(西方)을 향해 '나무아미타불' 1천 편을 염(念)한 후 (진언을 외운다.) 진언은 〈옴(唵) 마다리(麼多哩) 훔(吽) 바탁(婆吒)〉으로, 108편을 (외운) 후 이 부(符)를 삼킨즉, 현세에 칠보가 구족할 것이며, 후세에 상품상생할 것이다."[382]

이어 하단 간기란에는 환암(喚庵), 문곡(文谷) 등의 주재로 개최된 영원암 만일회(萬日會) 내용과 함께 "萬日會 留鎭"이라 하여 목판이 만일회에 소장되었음을 기록하였다. 한편 이와 관련해 『경암집』 「영원암설회사적기(靈源庵設會事蹟記)」에는 다음 내용이 기록되어 있다.

"건륭임진(1772)에 이르러 백화(白花), 문곡(文谷), 환암(喚庵) 세 장로가 납자 약간 명과 함께 여기에 만일회(萬日會)를 개설하니 …(중략)… 서방에 뜻을 두고 함께 왕생할 것을 약속하였다."[383]

이 내용을 미루어 볼 때 이 목판은 1772년에 염불왕생을 염원하며 간행된 것으로, 여기 실린 '왕생정토부'는 만일회 당시에 실제 부(符)를 삼키기 위

---

382 「勸修淨業往生捷徑圖」, 乾隆46年辛丑(1781) 七月日刊 板于 靈源庵. "大藏經云 正月初一日 二月初三日 五月初九日 向西方 念南無阿彌陀佛一千篇後, 眞言曰〈唵 麼多哩 吽 婆吒〉百八篇後 此符吞之則 現世七宝具足 後世上品上生."

383 『鏡巖集』(卷之下)(『韓佛全』10), p.442下. "乾隆壬辰 有白花文谷喚庵三長老 從衲子若干 此設萬日會 …(중략)… 刻意西方 同時往生."

한 목적으로 판각된 것으로 추정된다.

「권수정업왕생첩경도」는 불명산 쌍계사본(1571), 금산 신안사본(1576), 하동 쌍계사 소장 영원암본(1640), 통도사 소장 원적산 운흥사본(1678), 송광사 소장 영원암본(1781) 등이 있다. 이 가운데 현존 자료 중 (1772년 간행 추정의) 영원암 목판을 1781년 송광사에서 복각한 목판에만 「중봉화상보권염불첩경」이 판각되어 있음을 볼 수 있다. 이를 미루어 볼 때, '왕생정토부'는 18세기 후반부터 왕생정토를 기원하는 만일회(萬日會)의 개설과 함께 확산되었음을 알 수 있다.

이와 관련해 1860년 금강산 건봉사 만일회에서 간행한 다라니[도119]384 말미에도 '왕생정토부'가 실려 있는데, 이를 통해 만일회 개설과 '왕생정토부' 간행의 관계성을 생각할 수 있다.

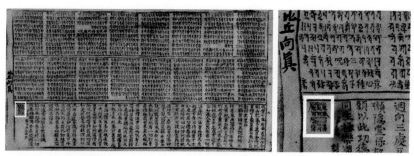

도119. 건봉사 만일회 간행 다라니, 『한국의 사찰문화재 – 전국①』, p.291.

한편 1784년 쌍계사 수도암에서 간행된 『밀교개간집(密敎開刊集)』 「대장경(大藏經) 왕생정토식부법(徃生淨土食符法)」 항목에 역시 다음 내용과 함

384 문화재청·(재)불교문화재연구소, 『한국의 사찰문화재 – 일제조사 – 전국①』, ㈜조계종출판사, 2014. p.291. "咸豊十年庚申夏余住金」 剛山乾鳳寺萬日會演說」 首楞了義至第七卷顯益」 勸持其畧曰」 … 懶隱堂保郁書梵謹識」 刻手比丘性典」 墨書 : 比丘向眞」.

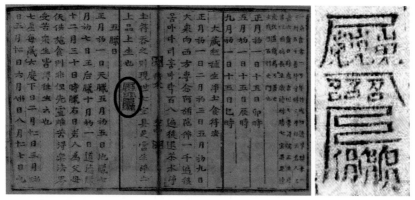

도120.『密敎開刊集』「大藏經 往生淨土食符法」, 1784년, 원각사 소장

께 '왕생정토부'가 판각되어 있다[**도120**].

> "正月初一日 二月初三日 五月初九日 大衆向西方 專念阿彌陀佛 一千遍
> 後 옴 마다리 훔 바탁 百八遍後〈退茶水〉淨土符吞之 則現世七宝具足 當
> 生淨土上品上生也."[385]

이 내용은 앞서 「중봉화상보권염불첩경」에 기록된 것과 같은 것으로,
다만 "퇴다수(退茶水)"가 추가되어 있다. 즉 다기 물인 청수(淸水)를 불전에 올
린 후 그 물로 부적을 삼킨다는 것이다.

한편 원각사에 소장된 전래의『밀교개간집』안에서는 먹으로 쓴 '왕생
정토부' 6매와 여분의 종이가 발견되었는데[**도121**], 이는 물로 부적을 삼키기
위한 것이었으리라 생각된다.

‖‖‖‖‖‖‖‖

385 『密敎開刊集』, 乾隆四十九年甲辰(1784)七月日 慶尙右道星州牧西佛靈山雙溪寺修道菴開
刊, 고양 원각사 소장, 64면.

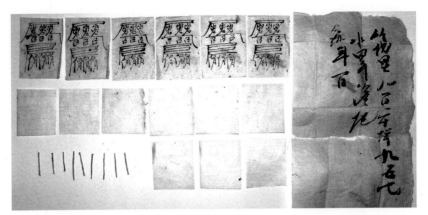

도121. 『密敎開刊集』안에서 발견된 徃生淨土符, 원각사 소장

　　「대장경 왕생정토식부법」과 '왕생정토부'는 1869년 해인사에서 간행된 『일용작법』에도 실려 있는데, 『밀교개간집』 내용 중 "當生淨土上品上生也"를 "當生淨土上品也"라 하여 "上生"이 빠진 것 외에는 같은 내용을 신고 있다.[386]

　　한편 18세기에 간행된 것으로 추정되는 『고왕관세음경』 말미의 「정토부(淨土符)」 항목에 '왕생정토부'와 함께 다음의 진언 독송 공덕이 기록되어 있다.

　　"옴 마다리 훔 바탁 108편 운운 (하는 것은) 9만 천신이 옹호하는 것(과 같고), 1만 6천 1백 년의 지계 공덕에 준한다. (또한) 1억 2만 석의 쌀을 쌓는 것이다. 이 내용은 대장경에 나오는 것이다."[387]

｜｜｜｜｜｜｜｜｜｜

386　『日用作法』, 同治八年己巳(1869)三月日 陜川海印寺兜率庵開刊仍以留置. 49-50면.

387　『高王觀世音經』 23면. https://kabc.dongguk.edu/iewer/iew?ataId ABC_NC_08042_0001 "庵 麼多尼 吘 發吒 一百八篇 云云 九萬善神擁護 一萬六千一百年 持戒功德準 積米 一億二萬碩 右出大藏經."

이어『고왕관세음경』에는 앞서 든『밀교개간집』에서와는 달리 '왕생정
토부'를 다음과 같이 3종의 글자로 파자(破字)해 싣고 있다[표95].

『고왕관세음경』「정토부」항목	파자(破字)	왕생정토부

그런데 파자된 3종의 글자를 축자적(逐字的)으로 해석하면, '왕생정토
부'는 '망자를[尸, 주검을] 높이[鬼] 날게끔[飛, 丶] 불러들여[召] 해[日]와 달[月]
과 함께 머물게 한다'는 뜻으로 이해될 수 있다. 이는 출전(出典)이 불명확한
'왕생정토부'의 생성 원리를 추정할 수 있는 근거가 된다고 할 수 있다.

정토신앙과 관련된 '왕생정토부'는 불인(佛印) 및 다른 부적과 혼합해 사용
되기도 하였다. 한 예로 19세기 후반에 간행된 것으로 추정되는「서방정토극
락세계구품연화대지도(西方淨土極樂世界九品蓮華臺之圖)」를 들 수 있다[도122].

이 도(圖)의 중앙 상단에는 〈서방정토극락세계구품연화대지도〉라는 명
칭이 쓰여 있다. 그리고 상단의 중앙 아미타불 좌우에는 보처(補處)로서 '자
재왕치온독다라니(自在王治溫毒陀羅尼)' 및 '일자정륜왕다라니(一字頂輪王陀羅
尼)'라는 명칭과 함께 해당 불인(佛印)을 배치해 두었다.

하단에는 〈아미타구품도(阿彌陀九品圖)〉가 실려 있는데, 구품(九品)의 경
우 연꽃의 활짝 핀 정도로 상·중·하품 및 상생, 중생, 하생을 묘사했으며, 하
단에는 관련 게송을 수록하였다. 그런데 여기 실린 〈아미타구품도〉 및 게송

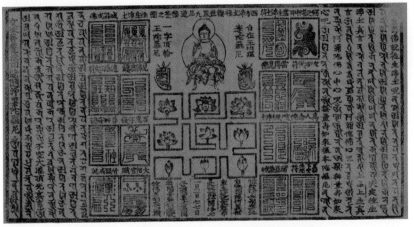

도122. 〈西方淨土極樂世界九品蓮華臺之圖〉, 19세기 후반 추정, 원각사 소장

은 1769년 진허팔관(振虛捌關, 1769~1803)이 편찬한 『삼문직지(三門直指)』 중 〈서방극락세계구품연대도(西方極樂世界九品蓮臺圖)〉의 내용을 인용한 것으로 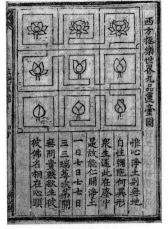, 내용은 다음과 같다.

도123. 〈西方淨土極樂世界九品蓮華臺之圖〉, 1769년, 동국대도서관 소장

"유심정토란 따로 땅이 있지 않네(惟心淨土別無地)

자성이 미타이니, 어찌 다른 모습이겠는가(自性彌陁何異形)

중생들이 이에 미혹하여 번뇌 속에 있으니(衆生迷此在塵中)

이 때문에 부처님이 정토를 여셨네(是故能仁開淨土)

하루, 칠일, 사십구일(一日七日七七日)

9종의 상서로운 (연꽃)받침 차례로 피게 하시니(三三瑞蕚次第開)

귀천을 막론하고, 그곳에 나고자 하는 자(無問貴賤欲生彼)

저 부처님 명호를 항상 마음에 두어야 하리(彼佛名相在心頭)."[388]

위 내용은 서방정토(西方淨土)와 유심정토(唯心淨土)의 합일을 추구한 당시 불교계의 경향을 보여주는 것으로, 위 「서방정토극락세계구품연화대지도」는 유심정토라는 정토사상의 배경 속에 생겨난 것임을 알 수 있다. 한편 위 〈서방정토극락세계구품연화대지도〉 좌우에는 ① 무량수불설왕생정토주(無量壽佛說往生淨土呪), ② 결정왕생정토진언(決定往生淨土眞言), ③ 상품상생진언(上品上生眞言), ④ 아미타불심주(阿彌陀佛心呪), ⑤ 아미타불심중심주(阿彌陀佛心中心呪), ⑥ 무량수여래심주(無量壽如來心呪), ⑦ 무량수여래근본다라니(無量壽如來根本陀羅尼), ⑧ 불공대관정광진언(不空大灌頂光眞言), ⑨ 문수보살법회능수정업다라니(文殊菩薩法回能隨淨業陀羅尼) 등이 수록되어 있으며, 안쪽에는 다음과 같이 1종의 불인(佛印)인 석가화압인(釋迦花押印)과, 부적 명칭은 생략된 채 다음과 같이 15종의 부적과 그 효능이 실려 있다(표96).

표96. 〈서방정토극락세계구품연화대지도〉에 실린 15종의 부적

⑦ (寶得印) 諸罪能滅	⑥ (寶雨印) 破獄淨土	⑤ (成正覺印) 當得見佛	④ (淨土印) 當生淨土符	③ (摩訶印) 萬劫不受生死符	② (滅罪印) 爲人念佛	① (觀音印) 破地獄符 能産印	釋迦花押印

388 『三門直指』, 乾隆三十四年己丑(1769)四月日 振虛捌闕謹撰, 乾隆三十四年己丑(1769)四月日 今金麗玉書...安州隱寂寺開板移鎭響山普賢寺. 40면.

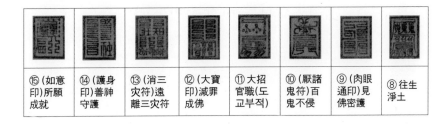

⑮ (如意印)所願成就	⑭ (護身印)善神守護	⑬ (消三灾符)遠離三灾符	⑫ (大寶印)滅罪成佛	⑪ 大招官職(도교부적)	⑩ (厭諸鬼符)百鬼不侵	⑨ (肉眼通印)見佛密護	⑧ 往生淨土

　　이 가운데 ①의 경우 1375년에 간행된 〈원당암 - 제다라니〉와 1447년
경에 간행된 〈파계사 묵인다라니(墨印陀羅尼)〉에서는 관음능산인(觀音能産印)
이라 기록된 것으로, "정수리에 놓거나 주서(朱書)를 삼키면 쉽게 출생한다
(頂安及朱書呑則易生)"는 효능이 기록된 것이다. 또한 1458년에 간행된 〈흑석
사 복장 다라니〉에서는 능산인(能産印)이라 소개된 것으로, 여기서는 부적의
명칭이 파지옥부(破地獄符)라 잘못 기록되어 있으며, 효능 또한 생략되었음
을 볼 수 있다.

　　한편 ⑧왕생정토(往生淨土)는 기존에 주로 사용된 24종의 부적과는 달
리 개별적으로 사용된 '왕생정토부'로, 여기서는 정토 수행에 따른 '왕생정토
부'가 기존 부적의 범주에 편입된 예를 보여준다. 한편 위 부적과 함께 실린
내용의 경우 부적의 원래 명칭이 생략된 것으로, 부적의 효능이 명칭을 대신
하고 있음을 볼 수 있다.

(3) 불복장(佛腹藏)과 의식 용도에 따른 부적

불복장(佛腹藏) 용도의 다라니에 부적이 사용되기도 하였다. 1687년에 조성
된 성주 선석사 대세지보살좌상 복장에서 수습된 다라니의 경우, 우측에는
불정심관세음보살모다라니(佛頂心觀世音菩薩姥陀羅尼)와 일자정륜왕다라니,
자재왕치온독다라니, 소재길상다라니 등을 범자로 싣고 있다. 그리고 좌측
에 ① 관음능산인(觀音能産印)과 ② 염제귀부(厭諸鬼符), ③ 온퇴부(瘟退符), ④

능산인(能産印) 등 부적이 실려 있는 것이다.[도124].389

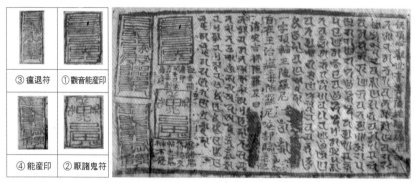

도124. 선석사 복장 다라니, 『한국의 사찰문화재 일제조사 – 전국①』, p.301.

이 중 ① 관음능산인(觀音能産印)의 경우 "頂安及 朱書呑則 易生"이, 그리고 ② 염제귀부(厭諸鬼符)의 경우 "持及帖之 鬼神不侵" 등 부적의 명칭 및 효능이 같이 실려 있는데, 이는 1375년에 간행된 〈원당암 – 제다라니〉 및 1447년경에 간행된 〈파계사 묵인다라니〉에서와 동일한 명칭 및 효능이 쓰여 있음을 알 수 있다.390 이에 비해 ③ 온퇴부와 ④ 능산인의 경우 부적의 명칭 내지 효능이 생략된 채 부적만이 실려 있다.

한편 18세기에 간행된 것으로 추정되는, 간기 미상인 다라니의 경우 우측에 일체제불현전안위다라니(一切諸佛現前安慰陁羅尼)와 왕생서방정토진언, 대불정여래밀인수증요의제보살만행수능엄신주, 관음보살미묘본심육자대명왕진언(觀音菩薩微妙本心六字大明王眞言), 연수명다라니(延壽命陁羅尼)

---

389 문화재청·(재)불교문화재연구소, 『한국의 사찰문화재 – 일제조사 – 전국①』, ㈜조계종출판사, 2014. p.301.

390 문상련(정각)·김연미, 「조선시대 불교 부적의 연원과 전개 – 고려시대 전통의 계승과 변화」, 『한국불교학』106, (사)한국불교학회, 2023.5. p.201.

도125. 일체제불현전안위다라니, 18세기 추정, 원각사 소장

등이 범자로 실려 있다. 그리고 좌측에는 불인(佛印) – 석가화합인 – 1종과 4
종의 부적이 실려 있다. 명칭 내지 효능에 대한 설명이 실려 있지 않지만, 이
전 자료와 비교해 보면 ① 소삼재부(消三災符), ② 피열부(避熱符), ③ 염제귀
부(厭諸鬼符), ④ 관음능산인(觀音能産印) 등이 실려 있음을 알 수 있다[**도125**].

이외에 불복장 의식과 관련된 다라니에 '왕생정토부'가 실려진 예가 발
견되기도 한다[**도126**].

불복장 의식에 사용되는 '문수보살법인능소정업다라니(文殊菩薩法印能

도126. 불복장 다라니, 19세기(추정), 가회민화박물관, e뮤지엄

消定業陀羅尼)와 칠구지불모심대준제다라니(七俱胝佛母心大准提陀羅尼), 팔엽
대홍련지도(八葉大紅蓮之圖)와 진심종자도(眞心種子圖), 오륜종자도(五輪種子
圖), 출실지도(出悉地圖), 입실지도(入悉地圖), 준제구자도(准提九字圖)'391 등을
하나의 목판에 새긴 것으로, 그 왼쪽 하단에 '왕생정토부' 6매를 새긴 예가
발견되는 것이다.

　　불복장 의식의 상세 내용을 싣고 있는『조상경(造像經)』의 경우 용천사
(1575), 능가사(1667), 화장사(1720), 김룡사(1746), 유점사(1824) 등에서 간행된
바 있다.

　　한편『조상경』「복장소입제색(腹藏所入諸色)」항목에는 불복장에 납입하
는 여러 물목을 소개하고 있는데, 이 가운데 위 '불복장 다라니'에 실린 '칠구
지불모심대준제다라니(七俱胝佛母心大准提陁羅尼)'의 경우 1824년 유점사 간
행의『조상경』에만 실린 점을 미루어 볼 때, '칠구지불모심대준제다라니'가
새겨진 위 다라니는 1824년 유점사 간행의『조상경』에 근거한 것으로, 19세
기 중반 이후에 간행된 것으로 추정된다.

　　이 낱장 인출본의 경우, 소규모로 제작된 500나한의 복장 등 다수의 조
상(造像)에 대한 복장 의식을 위해 한 장의 종이에 여러 내용을 인출한 후, 각
각의 다라니와 진심종자도 등을 불복장 의식을 위해 오려서 사용했을 수 있
다. 그럼에도 위 불복장 관련 내용을 판각하는 가운데 '왕생정토부'를 같이
새겨둔 까닭은 당시 불복장 의식에 왕생정토부가 사용되었거나, 아니면 각
각의 다라니와 진심종자도 등을 불복장 의식을 위해 사용한 후 별도로 소장
하기 위해 '왕생정토부'를 목판에 새겨두었을 것으로 생각된다.

||||||||||

391　『造像經』, 道光四年甲申(1824)六月日 金剛山楡岾寺藏板. 20면, 33~34면.

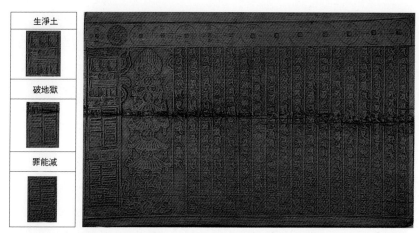

生淨土

破地獄

罪能減

도127. 다라니경 목판, 조선후기, 동국대 박물관(소장번호: 동국대1622), e뮤지엄

한편 동국대 소장의 〈다라니경 목판〉[392]에서도 '왕생정토부'가 판각된 예를 볼 수 있다[도127].

이 목판은 조선 후기에 제작된 것으로 추정되며, 우측에는 범자 다라니와 탑을, 좌측 끝에는 3종의 부적을 새겨둔 형태이다. 부적의 경우 ① 생정토(生淨土)란 명칭과 함께 왕생정토부를, ② 파지옥(破地獄)이란 명칭과 함께 보우인(寶雨印)을, ③ 죄능멸(罪能滅)이란 명칭과 함께 보득인(寶得印)을 새겨두었다.

또한 상단에는 예수재(豫修齋) 설행과 관련된 금은전(金銀錢)을 새겨 두었는데, 부적과 금은전의 경우 잘라 사용해도 다른 부분에 무리가 없게끔 별도의 궤를 마련해 두고 있음을 볼 수 있다.

---

392 동국대학교 박물관, 소장번호: 동국대1622. e뮤지엄(전국박물관소장품검색) 참조.

(4) 예수재와 부적의 활용

예수재(豫修齋) 설행에 필요한 수생전(壽生錢)으로서 금은전(金銀錢) 제작과 관련해, 부적이 함께 제작된 또 다른 예를 볼 수 있다. 19세기경에 제작된 것으로 추정되는, 고창 선운사 제작의 금은전 목판에는 목판에 불인(佛印) 내지 탑인(塔印)과 함께 부적이 새겨져 있는 것이다[도128].[393] 이외에 간기 미상의 자료로, 19세기 제작 추정의 인출본에 역시 금은전과 함께 9종의 부적이 새겨져 있음을 볼 수 있다[도129].

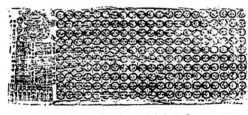

도128. 금은전 목판, 선운사, 19세기 추정, 『全國寺刹所藏木版集』, p.206.

도129. 금은전 인출본, 19세기 추정, 원각사 소장

19세기 제작 추정의 인출본에 새겨진 9종의 부적은 ① 왕생정토, ② 파지옥, ③ 제죄능멸, ④ 당득견불, ⑤ 멸죄성불, ⑥ 만겁면고, ⑦ 변성불토, ⑧ 당생정토, ⑨ 소망성취 등 부적 명칭이 생략된 채 각각 부적의 효능이 부적의 명칭을 대신하고 있음을 볼 수 있다[표97].

표97. 금은전(金銀錢) 목판 인출본에 실린 9종의 부적

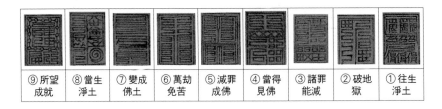

⑨ 所望成就	⑧ 當生淨土	⑦ 變成佛土	⑥ 萬劫免苦	⑤ 滅罪成佛	④ 當得見佛	③ 諸罪能滅	② 破地獄	① 往生淨土

---

393 박상국, 『全國寺刹所藏木版集』, 문화재관리국, 1987. p.206.

354

이상, '신앙 및 의식 용도'에 따른 다양한 부적이 사용되었는데, 각 출전 문헌에 따라 여기 사용된 부적을 ( ) 안에 부적 명칭과 함께 표로 보이면 다음과 같다(표98). 각 문헌에 실린 순서에 따라 번호를 부여했으며, 부적의 명칭 및 용례는 출전 문헌에 기록된 것을 기준 삼았다.

표98. '신앙 및 의식 용도'에 따른 다라니에 실린 부적 공관표(共觀表)

	신묘장구 대다라니, 19세기, 신흥사	대준제 솔도파, 1838년, 청운사	수구탑 솔도파. 1897년, 상불탑 솔도파, 1910년본	서방정토 극락세계 구품연화 대지도, 19세기 후반	불복장용 다라니 1, 1687년, 성주 선석사	불복장용 다라니 2, 18세기 추정	불복장용 다라니 3, 19세기 추정	다라니경 목판, 동국대, 조선 후기	예수재 목판, 19세기
(1) 성정각인 (成正覺印)	① 當得見佛	⑤ 當得見佛	③ 當得見佛	⑤ 當得見佛					④ 當得見佛
(2) 정토인 (淨土印)	⑦ 當生淨土	① 當生淨土	④ 當生淨土	④ 當生淨土符					⑧ 當生淨土
(3) 육안통인 (肉眼通印)				⑨ 見佛密護					
(4) 멸죄인 (滅罪印)				② 爲人念佛					
(5) 대보인 (大寶印)	⑤ 滅罪成佛果	⑥ 滅罪成佛		⑫ 滅罪成佛					⑤ 滅罪成佛

(6) 보우인 (寶雨印)							
	④破地 獄生佛 土	②破地 獄生佛 土		⑥破獄 淨土		②破地 獄	②破地 獄
(7) 마하인 (摩訶印)							
		⑦萬劫 不受生 死	②万劫 不受生 死	③萬劫 不受生 死符			⑥萬劫 免苦
(8) 보득인 (寶得印)							
	⑥諸罪 能滅	③諸罪 能滅		⑦諸罪 能滅		③罪能 滅	③諸罪 能滅
(9) 호신인 (護身印)							
	③善神 守護	④善神 守護		⑭善神 守護			
(10) 여의부 (如意符)							
	②如意 符 所望 成就	⑧所望 成就		⑮所願 成就			⑨所望 成就
(11) 관음능산인 (觀音能産印)							
				①破地 獄符	①觀音 能産印 頂安及 朱書呑 則易生	⑤	
(12) 염제귀부 (厭諸鬼符)							
				⑩百鬼 不侵	②厭諸 鬼符 持 及帖之 鬼神不 侵	④	

(13) 소삼재부 (消三灾符)				⑬ 遠離 三灾符	①			
(14) 피열부 (避熱符)					③			
(15) 온퇴부 (瘟退符)				③				⑦ 變成 佛土
(16) 능산인 (能産印)				④				
(17) 大招官職 (도교부적)				⑪ 大招 官職				
(18) 왕생정토부 (往生淨土符)		①往生 淨土	⑧往生 淨土				①生淨 土	①往生 淨土

이상에서 볼 때, '신앙 및 의식 용도'에 따른 다양한 부적의 경우 조선시대에 널리 사용된 24종의 부적 내지 24종의 부적에 '화과인'과 '구산(난)부'를 포함한 총 26종의 부적[394] 중 불교 고유의 부적으로는 (1) 성정각인(成正覺印), (2) 정토인(淨土印), (3) 육안통인(肉眼通印), (4) 멸죄인(滅罪印), (5) 대보인

||||||||||

394 문상련(정각)·김연미, 「조선시대 불교 부적의 연원과 전개 - 고려시대 전통의 계승과 변화」, 『한국불교학』106집, (사)한국불교학회, 2023.5 pp.194-195.

(大寶印), (6) 보우인(寶雨印), (7) 마하인(摩訶印), (8) 보득인(寶得印), (9) 호신인(護身印), (10) 여의부(如意符), (11) 관음능산인(觀音能産印), (12) 염제귀부(厭諸鬼符), (13) 소삼재부(消三災符), (14) 피열부(避熱符), (15) 온퇴부(瘟退符), (16) 능산인(能産印) 등 16종이 사용되었으며, 화과인(花果印)과 구산난부(救産難符)는 사용되지 않았음을 알 수 있다. 한편 7종의 도교 부적 중에서는 유일하게 (17) 대초관직(大招官職)이 포함되어 총 17종의 부적이 사용되었음을 알 수 있다. 이외에, 기존 24종 내지 26종의 부적에 포함되지 않았던 (18) 왕생정토부(往生淨土符)의 경우 18세기 후반 이래 정토신앙 및 불복장과 의식 용도의 문헌에서 널리 사용되었음을 알 수 있다.

4) 민속신앙 부적의 불교 유입

섣달 그믐과 정월 대보름, 입춘 내지 단오 등 세시풍속과 관련해 부적이 사용되기도 했는데, 이 경우 불교 고유의 부적이 무속 내지 민속의 부적과 혼합 사용된 예를 발견할 수 있다. 또한 상장례(喪葬禮)와 관련된 부적이 사용되기도 했는데, 이는 민간신앙 예를 불교에서 수용한 것으로 생각된다.

(1) 민속신앙과 불교 부적

먼저 삼재(三災)와 관련해 입춘날 내지 정월 대보름날 절에서는 '삼재(三災)풀이'가 행해져, 대개의 경우 「륙모적살경 다라니주」를 읽고 『삼재경(三災經)』을 외운 후 삼재 든 자를 축원하는 간단한 절차로 마쳐진다. 그런데 이때 쓰이는 「륙모적살경 다라니주」 및 『삼재경』은 무경(巫經)으로, 1549년 지리산 신흥사에서 간행된 의정(義淨, 635~713) 역 『천지팔양신주경(天地八陽神呪

經)』말미에『삼재경(三災經)』이 필사되어 있음을 발견할 수 있다.[395]

　여기 실린『삼재경』의 경우, 맨 앞에 "八留出 每年正月 卯衣日 八百遍 誦 弥免灾 大吉", 즉 "매년 정월 묘일(卯衣日)에 800편을 독송하면 재앙을 두루 면하고 대길(大吉)할 것이다"는 내용에 이어 "나무(南無) 금강조신(金剛造神) 삼재(三災) 일시소멸(一時消滅)"이란 경문이 실려 있다. 이어 천관조신(天觀造神), 지관조신(地觀造神), 화관(火觀)조신, 수관(水觀)조신, 목관(木觀)조신, 년관(年觀)조신, 월관(月觀)조신, 일관(日觀)조신, 시관(時觀)조신, 천수(千壽)조신 등에 대한 "나무 (~造神) 삼재 일시소멸"이란 문구로 경문이 마쳐진다. 즉 금강조신(金剛造神)과 수명을 관장하는 천수조신(千壽造神) 외에, 천(天), 지(地), 화(火), 수(水), 목(木), 년(年), 월(月), 일(日), 시(時)를 관할하는 9명의 조관신(造神: 曹神)에 귀의하여 삼재 소멸을 바란다는 내용의 짧은 경(經)이다. 그리고 경(經) 말미에는 '빨리 율령(律令)에 따라 시행하라'는 내용의 "옴(唵) 급급(急急) 여율령(如律令) 사바하(娑婆訶)"라는 문구가 적혀 있어, 도교 내지 민간신앙의 경문(經文)에 해당하는 것임을 알 수 있다.

　'삼재풀이'와 관련된 옛 문헌은 찾을 수 없으나, 근래의 행법에 의하면 『삼재경』을 외운 후 삼재 든 자를 위한 축원이 마치면 사찰에서 통상 사용되는 부적 중「소삼재부(消三灾符)」를 나눠주며, 삼재가 든 사람은 이를 몸에 간직한다. 이때 "三頭一足鷹 啄盡三災鬼(세 개의 머리와 다리 하나의 매가 삼재귀三災鬼를 쪼아 멸한다)"는 문구와 함께 매가 그려진「삼응삼재부(三鷹三災符)」를 나눠주기도 하는데, 사찰에서 사용하는「삼응삼재부」의 경우 매 그림 우측에「소삼재부」가 새겨져 있음을 볼 수 있다(**도130,131**).

‖‖‖‖‖‖‖‖‖

395 『天地八陽神呪經』, 동국대학교 중앙도서관, 관리번호 213.18 천79ㅂㅅ//D17595.

도130. 소삼재부(消三灾符),
19세기 후반

도131. 三鷹三災符, 20세기 초, 가회민화박물관, e뮤지엄

한편『동국세시기』「정월(正月)」'입춘(立春)' 조에는 "건능(健陵, 정조) 때 부모의 은혜가 중하다는 은중경(恩重經)의 진언을 인쇄해 나눠 주었고, 문에 붙여 액을 막게 하였는데, 이 진언에는 '나모 삼만다 못다남 옴 아아나 사바 하(曩謨 三滿多 沒駄喃 唵 誐誐曩 娑嚩訶)'"…396라는 내용이 실려 있다.

즉 입춘 때『부모은중경』의 진언을 부적(符籍) 대신 사용했다는 것으로, 『홍재전서(弘齋全書)』에는 이와 관련해 다음 내용을 기록하고 있다.

"병진년 봄에 우연히『대보부모은중경(大報父母恩重經)』의 게어(偈語)를 열람 하게 되었는데 …(중략)… 내용이 우리 유교(儒敎)에서 조상의 은혜를 갚고 인 륜을 돈독하게 하는 취지와 표리를 이루는 점을 좋아하게 되었다. 그리하여

‖‖‖‖‖‖‖
396 『東國歲時記』,「正月」'立春' 條.

섣달 그믐날과 단오(端午)의 두 명절에 이 게(偈)를 인쇄하여 바치게 하여 문미(門楣)에 붙여서, 서운관(書雲觀)에서 인쇄하여 나누어 주는 부적을 대신하게 하였다."[397]

위 내용에 의하면 입춘과 섣달 그믐 내지 단오날 "나모 삼만다 못다남 옴 아아나 사바하"란 진언을 부적 대신 사용하였음을 알 수 있다. 이와 관련해 『주자소응행절목(鑄字所應行節目)』의 「책판(冊板)」 조에 "동철판(銅鐵板) 7판, 경문(經文) 13판, 도(圖) 5판, 언해(諺解) 25판, 「기복게(祈福偈)」 9판, 「은중경진언」 대판 1판과 소판 1판은 병진년(1796)에 …(중략)… 조성하여 주자소에 내입(內入)하였고…"[398]라는 기록이 실려 있어, 「은중경진언」을 대판 1판과 소판 1판으로 제작해 유포했음을 알 수 있다.

현재 이 목판과 인출본이 전래되지 않아 그 형태를 알 수 없다. 그러나, 1796년 용주사에서 간행된 『대보부모은중경』 말미에 「보부모은진언(報父母恩眞言)」이 실려 있어 부적을 대신해 사용한 「은중경진언」의 형태를 가늠해 볼 수 있다[도132].

한편 『태종실록』 태종 11년(1411) 5월 6일 기사에는 단오 부적과 관련해 다음 내용이 실려 있다.

도132. 부모은중경진언, 『대보부모은중경』, 용주사

397 『弘齋全書』 제182권, 羣書標記 4, 御定 4, 庚載軸 48권, 恩重偈庚載軸 條.

398 문화재청, (재)불교문화재연구소, 『한국의 사찰문화재 – 2014 전국 사찰 목판 일제조사(1) 인천광역시, 경기도』, ㈜조계종출판사, 2015. p.637.

"경사(經師)의 업(業)을 파(罷)하게 하였으나, 마침내 시행되지 못하였다. 임금이 궐내(闕內)의 문호(門戶)에 써 붙인 단오(端午) 부적을 보고 대언(代言)들에게 이르기를, '이것은 반드시 재앙을 물리치려는 술법일 터인데, 어찌하여 그 글이 한결같지 않은가?' 하였다. 대언(代言)들이 경사(經師)로 있는 승(僧)에게 물으니, 그 승이 대답하기를…"[399]

위 내용은 단오날 경사승(經師僧)이 부적을 써 붙였음을 전하고 있다. 『세종실록』에 의하면 경사승은 관상감(觀象監)에 속한 정3품~종7품의 품계를 지닌 승려로,[400] 『문종실록』에 의하면 경사(經師)는 부적(符籍)으로 주원(呪願)함을 임무로 하였다.[401] 이에 관상감에 속한 경사승이 단오 부적을 제작했을 것으로,『동국세시기』에는 단오 부적에 대한 다음 내용이 실려 있다.

"관상감(觀象監)에서는 주사(朱砂)로 만든 부적을 박아서 천중절에는 임금께 올린다. 대궐에서는 문설주에 붙여서 불길한 재액을 막게 하는 것이다. 또 경사대부(卿士大夫)의 집에서도 그것을 붙여서 재액을 막게 하는 것이다. 부적의 글은 다음과 같다.
'5월 5일 천중지절에, 위로는 하늘의 녹을 얻고 아래로는 땅의 복을 얻어, 치우(蚩尤) 신의 구리로 된 머리[銅頭]에 쇠로 된 이마[鐵額], 붉은 입과 붉은 혀[赤口赤舌]로 404가지 병을 일시에 소멸할 것을 명하니, 율령을 행하듯 빨리빨리 시행하라(五月五日 天中之節 上得天祿 下得地福 蚩尤之神 銅頭鐵額 赤口赤舌 四百四

399 『태종실록』태종 11년(1411) 5월 6일 조.

400 『세종실록』, 세종 6년(1424) 8월 8일 條.

401 『문종실록』, 문종 2년(1452), 3월 3일 조. "황해도의 병이 近境에 흘러 들어오니 …(중략)… 道流와 符籍으로 呪願할 수 있는 經師를 보내어 병을 치료하게 하여 그 발단을 막게 하소서."

病 一時消滅 急急如律令).'"402

　　그런데 위『동국세시기』의 기록과 동일한 내용을 담은
부적 목판이 경남 용문사에 소장되어 있다. 이는 용문사와 인
연 있는 경사승(經師僧)에 의해 제작된 것이거나, 관상감에서
제작한 단오 부적을 본떠 제작한 것으로 추정되는 것으로, 위
목판은 관상감 제작으로 추정되는 부적의 형태를 가늠할 수
있는 자료가 된다[도133].403

　　한편 이 부적의 경우, 말미에 "急急如律令(율령을 행하듯
빨리빨리 시행하라)"이란 내용이 실려 있어 도교 내지 민간신앙
의 부적에서 유래한 것임을 알 수 있다. 그럼에도 사찰에 이
같은 목판이 소장되어 있다는 것은, 단오와 관련된 도교 내지
민간신앙의 부적이 불교 부적의 한 예로 편입되었음을 알려
주는 것이라 할 수 있다.404

도133. 단오부
적,『全國寺刹
所藏木版集』,
p.344.

(2) 상장례(喪葬禮)와 불교 부적

불교 상장례(喪葬禮)를 행함에 있어, 고려시대의 경우 분묘 및 장구(葬具) 내
지 부장품, 망자의 옷 등에 진언(眞言)과 다라니(陀羅尼)가 사용된 많은 사례

||||||||||||

402　『東國歲時記』,「五月」'端午'條.

403　박상국,『全國寺刹所藏木版集』, 문화재관리국, 1987. p.344.

404　이와는 달리, 돈황 문서 중 - 654년 이전에 성립된 - 펠리오 사본 P.3835에는 단오와 관련된 불
　　교 부적이 실려 있는데, 이는『동국세시기』및 현재 전해지는 용문사 소장의 단오 부적과는 전혀
　　다른 형태임을 알 수 있다. 문상련(정각),「불교 부적의 연원과 전개 - 돈황 사본에 실린 불교 부적
　　을 중심으로」,『불교학보』101, 동국대학교 불교문화연구원, 2023.4. p.194 참조.

가 보고된 바 있다.[405] 또한 조선 전기의 경우 망자의 의복 내지 관(棺)에 부적이 인쇄된 다라니를 봉안한 예가 발견되기도 한다.[406] 그런데 이같은 예와 달리 19세기에 간행된 『다비작법(茶毘作法)』에는 망자의 시신(屍身)에 직접 부적을 붙이는 예가 소개되어 있다.[407]

이와 관련해 1882년(光緖 8) 추담정행(秋淡井幸)이 해인사에서 중간한 『다비문』 중 「중복일」 항목에는 다음과 같은 내용이 실려 있다.

"정월, 7월, 4월, 10월의 인(寅)일, 신(申)일, 사(巳)일, 해(亥)일. 2월, 8월, 5월, 동짓달(11월)의 자(子)일, 오(午)일, 묘(卯)일, 유(酉)일. 3월, 9월, 6월, 납월(12월)의 진(辰)일, 술(戌)일, 축(丑)일, 미(未)일. 이날 사람이 죽으면 또 출상(出喪)하는 일이 있으니, 염(斂)을 하면 흉하다."[408]

위 내용은 1월부터 12월까지를 12지(十二支) 중 정월(寅), 2월(子), 3월(丑), 4월(巳), 5월(卯), 6월(辰), 7월(申), 8월(午), 9월(未), 10월(亥), 11월(酉), 납

---

405 허일범, 「한국의 육자진언과 파지옥진언」, 『淳昌 雲林里 農所古墳』, 국립나주문화재연구소. 2016. pp.141-153; 엄기표, 「고분 출토 범자 진언 다라니의 현황과 의의」, 『淳昌 雲林里 農所古墳』, 국립나주문화재연구소, 2016. pp.154-174; 이승혜, 「농소고분 다라니관(陀羅尼棺)과 고려시대 파지옥(破地獄) 신앙」, 『정신문화연구』 42-2, 한국학중앙연구원, 2019.6. p.342; 문상련(정각), 「고려 묘지명을 통해 본 불교 상장례」, 『보조사상』 56, 보조사상연구원, 2020.3. pp.169-172.

406 파주 금릉리에 안장된 정온(鄭溫, 1481~1538)의 묘를 이장하는 과정에서 수습된 다라니와, 대전월드컵경기장 부지 내 묘지 수습 다라니(15세기 추정) 등에 부적이 찍힌 예를 발견할 수 있다. 문상련(정각)·김연미, 「조선시대 불교 부적의 연원과 전개 – 고려시대 전통의 계승과 변화」, 『한국불교학』 106, (사)한국불교학회, 2023.5. pp.177-180.

407 강대현·권기현의 다음 논문에서 언급되어 있다. 「불교의식집에 나타난 符籍과 그 역할」, 『동아시아불교문화』 35집, 동아시아불교문화학회, 2018.9. pp.444-447.

408 『茶毘文』, 光緖八年壬午(1882) 十月 日 慶尙右道陜川海印寺開刊. 37면 뒷면. "正七四十 寅申巳亥 二八五冬 子午卯酉 三九六臘 辰戌丑未, 此日人死則 又出喪事 斂則凶也."

월(12월, 戌) 순으로 배당하고, 각 달(月)의 지(支)와 날의 지(支)가 중복되는 날을 중복일(重服日)이라 표현한 것임을 알 수 있다[표99].

표99. 『다비문』에 실린 십이지(十二支)에 따른 중복일

월(12支)		일(12支)		중복일(重服日)
正七四十	정월(寅)	寅申巳亥	인(寅)일	정월(寅) 인(寅)일
	7월(申)		신(申)일	7월(申) 신(申)일
	4월(巳)		사(巳)일	4월(巳) 사(巳)일
	10월(亥)		해(亥)일	10월(亥) 해(亥)일
二八五冬	2월(子)	子午卯酉	자(子)일	2월(子) 자(子)일
	8월(午)		오(午)일	8월(午) 오(午)일
	5월(卯)		묘(卯)일	5월(卯) 묘(卯)일
	11월(酉)		유(酉)일	11월(酉) 유(酉)일
三九六臘	3월(丑)	辰戌丑未	축(丑)일	3월(丑) 축(丑)일
	9월(未)		미(未)일	9월(未) 미(未)일
	6월(辰)		진(辰)일	6월(辰) 진(辰)일
	납월(12월, 戌)		술(戌)일	납월(12월, 戌) 술(戌)일

여기서 중복(重服)이란 '거듭(重) 상복(喪服)을 입게 된다'는 뜻으로 망자에 이어 또 다른 사람이 죽게 됨을 말한다. 즉 '줄초상'을 말하는 것으로, 이를 방지하는 방법으로 「중복일」 항목에 이어 「중복방법부(重服防法符)」 항목에서는 부적과 함께 다음 내용을 싣고 있다[도134].

도134. 『다비문』 중 重服防法符, 원각사 소장

"중복방법부(重服防法符). 또한 검은 콩 21개를 배꼽에 놓고 입관하면 크게 길하다. 이 부적은 황지(黃紙)에 주사(朱砂)로 써서 신체를 입관할 때 배꼽 위에 놓으면 크게 길하다. 혹 푸른 베(靑布)

에 써서 배꼽 위에 붙이면 크게 길하다."[409]

한편 위 『다비문』 말미에 수록된 봉기(鳳機)의 발문(跋文)에 "이 다비문은 …(중략)… 오래되고 판(板)이 훼손되어 전해지지 못할 상황이 되었다. 추담당(秋淡堂) 정행대사(井幸大師)가 전해지지 못할 것을 염려해 재물을 모아 봉기(鳳機)에게 베껴 쓸 것을 명하여 해인사에서 중간한 것이다"[410]는 내용이 실려 있다. 이에 의하면 1882년 중간본(重刊本) 『다비문』에 실린 「중복방법부」 역시 중간본 이전부터 사용되었을 가능성이 있다. 그럼에도 현재 그 출처를 파악할 수 없는 것으로, 「중복방법부」의 경우 민간 상장례에서 사용된 예를 수용했던 것으로 추정된다.

(3) 진언(眞言)의 준부적화(准符籍化)

이외에 조선 후기에는 진언(眞言)이 호신부(護身符)로서 준부적(准符籍)처럼 사용된 예가 발견된다. 이에 앞서 필자는 불복장 의식과 관련된 다라니에 '오륜종자도' 등과 함께 '준제구자도(准提九字圖)'가 실린 예를 언급한 바 있다(도126). 그런데 이 다라니 중 '왕생정토부' 위에 실린 '준제구자도'는 일용 소지품 중 하나인 부채의 선추(扇錘)에 매달아 휴대용 호신부(護身符)로 쓰이기도 하였다(도135).

||||||||||

409 『茶毘文』, 光緒八年壬午(1882)十月日 慶尙右道陜川海印寺開刊. 37면 뒷면. "重服防法符. 又 黑太三七介 立臍中入棺 大吉. 此符 以朱砂 書于黃紙. 身体入棺時 置臍上 大吉. 或以靑布 付臍上大吉."

410 『茶毘文』, 光緖八年壬午(1882)十月日 慶尙右道陜川海印寺開刊. 44면. "茶毘文刊行 後跋 … (중략)… 此茶毘一文 …(중략)… 世已遠 板又壞 幾爲庶絶之態 秋淡堂 井幸大師 恐其將沒不 傳 命叡読鳩財 命鳳機寫書 重刊於海印寺."

도135. 선추(扇錘), 조선후기, 고양 원각사 소장

　　위 선추는 4×4×1cm 크기의 조선 후기 유물로, 한 면에는 "관음보살
(觀音菩薩), 아미타불(阿彌陀佛), 대세보살(大勢菩薩), 대해중보살(大海衆菩薩)"
등 불보살 명호가 새겨져 있다. 그리고 또 다른 면에는 "옴(唵: **ॐ**oṁ), 쨔(左:
ᴣca), 례(隸: **ᴣ**le), 주(注: **ᴣ**co), 례(隸: **ᴣ**le), 쥰(准: **ᴣ**cyāṁ), 쩨(提: **ᴣ**ce), 사바(沙
婆: **ᴣ**svā), 하(訶: **ᴣ**hā)" 등 준제진언(准提眞言)의 아홉 글자가 중앙의 〈옴〉에
이어 위로부터 시계 방향으로 새겨져 있다.

　　이처럼 시계 방향으로 진언의 범자가 새겨진 것은『불설칠구지불모준
제대명다라니경』가운데 "진언을 독송하는 자 스스로의 마음을 마치 둥근
보름달과 같이 생각할 것이며, (스스로의 마음인) 둥근 보름달 한가운데 '옴(唵)'
자를 놓아둔 다음 '자례주례준제사바하(折隸主隸准提莎嚩訶)' 각각의 글자를
'옴' 자의 오른쪽 방향으로 펼쳐 둔 후, (삼매 가운데) 그 글자 한 자 한 자의 뜻
을 자세히 관(觀)해야 한다"[411]는 원리에 의한 것임을 알 수 있다. 또한『조
상경(造像經)』「준제구성범자(准提九聖梵字) 의해(義解)」항목에 실린 '준제구

411 　『佛説七俱胝佛母准提大明陀羅尼經』(『大正藏』20), p.177中.

자도' 도상 역시 위 선추의 도상 배치의 원리가 됨을 알 수 있다(도136).[412]

도136. 준제구자도(准提九字圖), 『造像經』, 「准提九聖梵字義解」 항목

여기서 "옴(唵) 자례주례준제(折隷主隷准提) 사바하(莎嚩訶)"는 "oṃ calā-cala cundi svāhā"라 음역할 수 있으며, 아(oṃ)! (중생 구제를 위한) 끝없는 행을 드러내 보이시는(calā-cala) 준제보살(여래)께(cundi) 영광이 있기를(svāhā)!"이라 번역할 수 있다.[413] 이에 '끝없는 행을 드러내시는' 준제(보살, 여래)께 나의 구제를 의탁함에 이 선추(扇錘)의 의미가 있으며, 이런 까닭에 준제진언(准提眞言)은 호신부(護身符)로서 준부적(准符籍)의 역할을 하고 있음을 알 수 있다.

호신부(護身符)의 역할로서 진언(眞言)이 쓰인 또 다른 예로는 메트로폴리탄 박물관에 소장된 면제갑주(綿製甲冑)를 들 수 있다. 이 유물은 신미양요(1871) 때 미국 해병대가 조선군과의 전투에서 전리품으로 가져간 조선군의 갑옷과 투구로 알려져 있다[414](도137).[415]

한편 이에 대한 연구에 의하면 면제갑주(綿製甲冑) 중 투구와 갑옷에는 도교 부적인 '오악진형도(五嶽眞形圖)'가 찍혀 있으며, 투구 상단과 벨트 앞면에는 육자대명왕진언(六字大明王眞言)이, 그리고 벨트 뒷면에는 8종의 부적

llllllllll

412 『造像經』, 道光四年甲申(1824)六月日 金剛山楡岾寺藏板. 「准提九聖梵字義解」 항목, 34면, 41-42면.

413 정각(문상련), 『천수경연구』, 운주사, 1996, p.289.

414 이민정·박경자·안인실, 「조선후기 면제갑주(綿製甲冑) 문양에 대한 연구 Ⅰ」, Journal of the Korean Society of Costume, 69-6, September 2019, p.117.

415 메트로폴리탄 박물관 웹사이트, https://www.metmuseum.org/art/collection/search/24009.

도137. 면제갑주, 메트로폴리탄 박물관 소장, 소장번호: 36.25.10a-c

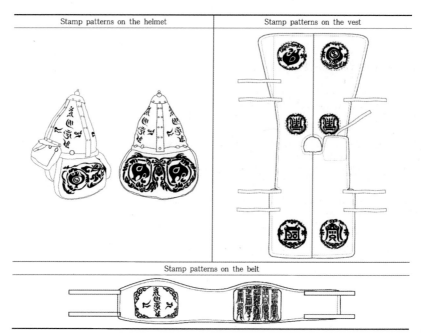

Stamp patterns on the helmet	Stamp patterns on the vest

Stamp patterns on the belt

도138.「조선후기 면제갑주(綿製甲冑) 문양에 대한 연구 Ⅱ」, p.55.

369

이 찍혀 있는 것으로 조사되었다.[도138].416

여기서 오악(五岳)이란 중국의 5대 명산인 산서성(山西省)의 북악(北岳)인 항산(恒山)과, 섬서성(陝西省)의 서악(西岳)인 화산(华山), 하남성(河南省)의 중악(中岳)인 숭산(嵩山), 산동성(山东省)의 동악(东岳)인 태산(泰山), 호남성(湖南省)의 남악(南岳)인 형산(衡山)을 일컫는 것으로, 이들 오악을 도상화한 '오악진형도'는 중국 한나라 이래 도교의 부적으로 사용되었다.[도139].417

圖 形 眞 嶽 五

도139. 오악진형도, 『古今圖書集成』 183册之41葉.

이와 관련해 북송(北宋) 초인 978년에 편찬된 『태평광기(太平廣記)』 「한무제내전(漢武帝內傳)」에는 '오악진형도'의 효능을 알려주는 다음 내용이 실려 있기도 하다.

"무제(武帝)가 묻되, '이 글자(書)가 선령(仙靈, 불멸)의 방책이라는 것입니까? 눈으로 보지 않고 어찌 그렇다고 할 수 있습니까?'

왕모(王母, 태후)가 나와서 보여주며 말했다. '이것는 오악진형도(五嶽眞形圖)입니다 …(중략)… 모든 선인(諸仙)이 인장(傳章)처럼 차고 다니거나, 도사(道士)들이 이것을 가지고 산천(山川)을 경행(經行)하면 백신(百神)과 군령(群靈)이 존경스럽게 받들어 친히 영접한다고 합니다.'"418

416 이민정·박경자·안인실, 「조선후기 면제갑주(綿製甲冑) 문양에 대한 연구 Ⅱ」, Journal of the Korean Society of Costume, 69-7, November 2019, pp.51-71.

417 『古今圖書集成』 183册之41葉.

418 『太平廣記』(卷三) 「漢武帝內傳」, "武帝)問, 此書是仙靈之方耶 不審其目, 可得瞻盼否. 王母出以示之曰 此五嶽眞形圖也 …(중략)… 諸仙佩之 皆如傳章, 道士執之 經行山川, 百神群靈尊奉親迎."

도140. 구성팔문부(九星八門符)

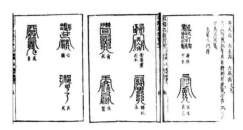

도141. 『武備志』(권 181), 「조선후기 면제갑주(綿製甲冑) 문양에 대한 연구 Ⅱ」, p.63.

한편 벨트 뒷면에는 '구성팔문부(九星八門符)'**〔도140〕**가 실려 있는데, 이는 『무비지(武備志)』에 실린 도교 부적에 해당한다**〔도141〕**.

그리고 투구 상단과 벨트 앞면에 새겨진 '육자대명왕진언(六字大明王眞言)'은 중앙의 '옴(唵, 𑖕)'으로부터 시작해 '마(麼, 𑖕) 니(抳, 𑖕) 받(鉢, 𑖕) 메(訥銘, 𑖕) 훔(吽, 𑖕)' 등 시계 반대 방향으로 글자가 배치되어 있음을 볼 수 있다 **〔도142,143〕**.

이는 산스크리트어로 'oṁ maṇi padme huṁ'이라 표기할 수 있으며, "아! 연꽃의 보주(寶珠)시여(또는 '연화수보살의 보주여')! (생·노·병·사 고통의) 원인

도142. 투구 상단, 「조선후기 면제갑주(綿製甲冑) 문양에 대한 연구 Ⅱ」, p.55.

도143. 벨트 앞면의 육자대명왕진언, 「조선후기 면제갑주(綿製甲冑) 문양에 대한 연구 Ⅱ」, p.55.

이 되는 업을 멸해 주소서"라 번역된다. 이에 투구와 갑옷의 벨트에 새겨진 육자대명왕진언(六字大明王眞言)은 전장에 나서는 사람의 업을 소멸해 준다는 원리를 바탕한 호신부(護身符)로서 이 역시 준부적(准符籍)의 역할을 하였음을 알 수 있다.

　　이상, 조선시대에는 24종 내지 26종의 불교 부적이 주로 사용되었는데, 이 부적들은 신앙 및 의식 용도에 따라 다양한 형태로 활용되었음을 볼 수 있다. 또한 도교 경전인 『옥추경』의 부적과 『불설북두칠성연명경』에 실린 '칠성부(七星符)'가 불교에 유입되어 널리 사용되기도 하였다. 또한 돈황 전래의 부적으로서 『예적금강금백변법경』의 재유입과 함께 『예적금강금백변법경』에 실린 부적이 사용된 예를 발견할 수 있으며, 전혀 새로운 형태의 '왕생정토부'가 다양한 신앙 용도에 따라 추가된 예를 볼 수 있다.

　　또한 조선 후기에는 불교 부적이 민속신앙의 부적과 어우러진 모습을 볼 수 있는데, 그 가운데 '단오부'와 '중복방법부(重服防法符)'의 경우 민간신앙의 부적이 불교에 편입되었으며, 진언이 호신부(護身符)로 사용되기도 하는 등, 불교 부적이 다양한 형태로 확산 전개되었음을 알 수 있다.

4. 일제강점기 및 근현대 불교 부적의 양상

일제강점기와 근대의 경우, 조선시대로부터 전래된 다양한 형태의 부적이 사용되었을 것이다. 그럼에도 실사용된 부적의 경우 대부분 훼손 내지 분실되었으며, 불복장에 납입된 다라니의 경우는 불상 조성 시기가 오래되지 않아 개금불사(蓋金佛事) 등을 위해 불복장이 개봉되지 않은 까닭에 부적 자료가 많이 발견되지 않는다.

또한 근대기에 들어 한국불교의 주 종단인 조계종 사찰에서 부적 사용에 대한 회의적 인식이 확산되었으며, 이로 인해 사찰에서 부적의 제작과 배포가 거의 행해지지 않았다. 그럼에도 일제강점기 및 근현대에 제작된, 부적이 실린 다라니 목판과 인출본 중 일부가 전래되었으며, 상업적 목적으로 제작된 부적들이 전래되기도 하여 이를 통해 당시 사용된 불교 부적의 양상을 파악할 수 있다.

1) 일제강점기 – 조선시대 부적의 수용과 변용

일제강점기에 제작, 사용된 목판 내지 다라니 중 불교 부적이 실린 자료로는 다음 11종을 들 수 있다.

① 안양암 간행, 「불설팔만대장경목록(佛說八萬大藏經目錄)」, 1916년

② 가회민속박물관 소장, 5종 불인 다라니, 간기 미상

③ 평택 약사사 석가모니불좌상 복장 다라니, 1921년

④ 부산 복천사 석조석가여래좌상 복장 다라니, 1922년

⑤ 안양암 수구다라니, 1922년

⑥ 가회민속박물관 소장, 금은전, 1925년

⑦ 「서방정토극락세계구품연화대지도」, 1925년, 선암정사 중간

⑧ 국립민속박물관 소장, 불탑 다라니, 일제강점기

⑨ 국립한글박물관 소장, 한글 부적 필사본

⑩ 6종 부적이 실린 다라니, 일제강점기

⑪ 석가여래화압 등이 실린 다라니, 일제강점기

위 11종의 자료 중에는 조선시대에 간행된 부적의 예를 답습한 형식이 있으며, 이전의 간행 예에 비추어 볼 때 전혀 새로운 형식의 간행물에 부적이 실린 예가 있음을 알 수 있다.

(1) 조선시대의 부적 사용 예를 답습한 형식

그중 조선시대에 간행된 부적의 사용 예를 답습한 형식 중에는 『진언집』「진언집목(眞言集目)」의 구성에 따라 제작된 다라니에 부적이 실린 예를 찾을 수 있다. 또한 수구다라니를 간행함에 있어 뒷부분에 『진언집』에 실린 부적 중 일부를 판각해 간행한 예가 발견되기도 한다. 이외에 예수재(豫修齋) 설행과 관련된 금은전(金銀錢)을 제작하면서 부적을 같이 인출한 예, 그리고 정토신앙과 관련된 「서방정토극락세계구품연화대지도(西方淨土極樂世界九品蓮華臺之圖)」의 간행에 부적이 삽입된 예가 발견되는데, 이런 형식들은 조선시대에 간행된 목판을 복각 내지 답습한 채 부적이 실린 것들이라 할 수 있다.

① 『진언집』 「진언집목(眞言集目)」의 구성에 따라 제작된 다라니

이 중 조선 전후기에 널리 확산된 『진언집』의 구성과 함께 부적을 실어
둔 예로는 1916년 안양암에서 간행한 「불설팔만대장경목록(佛說八萬大藏經
目錄)」을 들 수 있다. 이 유물은 1792년(乾隆 57) 옥인(沃印)이 서사한 판하본
을 바탕으로 향산(香山) 내원암(內院庵)에서 간행된 「서천불설팔만대장경목
록(西天佛說八萬大藏經目錄)」[419] 내지 1869년 해인사 도솔암 간행의 『일용작
법』[420] 중 「서천불설팔만대장경목록」을 인용한 것으로, 위 간행본과는 달리
25종의 부적이 추가된 형태이다[도144].[421]

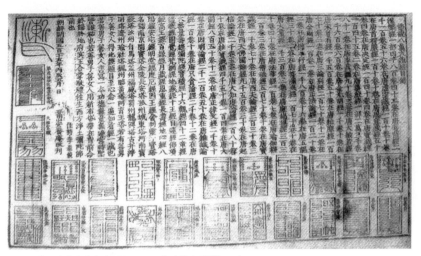

도144. 「불설팔만대장경목록」, 1916년 안양암 간행

||||||||||||

419　「西天佛說八萬大藏經目錄」, 乾隆五十七年壬子(1792) 三月日 平安 香山 內院庵 比丘 沃印
　　　書 性海刻, 규장각 소장(청구기호 : 奎中2091).

420　同治八年己巳(1869)三月日陜川海印寺兜率庵開刊仍以留置. 원각사 소장, 90-91면.

421　「佛說八萬大藏經目錄」, 朝鮮開國 五百二十五年 丙辰(1916) 五月日 三角山 安養庵 改刊.

위 25종의 부적 중 24종은 『진언집』 「진언집목(眞言集目)」에 실린 불교 부적과 동일한 형태로, 『진언집』의 예에 따라 실린 것임을 알 수 있다. 한편 좌측 상단에 실린 1종은 민간신앙의 부적인 벽사부(辟邪符)로, 불교 전통 부적에 1종의 민간신앙의 부적이 추가된 것임을 알 수 있다.

한편 『진언집』의 구성과 함께 부적을 실어둔 또 다른 예로 가회민속박물관 소장 ① '5종 불인 다라니'를 들 수 있다. 이 다라니는 간기 미상의 것으로, 상단에 5종의 인(印)이 실려 있으며 하단에는 20종의 부적이 실려 있다[도145)

도145. 5종 불인 다라니, 가회민속박물관 소장, e뮤지엄

위 다라니는 조선시대에 조성된, 24종 부적이 실린 『진언집』 중 「진언집목(眞言集目)」의 형식을 답습한 것임을 알 수 있다. 그러나 『진언집목』의 24종 부적 가운데 ⑥ (온퇴부)와 ⑱ 난산(難産)(인), ㉑ 대초관직(大招官職), ㉔ 질병소제증복수(疾病消除增福壽) 등 4종을 제외한 채 20종만을 실어둔 것으로, 부적의 형상에 오류가 보이며, 부적의 명칭 또한 전혀 달리 사용하고 있음을 볼 수 있다.

㉔疾病消除增福壽	㉑大招官職	⑱難産即 朱書呑之 即出	⑥명칭 없음(瘟退符)

이를 비교하기 위해 위 다라니에 실린 부적을 명칭과 함께 표를 제시하며[표100], 1569년 안심사 간행의 『제진언집』의 「진언집목」에 실린 24종 부적 중 위에 실린 동일 부적을 동일하게 배치한 채 명칭과 함께 표를 제시하면 다음과 같다[표101].

표100. '5종 불인 다라니'에 실린 부적과 명칭

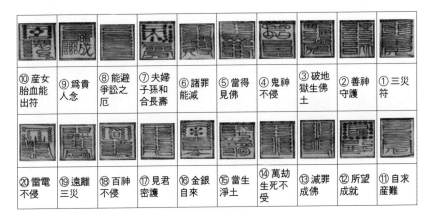

⑩産女胎血能出符	⑨爲貴人念	⑧能避爭訟之厄	⑦夫婦子孫和合長壽	⑥諸罪能滅	⑤當得見佛	④鬼神不侵	③破地獄生佛土	②善神守護	①三災符
⑳雷電不侵	⑲遠離三災	⑱百神不侵	⑰見君密護	⑯金銀自來	⑮當生淨土	⑭萬劫生死不受	⑬滅罪成佛	⑫所望成就	⑪自求産難

표101. 1569년 안심사 간행 『제진언집』의 「진언집목」에 실린 부적 중 20종 부적

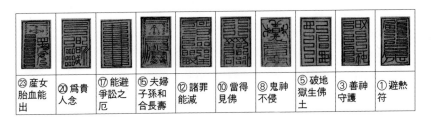

㉓産女胎血能出	⑳爲貴人念	⑰能避爭訟之厄	⑮夫婦子孫和合長壽	⑫諸罪能滅	⑩當得見佛	⑧鬼神不侵	⑤破地獄生佛土	③善神守護	①避熱符

377

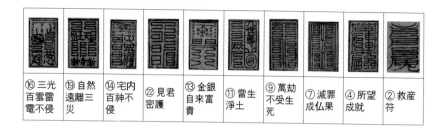

⑯三光 百雲雷 電不侵	⑲自然 遠離三 災	⑭宅內 百神不 侵	㉒見君 密護	⑬金銀 自來富 貴	⑪當生 淨土	⑨萬劫 不受生 死	⑦滅罪 成仏果	④所望 成就	②救産 符

위 [표100]과 [표101]을 비교해 보면 우선 부적 명칭의 경우, ‘5종 불인 다라니’에서 ①삼재부(三災符)와 ⑪자구산난(自求産難)은 안심사 간행『제진언집』중 ①피열부(避熱符)와 ②산난부(救産符)에 해당함을 알 수 있다. 그리고 ⑩산녀태혈능출부(産女胎血能出符)는『제진언집』중 ㉓산녀태혈능출(産女胎血能出)이란 효능을 부적 명칭으로 삼은 것임을 알 수 있다. 그리고 ⑯금은 자래(金銀自來), ⑱백신불침(百神不侵), ⑲원리삼재(遠離三災) 등은『제진언집』의 효능 가운데 일부를 생략한 채 표기했음을 알 수 있다.

5종 불인 다라니③	『제진언집』⑤
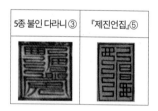	

5종 불인 다라니④	『제진언집』⑧

5종 불인 다라니⑮	『제진언집』⑪

한편 부적 형상은 안심사『제진언집』에 실린 것에 비해 거의 모든 부적에서 상당한 왜곡이 보여진다. 이 중 몇몇 예만을 든다면, 먼저 ③‘파지옥생불토(破地獄生佛土)’의 경우 ‘5종 불인 다라니’의 하단에는『제진언집』에 없는 ‘冂’ 밑에 ‘鬼’자 형상이 추가됨을 볼 수 있다. 그리고 ④‘귀신불침(鬼神不侵)’의 경우『제진언집』중 상단부에 ‘光’자가 ‘曰’자를 사방으로 둘러싼 형상을 유객환(留客環) 형태의 고리로 표현했으며, 하단부도 상당히 도식화된 모습으로 표현되어 있음을 볼 수 있다.

⑮‘당생정토’의 경우『제진언집』중 우측

378

5종 불인 다라니 ⑲	『제진언집』⑲

상단부의 '世尊'이란 글자가 특이한 도상으로 변했으며, ⑲'원리삼재'의 경우 『제진언집』 중 중단의 '王'과 '天'자 형상이 '日'과 '大'자 형상으로 바뀌었으며, 하단 부분의 '斷帝斷' 형상이 이와는 무관한 도상으로 바뀌어 있음을 볼 수 있다.

② 수구다라니와 함께 『진언집』 중 일부 부적을 실어둔 예

조선시대에 간행된 부적의 용례를 답습한 형식 중에는 수구다라니(隨求陀羅尼)를 간행함에 있어 다라니 말미에 『진언집』에 실린 부적 중 일부 또는 전부를 판각한 예를 발견할 수 있다. 한 예로, 1922년 안양암에서 간행된 판본의 경우 2면으로 구성되었으며, 「불설금강정유가최승비밀성불수구즉득신변가지성취다라니(佛說金剛頂瑜加最勝秘密成佛隨求即得神變加持成就陀羅尼)」를 앞면과 뒷면 중반에 이르기까지 범자(梵字)로 실어 두었는데, 이는 1838년 청운사(靑雲寺)에서 간행된 「불설금강정유가최승비밀성불수구즉득신변가지성취다라니」와 같이 불공(不空) 역 『금강정유가최승비밀 성불수구즉득신변가지성취다라니의궤』에 실린 다라니를 실어둔 것임을 알 수 있다. 그리고 뒷면 말미에는 9종의 부적과 함께 "大正十一年(1922) 四月二十五日 印刷"란 간기가 실려 있어, 1922년에 간행한 것임을 알려준다**[도146]**.

도146. 수구다라니, 1922년, 안양암 간행, 인출본 원각사 소장

여기 실린 부적은 『진언집』에 실린 부적 중 일부와 '왕생정토부'를 포함한 9종으로, ⑨변성불토(變成佛土)는 『진언집』 중 ⑥(온퇴부瘟退符)가 변형된 형태임을 알 수 있다. 한편 대개의 부적은 부적의 효능이 그 명칭을 대신하고 있음을 볼 수 있다.[표102].

표102. 1922년 간행 '안양암 수구다라니'에 실린 부적 9종

⑨ 變成佛土	⑧ 當得見佛	⑦ 往生淨土	⑥ 當生淨土	⑤ 滅罪成佛	④ 地獄成蓮	③ 所望成就	② 萬劫免苦	① 諸罪能滅

한편 평택 약사사 석가모니불좌상 복장에서는 1921년에 간행된 다라니가 출토되었는데, 앞뒤 2면의 목판 중 앞면과 뒷면 일부에 수구다라니를 새겼고, 2면 후반에 2종의 불인(佛印)과 『진언집』 소재의 부적 중 8종의 부적이 실려 있다.[도147][422]

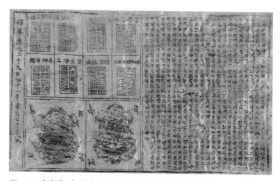

도147. 〈평택 약사사 석가모니불좌상〉 복장 다라니, 1921년,
『한국의 사찰문화재 일제조사 14-1, 전국』, p.61.

422 문화재청, 불교문화재연구소, 『한국의 사찰문화재 일제조사14-1, 전국』, ㈜조계종출판사, 2014. p.61. "釋尊應化二千九百四十八年辛酉七月十八日."

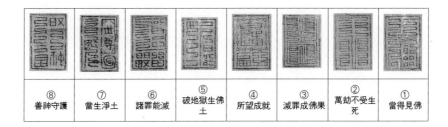

⑧ 善神守護	⑦ 當生淨土	⑥ 諸罪能滅	⑤ 破地獄生佛土	④ 所望成就	③ 滅罪成佛果	② 萬劫不受生死	① 當得見佛

또한 1922년에 조성된 부산 복천사 석조석가여래좌상 복장에서 '불설 팔만대장경목록 다라니'가 수습되었는데,[423] 이 경우에는 앞뒤 2면의 목판 중 앞면과 뒷면 일부에 수구다라니를 새겼고, 2면 후반에 24종의 부적이 실 려 있다[도148].

도148. 부산 복천사 복장 불설팔만대장경목록 다라니, 1922년, 『한국의 사찰문화재 10, 부산, 울산, 경남2-1』, p.235.

423 문화재청, ㈜불교문화재연구소, 『한국의 사찰문화재 10, 부산, 울산, 경남2-1』, 일탈기획, 2010. p.235.

이 다라니의 경우 본문 중앙에 탈락된 부분이 있으며 우측의 부적 일부
가 탈락되었고 인출 상태가 흐릿한 까닭에 전모를 파악하기에 어려움이 있
다. 그러나 부적의 경우 24종이 실려 있는 것으로, 1916년 안양암에서 간행
된 「불설팔만대장경목록」[도144]을 바탕으로 제작된 것임을 알 수 있다.

③ 예수재(豫修齋) 설행 관련의 금은전(金銀錢)과 부적의 사용

이렇듯 수구다라니(隨求陀羅尼)를 간행하면서 다라니 말미에 부적을 실
어둔 예 외에, 예수재(豫修齋) 설행과 관련된 금은전(金銀錢)을 제작하면서 부
적을 같이 인출한 예가 발견되기도 한다[도149].

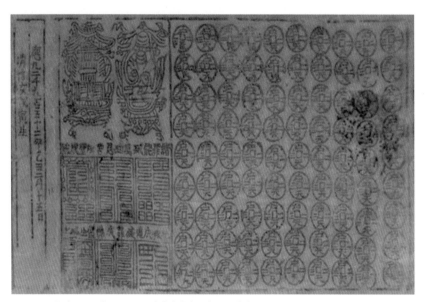

도149. 금은전, 1925년(불기2952), 가회민화박물관, e뮤지엄

가회민속박물관에 소장된 금은전(金銀錢) 목판 인출본의 경우 1925년
(불기2952) 간행된 것으로, 이는 – 앞서 [도128, 129]에서 언급한 – 19세기 당
시 금은전 제작과 함께 부적을 간행한 전통이 일제강점기에도 이어졌음을

보여준다. 이 금은전 목판 인출본에는 다음 6종의 부적이 실려 있다[표103].

표103. 가회민속박물관에 소장 금은전(金銀錢) 목판 인출본에 실린 6종 부적

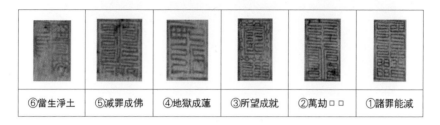

⑥當生淨土	⑤滅罪成佛	④地獄成蓮	③所望成就	②萬劫□□	①諸罪能滅

④「서방정토극락세계구품연화대지도」의 간행에 부적이 삽입된 예

이외에 정토신앙과 관련된 「서방정토극락세계구품연화대지도(西方淨土極樂世界九品蓮華臺之圖)」의 간행에 부적이 삽입된 예가 발견되기도 한다. 서울 인왕사에 소장된 〈무량수불설왕생정토주 목판〉의 경우, 목판 상단의 중앙에 〈서방정토극락세계구품연화대지도〉란 명칭과 함께 중앙에 아미타불이, 그리고 하단에는 〈아미타구품도〉가 실려 있다. 그리고 좌우에는 1종의 불인과 15종의 부적이 실려 있다[도150].

도150. 서방정토극락세계구품연화대지도 목판, 1925년, 선암정사장판, e뮤지엄

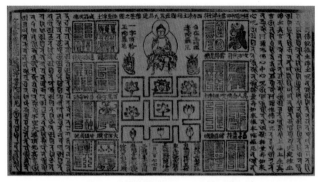

도151. 〈서방정토극락세계구품연화대지도〉, 19세기 후반 추정, 원각사 소장

이 목판은 – 도122에 실린 – 19세기 후반 제작 추정의〈서방정토극락세계구품연화대지도〉^(도151)를 복각한 것으로, 목판 말미에 "佛紀二九五二年乙丑 閏四月上浣 仁王山 禪巖精舍 藏板"이란 간기가 실려 있다. 즉 1925년 인왕산 선암정사에서 판각한 것으로,[424] 목판은 다음과 같은 구성을 보이고 있다^(표104).

표104. 〈서방정토극락세계구품연화대지도〉의 구성과 소재 부적의 배치

⑫ (大寶印) 滅罪成佛	⑧ 往生淨土	西方淨土極樂世界九品蓮華臺之圖			④ (淨土印) 當生淨土符	釋迦花押印
		일자정륜왕다라니	아미타불	자재치온독다라니		
⑬ (消三灾符) 遠離三灾符	⑨ (肉眼通印) 見佛密護				⑤ (成正覺印) 當得見佛	① (觀音能産印) 破地獄符
⑭ (護身印) 善神守護	⑩ (厭諸鬼符) 百鬼不侵	아미타구품도			⑥ (寶雨印) 破獄淨土	② (滅罪印) 爲人念佛
⑮ (如意印) 所願成就	⑪ 大招官職 (도교부적)	구품도 관련 게송			⑦ (寶得印) 諸罪能滅	③ (摩訶印) 萬劫不受生死符

‖‖‖‖‖‖‖‖

424 문화재청, (재)불교문화재연구소,『한국의 사찰문화재 – 2013 전국 사찰 목판 일제조사(1) 서울2』, ㈜조계종출판사, 2013. p.297. "佛紀二九五二年乙丑(1925)閏四月上浣 仁王山禪巖精舍藏板."

이상, 일제강점기에 간행된 부적은 조선시대에 간행된 부적의 사용 예를 답습한 형식으로 간행되었음을 알 수 있다.

(2) 새로운 형식의 부적 사용 예

그러나, 이 시기에는 불복장 내지 특정 의식을 위한 다라니 제작의 목판에 부적이 실린 것과는 달리, 특정 용도를 위한 새로운 형식의 부적이 제작되기도 하였다.

국립민속박물관에 소장된 다라니 인출본의 경우, 상단에 3기의 탑을 중심으로 원 안에 2종의 인(印)이 배치되어 있으며, 하단에는 6종의 부적이 실려 있음을 볼 수 있다[**도152**].

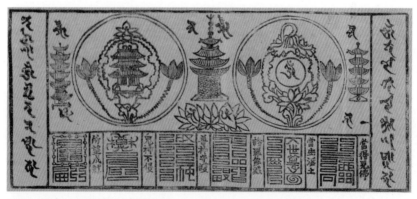

도152. 다라니, 일제강점기. 국립민속박물관 소장(소장번호: 83215), e뮤지엄

실린 부적의 경우, ① 당득견불(當得見佛), ② 당생정토(當生淨土), ③ 제죄능멸(諸罪能滅), ④ 선신수호(善神守護), ⑤ 귀신불침(鬼神不侵), ⑥ 소망성취(所望成就) 등이 실려 있는데, 여기 실린 부적의 경우 1569년 안심사『제진언집』에 실린 것에 비해 몇몇 부적에서 상당한 왜곡이 보여진다. ① 당득견불(當得見佛)의 경우『제진언집』에 실린

국립민속박물관 소장 다라니 ①	『제진언집』 ⑩

385

국립민속박물관 소장 다라니 ⑤	『제진언집』⑧

다라니 중앙부의 '××××' 부분이 생략되었으며, 그 하단의 문양 역시 많은 차이가 있음을 볼 수 있다. 또한 ⑤ 귀신불침(鬼神不侵)의 경우 『제진언집』에 실린 다라니 하단부의 '几'자 형상이 생략된 예를 볼 수 있다.

이 같은 까닭은, 이전 형식을 답습하는 경우 이전 인출본 그대로를 판에 새기는 까닭에 큰 오류가 없으나, 이렇듯 새로운 형식의 목판을 조성하는 경우, 이전 부적의 형상에 대한 몰이해 속에서 생겨난 현상이라 할 수 있다.

이외에 일제강점기에는 석가여래화압(釋迦如來花押)과 불설해원가주(佛說解冤家呪) 및 불설호신명주(佛說護身命呪)와 함께 6종의 부적이 실린 다라니가 간행되었으며(도153), 석가여래화압 및 불설호신명주와 함께 구산난부(求産難符)가 실린 다라니가 간행되기도 하였다(도154).

이 중 불설해원가주(佛說解冤家呪)와 불설호신명주(佛說護身命呪)는 1560년(嘉靖 39) 향산 내원사(內院寺) 간행의 『성관자재구수육자선정언해(聖觀自

도153. 석가여래화압 다라니, 20세기, 원각사 소장

도154. 불설호신명주 다라니. 20세기, 원각사 소장

도155. 『성관자재구수육자선정언해』, 1560년, 향산 內院寺, 동국대 불교기록문화유산아카이브

도156. 『관세음보살육자대명왕다라니신주경』, 1908년, 西賓精舍, 동국대 불교기록문화유산아카이브

在求修六字禪定諺解)』[425]거나 1908년(隆熙 2) 간행의 『관세음보살육자대명왕다라니신주경(觀世音菩薩六字大明王陀羅尼神呪經)』[426]에 실린 도상으로, 위 2종의 다라니에서 석가여래화압 등 불인(佛印) 부분은 『성관자재구수육자선정언해』 내지 『관세음보살육자대명왕다라니신주경』을 참조한 것임을 알 수 있다[도155, 156].

한편 불인 이외에, 부적의 경우는 기존 1569년 간행된 『제진언집』류의 부적 도상 및 내용을 근거한 것임을 알 수 있다[표105].

표105. [도153, 154]에 실린 다라니와 『제진언집』에 실린 다라니의 형태 비교

[도153, 도154] 다라니	[도153]						[도154]
	⑥ 所願成就	⑤ 善神加護	④ 他方千灾 消滅	③ 金銀自來 富貴	② 夫婦和合 百福神□	① 邪魔□□ □□	

||||||||

425 『聖觀自在求修六字禪定諺解』, 嘉靖三十九年(1560) 五月 日 肅川府 關北 開板 藏于 香山 內院寺, 45면.

426 隆熙二年戊申(1908)五月端午西賓精舍開刊藏于甘露社, 18면.

387

『제진언집』, 1569년						
	④ 所望成就	③ 善神守護	⑲ 自然遠離三災	⑬ 金銀自來富貴	⑮ 夫婦子孫和合長壽	② 救産符

위 부적을 비교해 보면 [도153, 154]에 실린 부적은 대체로 『제진언집』에 실린 것과 유사함을 알 수 있다. 그런데 [도153] 중 ① '邪魔 □□□□'은 기존 불교 부적에 포함되지 않는 것으로, 민간 내지 도교 부적에서 편입된 것임을 알 수 있다.

한편 국립한글박물관에는 '부적 필사본'이 소장되어 있다. 이 부적은 부적의 명칭 내지 효능을 한글과 한문으로 적어놓은 것으로[도157], 여기 실린 8종의 부적은 1569년 간행된 『제진언집』류의 부적 도상 및 내용을 근거한 것임을 알 수 있다[표106].

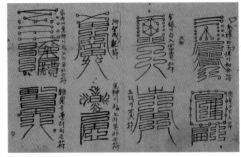

도157. 부적 필사본, 국립한글박물관 한구6928, e뮤지엄

표106. 국립한글박물관 소장 '부적 필사본'과 『제진언집』 소재 부적의 비교

부적 필사본							
	⑧ 難(雜?)鬼을물리치는符	⑦ 鬼神이침노치못하는符	⑥ 도적이 不入符	⑤ 惡鬼가 不入符	④ 家內에鬼神이침노치못하는符	③ 所望成就符	② 金銀이自入富貴符	① 夫婦와子孫이和合符

388

『제진 언집』		⑥(瘟退符)	⑧鬼神不侵	⑥(瘟退符)	④所望成就	⑭宅內百神不侵	⑥(瘟退符)	⑬金銀自來富貴	⑮夫婦子孫和合長壽
유사 부적									

그럼에도 부적의 명칭에 상당한 차이가 있음을 볼 수 있다. 즉 '부적 필사본' 중 ④ '衆內에鬼神이침노치못하는符'의 경우 부적 형상은 『제진언집』중 ⑭ '택내백신불침(宅內百神不侵)'을 사용했으나 효능 설명에서 차이가 나며, ⑤ '惡鬼가不入符'는 『제진언집』에서는 ④ '소망성취(所望成就)'라 기록되어 있다.

또한 부적 형상에 왜곡된 모습이 보인다. '부적 필사본' 중 ⑦ '鬼神이침노치못하는符'의 경우 『제진언집』중 ⑧ '귀신불침(鬼神不侵)'의 형상을 모방하되 상단의 '光'자 형상이 다른 형태로 변해 있고 하단에는 '冖'의 형상이 생략되어 있다. 그리고 '부적 필사본' 중 ③ '소망성취부(所望成就符)'와 ⑥ '도적이不入符', ⑧ '難(維?)鬼을물리치는符'의 경우 『제진언집』중 ⑥ '(瘟退符)'를 모방하되, 부적 형상 중 일부가 생략된 예를 볼 수 있는 것이다. 이러한 예는 불교 부적이 사찰의 공적 불사(佛事)를 통해 목판으로 간행되었던 것과는 달리, 후대에 이르러 제작 주체가 승려 개인 내지 일반인으로 바뀌는 가운데, 목판이 아닌 필사 부적이 생겨났기 때문이라 할 수 있다.

이상, 일제강점기에 사용된 부적의 경우 『진언집』에 실린 24종의 부적 중 일부와 '왕생정토부'가 사용되었으며, 출처 불명의 민간 내지 도교 부적이 편입, 사용되기도 하였다. 또한 부적의 형태 및 명칭, 효능에 많은 변화가 있음을 볼 수 있기도 하다. 이에 일제강점기에 사용된 부적을 연대순에 따라 공관표(共觀表)를 제시하겠는데, 이를 통해 각 부적의 변화 내지 왜곡된 모습을 파악할 수 있게 된다. 각 부적을 배치함에 있어 안심사 간행의 『제진언집』을 기준 삼기로 한다[표107].

표107. 『제진언집』 소재 부적과 일제강점기에 사용된 부적의 형태 비교

	1569년 안심사 간행 『제진언집』	①5종 불인 다라니	1922년 간행 안양암 수구다라니	평택 약사사 석가모니불좌상 복장 다라니, 1921년	1925년 (불기2952) 지전, 가회박물관	西方淨土極樂世界九品蓮華臺之圖, 1925년	다라니, 국립민속박물관 소장, 일제강점기	석가여래 화압, 호신명주 다라니, 20세기	부적 필사본, 국립한글박물관
1	①避熱符	①三災符							
2	②救産符	⑪自求産難							
3	③善神守護	②善神守護	⑧善神守護			⑭善神守護	④善神守護	⑤善神加護	
4	④所望成就	⑫所望成就	③所望成就	④所望成就	③所望成就	⑮所願成就	⑥所望成就	⑥所願成就	⑤惡鬼가不入符
5	⑤破地獄生佛土	③破地獄生佛土	④地獄成蓮	⑤破地獄生佛土	④地獄成蓮	⑥破獄淨土			

390

	1	2	3	4	5	6	7	8
6	⑥(瘟退符임)		⑨變成佛土		①破地獄符			③,⑥,⑧
7	⑦滅罪成仏果	⑬滅罪成佛	⑤滅罪成佛	③滅罪成佛果	⑤滅罪成佛	⑫滅罪成佛		
8	⑧鬼神不侵	④鬼神不侵			⑩百鬼不侵	⑤鬼神不侵		⑦鬼神이침노치못하는符
9	⑨萬劫不受生死	⑭萬劫生死不受	②萬劫免苦	②萬劫不受生死	②萬劫(?)	③萬劫不受生死符		
10	⑩當得見佛	⑤當得見佛	⑧當得見佛	①當得見佛		⑤當得見佛	①當得見佛	
11	⑪當生淨土	⑮當生淨土	⑥當生淨土	⑦當生淨土	⑥當生淨土	④當生淨土符	②當生淨土	
12	⑫諸罪能滅	⑥諸罪能滅	①諸罪能滅	⑥諸罪能滅	①諸罪能滅	⑦諸罪能滅	③諸罪能滅	

13								
	⑬金銀 自來富貴	⑯金銀 自來				③金銀 自來富貴	②金銀 이自入 富貴符
14							
	⑭宅內 百神不侵	⑱百神 不侵					④衆內 에鬼神이 침노치못 하는 符
15							
	⑮夫婦 子孫和合 長壽	⑦夫婦 子孫和合 長壽				②夫婦 和合百福 神□	①夫婦 와子孫이 和合符
16							
	⑯三光 百雲雷電 不侵	⑳雷電 不侵					
17							
	⑰能避 爭訟之厄	⑧能避 爭訟之厄					
18							
	⑲自然 遠離三災	⑲遠離 三災				⑬遠離 三災符	④他方 千灾消滅
19							
	⑳爲貴 人念	⑨爲貴 人念				②爲人 念佛	

392

20	㉑ 大招官職					⑪ 大招官職		
21	㉒ 見君密護	⑰ 見君密護				⑨ 見佛密護		
22	㉓ 産女胎血能出	⑩ 産女胎血能出符						
왕생정토			⑦ 往生淨土			⑧ 往生淨土		
추가								① 邪魔 □□□

위 표에 의하면 일제강점기에는『진언집』에 실린 24종의 부적 중 ⑱ 난산즉주서탄지즉출(難産即朱書呑之即出), ㉔ 질병소제증복수(疾病消除增福壽) 등 2종을 제외한 22종의 부적과 '왕생정토부'가 사용되었으며, 석가여래화압 다라니에는 정체 불명의 민간 내지 도교 부적 1종이 추가된 예를 볼 수 있다.

한편 간행 빈도로 보면 ④ 소망성취(所望成就)가 8종의 문헌에 실려 있고, ⑪ 당생정토(當生淨土)와 ⑫ 제죄능멸(諸罪能滅)이 6종의 문헌에 실려 있으며, ③ 선신수호(善神守護), ⑤ 파지옥생불토(破地獄生佛土), ⑦ 멸죄성불과

393

(滅罪成仏果), ⑨ 만겁불수생사(萬劫不受生死), ⑩ 당득견불(當得見佛)은 5종의 문헌에, 그리고 ⑧ 귀신불침(鬼神不侵)은 4종의 문헌에 실려 있어, 이들 부적이 크게 선호되었음을 알 수 있다.

이외에 ⑥ 온퇴부(瘟退符), ⑬ 금은자래부귀(金銀自來富貴), ⑮ 부부자손화합장수(夫婦子孫和合長壽), ⑱ 원리삼재(離三災) 등은 3종의 문헌에, ② 구산부(救産符), ⑭ 백신불침(百神不侵), ⑲ 위귀인염(爲貴人念), ㉑ 견군밀호(見君密護) 등은 2종의 문헌에, 그리고 ① 삼재부(三災符), ⑯ 뇌전불침(雷電不侵), ⑰ 능피쟁송지액(能避爭訟之厄), ⑳ 대초관직(大招官職), ㉒ 산녀태혈능출부(産女胎血能出符) 등은 1종의 문헌에 실려 있어 당시 사람들의 선호 관념을 파악할 수 있다. 그리고 왕생정토(往生淨土)의 경우 2종의 문헌에 실려 있음을 볼 수 있다.

2) 근현대 불교 부적의 유통과 현황

일제강점기 이후 근대에도 조선시대에 간행된 부적의 형식을 답습한 예가 존재하며, 전혀 새로운 형식의 부적이 제작된 예를 찾아볼 수도 있다.[427]

(1) 조선시대의 부적을 답습한 예

이 중 조선시대에 간행된 부적을 답습한 예로는 해인사에서 간행된 〈서방정토극락세계구품연화대지도〉 목판을 들 수 있다[도158].

---

427 한정섭의 『신비의 부적』(法輪社 刊, 1975)와 김민기의 『韓國의 符作』(도서출판 보림사, 1987)에 일제강점기와 근대에 간행된 몇몇 부적이 실려 있는데 여기 실린 부적은 간기 미상의 것으로, 논의에 포함하지 않았다.

도158. 〈서방정토극락세계구품연화대지도〉, 1960년대, 해인사 간행

위 해인사 간행본의 경우, 목판 중 중앙 상단의 아미타불 독존을 아미타삼존으로 변형하였으며, 중앙 하단의 〈아미타구품도〉를 〈해인(海印)도〉로 변형했음을 볼 수 있다(**도159, 160**). 한편 부적 도상은 이전 그대로를 사용했는데, 부적 명칭의 경우 ② '위인염불(爲人念佛)'을 '위인염불부(爲人念佛符)'와

도159. 〈서방정토극락세계구품연화대지도〉(부분), 19세기 후반 추정

도160. 〈서방정토극락세계구품연화대지도〉(부분), 1960년대, 해인사

같이 모든 부적 명칭에 '부(符)'를 추가한 차이가 보인다.

이와 동일한 목판은 1967년(불기 2994) 옥수동 □□사에서 중간되었는데(**도161**), 이는 19세기 후반 이래 정토사상에 바탕한 「서방정토극락세계구

도161. 〈서방정토극락세계구품연화대지도〉, 1967년, 옥수동 □□사 간행, 원각사 소장

품연화대지도」의 간행이 크게 유행했음을 알 수 있다.

한편, 조선시대에 간행된 부적을 답습하였으되 상당히 왜곡된 모습을 보여주는 예가 존재한다. 국립민속박물관에는 20세기 후반에 제작된 염제귀부(厭諸鬼符)와 삼재부(三灾符), 왕생정토부(往生淨土符), 칠성부(七星符)의 필사본이 소장되어 있는데, 이들 부적 가운데 상당 부분 왜곡된 모습을 찾아볼 수 있다.

한 예로, 1375년 간행의 〈원당암 – 제다라니〉에 실린 염제귀부(厭諸鬼符)와 20세기 후반 제작의 국립민속박물관 소장본 중 '염제귀부'를 비교해 표로 보이면 다음과 같다(표108).

표108. 〈원당암 – 제다라니〉에 실린 '염제귀부'와 20세기 후반 제작 다라니에서의 명칭과 형태 변화

〈원당암 – 제다라니〉 중 厭諸鬼符	官災消滅符	逐邪符	安宅符

'염제귀부'의 경우 1287년 간행된 서산 문수사 금동여래좌상 복장유물 중 「차인출불공역대화수경」에서는 염제귀신인(厭諸鬼神印)이라 명명되어 있으며, 1306년 간행된 국립중앙박물관 소장 〈금동 경갑 소재 다라니경〉 이래 염제귀부(厭諸鬼符)란 명칭과 함께 "지니거나 주련 등에 써 붙이면 귀신이 침입하지 못한다(持及帖之 鬼神不侵)"는 효능이 실려 있다. 또한 〈월정사 중대 사자암 비로자나불좌상〉 복장에서 수습된 1456년 간행 다라니에 귀신불침(鬼神不侵)이란 효능이 명칭을 대신한 이래 '염제귀부'와 '귀신불침'이 이 부적의 명칭으로 혼용되었다.

그런데 위 표에 의하면 '염제귀부'는 관재소멸부(官災消滅符) 내지 축사부(逐邪符), 안택부(安宅符) 등으로 명칭이 변해 있음을 볼 수 있다. 또한 부적의 형상 역시 변화되어, '관재소멸부'라 표기된 부적에서는 상단에 '光'자로 둘러싸인 '田'을 '王'으로 표기했으며 그 밑의 '弓'자 형상을 '田'과 '크', 'ㅌ'이 결합된 문자로 표기했고, 그 밑에 '鬼'자 형상을 변형한 채 두 번 반복해 두고 있다. 그리고 '축사부'라 표기된 부적에서는 형상화된 '염제귀부' 위에 '옴(唵)'과 '칙(敕刀)'이란 글자 위에 세 겹의 ∪ 형태와 범자의 아누스와라(anusvāra)에 해당하는 점(◦)을 표시해, 이 부적을 '옴'자 등의 진언과 같은 형태로 형상화했음을 볼 수 있다. 그리고 '안택부'에서는 '염제귀부' 중 윗부분만을 떼어내 곽 안에 두었음을 볼 수 있다.

이런 왜곡된 모습은 삼재부(三灾符)에서도 볼 수 있다. 삼재부는 1311년 화성 봉림사 목조아미타불좌상 복장전적 중 『금강반야바라밀경(金剛般若波羅蜜經)』에 소삼재부(消三灾符)란 이름으로 실린 이래 1869년 간행된 『일용작법』에 이르기까지 자연원리삼재(自然遠離三灾)로 명칭을 바꾼 채 사용된 부적으로, 국립민속박물관에 소장된 20세기 후반 제작의 필사 부적에서는 삼재원리부(三宰遠離符)라 명칭이 변했음을 알 수 있다. 한편 부적 형태에도 변화가 있어, 전체의 부적 중 상단의 ㅁ자 형태가 일부 생략되었다거나 부적 중앙의 기호를 '臣'자란 문자로 변형시켰으며, 하단의 글자를 변형시킨 예를 볼 수 있다(**표109**).

표109. 봉림사 『금강반야바라밀경』 중 '소삼재부'와 20세기 후반 제작 삼재원리부

화성 봉림사 『금강반야바라밀경』 중 소삼재부(消三災符)	삼재원리부(三宰遠離符)	

往生淨土符	逐鬼符

또한 1754년 백양산 운문암 간행의 목판에 처음 사용된 '왕생정토부(往生淨土符)'는 정토신앙과의 관련 속에서 20세기 중반까지 목판으로 간행되기도 했는데, 국립민속박물관에 소장된 20세기 후반 제작의 필사본에서는 '축귀부(逐鬼符)'라는, 전혀 다른 명칭으로 사용되고 있음을 볼 수 있다. 또한 부적의 형상에도 변화가 있어, 상단에 있는 '鬼'란 형상 위에 '山'이 생략되어 있으며 '召' 아래 왼쪽의 삐침(丿)이 생략된 모습을 볼 수 있다.

이외에, 『불설북두칠성연명경』에 실린 칠성부(七星符)의 경우, 국립민속박물관에 소장된 20세기 후반 제작의 '칠성부'는 – 앞서 설명한 1560년 중애사 간행의 『제반문』에 실린 '칠성부' 내지, 1864년 도선암 간행의 『태상현령북두본명연생진경』[428]에 실린 '칠성부'와 비교해도 부적 형상에 상당한 변

||||||||||||
428 同治三年甲子(1864)正月三角山道詵菴板刻. 印出而移安于 廣州修道山奉恩寺板藏.

398

화가 있음을 알 수 있다(표110).

표110. 시대에 따른 칠성부(七星符)의 형태 비교

	탐랑성 (貪狼星)	거문성 (巨門星)	녹존성 (祿存星)	문곡성 (文曲星)	염정성 (廉貞星)	무곡성 (武曲星)	파군성 (破軍星)
중애사 간행『제 반문』, 1560년							
『태상현 령북두 본명연 생진경』, 1864년							
국립민속 박물관 소장본, 근대							

또한 국립민속박물관 소장본의 경우 무곡성(武曲星)을 무군성(武軍星)으로 잘못 표기된 예를 볼 수 있기도 하다

이렇듯 20세기 후반에 제작된 불교 부적에는 상당한 왜곡이 보인다. 이같은 현상은 일부 고문헌을 접한 사람을 제외하고는 예부터 전해지는 부적 내용과 도상을 볼 수 없는 상태에서, 부적의 연원에 대한 고증 없이 왜곡된 부적이 유통되고 있는 까닭이라 하겠다.

(2) 새로운 형식의 부적 사용

근대에는 조선시대에 간행된 부적을 답습한 예와는 달리, 새로운 형식의 부적이 제작되기도 하였다. 한 예로 국립민속박물관에 소장된 - '위태천(韋太天) 도상과 함께 부적이 실린 예'를 들 수 있다. 이 부적의 상단에는 '삼주호

법(三州護法)'과 '위태존(韋太尊) 천상(天像)' 및 '동진보살' 등의 명문과 함께 위태천 도상이 새겨져 있으며, 하단에는 4종의 부적이 실려 있다[도162].

여기에 실린 4종 부적은 명칭과 효능에 대한 설명이 생략된 채 부적 도상만 실려 있는데, 이 부적들은 1569년 간행된 『제진언집(諸眞言集)』류의 부적 도상과 대조해 보면, 위로부터 '위인염불(爲人念佛)'과 '피열부(避熱符)', '부부자손화합장수부(夫婦子孫和合長壽符)' 등의 부적에 해당함을 알 수 있다. 이를 비교하기 위해 표를 보이면 다음과 같다[표111].

도162. 위태천 도상, 국립민속박물관, e뮤지엄

표111. 근대 제작의 '위태천 부적'과 『제진언집』 소재 부적의 형태 비교

위태천 부적	④	③	②	①
『제진언집』				
	⑮ 夫婦子孫和合長壽	①避熱符	⑥(瘟退符)	⑳ 爲貴人念

400

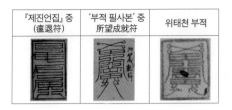

『제진언집』 중 ⑥(瘟退符)	'부적 필사본' 중 所望成就符	위태천 부적

그런데 위태천(韋太天) 도상에 실린 부적 중 두 번째 부적은 앞서 소개한 한글박물관 소장의 '부적 필사본'에 동일 부적이 실려 있으며 '소망성취부(所望成就符)'라 명명되었음을 볼 수 있다. 그런데 이 부적은 『제진언집』 중 ⑥ '(온퇴부)'와 유사하되 상단의 일부가 변형된 형태임을 알 수 있다. 이는 '(온퇴부)'의 형상을 잘못 새긴 것을 바탕으로 후대의 부적을 제작한 까닭에 부적 형상에 오류가 생겨난 것임을 알 수 있다.

이처럼 부적 형상의 오류뿐만이 아닌, 20세기 후반에는 고려시대로부터 이어진 불교 부적의 전통과는 전혀 다른 형태의 것이 제작되기도 하였다. 삼광오복 (三光五福)이란 기원을 명칭 삼은 채, 상단에는 〈칠성당(七星堂)〉과 〈성공당(成功堂)〉 건물이 그려진 것으로, 중앙의 누각 안에는 아미타불과 1존의 협시(脇侍)가, 그리고 밑에는 기도하는 불자 1인이 그려져 있다[도163].

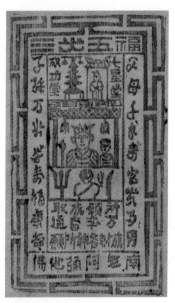

도163. 삼광오복(三光五福) 부적, 20세기 후반, 원각사 소장

한편 〈칠성당〉 쪽에는 "부모천년수 (父母千年壽), 부귀다남(富貴多男)"이란 기원과 〈고공당〉 쪽에는 "자손만광영(子孫万 光榮), 재복익성(財福益盛)"이란 기원이 적혀 있으며, 밑에는 기원성취(祈願成 就) 만사형통(万事亨通), 성취(成就) 각신소원(各神所願)과 나무아미타불(南無阿 彌陀佛)이 표기되어 있다.

이는 부적이라기보다는 '준부적(准符籍)'에 해당하는 것으로, 이처럼 불

401

교 부적의 전통과는 전혀 다른 형태가 간행된 것은 사찰의 공적 불사(佛事)를 통해 간행되었던 것과는 달리, 간행 주체가 승려 개인 내지 일반인으로 바뀌는 가운데 부적의 왜곡된 형상과 함께 전혀 새로운 부적이 생겨난 것임을 알 수 있다.

(3) 현재 불교계에서 사용되는 부적의 기형적 모습

한편 최근 사찰에서는 불교 부적이 정법(正法)과는 무관하다는 인식이 확산되는 가운데 부적이 거의 사용되지 않으며, 부적에 대한 관심 또한 전무한 실정이다. 다만 일부 사찰에서 입춘을 맞이해 입춘방(立春榜) 내지 삼재부(三災符)를 불교용품점에서 구입해 신자들에게 배포하는 형태만이 보이고 있다.

　이런 실정이다 보니 일부 상인들이 부적을 제작해 불교용품점에 공급하고, 이를 사찰에서 구입, 배포하는 예가 진행되고 있다. 그런데 부적의 간행 주체가 상인들로 뒤바뀐 가운데, 상인들은 고려시대로부터 이어진 불교 부적의 전통에 대한 몰인식 속에 불교와는 무관한, 그리고 임의로 제작한 왜곡된 부적을 배포하고 있음을 볼 수 있다.

　한 예로 현재 조계사 앞 불교용품점에서는 53종의 부적 세트를 〈전통 부적〉이란 이름하에 진열해 판매하고 있으며[도164], 각 사찰과 일반 불자들은 필요에 따라, 상황에 따른 낱장의 부적을 구매하고 있음을 볼 수 있다.

　이에 현재 〈전통 부적〉이란 이름하에 판매되고 있는 각각의 부적을 표로 보이면 다음과 같다[표112].

도164. 현재 판매되는 '전통부적', 2023년, 필자 사진

표112. 현재 불교용품점에서 판매되는 〈전통 부적〉 53종

① 매삼 재	② 급속 매매	③ 관재 구설	④ 재수 대길	⑤ 차사 고방지	⑥ 구설 방지	⑦ 귀인 협조	⑧ 금전 재물	⑨ 병부 (건강)
⑩ 소원 성취	⑪ 삼재 방지	⑫ 도액 방지	⑬ 사업 왕성	⑭ 마음 안정	⑮ 만사 대길	⑯ 합격 (승진)	⑰ 인연	⑱ 백사 동토
⑲ 부부 화합	⑳ 잡귀 불침	㉑ 가출 방지	㉒ 취직	㉓ 사고 방지	㉔ 이사 대길	㉕ 상문 부	㉖ 안택	㉗ 사랑
㉘ 신장	㉙ 삼살 대장군	㉚ 선신 수호부	㉛ 손재 방지	㉜ 소송 (합의)	㉝ 영업 재수	㉞ 칠성 부	㉟ 실패 방지	㊱ 남자 떼는부
㊲ 여자 떼는부	㊳ 금주	㊴ 공부	㊵ 옥추 부	㊶ 우환 소멸	㊷ 백살 부	㊸ 인간 동토	㊹ 인덕	㊺ 산바 람

403

㊻ 악살	㊼ 상충살	㊽ 원진살	㊾ 부정부	㊿ 지신	⑤① 중풍부	⑤② 화재예방	⑤③ 조왕부	

그런데 위 53종의 부적 중 일부는 ② 급속매매, ⑤ 차사고방지, ⑬ 사업왕성, ㉑ 가출방지, ㉔ 이사대길, ㉗ 사랑, ㊱ 남자 떼는 부, ㊲ 여자 떼는 부, ㊳ 금주 등과 같이 현대인의 욕구와 관련된 것들이 포함되어, 전통과는 전혀 별개의 것들이 새로 제작, 삽입된 것임을 알 수 있다. 한편 ⑤③ 조왕부의 경우 토속 신앙이 불교에 유입된 신(神)으로, 신중(神衆)의 하나로 정착된 조왕신(竈王神)과 관련된 부적임을 알 수 있다. 그런데 '조왕신(竈王神)' 관련 부적 역시 전례를 찾을 수 없는 것으로, 이 역시 근래 새롭게 제작 삽입된 것임을 알 수 있다.

그나마 불교 전래의 부적과 유사한 형상을 띤 것으로는 ① 매삼재와 ⑧ 금전재물, ㉒ 취직, ㉞ 칠성부 등 4종을 들 수 있다. 그럼에도 이 4종의 경우에도 전통 부적과 비교해 볼 때 여러 곳에서 차이점이 발견된다.

『제진언집』 중 (소삼재부)	①'매삼재'
	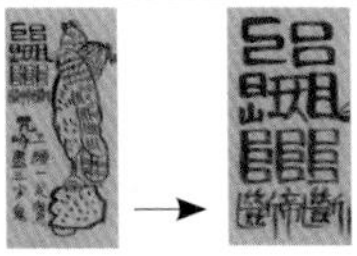

『제진언집』 중 '대초관직'	㉒'취직'

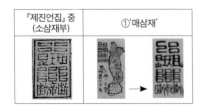

먼저 ① 매삼재의 경우, 『제진언집』 등 조선시대 부적에서는 「소삼재부(消三災符)」 부적만이 새겨진 것에 비해 여기서는 「삼응삼재부(三鷹三災符)」로 그려졌음을 볼 수 있다. 그런데 ① 매삼재에 실린 부적의 경우 「소삼재부」 중 좌측 상단에 ''의 형상이 ''로 변해 있음을 볼 수 있다. 또한

㉒취직의 경우,『제진언집』등 조선시대 부적에 사용된 '대초관직(大招官職)'이란 부적 명칭을 '취직'이라 표기해 인용했으며, 부적의 형상 역시 많은 변화가 있음을 볼 수 있다.

그리고 ⑧ 금전재물의 경우,『제진언집』등 조선시대 부적에 사용된 '금은자래부귀(金銀自來富貴)'란 부적 명칭이 '금전재물'이라 표기되었음을 볼 수 있다. 또한 부적 형상의 경우 '금전재물'에서는 '금은자래부귀'란 부적 밑에 '庵'자와 함께 또 다른 부적이 추가되어 있다. 그런데 추가된 부적은『제진언집』등 조선시대 부적에 사용된 '염제귀부(厭諸鬼符, 귀신불침)' 내지 '온퇴부(瘟退符)'와 유사함을 보이고 있어, 이들 중 하나가 변용되어 추가된 것임을 알 수 있다[표113].

표113. 〈전통 부적〉 53종 중 ⑧〈금전재물〉 부적의 조합 예

『제진언집』 중 '금은자래부귀'	⑧'금전재물'	『제진언집』 중 '염제귀부(귀신불침)'	『제진언집』 중 '온퇴부'

또한 ㉞ 칠성부의 경우, 기존 칠성부(七星符)의 7종 부적 가운데 '탐랑성(貪狼星)'과 '거문성(巨門星)' 부적을 조합해 만든 것임을 알 수 있다. 즉 ㉞ 칠성부의 상단부는 '탐랑성' 부적과 동일하며, 그 밑에 추가된 부분은 '거문성' 부적과 유사한 것임을 알 수 있다[표114].

표114. 〈전통 부적〉 53종 중 ㉞ 칠성부 부적의 조합 예

	기존 칠성부(七星符)		현재 〈전통 부적〉 53종 중 ㉞〈칠성부〉
	탐랑성(貪狼星)	거문성(巨門星)	
1560년, 중애사 간행『諸般文』			
1864년,『태상현령북두본명연생진경』			

　이렇듯 현재 일부 상인들에 의해 제작되어 불교용품점에서 불교 부적인 양 판매되는 부적 53종은 거의 불교와 관련이 없음을 알 수 있다. 또한 불교 부적과 관련된 4종의 부적마저 변형된 모습을 보이고 있으며, 기존 불교에서 사용된 2종의 부적을 하나로 조합해 전혀 새로운 부적을 만들어낸 왜곡된 모습을 볼 수 있다.

　이는 불교 부적이 정법(正法)과는 무관하다는 인식과, 이에 대한 무관심으로부터 생겨난 폐단이라 할 수 있다. 이에 돈황 자료와 대장경에 실린 부적과, 고려 및 조선시대에 통용된 불교 전통 부적에 대한 정리 및 이해는 이런 폐단을 없앨 수 있는 근거가 될 것이다.

V

불인(佛印)과 탑인(塔印)의

한국 수용과 전개

고려와 조선시대에 간행된 다라니에는 부적과 함께 다양한 형태의 불인(佛印)과 탑인(塔印) 등이 실려 있다. 이 중 다라니에 실린 불교 부적에 대한 연구가 최근 진행되고 있지만, 불인과 탑인 등에 대한 연구는 거의 진행되지 않은 상태이다.

불인과 탑인이란 부처의 형상 내지 탑의 형상을 찍은 도장을 말하는 것으로, 다양한 형태의 불인 중 엄기표에 의해 불정심인(佛頂心印)에 대한 연구가 진행된 바 있다.[429] 그럼에도 기존 불정심인 연구에는 미진한 부분이 존재하며, 다른 형태의 불인에 대해서도 연구의 필요성이 제기되고 있다.

현존 자료 중 불인 내지 탑인의 경우 – 이 중 불정심인의 경우 암각에 부조되어 있거나, 석조물 내지 와전(瓦塼) 등에 새겨진 예가 있으나 – 불복장(佛腹藏)에서 수습된 다라니에 부적과 함께 실린 경우가 대부분이다. 이에 불인과 탑인에 대한 연구는 불복장 연구와도 관련될 뿐 아니라, 일정 부분 다라니 내지 부적 연구의 여백을 메울 수 있는 부분이기도 하다.

이 부분을 서술함에 있어 필자는 먼저 불인 내지 탑인이란 무엇이며, 어떤 의미가 있는가를 말하고자 한다. 또한 경전 및 현존 자료를 바탕으로 불인 내지 탑인의 연원을 설명하고, 이를 바탕으로 한국불교에 전하는 각종 불인 및 탑인의 의미와, 시기에 따라 불인과 탑인이 어떤 형식으로 변화되었는

||||||||||||
429 엄기표, 「寶珠形 唵(ॐ, om)字 圖像의 전개와 상징적 의미에 대한 試論」, 『선문화연구』 14, 한국불교선리연구원, 2013.

지를 언급하고자 한다. 또한 이 과정을 통해 범자(梵字) 내지 종자(種字)가 부적화(符籍化) 내지 불인화(佛印化)되는 양상과 함께, 이로 인해 다양한 형태의 불인(佛印)이 생겨난 예를 서술하고자 한다. 한편 불인 내지 탑인 등은 부적과 함께 다라니에 실려 있음을 볼 수 있는데, 이에 다라니 안에서 불인과 탑인 등의 위상 내지 역할을 검토해 보고자 한다.

1. 불인(佛印)과 탑인(塔印)

갑골문(甲骨文)과 금문(金文)에서 인(印)은 🐾, 🐾 등으로 표기되었다. 뜻으로 보면 '손으로 누르다[抑]' 내지 '억압하다'는 의미가 있어, 원래 군주 통치권의 상징으로 이해되었다. 또한 문서에 인(印)을 찍은 경우, 인은 통치권자의 현존의 증표로 이해되기도 하였다. 그리고 권한의 일부를 위임할 경우 부절(符節)을 건네기도 했는데, 여기서 부(符)는 '대 죽(竹)' 밑에 '줄 부(付)'가 쓰인 말로, 의미상 '(권한의 일부를) 죽간(竹簡)에 써서 건네줌'을 뜻하였음을 알 수 있다[도165]. 한편 발병(發兵)을 위한 밀부(密符)의 경우 이를 둘로 쪼개 오른쪽은 해당 지역의 지휘관에게 주었고, 궁에 보관된 왼쪽 조각을 보내 합해질 경우 군사를 동원할 수 있도록 하였다[도166].

도165. 부(符), 1800년, 월정사 소장(강원도 문화재자료), 문화재청 홈페이지

도166. 발병부(發兵符), 국립민속박물관 소장, 국립민속박물관 홈페이지

이렇듯 인(印)이란 부(符)와 함께 통치권자의 현존의 증표를 나타내는 말로 사용되었다. 그런데 불교에서도 이같은 용도로 사용된 인(印)의 예를 발견할 수 있다.

1) 인(印), 불인(佛印)의 개념 변천
   – 교설(敎說)에서 인가(認可), 보증(保證)의 개념으로

불교에서는 불교의 가르침을 총칭하는 말로 법인(法印, dharma mudra)이란 용어를 사용하고 있다. 또한 기원전 1세기경에 성립된 – 197년 후한의 지루가참(支婁迦懺)이 번역한 – 『반주삼매경』「불인품(佛印品)」에서는 불인(佛印)의 용례와 함께, 불인에 대한 다음 정의를 내리고 있다.

> "(삼매를 배운 자는) 이 삼매를 흰 비단에 잘 쓰고, 불인(佛印)을 얻어 찍어서 마땅히 잘 공양해야 한다 …(중략)… 무엇을 불인이라 하는가? 이같은 생각을 갖는 것이다. 알음알이를 행하지 않고, 탐하는 바와 구하는 바가 없고 …(중략)… 욕망에 다함이 없으며, 생을 구하는 바도 (생이) 사라질 것이라는 (생각도) 없으며, 파괴될 것도 부서질 것도 없다고 (생각해야) 하는 것이니, 도의 요체와 근본이 이 인(印) 가운데 있다 …(중략)… 어리석은 자는 이 인(印)에 의심을 가지니, 이 인을 곧 불인(佛印)이라 한다."[430]

---

430 『般舟三昧經』(『大正藏』13), p.919中. "當好書是三昧 著素上 當得佛印印 當善供養 …(중략)… 何等爲佛印. 所識不當行 無所貪 無所求 …(중략)… 所欲盡 無所從生 無所滅 無所壞 無所敗, 道要道本 是印中 …(중략)… 愚癡者 便疑是印 是印是爲佛印."

414

이에 따르면 불인이란 무구(無求) 무탐(無貪)의 원리와 함께 불생불멸(不生不滅)의 이치이며 부처님 가르침의 요체라 할 수 있는 것으로, 이를 비단에 쓰고 불인을 찍어 공양해야 한다는 것이다. 한편 이와 관련해 2세기경의 불교학자 용수(龍樹, 150~250년경)는『대지도론』에서 "일체 유위법(有爲法)은 무상(無常)한 것이고, 일체의 존재[法]는 무아(無我)이며, 고요함마저 멸한 것[寂滅]이 열반(涅槃)이다. 이것이 불법(佛法)의 뜻이며, 이를 삼인(三印)이라 이름한다"[431]고 하고 있다.

즉 불인이란 부처님 가르침의 요체이자 궁극적으로는 삼법인(三法印)을 말하는 것이라 할 수 있다. 이에 대해 의정(義淨, 635~713)이 번역한『근본설일체유부비나야』에는 마갈어(摩竭魚)를 위한 다음 법문이 실려 있다.

"세존께서 (마갈어를) 위해 삼구(三句)로 된 법(法)을 설하셨다. 어진 자여(賢首)! 모든 현상은 항상하지 않고(諸行皆無常), 모든 존재에는 나가 없으며(諸法悉無我), 적정함이야말로 열반(寂靜即涅槃)이라 할 수 있으니, 이를 삼법인이라 이름한다."[432]

이는 부처님 가르침 중 대표적 교설 자체를 '법의 도장(法印, dharma seals)'이란 뜻으로 법인(法印) 내지 불인(佛印)이라 칭했음을 알 수 있다. 그리고 법인 내지 불인이란 '부처님 가르침에 부합한다'는 의미로 쓰였음을 알 수 있다.

||||||||||

431 『大智度論』(『大正藏』25), p.223上. "一切有爲法 無常 一切法 無我 寂滅 涅槃 是名佛法義, 是三印."

432 『根本説一切有部毘奈耶』(『大正藏』23), p.670下. "世尊即爲説 三句法告言 賢首 諸行皆無常 諸法悉無我 寂靜即涅槃 是名三法印."

한편 불인이 부처님의 인가(認可) 내지 보증의 개념으로 사용되었음을 볼 수 있다. 먼저 2세기 중반에 성립된 것으로 알려진『아비달마대비바사론』에는 불인에 대해 다음 내용이 실려 있다.

　　"존자는 세존의 제자가 지닌 선설(善說)에 모두 불인을 찍어야 함을 드러내기 위해 이같이 질문한 것이다. 마치 왕이 관리에게 준 부소(符疏, 임명장)에 왕의 인(王印)이 없으면 사람들이 받들지 않고 관아(關)와 나루[津]에서 모두 장애가 되지만, 만일 왕인(王印)이 있으면 사람들이 모두 신용하여 가는 곳마다 방해됨이 없는 것처럼, 부처님 제자의 좋은 말이라도 만일 불인이 없으면 타인이 믿어 받들지 않고, 여래 멸도(滅道) 후 모든 4중(四衆) 역시 공경히 받들지 않을 것이다. 만일 불인으로 인가(認可)한 것은 듣고 받들어 행할 것이며, 유법(遺法)을 (이은) 4중(四衆) 역시 공경하고 중히 여기게 될 것이다."[433]

　　위『아비달마대비바사론』의 설명과 같이 부처님 교설에 불인이 찍혀진 예가 돈황 사본에서 발견된다. 그 최초의 예로「서방삼성범문경주(西方三聖梵文經呪)」를 들 수 있다. 이 유물은 앞면에 532년에 서사(書寫)된『잡심론(雜心論)』과『잡아비달마비바사론』이 실려 있으며, 뒷면에는 북주(北周, 557~581) 시대에 찍혀진 것으로 추정되는,「서방삼성범문경주」라 칭해진 9과(顆)의 불인이 날인되어 있다[도167,168].[434] 이는『잡심론』과『잡아비달마비바사론』이 부처님의 교설에 부합함을 나타내고 있다.

---

433 『阿毘達磨大毘婆沙論』(『大正藏』27), p.734中. "尊者欲顯 世尊弟子 所有善說 皆須佛印 印之 故 發斯問. 如王所司 所有符疏 若無王印 人不承受 往關津等 悉爲障礙. 若有王印 人皆信 用 所往無礙 如是佛弟子 所有善說, 若無佛印 他不信受 如來滅後 所有四衆 亦不敬受, 若 爲佛印 所印可者 聞則奉行 遺法四衆 亦生敬重."

434 翁連溪·李洪波 主編,『中國佛教版畫全集』第1卷, 中国书店出版社, 2018. p.1.

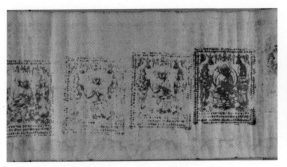

도167.「西方三聖梵文經呪」, 557~581년 추정,
『中國佛敎版畵全集』第1卷, p.1.

도168.「西方三聖梵文經呪」
(부분)

한편 794년 당나라 승려 원조(圓照)가 편찬한『대당정원속개원석교록』
중에 "〈『발보리심계(發菩提心戒)』(1권)와『심취정계(心聚淨戒)』,『십선법계(十
善法戒)』13장). 이 책은 모두 경을 번역한 대덕 잠진(潛眞)이 친히 삼장화상
(三藏和上)의 (뜻을) 받들어 비교(秘敎, 密敎)의 만다라(曼茶羅)에 들어가서 관정
단(灌頂壇)에 올라 불인을 받아 이룩된 것이다"[435]는 내용이 실려 있다. 이는
경전을 번역함에 있어서도 인가와 보증의 예로 불인을 찍었음을 알려주는
기록이다.

이렇듯 부처님 교설에 부합함을 불인을 찍어 공증한 것과는 달리, 경
전과 다라니 자체가 인(印) 내지 불인에 해당함을 말하는 내용이 실려 있기
도 하다. 이같은 예는 주로 방광부(方廣部) 경전에 보이는 것으로,『대방광대
집경』에서는 "이 대집경(大集經)은 바로 시방제불의 인(印)을 담고 있는 것이
니…"[436]라 하여 경전에 담긴 내용을 인(印)이라 칭하고 있으며, 이와 관련해

435　『大唐貞元續開元釋敎錄』(『大正藏』55), p.760上. "發菩提心戒一卷 并三聚淨戒 及十善法戒
　　　　共十三紙, 右立 翻經大德潛眞 親奉三藏和上 示以秘敎 入曼茶羅 登灌頂壇 受成佛印."

436　『大方等大集經』(『大正藏』13), p.150上. "是大集經卽是 十方諸佛印封."

다음 내용이 실려 있기도 하다.

"부처님께서 말씀하시되, 선남자여! 이 정법(正法)은 여래의 목숨과 같은 것으로, 내가 열반한 후 모든 보살은 이 법을 보호하리라. 왜냐하면 이 경(經)은 과거와 미래, 현재 부처님의 인(印)이기 때문이다."[437]

"이같은 주문은 그 힘이 능히 일체 논사(論師)와 일체 마(魔)의 무리를 얽맬 수 있으므로, 이를 불인(佛印)이라 하니, 마의 권속이 가히 파괴하지 못하리라."[438]

2) 불인(佛印) - 부처님 현존의 증표

한편 불인은 부처님 현존(現存)을 나타내는 증표로 사용되기도 하였다. 한 예로 수계첩(授戒帖)을 들 수 있다.

741년(唐 開元 29) 제작된 「수득보살계첩(授得菩薩戒牒)」 필사본에는 우측 3행에 "당국(唐國) 사주(沙州) 돈황현(敦煌縣) 대운사(大雲寺)"가 기록되어 있다. 그리고 중앙에 "개원 29년(開元卄九年, 741년) 2월 9일(二月九日) 수득보살계(授得菩薩戒), 전보살계화상(傳菩薩戒和尙) 사문(沙門) 석(釋)○○" 등의 기록이 있고 그 위에 보살계를 전한 화상(和尙)의 도장이 찍혀 있음을 볼 수 있다.

---

437 『大方等大集經』(『大正藏』13), p.47上. "佛言 善男子 如是正法 如如來壽 我涅槃後 是諸菩薩 亦護是法 何以故 此經卽是 過去未來 現在佛印."

438 『大方等大集經』(『大正藏』13), p.73下. "如是呪者 力能繫縛 一切論師 一切魔衆 是名佛印 不可破壞 魔眷屬怨."

그리고 그 옆에는 "교수아사리(教授阿闍梨), 갈마아사리(羯磨阿闍梨), 수보살계화상(授菩薩戒和尙)" 등이 기록되어 있으며, 그 위에 설법인을 한 불인 3과(果)가 찍혀 있다. 이렇듯 교수아사리 당래미륵존불과 갈마아사리 석가모니불, 수보살계화상 노사나불 위에 각각 불인을 찍어둔 것은 이들 부처님들이 직접 계를 주었음을 의미한 것으로 이해된다[도169].

도169. 「授得菩薩戒牒」, 741년(唐 開元 29), 『中國佛教版畫全集』第1卷, pp.78-79.

또 다른 예로 964년(北宋 乾德 2) 제작된 「수오계첩(授五戒牒)」과 「수팔관계첩(授八關戒牒)」, 「수천불계첩(授千佛戒牒)」을 들 수 있다.

「수오계첩」은 '남섬부주(南贍部洲) 사하세계(娑訶世界) 사주(沙州) 삼계사(三界寺) 수오계첩(授五戒牒)'이라 명칭된 것으로, 2행에 "수계녀(授戒女) 제소낭자(弟小娘子) 장씨(張氏)"가, 그리고 7행에는 "건덕 2년(乾德二年) 5월 23일"이 기록되었으며, 말미에 "수계사주(授戒師主) 석문승정(釋門僧正) 사자(賜紫) 도진(道真)"이 적혀 있어, 964년 도진(道真)이 장씨에게 오계를 설한 후 건넨 계첩임을 알 수 있다[도170].

또한 후반에는 "봉청 아미타불 위(爲) 단두화상(檀頭和尙), 봉청 석가모니불 위 교수아사리, 봉청 미륵보살 위 갈마아사리, 봉청 시방제불 위 증계사

(證戒師), 봉청 제대보살마하살 위 반려(伴侶)"라 적혀 있어, 아미타불과 석가모니불, 시방제불과 함께 미륵보살 및 여러 보살을 청해 수계의식을 거행했음을 알 수 있다. 한편 2행에는 정방형의 불인(佛印) 3과(顆)가 찍혀 있는데, 이는 계첩에 명

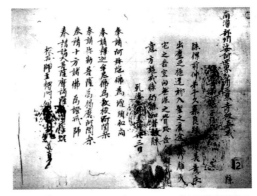

도170. 「授五戒牒」, 964년(북송 乾德 2), 『中國佛教版畫全集』第1卷, p.104.

기된 "단두화상 아미타불, 교수아사리 석가모니불, 갈마아사리 미륵보살" 등 과거와 현재, 미래의 세 부처님인 증명화상을 불인으로 찍어둔 것임을 알 수 있다. 그리고 중간의 수계 연월일과 말미의 수계사 부분에도 동일 불인이 각각 찍혀 있음을 볼 수 있다.[439]

한편 「수팔관계첩」의 경우 우측 2행에는 "수계제자(授戒弟子) 이감아(李憨兒)"가, 중간에는 "甲子年 正月十五日 弟子 李憨兒候", 그리고 말미에는 "수계사(授戒師) 석문승정(釋門僧正) 강론대법사(講論大法師) 사자사문(賜紫沙門) 도진(道真)"이 적혀 있다. 그리고 2행 위에는 정방형의 불인 3과(顆)가 찍혀 있는데, 이는 계첩에 명기된 "단두화상

도171. 「授八關戒牒」, 964년(북송 乾德 2), 『中國佛教版畫全集』第1卷, p.98.

439 翁連溪·李洪波 主編, 『中國佛教版畫全集』第1卷, 中国书店出版社, 2018. pp.98-123.

미륵보살, 교수아사리 석가모니불, 갈마아사리 미륵보살"을 상징하는 것임을 알 수 있다. 그리고 중간의 수계 연월일과 말미의 수계사 부분에도 동일한 불인이 찍혀 있음을 볼 수 있다.^[도171]

또한 「수천불계첩」의 경우 "건덕2년(乾德二年) 5월 8일첩(牒)"이란 기록과 함께 말미에 "수계사주(授戒師主) 석문승○(釋門僧○) ○○도진(道真)"이 적혀 있다. 또한 "단두화상(檀頭和尚) 아미타불과 교수아사리 석가모니불, 갈마아사리 미륵

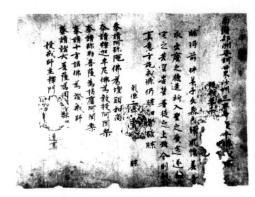

도172. 「授千佛戒牒」, 964년(북송 乾德 2), 『中國佛教版畫全集』第1卷, p.100.

보살, 증계사 시방제불, 반려(伴侶) 제대보살마하살"이 기록되었고, 「수팔관계첩」과 동일한 불인이 5번 찍혀 있음을 볼 수 있다.^[도172]

이렇듯 「보살계첩」과 「수천불계첩」 등에 증명화상을 대신해 각각 불인을 찍어둔 것은 각각의 부처님께서 수계를 증명했다거나 직접 계를 주었다는 현전성을 뜻하는 것으로, 여기 찍은 불인은 부처님 현존을 상징한 증표에 해당하는 것임을 알 수 있다.⁴⁴⁰

ılııllıllıl

440 이와 관련해 1496년(燕山君 2) 仁粹大妃와 貞顯王后가 薨去한 成宗을 위해 중국에서 『天地冥陽水陸雜文』을 구해 목활자로 200부를 간행하였는데, 이 책 후반부에 〈尸羅三歸五戒牒〉이 실려 있다. 이 〈시라삼귀오계첩〉의 戒文 위에 삼존이 새겨 있는데^[도173], 이 삼존은 '檀頭和尚 아미타불과 교수아사리 석가모니불, 갈마아사리 미륵보살'로 추정된다. 이에 북송대의 전통이 중국의 元明代를 거쳐 조선의 목판본에 실려 있으며, 이 전통은 조선 후기 사찰 간행의 戒牒에도 반영되어 있음을 알 수 있다.

도173. 천지명양수륙잡문, 1496년, 동국대 불교기록문화유산아카이브

421

이 가운데 「수천불계첩」은 천불(千佛)로부터 계를 받았음을 의미하는 것으로, 천불신앙의 유행과 함께 행해진 것임을 알 수 있다. 천불신앙은 유송(劉宋, 420~478)의 강량야사(畺良耶舍)가 번역한 『삼겁삼천불연기』[441] 내지 양(梁, 502~557)에서 한역된 『과거장엄겁천불명경』, 『현재현겁천불명경』, 『미래성수겁천불명경』에 의거한 것으로, 이에 따라 천불의 날인 또한 성행하기도 하였다. 이와 관련해 만당(晚唐, 836~907)시대에 조성된 『불설불명경(佛說佛名經)』의 경우 각각의 불명호(佛名號) 상하에 불인을 찍어 각각 부처님의 현존을 나타냈으며[도174], 만당(晚唐)시대의 유물 중 불명호를 생략한 채 천불(千佛)만을 불인으로 찍어낸 예를 볼 수 있기도 하다[도175].

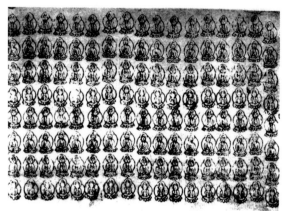

도174. 불설불명경, 晚唐시기, 『中國佛敎版畫全集』第1卷, p.97.

도175. 선정천불(단편), 晚唐시기, 『中國佛敎版畫全集』第1卷, p.90.

||||||||||||

441 『三劫三千佛緣起』(『大正藏』14), p.364.

3) 불인과 탑인(塔印) – 공덕과 감응

부처님 현존의 증표로서 불인은, 불인을 날인한 인불(印佛) 공양의 예로 행해
지기도 하였다. 특히 인도에서는 5세기 이래 불탑 건립과 관련해 법사리(法
舍利)로서 연기법송(緣起法頌)을 불인(佛印) 및 탑인(塔印)과 함께 점토제 인장
(印章)으로 찍어낸 예가 다수 발견되기도 하였다.[442] 이 중 불인을 날인한 인
불(印佛) 공양과 관련해, 중국의 경우 650~670년 사이에 제작된 것으로 알
려진, 불상과 탑이 찍힌 다수의 연기법송명(緣起法頌銘) 전불(塼佛)이 출토되
기도 하였다[표115].[443]

표115. 중국 650~670년경에 제작된 연기법송명(緣起法頌銘) 전불(塼佛)

범어 연기법송명 전불, 650~670년경,『尊古齋陶佛留眞』소재	인도불상명 塼佛, 650~670년경,중국 陝西省 역사박물관 소장

이와 관련해 수파가라(輸波迦羅, 善無畏, 637~735)가 번역한『소파호동자
청경』에 "죄를 소멸코자 하는 자는 …(중략)… 향을 섞은 진흙이나 깨끗한 모

‖‖‖‖‖‖‖‖

442 三友量順,「緣起法頌と造像功德經」,『平川彰博士古稀記念論集』, 東京, 春秋社, 1985.
p.130.

443 肥田路美,「西安 出土 塼佛의 제작 배경과 의의」,『강좌미술사』48, (사)한국미술사연구소,
2016. pp.281-287; 문상련(정각),「납탑, 불복장 규범의 새로운 예 - 印佛과 印塔」,『동악미술사
학』31, 동악미술사학회, 2022.6. pp.94-95.

래로 인탑(印塔)하되, 십만 기를 채워라. 많을수록 좋으니, 그 안에 연기법신게(緣起法身偈)를 안치하라"[444]는 내용이 실려 있으며, 불공(不空, 705~774)이 번역한 『아촉여래염송공양법』에 "만약 업의 장애를 없애고자 하면 응당 인불탑(印佛塔)에 혹 '모래거나 향기로운 진흙에 연기게(緣起偈) 같은 경설(經說)을 모아 안치하면' 마침내 필경 기특함이 나타날 것이다"[445]라는 내용이 실려 있기도 하다.

또한 의정(義淨, 635~713)이 찬한 『대당서역구법고승전』에 "동인도 삼마저타국(三摩呾吒國, Samatata) …(중략)… 국왕은 …(중략)… 매일 '니상(泥像)의 형상을 찍어' 10만 구(軀)를 조성하고, 『대반야(경)』 10만 송(頌)을 독송했으며…"[446]라는 기록이 전해져, 이같이 불인과 탑인을 날인해 탑에 납입하는 전통은 연기법송을 봉안하는 전통과 함께 일반에까지 행해졌음을 알 수 있다.

불인과 함께 탑인을 찍어낸 인불(印佛), 인탑(印塔)의 예는 조탑(造塔)과의 관련뿐만이 아닌, 중국의 경우 북송대의 문헌에서 발견되기도 하여, 인불, 인탑이 다양한 형식으로 전개되었음을 알 수 있기도 하다[도176,177].

이같이 불인 및 탑인을 날인하는 인불(印佛), 인탑(印塔)은 연기법송과 함께 법사리 제작의 측면뿐만이 아닌, 수행과 관련된 공덕의 예로 제시되기도 하였다.[447] 일행(一行, 683~727)이 번역한 『대비로자나불안수행의궤』에

444 『蘇婆呼童子請經』(『大正藏』18), p.720中. "又欲作滅罪者 …(중략)… 或以香泥或用妙砂 印塔以滿十萬 唯多最甚 內安緣起法身偈."

445 『阿閦如來念誦供養法』(『大正藏』19), p.20上. "若欲除業障 應當印佛塔 或沙及香泥 皆安緣起偈 積數如經說 終畢現奇特."

446 『大唐西域求法高僧傳』(『大正藏』51), p.8中~下. "東印度 到三摩呾吒國 國王 …(중략)… 每於日日造拓模泥像十萬軀 讀大般若十萬頌…"

447 문상련(정각), 「납탑, 불복장 규범의 새로운 예 - 印佛과 印塔」, 『동악미술사학』31, 동악미술사학회, 2022.6. pp.97-98.

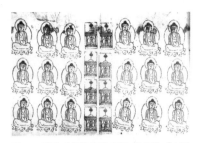
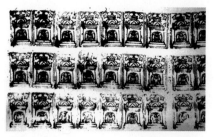

도176. 禪定千佛及亭閣式塔, 北宋代.『中國
佛教版畫全集』第1卷, p.145.

도177. 亭閣式塔, 北宋代.『中國佛教版畫全集』
第1卷, p.214.

"유가(행)[瑜伽]를 닦는 자는 …(중략)… 염송을 마친 즉, 호신주[護身]를 (외운 후) 당(堂)에서 나가 인불, 인탑하고 본존유가(本尊瑜伽)를 쌓아 밝혀야 한다"[448]는 예가 기록되어 있으며, 이외에 장애의 소멸, 발보리심 성취, 삼매 유지를 위한 행법 등으로 인불 및 인탑이 행해지기도 하였다.[449]

이처럼 수행 공덕의 예로 제시된, 불인과 탑인을 날인하는 인불 및 인탑에는 부처님의 감응이 전제되어야 할 것이다. 이에 4세기 후반 축불염(竺佛念)이 번역한『보살종도솔천강신모태설광보경』「불수품(佛樹品)」에서는 보살은 무수한 아승지겁 동안 비신통(鼻神通)을 닦아 "…계향(戒香), 정향(定香), 혜향(慧香), 해탈향(解脫香), 해탈지견향(解脫知見香) …(중략)… 사리유포향(舍利流布香), 봉인불장향(封印佛藏香) 등 시방 무량 중생의 향기를 분별할 수 있음"을 말하고 있다.[450] 이 중 '봉인불장향', 즉 "인불(印佛)을 봉해 담은 향기를

448 『大毘盧遮那佛眼修行儀軌』(『大正藏』19), p.414上. "修瑜伽者 …(중략)… 若念誦畢 則護身出堂 印佛印塔 兼明本尊瑜伽."

449 문상련(정각),「납탑, 불복장 규범의 새로운 예 – 印佛과 印塔」,『동악미술사학』31, 동악미술사학회, 2022.6. pp.97-98.

450 『菩薩從兜術天降神母胎説廣普經』(『大正藏』12), p.1022中.

분별할 수 있다"는 표현은 인불(印佛), 인탑(仁塔)의 수행 공덕에 대한 부처의 감응을 언급한 예라 할 수 있다.

4) 불인과 종자(種字) – 종자의 불인화(佛印化)

위 불인(佛印)은 부처의 형상으로서뿐만 아니라, 부처의 내재성(內在性)을 형상화한 종자(種字)로 표기되기도 하였다. 석가여래는 ℱ(bhaḥ), 대일여래는 ℌ(a)로, 문수보살은 ℳ(maṃ)으로 표기되며, 미륵보살의 경우 ℣(yu)로 표기되는 등, 여래뿐만이 아닌 신들 역시 만다라 도상 가운데 고유의 종자로 표기되기도 하였다.

　　이들 종자 중에는 여러 의미를 합해 형상화한 것도 있다. 예를 들어 '옴(唵, ℥)'자의 경우 법신(法身)과 보신(報身), 화신(化身) 등 삼신(三身)이 결합된 것으로, 불공(不空, 705~774)이 번역한 『칠구지불모소설준제다라니경』에는 '옴(唵, ℥)'에 대해 "'옴(唵)'자는 삼신(三身)의 뜻을 가지며, 또한 일체법은 본래 생(生)함이 없다'는 뜻을 갖는다"[451] 하고 있다. 또한 790년 반야(般若) 등이 번역한 『수호국계주다라니경』에는 '옴(唵)'에 대해 다음 내용을 싣고 있다.

　　"다라니의 근본으로 ℥(oṃ, 唵) 자를 들 수 있다. 그 까닭은 아(ℱ, a, 婀)와 우(ℌ, u, 烏), 마(ℳ, ma, 莽) 등 세 글자가 화합하여 '옴(唵)' 자가 된 까닭이다. 아(婀, ℱ) 자는 보리심의 뜻과 제법(諸法)의 문(門)이란 뜻이 있으며 …(중략)… 또한 법신(法身)의 뜻을 갖는다. 우(烏, ℌ) 자는 보신(報身)의 뜻을, 마(莽, ℳ)

451　『七俱胝佛母所說准提陀羅尼經』(『大正藏』 20), p.183下. "唵℥字者 是三身義 亦是一切法 本不生義."

자는 화신(化身)의 뜻을 갖는다. 이 세 글자가 합해 옴(唵, 🕉) 자가 된다 …(중략)…

능히 이 만다라에 들어간 자는 일체제불과 일체 보살을 보게 될 것이다. 이 만다라는 일체제불과 현성(賢聖)이 집회 의논하는 깊은 법처(法處)이니 …(중략)… 제불과 일체 보살이 알아 호념할 것이다 …(중략)… 삼보의 종자(種子)를 받아 삼악취를 끊게 될 것이다 …(중략)…

제불(諸佛) 만다라는 이미 설한 바 삼신법(三身法)으로, 법신과 보신 화신이 순서에 따라 상속 성립되는 것이니, 불보리(佛菩提) 가운데 최승 미묘법을 닦게 되어 오래지 않아 성불하게 되리라."[452]

이렇듯 종자 중 삼신(三身)의 뜻을 갖는 '옴(唵, 🕉)'의 경우, 부적으로 사용된 예가 발견된다. 1면의 목판 인출본으로 전하는 돈황 사본 No.ch3107의 경우, 중앙에 범자(梵字) 옴(🕉)을 써둔 채 이를 「불칙옴자부(佛勅唵字符)」라 칭하고 있다. 즉 "부처님께서 발부한 [勅] '옴(🕉) 자(字)' 부신(符信, 符)"이란 뜻임을 알 수 있다[도178].

한편 「불칙옴자부」의 옴(🕉)자 밑에는

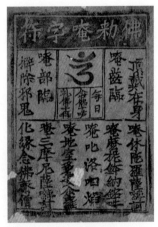

도178. 佛勅唵字符, 돈황 사본 No.ch3107, 독일 Akademie der Wissenschaften 소장.

452 『守護國界主陀羅尼經』(『大正藏』19), pp.565下-568上. "(565下)陀羅尼母 所謂🕉唵字. 所以者 何 三字和合 爲唵字故 謂𑖀婀 🕉烏 𑖦莽. 一婀字者 是菩提心義 是諸法門義 …(중략)… 又法 身義. 二烏字者 即報身義 三莽字者 是化身義. 以合三字共爲唵字… (567下)有能入此曼荼羅 者 則爲已見一切諸佛一切菩薩 何以故 此曼荼羅 即是一切諸佛賢聖集會議論甚深法處 … (중략)… 諸佛一切菩薩證知護念 紹三寶種斷三惡趣 …(중략)… (568上)諸佛曼荼羅 已說三身 法 法身及報化 相續次第成 修佛菩提中 最勝微妙法 不久當成佛"; 『祕鈔問答』(『大正藏』79), p.573上. "問, 彼唵一字 何顯三身. 答, 以三字合爲一體故."

"매일(每日) 염불(念佛) 십성(十聲), 예불(礼佛) 십배(十拜)"라는 내용이 쓰여 있으며, 좌우에는 '옴(唵) 치림(齒臨)'과 '옴(唵) 부림(部臨)'을 써 두었다. 그리고 '옴 치림' 옆에는 "정대재신(頂戴在身)"이 쓰여 있어 정수리[頂], 즉 상투 부분에 이 부(符)를 지녀야 할 것을 말하고 있다. 그리고 '옴 부림' 옆에는 '사악한 귀신을 물리친다'는 뜻으로 "벽제사귀(辟除邪鬼)"란 문구가 쓰여 있어, '옴(ॐ) 자(字)' 부신(符信, 符)으로서 「불칙옴자부」가 부적의 용도로 쓰였음을 알 수 있다.

'옴(ॐ)'의 종자가 불인화(佛印化)된 예를 발견할 수 있기도 하다. 중국 산서성(山西省) 홍동현(洪洞縣) 광성사(廣胜寺) 비로전(毘盧殿) 벽비(壁碑)에 새겨진 문양이 그것으로, 이 벽비에 태종황제(太宗皇帝, 626~649)의 찬(讚)이 기록된 점을 미루어, 이 벽비는 초당(初唐) 시기에 제작된 것으로 추정된다. 이 벽비에는 다음 내용이 실려 있다(**도179,180**).

도179. 광성사 비로전 벽비 (부분), 初唐 시기 추정.

도180. 광성사 비로전 벽비(부분)

428

"의정(義淨,635~713) 삼장(三藏)이 서천(西天)에서 취득한 범서(梵書)에 (이르되),

옴(唵) 자 소재하는 곳에서, 일체 귀신 가운데 (이를) 보거나 들은 자는 두려워

하지 않음이 없었다.

태종황제(太宗皇帝,626~649)가 친히 지은 찬에 (이르되),

'학이 서 있듯, 뱀의 형세처럼 끊이지 않으니,

오천(五天, 오천축국)의 문자가 귀신을 시름 짓게 하네.

용 받침[龍盤] 같은 범자(梵字)를 보건대, 층마다 봉우리가 선명하고,

봉황이 펼친 깃털의 모습 이미 말아 거두었네.

정각(正覺)의 인(印)은 참된 성인의 도와 같아

사악한 마(魔)의 간섭 막고 끊어버리네.

유가[儒門]의 제자는 응당 알지 못하나

귀 뚫린 호승(胡僧) 웃으며 (글자) 머리에 점을 찍었네.'

광성사(廣胜寺) 승(僧) 종기(宗企)가 비를 세우고, 장언(張彦)이 새기다."[453]

위 내용 중 "옴(唵)자 소재하는 곳(唵字 所在之處)"이란 내용을 미루어 볼 때 위 문양은 '옴(ॐ)'을 형상화한 것임을 알 수 있다. 또한 내용 중 "귀 뚫린 호승(胡僧) 웃으며 (글자) 머리에 점을 찍었네(穿耳胡僧 笑點頭)"라는 내용의 경우, '옴(ॐ)'자 위에 놓인 점(點) 〈 • 〉을 말하는 것으로, 〈 • 〉은 범어에서 사용하는 음편(音片)으로 아누스와라(anusvāra)라 한다. 자모(字母)에 찍는 점을 말하는 것으로, 음가(音價)로는 'ṃ'으로 표현한다. 이상의 내용을 볼 때, 위 문양은 '옴(ॐ)'의 형상임을 알 수 있다.

||||||||||||

453 "義淨三藏於西天取得梵書唵字所 在之處一切鬼神見聞者無不驚怖 太宗皇帝御製讚 鶴立 虵形勢未休 五天文字鬼神愁 龍盤梵讚層峯峭 鳳展翎儀已捲收 正覺印同眞聖道 邪魔交閉 絕縱由 儒門弟了應難識 穿耳胡僧笑點頭 廣胜寺僧 宗企立石 張彦刊."

그런데 태종은 이를 '오천(五天, 오천축국)의 문자' 내지 '용 받침[龍盤] 같은 범자(梵字)'라 칭하고 있어 이를 문자로 인식했음을 알 수 있다. 그럼에도 이를 '정각(正覺)의 인(印)'이라 칭한 점을 미루어, 위 문양은 '옴(ॐ)'의 종자를 〈불인화(佛印化)〉한 것임을 알 수 있다. 그리고 불인화(佛印化)된 〈옴(ॐ)'의 종자〉에 대해 "참된 성인의 도와 같아, 사악한 마(魔)의 간섭 막고 끊어버리네"라는 효능을 찬(讚)했음을 알 수 있다.

종자가 불인화(佛印化)된 또 다른 형태로, 중국 서안(西安) 와룡사(臥龍寺)에 있는 육조시대(六朝時代) 각석(刻石) 중 〈석가여래쌍적영상도(釋迦如來雙跡靈相圖)〉를 들 수 있다. 이 각석은 최초 육조시대(六朝時代, 229~589)에 세워졌던 것으로, 현재의 각석은 명나라 홍무(洪武) 20년(1387)에 다시 새긴 것으로 알려져 있다[도181].

한편 이 각석 하단에는 〈석가여래쌍적영상도〉와 각석의 연기(緣起)가 실려 있으며, 상단에는 〈석가불수자(釋迦佛手字)〉라는 명문과 함께 또 다른 형태의 불인화(佛印化)된 도상이 실려 있음을 볼 수 있다[도182].

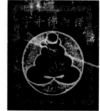

도181. 와룡사 〈석가여래쌍적영상도〉
각석, 1387년

도182. 와룡사 〈석가여래쌍적영상도〉
각석(부분)

2. 불인과 탑인의 한국 수용과 전개

이상 중국에서 조성된 불인 및 탑인과 같이, 한국에서도 다양한 형태의 불인과 탑인이 제작되었음을 알 수 있다.

1) 불인(佛印)과 탑인(塔印)의 한국적 수용

삼국 및 통일신라 대의 유물 중 불인을 날인한 인불(印佛)로는, 황룡사지 출토의 전불편(塼佛片)과 녹유천불편(綠釉千佛片), 대구 출토의 전불편, 경주 갑산사지 출토 전불(塼佛) 등을 들 수 있다(표116).

표116. 삼국 및 통일신라 제작 전불(塼佛)

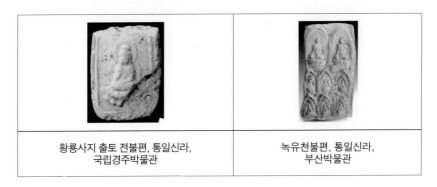

황룡사지 출토 전불편, 통일신라, 국립경주박물관	녹유천불편, 통일신라, 부산박물관

이외에 본존불을 중심으로 보살 입상과 탑이 새겨진 벽전(壁塼)이거나, 전탑의 일부로서 탑상문전(塔像文甎)이 제작되기도 하였다[표117]. [454]

표117. 통일신라 제작 탑상문전(塔像文甎)

삼존불전편, 경주 출토, 통일신라, 소재 미상	탑상문전편, 출토 미상, 신라, 국립경주박물관	불영사 탑상문전, 통일신라

한편 석장사지에서 출토된 – 7세기경에 조성된 것으로 추정되는 – 〈연기법송명 탑상문전〉의 경우 상단에는 5구의 불상과 5기의 탑이 2줄씩 날인되어 있고, 불상과 탑 사이에 "제법종연기(諸法從緣起) 여래설시인(如來說是因) 피법인연진(彼法因緣盡) 시대사문설(是大沙門說)"이란 연기법송이 날인되어 있음을 볼 수 있다[도183,184].

도183. 석장사지 출토 〈연기법송명탑상문전〉, 동국대박물관 소장

도184. 석장사지 출토 〈연기법송명탑상문전〉(부분)

||||||||||
454 『래여애반다라』, 동국대학교 경주캠퍼스 박물관, 2006. pp.24-51.

여기서 불인 및 탑인과 함께 연기법송이 날인된 것은 691년 의정(義淨)이 쓴 『남해기귀내법전』 중 다음 내용에 의거한 것이다.

"진흙으로 탑[制底]을 만들고 또는 진흙에 불상[像]을 찍거나, 혹 비단이나 종이에 찍어 곳곳마다 공양을 올린다 …(중략)… 또한 무릇 (부처님) 형상과 탑[制底]을 만들 때 …(중략)… 안에 두 종류의 사리를 안치한다. 하나는 대사신골(大師身骨)이고, 두 번째는 연기법송이다. 그 송(頌)을 말하면, '제법종연기(諸法從緣起) 여래설시인(如來說是因) 피법인연진(彼法因緣盡) 시대사문설(是大沙門說)'이니…"[455]

탑을 조성하면서 불인과 탑인을 봉안한 또 다른 예로, 8세기경 통일신라 대에 조성된 것으로 추정되는 〈화엄사 서오층석탑〉(보물) 출토의 – 불인(佛印)을 대신한 – 불상범(佛像范)과, 탑인(塔印)을 들 수 있다. 〈화엄사 서오층석탑〉을 건립하면서 탑인을 납입한 것은 『무구정광대다라니경』 경문 중 '하나의 소니탑을 조성하여 하나의 다라니를 안치하더라도 9만 9천 소보탑을 조성함과 같다'고 기록된 예에 의한 것일 수 있다.

그런데 같이 납입된 불상범은 손잡이가 달린, 전불(塼佛)을 제작하기 위한 도구인 점을 미루어 볼 때, 종이에 찍은 인탑과 함께 납입한 불상범은 인불을 대체한 것으로, 이 둘은 인불 인탑의 봉안과 관련된 유물로 추정할 수 있는 것이다.[도185,186]

<hr>

455 『南海寄歸內法傳』(『大正藏』54), p.226下. "造泥制底及 拓摸泥像 或印絹紙隨處供養 …(중략)… 又復凡造形像及以制底 …(중략)… 中安二種舍利 一謂大師身骨 二謂緣起法頌 其頌曰 諸法從緣起 如來説是因 彼法因緣盡 是大沙門説 …"

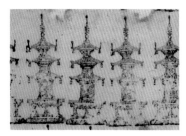

도185. 화엄사 서오층석탑 사리공 출토
塔印, 『지리산 대화엄사』, p.100.

도186. 화엄사 서오층석탑 상층적심부 출토 佛像范,
『지리산 대화엄사』, p.97.

　　이후 고려시대의 유물 중에서, 탑이 아닌 불상에 인불 및 인탑을 봉안한
예가 발견되기도 한다. 8세기 후반~10세기 전반에 제작된 것으로 추정되는
[456]〈봉화 청량사 건칠약사여래좌상〉의 경우, 1560년에 기록된 「천인동발원
문(千人同發願文)」에 의하면 이 불상은 1268년에 개금(改金)된 것임을 알 수
있다.[457]

　　이 불상의 복장 안에서는 개금 당시에 납입된 것으로 추정되는 「일체여
래전신사리보협진언(一切如來全身舍利寶篋眞言)」, 「팔엽심련 삼십칠존만다라
(八葉心蓮三十七尊曼陀羅)」, 「금강계만다라(金剛界曼茶羅)」, 「범자 다라니」 등 4
종의 다라니가 수습되었다[표118].

　　이 중 「일체여래전신사리보협진언」에 "己亥十月日 시중(侍中) 최종준
(崔宗峻) 인시(印施)"가 기록되어 있는데, 시중 최종준은 1201년 과거에 장원
급제하여 고종 재위 시(1213~1259) 15년간 문하시중(門下侍中)을 역임한 인물

456　문화재청, 「2016년도 문화재위원회 제4차 동산문화재분과위원회 회의자료」, 2016. p.132.

457　"東方藥師如來造成卽不知年數年久破色改金則」 至元五年(1268)十月日畢造其後計數
二百四十五年 又於化士淳黙」 破色重修」 …(중략)… 嘉靖三十九年(1560)十月爲始 十二月日
畢造…"

임을 알 수 있다. 이에 다라니를 봉안한 기해년은 1239년에 해당함을 알 수 있다.[458] 그리고 이를 미루어 4종의 다라니는 1239년경에 간행된 것으로 추정된다.

표118. 〈봉화 청량사 건칠약사여래좌상〉 수습 다라니

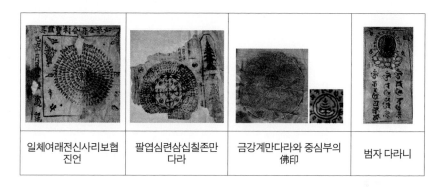

일체여래전신사리보협진언	팔엽심련삼십칠존만다라	금강계만다라와 중심부의 佛印	범자 다라니

이 가운데 「팔엽심련삼십칠존만다라」 우측에는 탑인(塔印)이 새겨져 있으며, 「범자 다라니」에는 상단에 종자(種字)가 불인화(佛印化)된 형태로 새겨져 있음을 알 수 있다. 또한 「금강계만다라」의 경우 중앙에 만다라의 주존을 종자(種字)로 새기는 것이 일반적인데, 여기서는 만다라의 주존 대신 범자 다라니에 찍힌 것과 유사한 불인(佛印)이 새겨져 있음을 볼 수 있다.

||||||||||

458 문화재청, 「2016년도 문화재위원회 제4차 동산문화재분과위원회 회의자료」, 2016. p.158; 남권희, 「봉화 청량사 건칠약사여래좌상의 다라니와 전적자료」, 『미술사연구』 32, 미술사연구회, 2017.6. p.37.

2) 고려시대 다라니와 『범서총지집』에 보이는 2종의 불인

위에 보이는 인(印)은 고려시대의 경우 불복장에 납입된 다라니 내지 『범서
총지집』 등에 유사한 형태로 실려 있기도 하다. 이 경우 인(印)을 주로 종이
내지 점토판 등에 날인한 것과는 달리 목판에 판각된 형태로 실려 있는데,
이는 인(印)의 활용이 보편화되었음과 함께 확산의 추세를 알려주는 예라 할
수 있다.

먼저 1227년 간행된 『범서총지집(梵書摠持集)』을 들 수 있다. 이 유물
은 개인 소장의 수진본으로, 마지막 16장 말미에 "伏爲 聖壽天長 儲齡地
久 清河相國 福壽無疆 兼發四弘願 募工彫板 印施無窮者 丁亥(1227)八
月日 大門 書"라는 발원문과 간기가 실려 있다. 이에 따르면 이 『범서총지
집』은 임금의 장수와 청하상국(清河相國), 즉 고려 고종 대의 권신 최우(崔瑀,
1166~1249)의 복과 무강(無疆)을 위해 간행된 것임을 알 수 있다. 이 책 권수
(卷首)에는 불보살상(佛菩薩像)이 부적과 함께 실려 있는데, 불보살상의 경우
인불 형태로 판각되어 있음을 알 수 있다.**[도187]**.[459]

도187. 『범서총지집』 부분, 고려, 1227년, 사진 남권희 제공

이같은 예는 1306년(大德 10) 2월, 고령군부인(高靈郡夫人) 오씨(吳氏)가

---

459 남권희, 「고려시대 간행의 수진본 小字 총지진언집 연구」, 『서지학연구』 제71집, 한국서지학회,
　　　2017.9. pp.338~339.

시주해 간행된 소형 수진본의 다라니경에서도 그 예를 발견할 수 있다.[460] 이 다라니경의 경우 권수(卷首)에 불좌상(佛坐像) 도상과 함께 7종의 부적이 실린 것으로[도188], 수진본의 특성상 소장자의 몸에 지니는 경문에 불보살상을 새겨 넣은 예는, 부처님 현존의 증표 및 소장자에 대한 가호의 염원이 담겨 있었을 것이다.

도188. 개성 출토 경갑 내 다라니, 고려, 1306년. 『朝鮮古蹟圖譜』 9, p.1253.

한편 1227년 간행된 『범서총지집』의 경우 인불(印佛) 형태의 불보살상과 9종의 부적 사이에 종자를 형상화한 불인이 새겨져 있는데, 여기 실린 불인의 경우 〈봉화 청량사 건칠약사여래좌상〉에서 수습된 – 1239년경에 간행된 –「금강계만다라」의 중심부에 새겨진 불인과 거의 유사한 형태임을 알 수 있다[표119].

표119. 청량사 복장 금강계만다라와 『범서총지집』 소재 불인(佛印)의 형태

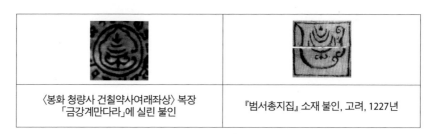

〈봉화 청량사 건칠약사여래좌상〉 복장 「금강계만다라」에 실린 불인	『범서총지집』 소재 불인, 고려, 1227년

‖‖‖‖‖‖‖‖

460 朝鮮總督府, 『朝鮮古蹟圖譜』 第九册, 靑雲堂印刷所, 昭和三年(1928), p.1253.

이외에, 1313년 통헌대부 검교평리(檢校評理) 송영(宋英)이 간행한 다라니가 있다. 다라니 상단에는 "□□수구근본□□존승육자준제소재등진언합부(□□隨求根本□□尊勝六字准提消災等眞言合部)"란 제목이 쓰여 있어, 불인을 광배처럼 둘러싼 원 안에 '수구다라니', '근본다라니', '불정존승다라니', '육자대명왕진언', '준제주', '소재주' 등이 실려 있음을 알 수 있다. 한편 중앙에는 복련의 연화좌 위에 불인이 놓여 있고, 광배처럼 둘러싼 원 밖에는 사천왕의 종자가 사방에 새겨져 있다. 하단의 발원문에 의하면 이 다라니는 황경(皇慶) 2년인 1313년에 중국 황제와 고려 왕, 왕실의 안녕과 일체중생의 깨달음을 기원해 판각한 것임을 알 수 있다[표120-①].461

표120. 宋英 간행 다라니와 〈문수사 복장〉, 〈청량사 복장〉 중 佛頂心印의 형태

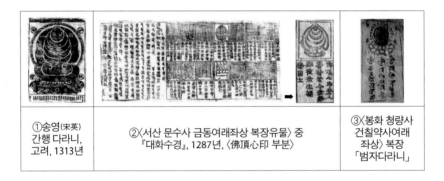

①송영(宋英) 간행 다라니, 고려, 1313년	②〈서산 문수사 금동여래좌상 복장유물〉 중 『대화수경』, 1287년, 〈佛頂心印 부분〉	③〈봉화 청량사 건칠약사여래좌상〉 복장 「범자다라니」

한편 1346년 조성된 〈서산 문수사 금동여래좌상〉 복장에서 『대화수경(大華手經)』 낱장이 수습되었는데, 이 안에는 13종의 부적과 함께 1종의 불인이 실려 있다[표120-②]. 그런데 이 불인은 송영(宋英)이 간행한 다라니의 도상과 거의 동일한 형태임을 알 수 있으며, 앞서 든 〈봉화 청량사 건칠약사여래

461 남권희, 「한국의 陀羅尼 간행과 유통에 대한 서지적 연구」, 『진언, 다라니 실담의 전래와 변용』, 중앙승가대학교 대학원 불교학술대회자료집, 2015. pp.131-132.

좌상〉 복장에서 수습된 「범자다라니」에 실린 불인(**표120-③**)과도 동일한 형태임을 알 수 있다.

그런데 『대화수경』에 실린 불인의 경우, 불인 도상 밑에 「불정심인(佛頂心印)」이란 명칭이 기록되어 있다. 그리고, 이어서 "만약 어떤 사람이 몸에 지니면 금세에 재앙이 없을 것이며, 후세에는 극락국토에 나게 될 것이다(佛頂心印 若人帶持者 今世無難 後世生極樂国土)"는 효능을 싣고 있다. 이런 표현을 통해 볼 때, ‑위『범서총지집』에서와 마찬가지로 ‑『대화수경』에서의 경우 불인은 마치 부적과도 같은 효능을 설하고 있으며, 부적과 어우러진 채 실려 있어 부적 중 하나로서 취급되었음을 볼 수 있다. 그럼에도 여타의 부적들에 비해 중심 자리를 차지하고 있음을 볼 때, 여타의 부적보다 우월한 위치를 차지하였으리라 추정된다.

위 「불정심인」은 이후 간행된 3종의 다라니에도 실려 있음을 볼 수 있다. 먼저 1295년(元貞元年)에 간행된, 고양 원각사 소장의 「대불정진언 등 진언합부 다라니」를 들 수 있다. 이 다라니는 연화좌 위에 태장계만다라 도상이 배치된 형태로, 중앙의 「불정심인」을 중심으로 내구(內口)에 범자 다라니를 원형으로 배치했으며, 외구에는 26개의 원 안에 각종 진언을, 그리고 바깥에 26종의 다라니 명칭과 네 귀퉁이에 사천왕의 범자가 배치된 형태이다(**표121-①**).

표121. 고려시대 간행 다라니에 실린 불정심인(佛頂心印)

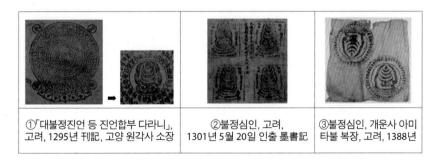

| ①「대불정진언 등 진언합부 다라니」, 고려, 1295년 刊記, 고양 원각사 소장 | ②불정심인, 고려, 1301년 5월 20일 인출 墨書記 | ③불정심인, 개운사 아미타불 복장, 고려, 1388년 |

또 다른 예로는 〈문경 대승사 금동아미타여래좌상 및 복장유물〉 중 "大德五年辛丑(1301) 五月二十日, 宮闕都監 錄事別將 丁承說 印出"이란 묵서가 기록된 다라니로, 1301년(大德 5) 녹사별장 정승설(丁承說)이 인출한 것임을 알 수 있다. 한 장의 종이에 「불정심인」을 네 번 찍어둔 것으로, 3줄의 범자 다라니를 대좌 삼아 그 위에 불인이 배치된 형태이다. 한편 불인을 중앙에 둔 채 불인 상단에 좌우로 '아미(阿彌)'와 '타불(陀佛)'이 새겨져 있으며, 그 밑으로 왼쪽에는 '관세음보살', 오른쪽에는 '대세지보살'이란 명문이 새겨져 있다. 이를 미루어 볼 때, 「불정심인」은 '아미타불'을 형상화한 것임을 알 수 있으며, 좌우에 '관세음보살'과 '대세지보살'을 새겨 '아미타 삼존'을 표현한 것임을 알 수 있다(표121-②).

또 다른 하나는 개운사 아미타불 복장에서 수습된 것으로, 1388년 불상 중수 시 납입된 것으로 추정되는 것이다. 원형의 테두리 안에 몇몇 다라니가 기록되었고, 내부의 연화좌 위에 「불정심인」을 새긴 형태로, 한 장의 종이에 「불정심인」을 두 번 찍어둔 것이다(표121-③).

이상 「불정심인」 1종이 판각, 간행된 것과는 달리, 〈해인사 원당암 목조아미타여래삼존상〉에서 수습된 1375년 간행의 〈원당암 복장전적 – 제다라니(諸陀羅尼)〉에는 2종의 불인이 실려 있음을 볼 수 있다. 이 책은 1권 1첩의 수진본으로, 다수의 다라니 및 16종의 부적과 함께, 그 말미에 2종의 불인이 실려 있다(도189).

도189. 원당암 복장전적 –『제다라니』, 1375년, 해인사성보박물관, 해인사 제공

2종의 불인 중 우측의 것은 앞서 살펴본 「불정심인」과 동일한 형태임을 알 수 있다. 그런데 왼쪽 불인의 경우 불인 밑에 실린 다음 내용을 통해 그 성격을 파악할 수 있다.

　　"대불정(大佛頂) 연기[緣]를 간략하건대[略], 왼쪽은 만행(万行)에 해당하고[爻], 오른쪽은 열반(涅槃)에 해당한다. 1은 비로자나[毗盧]에 해당하고, 2는 문수(文殊)에 해당하며, 3은 보현(普賢)에 해당한다. 4는 삼보를 총섭함(摠攝三寶)이고, 5는 시방의 일체 모든 성현들이 모두 모여 설법함을 (뜻하고), 6은 도량(道場)을 뜻한다.
　　범서〈옴(唵)〉자를 차서 지니거나, 집 안과 밖의 주련에 걸면 일체 악한 귀신이 모두 침범하지 못한다."[462]

　　위 내용 중 "범서〈옴(唵)〉자를 차서 지니거나…"라는 내용을 통해 볼 때, 이 불인은 〈옴〉자와 관련된 것임을 알 수 있다. 이와 관련해 앞서 필자는 '옴(ॐ)'의 종자가 불인화(佛印化)된 예로서 중국 광성사 비로전 벽비(壁碑)에 새겨진 불인과, 비문 내용을 소개한 바 있다. 즉 "의정(義淨) 삼장이 서천에서 취득한 범서(梵書)에 (이르되), '옴(唵) 자 소재하는 곳에서, 일체 귀신 중 (이를) 보거나 들은 자는 두려워하지 않음이 없었다'"는 것으로, 이 내용은 〈원당암 복장전적 - 제다라니〉중 〈옴〉자 관련의 설명과 유사한 것임을 알 수 있다. 한편 불인의 형태 역시 음각(陰刻)된 선의 위치에 많은 공통점이 있음을 알 수 있다. 이에 〈원당암 복장전적 - 제다라니〉중 〈옴〉자 관련 불인은 중국 광성사 비로전 벽비에서와 같이 법신과 보신, 화신 등을 형상화한 삼신인(三

<hr />

462 "大佛頂緣略, 左爻万行 右爻涅槃. 一爻毗盧 二爻文殊 三爻普賢, 四爻摠攝三寶, 五爻十方 一切諸聖賢衆都會說法, 六道場也. 梵書唵字 佩持及 帖堂內外 一切惡鬼神 皆不侵."

身印)이라 칭할 수 있는 것으로, 그 형태는 '옴(ᇂ)'이란 종자가 형상화된 것임을 알 수 있다[표122].

표122. '옴(ᇂ)'을 형상화한 불인, 삼신인(三身印)

廣胜寺 毘盧殿 壁碑(부분)	원당암 – 제다라니에 실린 불인

도190. 14세기 간행 다라니, 원각사 소장

또한 〈원당암 – 제다라니〉의 불인에 대한 설명 중 "1은 비로자나[毘盧]에 해당하고, 2는 문수(文殊)에 해당하며, 3은 보현(普賢)에 해당한다"는 표현은, 위 도상이 삼신(三身)을 형상화한 것임과 함께, 내재적으로는 비로자나, 문수, 보현 등을 함유하고 있음을 말하고 있다.

위 '옴(ᇂ)'자 도상의 내재적 성격을 확인할 수 있는 예로, 14세기에 간행된 또 다른 다라니를 들 수 있다. 고양 원각사에 소장된 이 다라니는 뒤집혀서 판각된 것으로, 이를 뒤집어 보면 상단에는 2종의 만다라가 실려 있으며, 그 밑에는「불정심인」과 〈옴〉 자를 도상화한「삼신인」이 찍혀 있음을 알 수 있다[도190]. 그런데 〈옴〉 자를 도상화한「삼신인」의 경우 양옆에 2종의 종자(種字)가 찍혀 있어, 우측의 경우 문수보살의 종자이며, 좌측은 보현보

442

살의 종자임을 알 수 있다[도191].

도191. 14세기 간행 다라니 부분
– 三身印과 2종의 種字

이에 이 불인은 중앙에 「삼신인」을 중심으로, 양옆에 문수와 보현을 배치한 '비로자나 삼존'의 형태임을 알 수 있다. 그런데 〈원당암 – 제다라니〉의 불인 설명 중 "1은 비로자나[毗盧]에 해당하고, 2는 문수(文殊)에 해당하며, 3은 보현(普賢)에 해당한다"는 내용을 전제해 볼 때, '옴(𑖌)'의 종자가 불인화(佛印化)된 중앙의 불인은 의미상 「삼신인」에 해당하는 것이나 실제로는 「비로자나인」에 해당함을 알 수 있으며, 좌우에 문수와 보현이 시립한 경우 「비로자나 삼존인」에 해당하는 것임을 알게 된다.

이상, 고려시대의 다라니와 『범서총지집』을 통해 볼 때 고려시대에는 「불정심인」으로서 「아미타인」과, '옴(𑖌)'을 형상화한 「삼신인」으로서 「비로자나인」 등 2종의 불인이 사용되었음을 알 수 있다. 또한 「불정심인」으로서 「아미타인」은 '관세음보살', '대세지보살'과 함께 「아미타삼존인」으로 표현되기도 했으며, '옴(𑖌)'을 형상화한 「삼신인」으로서 「비로자나인」은 문수, 보현과 함께 「비로자나 삼존인」으로 표현되기도 했음을 알 수 있다.

3) 조선 전기 다라니에 보이는 2종 불인과 탑인

조선 전기의 경우, 고려시대와 마찬가지로 「아미타인」으로서 「불정심인」과 '옴(𑖌)'을 형상화한 「삼신인」으로서 「비로자나인」 등 2종의 불인이 주로 사용되었음을 알 수 있다. 그런데 그중에는 하나의 다라니에 위 2종의 불인만이 실린 예가 보이며, 하나의 다라니에 2종의 불인 외에 탑인(塔印)이 같이 실린 예가 발견되기도 한다.

443

도192. 〈월정사 중대 사자암〉 복장 수습 다라니, 1456년, 월정사 제공

(1) 2종 불인의 사용 예

「아미타인」으로서 「불정심인」과 '옴(ᨠ)'을 형상화한 「비로자나인」 등 2종의 불인이 사용된 예로는, 먼저 1456년 조성된 〈평창 월정사 중대 사자암 목조 비로자나불좌상〉(강원도 유형문화재) 복장에서 수습된 다라니를 들 수 있다. 이 다라니는 세조에 대한 축수(祝壽)와, 세상을 떠난 광평대군이 윤회에서 벗어 날 것을 기원하며 영가부부인(永嘉府夫人) 신씨(申氏)와 영순군(永順君) 등의 시주로, 신미(信眉)와 학열(學悅)이 간행한 것이다(**도192**).

　이 다라니는 2종의 불인과 18종의 부적을 함께 싣고 있는 것으로, 좌측 상단의 발문은 〈원당암 – 제다라니〉 말미에 실린 「박면의 발문」을 일부 인용 한 것임을 알 수 있다.[463] 불인 역시 〈원당암 – 제다라니〉의 것을 차용한 것으

---

463 문상련(정각)·김연미, 「조선시대 불교 부적의 연원과 전개 – 고려시대 전통의 계승과 변화」, 『한 국불교학』 106, 한국불교학회, 2023.05. p.174.

로, 좌측에는「불정심인」이, 그리고 우측에는「비로자나인」이 실려 있다. 그런데 여기 실린 불인의 경우, 〈원당암 – 제다라니〉에서는 궤(櫃) 안에 불인만을 실어둔 것과는 달리, 2종의 불인이 앙련(仰蓮)의 연꽃과 자방(子房) 위에 놓여 있으며, 불인 주위로는 범자(梵字)가 원형 광배와 같이 배치되어 있다. 그리고 그 위에는 연잎 형태의 천개(天蓋)가 덮여 있으며, 사방에는 사천왕의 종자가 배치되어 장식성이 가미된 것을 알 수 있다.

한편 중종 때 정오품의 통례원(通禮院) 찬의(贊儀) 벼슬을 지낸, 정온(鄭溫, 1481~1538)의 묘에서 출토된 저고리에서는, 뒷면 상단과 좌우 소매에 2종의 불인(佛印)이 찍힌 예를 발견할 수 있다. 이는「불정심인」과「비로자나인」으로, 〈평창 월정사 중대 사자암 목조비로자나불좌상〉 복장에서 수습된 것과 거의 유사한 형태임을 알 수 있다[도193].

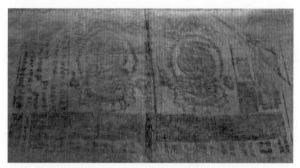

도193. 鄭溫 묘 출토 저고리 뒷면에 찍힌 다라니, 16세기 초, 사진 김연미

또 다른 예로 대전 노은동 월드컵경기장 부지 무연고 묘에서 출토된 다라니를 들 수 있다. 이 다라니는 시신을 감싸고 있던 저고리 안에서 수습된 것으로,[464] 상단에는 '육자대명진언'과 8종의 부적이 새겨졌으며, 하단에는 1

||||||||||
464 대전 월드컵경기장 부지 내 묘지 수습 다라니, 15세기 추정, 한남대박물관 소장.

445

종의 만다라와 함께 「비로자나인」과 「불정심인」 등 2종의 불인(佛印)이 차례로 실려 있다[도194].

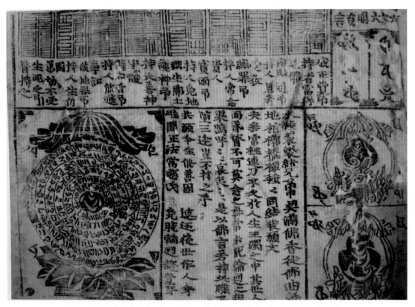

도194. 대전 노은동 월드컵경기장 부지 묘 출토 다라니, 15세기, 한남대박물관 소장

　　2종의 불인은 앙련의 연화대 위에 놓여 있으며, 불인 주위로 원형의 2중 선이 광배를 표현한 듯 새겨져 있고, 그 위에는 연잎 형태의 천개(天蓋)가, 그리고 사방에는 사천왕의 종자가 배치된 형태이다. 불인은 전체적으로 〈평창 월정사 중대 사자암 목조비로자나불좌상〉 복장에서 수습된 것과 유사하나, 세부 표현의 경우 조악한 형태임을 알 수 있다.

　　그런데 위 3종 다라니의 경우 다라니에 부적과 불인이 같이 실려 있음을 볼 때, 불인을 부적과 같은 범주로 인식했음을 알 수 있다. 그럼에도 불인을 부적의 중앙에 배치해 우월한 위치를 보인 〈서산 문수사 복장유물〉 중 『대화수경』에서와 같이, 위 다라니에서도 불인을 중앙에 위치시키고 있다.

446

더구나 고려시대의 예와는 달리 조선시대에 간행된 다라니에서는 부적에 비해 불인을 월등히 크게 그려 넣고 있는데, 이는 부적보다 우월한 위치를 부여한 것을 넘어, 불인을 부적과는 다른 별개의 개념으로 상정코자 했던 의도를 엿볼 수 있다.

(2) 2종 불인(佛印)에 탑인(塔印)이 추가된 예
- 「비로자나 삼존인」의 구성과 탑인의 형태

「불정심인」과 「비로자나인」 등 2종의 불인에, 또 하나의 불인과 탑인(塔印)이 추가된 예를 찾을 수 있다. 먼저 〈파계사 건칠관음보살좌상〉(보물) 복장에서 수습된 〈묵인다라니(墨印陀羅尼)〉(보물)를 들 수 있다. 이 다라니는 1447년에 중수(重修)된 불상에서 수습된 것으로, 1447년 중수시 내지 그 이전에 간행된 것임을 알 수 있다. 또한 1458년에 조성된 경북 영풍군 〈흑석사 목조아미타여래좌상〉 복장에서도 위와 유사한 구성을 갖는 다라니가 수습되기도 하였다[표123].

표123. 2종 불인(佛印)에 탑인(塔印)이 추가된 다라니

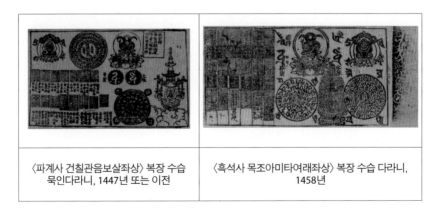

〈파계사 건칠관음보살좌상〉 복장 수습 묵인다라니, 1447년 또는 이전	〈흑석사 목조아미타여래좌상〉 복장 수습 다라니, 1458년

위 다라니는 모두 2종의 불인(佛印)과 1종의 탑인(塔印), 1종의 만다라와 1종의 원형 다라니(또는 2종의 만다라)[465], 그리고 15종의 부적이 실린 형태이다. 이 중 〈파계사 – 묵인다라니〉의 경우 상단 좌측에 「아미타인」으로서 「불정심인」이, 그리고 중앙 부분에는 '옴(ॐ)'을 형상화한 「비로자나인」이 배치되어 있는데, 각각 연화좌 위에 원형 광배를 드리우고 있다. 한편 「비로자나인」 밑에는 2종의 종자(種字)가 실려 있고, 각각 옆에는 '문수(文殊)', '보현(普賢)' 등 존명(尊名)이 쓰여 있다. 이는 앞서 언급한, 〈원당암 – 제다라니〉 중 불인 밑의 내용 가운데 "1은 비로자나[毗盧]에 해당하고, 2는 문수(文殊)에 해당하며, 3은 보현(普賢)에 해당한다"는 내용과 관련된 것임을 알 수 있다. 이에 이 불인은 비로자나를 중심으로 좌우에 문수, 보현이 배치된 「비로자나 삼존인」에 해당하는 것임을 알 수 있다.

한편 〈흑석사 목조아미타여래좌상〉 복장에서 수습된 다라니의 경우 상단 중앙의 연화좌 위에 광배를 드리운 「비로자나인」이 실려 있는데, 이 역시 좌우에 2종의 종자와 함께 '문수', '보현' 등 존명이 적혀 있어, 「비로자나 삼존인」을 표현한 것임을 알 수 있다. 그리고 우측에는 연화좌와 천개 사이에 원형 광배를 드리운 채 「불정심인」이 배치되어 있다. 그런데 위 2종 다라니에서 「비로자나 삼존인」은 본존과도 같이 중앙에 위치해 있으며, 「불정심인」에 비해 좀 더 크게 표현되어 있음을 볼 수 있다.

그런데 위 2종의 다라니에서 종자로 배치된 문수의 경우, 종자(種字)의

---

465 〈파계사 건칠관음보살좌상〉 복장 수습의 〈묵인다라니〉에서 사방에 사천왕 種字가 배치된 것은 '만다라'로 칭했으며, 사천왕 種字가 배치되지 않은 경우는 '원형 다라니'라 칭하였다. 이에 비해 〈흑석사 목조아미타여래좌상〉 복장에서 수습된 다라니의 경우 2종 모두 사천왕 種字가 배치된 것으로, '2종의 만다라'라 표현하였다.
'원형 다라니'에 대해서는 다음 章인 〈3.불인의 형성과 印의 다양화〉 중 〈2)「석가여래화압」과 진언의 佛印化를 통한 印의 다양화〉 부분에서 상세히 설명하기로 한다.

상단에 범어에서 사용하는 음편(音片) 아누스와라(anusvāra)와 같은 점,〈ㆍ〉이 찍혀 있으며, 보현의 경우 종자 우측 하단에 두 개의 점이 찍혀 있음을 볼 수 있다[표124].

표124.「비로자나 삼존인」과 협시보살의 종자(種字)

파계사 〈묵인다라니〉	흑석사 복장 다라니

이와 관련해 당(唐)의 일행(一行, 683~727)이 기록한『대비로자나성불경소』에는 다음 내용이 실려 있다.

"문수(文殊)는 마(𑀫, ma)자로 종자(種子)를 삼는다. 여기에는 다섯 종류의 뜻이 있으니 𑀫는 보리심(菩提心)이고 𑀫는 행(行)이며, 𑀫(maṃ)은 깨달음(成菩提)을 뜻한다. 𑀫는 열반을, 𑀫는 방편(方便)을 뜻한다."[466]

위 내용에 따르면 문수의 종자 위에 점〈ㆍ〉이 찍힌 예는 '문수의 깨달음[成菩提]'을 뜻하는 것임을 알 수 있다. 한편 같은 방식으로 볼 때 좌측 하단에 두 점이 추가된 보현의 종자는 '보현의 열반'을 뜻하는 것임을 알 수 있다. 이에 위 불인은 '비로자나 삼존'의 구성을 보여줌과 동시에 "비로자나의 내

---

466 『大毘盧遮那成佛經疏』(『大正藏』39), p.788. "如文殊 以𑀫(ma)字爲種子. 亦有五義 𑀫菩提心, 𑀫行, 𑀫(maṃ)成菩提, 𑀫涅槃, 𑀫方便."

재된 속성으로서 '문수의 깨달음'과 '보현의 열반'이 표현"된 것임을 알 수 있다. 특히 열반을 뜻하고 있는 보현의 경우, 앞서 든 〈원당암 – 제다라니〉 중 불인에 대한 설명 가운데 "대불정 연기를 간략하건대, 왼쪽은 만행(万行)에 해당하고, 오른쪽은 열반(涅槃)에 해당한다"는 내용과의 관련성을 생각해 볼 수 있는 부분이기도 하다(이같은 원리로 본다면 문수의 경우 상단에 점이 찍힌 𑀫대신 행을 뜻하는 𑀴자로 표기되었어야 할 것이다).

한편 〈파계사 – 묵인다라니〉의 경우 「비로자나 삼존인」 우측의 곽(廓) 안에 「비로자나 삼존인」과 관련해 다음 내용이 실려 있다. "梵字 諸佛常住 說法道場 若人 現前礼拝即 皆有成佛.", 즉 "범자는 제불의 상주 설법 도량으로, 만약 어떤 사람이 현전(現前)에 예배하면 모두 성불하리라"는 것이다. 그런데 이 내용은 앞서 언급한 『수호국계주다라니경』 중 옴(唵, 𑀒)자와 관련해 "이 만다라는 일체제불과 현성(賢聖)이 집회 의논하는 깊은 법처(法處)이니(此曼荼羅 即是一切諸佛賢聖集會議論甚深法處)…" 내지 "삼보의 종자(種子)를 받아 삼악취를 끊게 될 것이다(紹三寶種斷三惡趣)"[467]라는 내용과 관계가 있음을 알 수 있다.

또한 〈원당암 – 제다라니〉 중 불인 밑에 실린 내용 가운데 "4는 삼보를 총섭함(摠攝三寶)이고, 5는 시방의 일체 모든 성현들이 모두 모여 설법함을 (뜻하고), 6은 도량(道場)을 뜻한다(四爻摠攝三寶, 五爻十方一切諸聖賢衆都會說法, 六道場也)"는 내용과도 유사한 의미를 담고 있어, 위 표현이 『수호국계주다라니경』 내지 〈원당암 – 제다라니〉 중 불인 밑에 실린 내용을 근거로 쓰여진 것임을 알 수 있다.

‖‖‖‖‖‖‖‖‖

467 『守護國界主陀羅尼經』(『大正藏』19), p.567下. "此曼荼羅 即是一切諸佛賢聖集會議論甚深法處 …(중략)… 紹三寶種斷三惡趣."

한편 위 2종의 다라니에는 각각 하나의 탑인(塔印)이 실려 있기도 하다(도195, 196). 탑인과 관련해, 중국의 경우 650~670년경에 불상과 탑이 날인된 연기법송명(緣起法頌銘) 전불(塼佛)이 출토되었으며, 북송대의 유물로는 종이에 불인과 함께 탑인이 찍힌 문헌이 발견되기도 하였다.

도195. 〈파계사 건칠관음보살좌상〉 복장 수습 〈묵인다라니〉, 1447년경

도196. 〈흑석사 목조아미타여래좌상〉 복장 수습 다라니, 1458년

한국의 경우 7세기 신라대에 조성된, 석장사지 출토의 「연기법송명 탑상문전」에서 최초 탑인의 사례를 발견할 수 있으며(표125-①), 이후 통일신라대에는 「중산리사지 탑상문전」(표125-②) 등 몇몇 종류의 탑상문전에 탑인이 실려 있음을 볼 수 있다. 또한 8세기경에 조성된 〈화엄사 서오층석탑〉 사리공에서 종이에 탑인을 찍은 유물이 출토되기도 하였다(표125-③). 이들 탑인은 기존 불인과 탑인의 납탑 전통과 함께 『불설조탑공덕경』 내지 『무구정광대다라니경』의 규범이 혼용된 사례로서 추정된다.

표125. 각종 유물과 다라니에 실린 탑인(塔印)의 형태

① 석장사지 연기법송명 탑상문전, 7세기 추정	② 중산리사지 탑상문전, 8~9세기	③ 화엄사 서오층석탑 수습 다라니, 8세기경	④ 〈봉화 청량사 건칠약사여래좌상〉, 8세기 후반~10세기 전반	⑤ 〈파계사 건칠관음보살좌상〉복장 수습〈묵인다라니〉, 1447년경	⑥ 〈평창 상원사 목조문수동자좌상〉, 황초폭자 불인과 탑인, 1466년	⑦ 〈흑석사 목조아미타여래〉복장 수습 다라니, 1458년

이후 8세기 후반~10세기 전반에 조성된 것으로 추정되는 〈봉화 청량사 건칠약사여래좌상〉 복장 수습의 다라니에 불인과 탑인이 찍힌 예가 발견되는데, 이는 불인과 탑인의 납탑(納塔) 전통이 불복장 납입의 형식으로 전개된 예라 할 수 있다. 그런데 〈봉화 청량사 건칠약사여래좌상〉 복장 수습의 다라니에 실린 탑인의 경우, 탑신부 면석에 좌불이 실려 있어, 탑인 안에 불인을 동시에 표현하고 있음을 볼 수 있다[표125-④].

그리고 1447년 중수시 불복장에 납입된 것으로 보이는 〈대구 파계사 건칠관음보살좌상〉 복장 수습의 〈묵인다라니〉에 실린 탑의 경우 단층의 탑에 풍탁을 길게 늘어뜨린 형태로, 역시 탑인 안에 좌불을 새겨 탑인과 불인을 동시에 표현하고 있음을 볼 수 있다[표125-⑤].

한편 1466년 세조의 둘째 딸 의숙공주 등이 조성해 오대산 문수사에 봉안한 〈평창 상원사 목조문수동자좌상〉 복장유물 중 황초폭자(黃綃幅子)에도 탑인이 찍혀 있는데, 이 경우 탑인은 불인과 나란히 찍혀 있음을 볼 수 있다[표125-⑥].

이에 비해 1458년 조성된 〈흑석사 목조아미타여래좌상〉 복장 다라니에

실린 탑인의 경우, 좌불이 생략된 채 탑만이 새겨져 있으며, 탑 주변에 화염 문을 넣어 서기(瑞氣)가 뻗어나가는 모습이 표현되었다(**표125-⑦**).

위 내용 중 〈파계사 건칠관음보살좌상〉 복장 수습의 〈묵인다라니〉에 실린 탑인은 『일체여래심비밀전신사리보협인다라니경』 변상도에 실린 탑의 형태를 모본 삼은 것으로 보인다. 『일체여래심비밀전신사리보협인다라니경』 중 권수 변상을 확인할 수 있는 것으로는 오월국(吳越國)의 전홍숙(錢弘淑)이 간행한 3종의 경전 중 965년 을축(乙丑) 간행본과 975년 을해(乙亥) 간행본, 그리고 1007년(統和 25) 고려국 총지사(摠持寺)에서 간행한 – 안동 보광사 목조관음보살좌상 복장에서 수습된 – 3종이 있는데, 이 3종의 간행본 중 파계사 「묵인다라니」에 실린 탑인은 1007년 총지사 간행본에 실린 탑의 형태와 흡사한 것을 알 수 있는 것이다(**표126**).

표126. 『일체여래심비밀전신사리보협인다라니경』 변상도에 실린 탑의 형태

乙丑本, 965년, 折江省博物館藏	乙亥本, 975년, 折江嵊州市 文物管理處藏	(고려)총지사본, 1007년, 안동 보광사 복장유물

한편 〈흑석사 목조아미타여래좌상〉 복장 수습의 다라니에 실린 탑인과 유사한 형태의 탑인이 실린 또 다른 다라니를 발견할 수 있다(**도197**).

이는 〈수덕사 소조여래좌상〉 복장에서 수습된 것으로, 하단에 "弘治貳年己酉(1489) 十一月日 洪陽沙門 伊菴 跋"이란 내용을 통해 1489년에 홍양사문(洪陽沙門) 이암(伊菴)이 다라니 조성에 간여했음을 알 수 있다. 또한

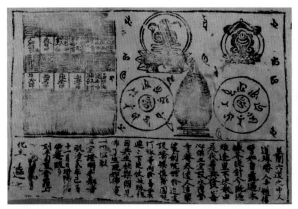

도197. 〈수덕사 소조여래좌상〉 복장 수습 다라니, 1489년,
수덕사 성보박물관 소장, 필자 사진

도198. 수덕사 복장 다라
니 (부분)

우측 상단에는 「아미타인」으로서 「불정심인」과 상단 중앙에는 '옴(⽣)'을 형
상화한 「비로자나인」 등 2종의 불인이 연화좌와 천개(天蓋) 사이에 2중의 원
형 광배를 드리운 채 실려 있다^{도198}.

    그런데 이 2종의 불인은 〈흑석사 목조아미타여래좌상〉 복장 수습의 다
라니에 실린 것과 유사한 것임을 알 수 있다. 또한 하단 중앙에 실린 탑인의
경우, 탑 주변에 화염문을 표시해 탑으로부터 서기(瑞氣)가 뻗어나가는 모습
이 표현된 점 역시 〈흑석사 목조아미타여래좌상〉 복장 수습의 다라니와 유
사한 점이라 할 수 있다.

454

3. 불인(佛印)의 형성과 인(印)의 다양화

15세기 이래 16세기에는 2종의 불인과 탑인(塔印) 외에, 또 다른 형태의 불인이 추가된 예를 발견할 수 있다. 「성불수구다라니」 및 『진언집』 간행을 계기로 1종의 불인이 추가되며, 병(瓶)의 형태를 한 또 다른 인(印)이 추가된 예를 볼 수 있는 것이다. 그리고 앞서 언급한 1447년 간행의 〈파계사 건칠관음보살좌상〉 복장 수습 〈묵인다라니〉와, 1560년 간행의 『성관자재구수육자선정』 안에는 전혀 다른 형태의 불인이 추가된 예를 볼 수 있기도 하다.

1) 2종 불인과 탑인 외에 또 다른 형태의 불인

먼저 1494년 간행된 「성불수구다라니(成佛隨求陀羅尼)」에 실린 인(印)의 예를 들 수 있다.[468] 이 「성불수구다라니」 하단 우측에는 「성불수구(成佛隨求)」라는 제목과 함께 작은 원권(圓圈) 안에 「성불수구다라니」가 실려 있고, 상단에는 3종의 불인(佛印)과 1종의 탑인, 그리고 1종의 병(瓶) 모양의 인(印)이, 그리고 그 밑에는 24종의 부적이 실려진 예이다. 부적 도상의 왼쪽에는 「조선

---

468 2023년, 오대산 상원사 영산전 소조 나한상 腹藏에서 1467년 간행된 「成佛隨求陀羅尼」가 수습되었으며, [도77]에 〈조선국경성내외만인동발원」 다라니〉라는 명칭으로 소개한 바 있다. 그러나 이 다라니는 훼손이 심한 관계로, 1494년 覆刻된 「成佛隨求陀羅尼」를 기준으로 이를 설명하기로 한다.

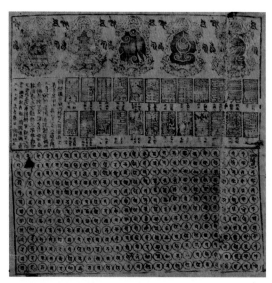

도199. 「성불수구다라니」, 1494년, 원각사 소장

국경성내외만인동발원문(朝鮮國京城內外万人同發願文)」이라는 내용과 함께 '弘治 7年(1494)…'이란 간기가 실려 있어 1494년에 간행된 것임을 알 수 있다.(**도199**).

　여기 실린 5종의 인(印)과 24종 부적은 1569년 안심사 간행의 『제진언집(諸眞言集)』에도 동일하게 실려 있으며(**도200**), 이후 1777년 만연사 간행의 『진언집』과 1800년 망월사 간행의 『진언집』에도 동일한 예가 실려 있음을 볼 수 있다.

도200. 안심사 『諸眞言集』 중 「眞言集目」 항목, 1569년, 동국대불교학술원 아카이브

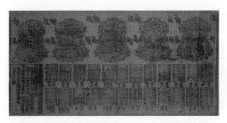

도201. 간행처 미상 다라니, 1557년, 원각사 소장,　　**도202**. 도갑사 간행 다라니, 1738년, 원각사 소장

또한 1494년 간행된 「성불수구다라니」와 동일한 형태로서, 5종의 인(印)과 24종의 부적을 수록한 낱장 다라니가 16세기 이래 다수 간행되기도 하였다. 이같은 예로는 1557년에 간행된 간행처 미상의 다라니**[도201]**와, 1586년 상원사 간행의 다라니(위덕대 소장), 1607년 간행 다라니(위덕대 소장), 1614년 구산 개판(九山開板) 다라니(개인 소장), 1738년 도갑사 간행 다라니**[도202]** 등을 들 수 있다.

이들 다라니는 '수구다라니'와 함께 판각된 예를 보이는데, 이러한 점은 15세기 후반 이래 '수구다라니'와 함께 이들 5종의 인(印)이 폭넓게 확산되었음을 알려주는 예라 할 수 있다.

이 5종의 인 중 우측에 실린 2종은 「비로자나인」과 「불정심인」 등으로, 각각 불인이 앙련(仰蓮)의 연꽃과 자방(子房) 위에 놓인

도203. 추가된 불인

채 천개(天蓋)와 광배에 둘러싸여 있으며, 사방에는 사천왕의 종자가 각각 배치되어 있다. 그리고 탑인 역시 연화좌와 천개에 둘러싸인 채 탑으로부터 서기(瑞氣)가 뻗어 나오고 있으며, 사천왕 종자가 둘러싼 형태이다. 그런데 2종의 불인 좌측에는 1종의 불인이 새롭게 실려 있는데**[도203]**, 이 도상은 무엇이며, 어떤 의미가 있을까?

2) 「석가여래화압」과 진언의 불인화(佛印化)를 통한 인(印)의 다양화

새롭게 추가된 불인에 대해서는 『성관자재구수육자선정』[469]에서 그 내용을 찾을 수 있다. 이 책은 1560년(嘉靖 39) 숙천부(肅川府) 관북(館北)에서 간행된 것으로, 이 책 말미에 「석가여래화압(釋迦如來花押)」이란 명칭에 이어, 불인(佛印)과 함께 "옴 마리즉범 사바하(唵 嘛哩唧㤈娑訶)"란 진언이 수록되어 있다[도204].

이어 책 본문에는 「석가여래화압」의 연기(緣起)와 공능을 다음과 같이 설명하고 있다.

도204. 석가여래화압

"의정(義淨) 삼장이 서천(西天)에서 경(經)을 수집할 때 '석가여래 친수(親手) 화압(花押)'을 얻었으니, 이 화압이 있는 곳에는 제천(諸天)의 옹호함이 부처님께서 친히 호위함과 같을 것이다. 만약 능히 정대(頂戴)하고 공양하는 자는 복이 증장하고 수명이 연장될 것이며, 길상여의(吉祥如意)할 것이다."[470]

여기서 화압(花押)이란 '수결(手決)과 함자(銜字)'를 통칭하는 말이다. 이와 관련해, 필자는 앞서 중국 서안(西安) 와룡사(臥龍寺)에 있는 육조시대(六朝時代) 각석(刻石) 중 〈석가여래쌍적영상도〉를 든 바 있다. 명나라 홍무(洪武) 20년(1387)에 다시 새긴 현재의 각석 상단에는 「석가불수자(釋迦佛手字)」라

||||||||||

469 『聖觀自在求修六字禪定諺解』, 嘉靖三十九年(1560) 五月日 肅川府 關北 開板 藏于 香山 內院寺, 개인 소장.

470 『聖觀自在求修六字禪定諺解』, 嘉靖三十九年(1560) 五月日 肅川府 關北 開板 藏于 香山 內院寺, 개인 소장. 44-45면. "義淨三藏 西天取經 得釋迦如來親手花押 有此花押處 諸天擁護 如佛親行 若能頂戴供養者 增福延壽 吉祥如意者."

는 명문과 함께 불인이 실려 있다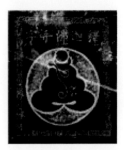[도205].

그리고 「석가불수자(釋迦佛手字)」란 '석가불'의 '수결[手]과 함자[字]'를 뜻하는 말로, 화압(花押)과 그 뜻이 동일한 것임을 알 수 있다. 또한 여기 새겨진 불인 역시 「석가여래화압」과 유사한 형태를 하고 있음을 미루어, 「석가불수자(釋迦佛手字)」는 「석가여래화압」의 또 다른 명칭이며, 「석가여래화압」의 범본(範本)에 해당하는 것임을 알 수 있다.

도205. 와룡사 釋迦如來雙跡靈相圖 刻石(부분)

한편 『성관자재구수육자선정』에는 「석가여래화압」과 함께 실린 "옴 마리즉범 사바하"란 진언에 대해 "이는 마리천심주(摩利天心呪)로, 능히 왕난(王難)과 전쟁 등 일체 난에서 벗어나게 한다"[471] 하여 「석가여래화압」이 마리천(摩利天) 즉 마리지천(摩利支天)과 관계있음을 말하고 있다.

또한 『성관자재구수육자선정』에는 「석가여래화압」 외에 「옴 치림(唵齒臨)」과 「옴 부림(唵部臨)」, 「옴 타림(唵吒臨)」 등 3종의 불인이 추가로 실려 있으며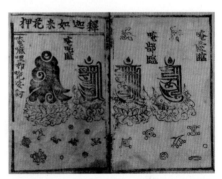[도206], 이 각각에 대해 다음의 효능을 싣고 있다[표127].

도206. 『성관자재구수육자선정언해』, 내원사, 1560년, 개인 소장

---

471 『聖觀自在求修六字禪定諺解』, 嘉靖三十九年(1560) 五月日 肅川府 關北 開板 藏于 香山 內院寺, 45면. "唵 嘛哩唧泡 娑訶. 此是 摩利天心呪 能救王難 兵戈一切難."

459

표127.『성관자재구수육자선정』에 실린 3종 불인(佛印)

③옴 타림(唵 吒臨)	②옴 부림(唵 部臨)	①옴 치림(唵 齒臨)

"옴 치림(唵 齒臨) : 이는「불설벽온주(佛說辟瘟呪)」로 악귀(惡鬼)를 몰아내 병자의 (병을) 사라지게 한다.

옴 부림(唵 部臨) : 이는「불설해원가주(佛說解冤家呪)」로, 지념하는 자는 원한의 일에서 벗어난다.

옴 타림(唵 吒臨) : 이는「불설호신명주(佛說護身命呪)」로, 지념하는 자는 수명이 길고 안락할 것이다."[472]

이 가운데 '옴 치림'과 '옴 부림'은 앞서 돈황 사본 중「불칙옴자부(佛勅唵字符)」, 즉 "부처님께서 발부한[勅] '옴(𑖒) 자(字)' 부신(符信, 符)"을 언급하면서, 범자(梵字) 옴(唵, 𑖒) 자가 불인화(佛印化)된 예와 함께 좌우에 실린 예로서 소개한 바 있다[표128-①].

『聖觀自在求修六字禪定諺解』, 嘉靖三十九年(1560) 五月 日 肅川府 關北 開板 藏于 香山 內院寺. 46면. "唵 齒臨. 此是 佛說辟瘟呪 惡鬼達之 病者消除. 唵 部臨. 此是 佛說解冤家呪 若持念者 冤隨解脫. 唵 吒臨. 此是 佛說護身命呪 持念者 長命安樂."

표128. 일자정륜왕다라니, 자재왕치온독다라니 등 2종 진언의 부적화 및 불인화

①佛勅唵字符, 돈황 사본 No.ch3107	②『불정심관세음보살대다라니경』, 1206~1207년	③문수사 아미타불 복장, 단온진언중 원형다라니, 1346년	④파계사 〈墨印陀羅尼〉 중 원형다라니, 1447년경	⑤『성관자재구수육자선정』	
				옴 부림	옴 치림

　　한편 이 2종의 진언은 이후 1206~1207년 조성된 『불정심관세음보살대다라니경』에 '능구산난(能求産難)'이란 부적의 양옆에 실렸던 것으로, '옴 치림'은 「일자정륜왕다라니(一字頂輪王陀羅尼)」로, '옴 부림'은 「자재왕치온독다라니(自在王治溫毒陀羅尼)」로 기록되었다[표128-②]. 그리고 1346년 조성된 〈서산 문수사 금동아미타불〉 복장 수습의 「단온진언(斷瘟眞言)」 상단의 원형다라니[표128-③]와, 1447년경 중수된 〈파계사 건칠관음보살좌상〉 복장 수습의 〈묵인다라니〉[표128-④]에서는 원형 다라니의 중앙에 '능구산난(能求産難)'의 부적 양옆에 '옴 치림'과 '옴 부림'이란 진언을 범자(梵字)의 형상화된 형태로 실어 이를 부적처럼 표현했음을 볼 수 있다.

　　그런데 위 『성관자재구수육자선정』에서는 이를 불인(佛印)의 예로 싣고 있는데[표128-⑤], 이는 범자의 글자를 부적처럼 형상화하는 과정을 거쳐 불인이 성립되었음을 알려주는 한 예가 된다고 할 수 있다[표128]. 또한 이 과정 속에 진언의 명칭 또한 변화되어 '옴 치림'은 「일자정륜왕다라니」에서 「불설벽온주(佛說辟瘟呪)」로, '옴 부림'은 「자재왕치온독다라니」에서 「불설해원가주(佛說解冤家呪)」로 변화되었음을 알 수 있다.

　　이상을 통해 필자는 「불정심인」과 「비로자나인」 등 2종의 불인과 탑인

(塔印) 외에, 또 다른 형태의 불인으로서 「석가여래화압」을 찾아낼 수 있었다. 또한 「불설벽온주」로서 '옴 치림' 및 「불설해원가주」로서 '옴 부림' 등, 진언이 불인화(佛印化)되는 과정에서 또 다른 형태의 불인이 형성된 예를 볼 수 있기도 하였다. 그리고 「불설호신명주(佛說護身命呪)」로서 '옴 타림(唵 吒臨)' 이란 불인이 소개되기도 했는데, 이 역시 진언이 불인화(佛印化)된 한 예라 할 수 있다.

　이외에 또 다른 형태의 불인(佛印)을 찾을 수 있다. 위 1346년 조성된 〈서산 문수사 금동아미타불〉 복장 수습의 「단온진언」 상단의 원형 다라니**(표128-③)**와 1447년경 중수된 〈파계사 – 묵인다라니〉**(표128-④)** 중 원형 다라니를 통해서이다.

　이와 관련된 내용을 알려주는 예로, 일제강점기에 제작된 〈불인을 새긴 목판〉과, 그와 거의 흡사한 형태를 담고 있는 〈불인 목판 인출본〉을 들 수 있다**(도207,208)**.

도207. 불인 목판, 일제강점기, 영천역사박물관 소장, 필자 사진

도208. 불인 목판 인출본, 일제강점기, 가회민속박물관 소장, e뮤지엄

위 〈불인 목판〉과 〈불인 목판 인출본〉의 경우 맨 위에는 ①'원형 다라니'가 실려 있으며, '원형 다라니' 밑에는 '관세음보살인(觀世音菩薩印)'이란 명칭이 새겨져 있음을 볼 수 있다. 그리고 밑에는 4종의 불인(佛印)이 실려 있다[표129].

표129. '불인(佛印) 목판'의 배치

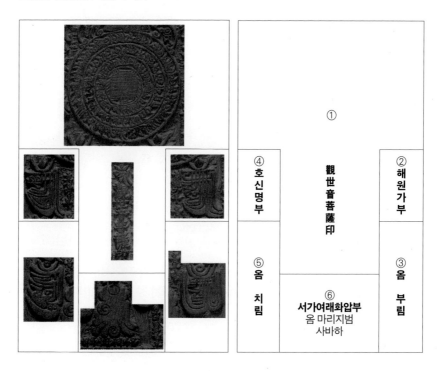

4종 불인의 경우, 우측에는 ②'해원가부'와 ③'옴 부림'이란 명칭와 함께 2종의 불인이, 좌측에는 ④'호신명부'와 ⑤'옴 치림'이란 명칭과 함께 2종의 불인이 실려 있는데, 여기서는 이 4종 각각을 개별 불인으로 취급하고 있음을 볼 수 있다. 또한 하단에는 ⑥'석가여래화압'이란 명칭 및 불인(佛印)과 함께 "옴 마리지범 사바하"라는 진언이 실려 있는데, 이는 『성관자재구수육자

도209.『성관자재구수육자선정언해』, 1560년, 內院寺, 개인 소장

선정』에 소개된 마리천심주(摩利天心呪)에 해당하는 것임을 알 수 있다.[473]

그런데 위 4종의 불인과 관련해 1560년 향산 내원사(內院寺) 간행의『성관자재구수육자선정언해』에서는 '옴(唵) 치림(齒林)'과 '옴(唵) 부림(部林)', '옴(唵) 타림(吒林)', 그리고 '석가여래화압' 등 4종 불인을 수록한 가운데 '옴 치림'을「불설벽온주(佛說辟瘟呪)」라 칭하였고, '옴 부림'은「불설해원가주(佛說解冤家呪)」, '옴 타림'은「불설호신명주(佛說護身命呪)」라 칭하였으며, 석가여래화압은「마리천심주(摩利天心呪)」라 칭하였다.**(도209)**.

또한 1881년 삼각산 삼성암(三聖庵)에서 간행된『불정심관세음보살모다라니경』에서는「능구산난인(能求産難印)」과「자재왕치온독다라니(自在王治溫毒陀羅尼)」 '옴 부림',「일자정륜왕다라니(一字頂輪王陀羅尼)」 '옴 치림'을 수록했으며, '옴 치림'을「불설벽온부(佛說辟瘟符)」라 칭하고 있다.**(도210)**.[474]

그리고 1908년 감로사(甘露社)에서 간행된『관세음보살육자대명왕다라니신주경』에서는「불설해원가부(佛說解冤家符)」 '옴 부림'과「불설호신명

---

473 『聖觀自在求修六字禪定諺解』, 嘉靖三十九年(1560) 五月日 肅川府 關北 開板 藏于 香山 內院寺, 45면. "이는 摩利天心呪로, 능히 王難과 전쟁 등 일체 난에서 벗어나게 한다(唵 嘛哩唧吔, 娑訶. 此是 摩利天心呪 能救王難兵戈一切難)."

474 『佛頂心觀世音菩薩姥陀羅尼經』, 光緒七年辛巳(1881)閏七月日三角山三聖菴藏經閣板. 12면.

도210. 『불정심관세음보살모다라니경』, 1881년, 삼각산 三聖庵, 동국대 불교기록문화유산아카이브

도211. 『관세음보살육자대명왕다라니신주경』, 1908년, 감로사, 동국대 불교기록문화유산아카이브

부(佛說護身命符)」'옴 타림', 그리고 석가여래화압부(釋迦如來花押符)와 함께 「마리천심주(摩利天心呪)」"옴(唵) 마리즉범(嘛哩唧兒) 사바하(娑婆訶)"를 실어 두었다(**도211**).[475]

    이 내용과 함께 일제강점기 간행의 불인 목판에 실린 각종 불인을 명칭과 함께 하나의 표로 제시하면 다음과 같다(**표130**).

표130. 각종 문헌에 실린 불인(佛印)과 '불인 목판' 소재 불인의 형태 비교

	옴 치림	옴 부림	옴 타림	석가여래화압	능구산난부
1560년,『성관자재구수육자선정언해』	「佛說辟瘟呪」	「佛說解冤家呪」	「佛說護身命呪」	「摩利天心呪」唵 嘛哩唧 娑訶	

〃〃〃〃〃〃〃〃〃

475 『觀世音菩薩六字大明王陀羅尼神呪經』, 隆熙二年戊申(1908)五月端午西賓精舍開刊藏于甘露社. 18면.

구분					
1881년, 『불정심관세음보살모다라니경』	「一字頂輪王陀羅尼」, 「불설벽온부」	「自在王治溫毒陀羅尼」			「能求産難印」
1908년, 『관세음보살육자대명왕다라니신주경』		「佛說解冤家符」	「佛說護身命符」	「釋迦如來花押符」. 「摩利天心呪」 唵 嘛哩喞 娑婆訶	
일제강점기 간행 불인 목판	⑤옴 치림	③옴 부림	②「해원가부」	④「호신명부」	⑥「석가여래화압부」 옴 마리지범 사바하	①「觀世音菩薩印」

위 표에 의하면 일제강점기에 간행된 〈불인(佛印) 목판〉의 경우 '옴 부림'에 해당하는 불인을 ②「해원가부」와 ③'옴 부림' 등 둘로 분리했음을 알 수 있다. 그런데 분리된 2종의 불인 중 ②「해원가부」는 기존 불인과 동일한 형태임을 볼 때, ③'옴 치림'의 경우 ②「해원가부」의 명칭 중 하나를 차용한 채 전혀 근거 없는 불인의 형태를 목판에 추가한 것임을 알 수 있다.

한편 일제강점기에 간행된 〈불인(佛印) 목판〉 중 ①'원형 다라니'는 〈서산 문수사 금동아미타불〉 복장 중 '원형 다라니' 및 〈파계사 건칠관음보살좌상〉 복장 중 '원형 다라니'와 동일한 형태임을 알 수 있다[표131].

466

표131. 원형 다라니의 형태 비교

〈서산 문수사 복장〉 중 '원형 다라니'	〈파계사 복장〉 중 '원형 다라니'	일제강점기 제작 佛印 목판과 인출본 중 '원형 다라니'

　또한 위 3종의 '원형 다라니' 안에는 모두 '능구산난(能求産難)'의 부적을 싣고 있는데, 일제강점기 간행의 〈불인 목판〉 중 '원형 다라니'의 경우 양옆에 '옴 치림'과 '옴 부림'을 범자(梵字)로 형상화한 예가 생략되어 있다. 이는 동일 목판에 '옴 치림'과 '옴 부림'을 개별 불인으로 독립해 싣고 있기에 중복을 피하기 위한 까닭일 것이다.

　한편 1346년 조성된 〈서산 문수사 금동아미타불〉 복장 중 '원형 다라니'와 1447년경 조성된 〈파계사 건칠관음보살좌상〉 복장 중 '원형 다라니'에서는 '원형 다라니'의 명칭이 실려 있지 않은 것에 비해, 일제강점기 제작의 '원형 다라니' 하단에는 '관세음보살인(觀世音菩薩印)'이란 불인의 명칭이 실려 있다. 이는 '원형 다라니'가 불인(佛印) 중 하나였음을 알려주는 내용으로, 이를 이해하기 위해서는『불정심다라니경』의 내용을 살펴봐야 할 것이다.

　『불정심다라니경』은『불정심관세음보살대다라니경(佛頂心观世音菩萨大陀罗尼经)』의 이명(異名)으로, 관세음보살이 〈무애자재심왕지인(無礙自在心王智印) 대다라니법(大陀羅尼法)〉인 '불정심자재왕다라니(佛頂心自在王陀羅尼)'

를 설한 경전이다.[476] 특히 권중(卷中)에는 출산시 산모와 태아를 구하는 방법이 실려 있다. 즉 "여인이 (출산 시) 고통에 못이겨 신음하고 혼절하여 어찌할 수 없을 때, 좋은 주사(朱砂)로 이 다라니와 〈비자인(秘字印)〉을 써서 의식용(密用) 향수로 삼키면 즉시 출산하게 된다"[477]는 것으로, 산모와 태아의 안녕을 위한 내용이 주로 언급되어 있다.

이에 위 원형 다라니 안에는 〈비자인(秘字印)〉으로서 '능구산난(能求産難)'의 부적이 실려 있으며, 세 개의 원(圓) 안에 수록된 내용은 '불정심자재왕다라니(佛頂心自在王陀羅尼)'에 해당하는 것임을 알 수 있다. 이런 까닭에 이 다라니를 '관세음보살인(觀世音菩薩印)'이라 칭했을 것으로, 1346년 고려시대로부터 사용된 '원형 다라니'는 다라니로서가 아닌, 불인(佛印)의 한 예로 사용되었음을 알 수 있다.

3) 사리병인(舍利瓶印) – 새로운 인(印)의 형성

한편 앞서 15세기에 간행된 「성불수구다라니」에는 5종의 인(印)이 실려 있음을 말했는데, 그 안에는 「불정심인」과 「비로자나인」 등 2종의 불인과 탑인(塔印) 외에, 「석가여래화압」과 또 하나의 인(印)으로서 '병(瓶) 모양의 인'이 실려 있었다[도212]. 이 인(印)의 경우 그 형태가 사리병(舍利瓶)과 같음을 볼 수 있는데,

도212. 「성불수구다라니」에 실린 瓶 모양의 印

<hr />

476 『佛頂心陀羅尼經』, 1485년(成化21), 王室 刊行. 卷上 1면.

477 『佛頂心陀羅尼經』 卷中 1면. "令此女人 苦痛叫喚 悶絶號哭 無處投告者 卽以好朱砂 書此陀羅尼及 秘字印 密用香水呑之"; 卷下 末尾 참조.

468

이 도상의 내용은 무엇이며 어떻게 유래된 것일까? 하는 의문이 생겨난다.

사리병과 같은 형태의 이 인(印)은 1467년과 1494년 간행된 「성불수구다라니」에 실린 이래, 이후 5종의 인(印)과 24종의 부적이 실린 『진언집』 및 수구다라니의 간행에 따라 널리 유통, 확산되었다. 그리고 17세기 이후에, 5종의 인(印)과 24종의 부적은 간행 당시의 선호도에 따라 일부의 인(印)과 부적이 결합된 다라니가 간행되기도 하였다. 이를 유형별로 구분해 보면, 먼저 「석가여래화압」과 「불설벽온주」로서 '옴 치림' 및 「불설해원가주」로서 '옴 부림' 등 3종의 인과 부적이 함께 실린 다라니가 간행된 예를 볼 수 있다(**표 132**-①). 또한 「비로자나인」 및 「탑인」과 부적이 함께 실린 다라니가 간행되기도 하였다(**표132**-②).

표132. 일부 인(印)과 부적이 결합된 다라니

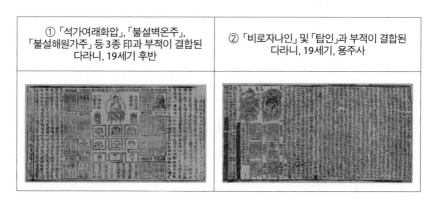

① 「석가여래화압」, 「불설벽온주」, 「불설해원가주」 등 3종 印과 부적이 결합된 다라니, 19세기 후반	② 「비로자나인」 및 「탑인」과 부적이 결합된 다라니, 19세기, 용주사

이외에 '사리병과 같은 형태의 인(印)'과 부적이 함께 실린 다라니가 간행된 예가 발견되기도 한다. 1656년(順治 13) 정혜사에서 간행된 것으로, 한쪽 면에는 수구다라니가 실려 있고 다른 면에는 1종의 '사리병 형태의 인(印)'과 12종의 부적이 실린 예이다(**표133**-①). 또 다른 예로 17세기경에 김제 흥복사에서 '사리병 형태의 인'과 부적이 결합된 다라니가 간행되었는데, 이

는 1656년 정혜사에서 간행된 다라니와 같은 내용을 담고 있음을 알 수 있다(**표133-②**). 다만 정혜사 다라니의 경우 사리병 형태의 중앙에 만(卍)자가 새겨져 있고, 그 부분이 검게 판각된 차이만이 발견될 뿐이다(**표133**).

표133. 사리병 형태의 인(印)과 부적이 결합된 다라니

① 수구다라니, 1656년, 정혜사, 원각사 소장	② 수구다라니, 17세기경, 흥복사, 원각사 소장
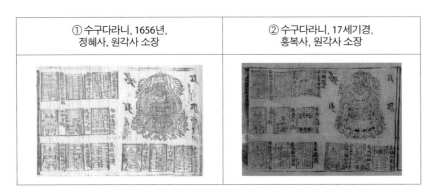	

위 다라니에서 사리병 형태의 인(印)은 앙련(仰蓮)의 연꽃과 자방(子房) 위에 놓여 있으며, 인(印) 주위에 화염문을 새겨 서기(瑞氣)가 뻗어나가는 모습과 함께, 연잎으로 원형 광배를 표현하였다. 그리고 그 위에 연잎 형태의 천개(天蓋)가 덮여 있으며, 사방에는 사천왕의 종자를 배치한 형식이다.

한편 20세기 초에 위 '사리병 형태의 인(印)'의 성격을 추정할 수 있게 하는 다라니가 간행되었다. 이 다라니는 말미에 "세차(歲次) 무진(戊辰) 윤2월일(閏二月日) 용인군(龍仁郡) 포곡면(浦谷面) 백련암(白蓮菴) 상유(上留)"란 간기가 기록되어 있다. 이에 이 다라니는 포곡이 포곡면(浦谷面)으로 불리게 된 1910년 이후의 무진(戊辰)년인 1928년에 간행된 것임을 알 수 있다.

이 다라니 말미에는 6종의 부적과 '사리병 형태의 인' 및 「불정심인」이 실려 있는데, 「불정심인」의 경우 좌우가 뒤집혀 판각되었음을 알 수 있다. 그리고 '사리병 형태의 인'의 경우 병(瓶) 중앙에 '사리(舍利)'란 글자가 쓰여 있

어, 이것이 '사리병'을 뜻하는 것임을 알 수 있다(**도213**).

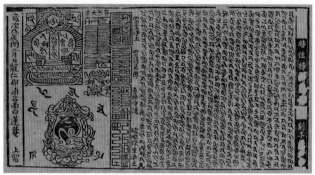

도213. 수구다라니, 1928년, 백련암, 원각사 소장

　이와 관련해 필자는 앞서 1447년 중수된 〈파계사 건칠관음보살좌상〉 복장 수습의 〈묵인다라니〉에 실린 탑인을 설명하는 가운데, 오월국의 전홍숙이 965년에 간행한 을축본 『일체여래심비밀전신사리보협인다라니경』 변상도에 실린 – 중앙에 사리병(舍利瓶)이 안치된 탑의 도상에 대해 언급한 바 있다(**표134-①**).

　또한 〈파계사 건칠관음보살좌상〉 복장의 〈묵인다라니〉에 실린 탑인의 경우 사리병을 대신해 불상을 안치했는데(**표134-②**), 이에 비해 1458년 조성된 〈흑석사 목조아미타여래좌상〉 복장 수습의 다라니에서는 – 사리병 내지 불상이 생략된 채 – 탑인만을 다라니에 새겨둔 예를 볼 수 있었다(**표134-③**).

표134. 탑인(塔印)과 탑에 표현된 사리(병)와 불상

① 오월국 간행 『보협인다라니경』 변상도(부분), 965년	② 파계사 건칠관음보살좌상 복장 수습 〈묵인다라니〉, 1447년경	③ 흑석사 목조아미타여래좌상 복장 수습 다라니, 1458년

즉 흑석사 복장 다라니에서는 탑인(塔印) 안에 안치되었던 사리병 내지 불상이 배제된 예를 볼 수 있다는 것이다. 그럼에도 이후 1467년과 1494년 「성불수구다라니」가 제작 간행될 즈음, 기존 2종의 불인과 탑인에 새로운 불인으로서 「석가여래화압」이 추가되는 과정에서, 〈파계사 - 묵인다라니〉에 실렸던 사리병 내지 불상을 어떤 형태로든 복원해야 한다는 관념이 적용되었을 것으로, 이에 불상 내지 사리병을 「사리병인(舍利瓶印)」의 형태로 변형시켜 5종의 인(印)을 조성하였으리라 추정할 수 있다. 이 「사리병인」과 관련해서는 필자의 추정을 말한 것으로, 이점은 이후 새로운 자료의 발굴을 통해 좀 더 명확한 설명이 가능할 것이다.

이상 필자는 고려, 조선시대의 간행 다라니에 실린 3종의 불인(佛印)과 1종의 탑인(塔印), 그리고 사리병인(舍利瓶印)이라 칭할 수 있는 인(印) 등 5종의 인(印)과, 진언의 불인화(佛印化)를 통해 새로운 인(印)이 성립되었음을 고찰하였다.

그 결과, 불인(佛印)이란 부처님 교설(敎說)에 대한 인가 내지 보증의 개념으로 사용되었으며, 부처님 현존의 증표를 뜻하였음을 말하였다. 그리고

인도에서 불탑 건립과 관련해 법사리로서 연기법송(緣起法頌)을 불인 및 탑인과 함께 공양한 예와 함께, 인불 인탑의 제작 및 공양은 수행과 관련된 공덕의 예로 이해되었으며, 이에는 부처님의 감응이 전제되었음을 언급하였다.

한편 불인은 부처의 형상으로서뿐 아니라, 부처의 내재성(內在性)을 형상화한 종자(種字)로 표기되었는데, 삼신(三身)의 결합으로서 '옴(唵, ᰛ)'이란 종자(種字)는 제불(諸佛)과 일체 보살의 호념을 뜻하는 부적의 용도로 쓰였음을 말하였다. 그리고 부적으로 활용되기도 했던 '옴(唵, ᰛ)'의 종자는 이후 불인화(佛印化) 되었음을 언급하였다.

한국에서도 삼국 이래 다양한 형태의 불인과 탑인이 제작되었으며, 법사리로서 연기법송(緣起法頌)과 함께 탑 내지 불상 등에 불인과 탑인이 납입된 예를 볼 수 있었다. 한편 불복장에 납입된 다라니 내지 『범서총지집』을 통해 볼 때, 고려시대에는 「불정심인」으로서 「아미타인」과, '옴(ᰛ)'을 형상화한 「삼신인」으로서 「비로자나인」 등 2종의 불인이 사용되었음을 알 수 있다. 이 중 「아미타인」의 경우 '관세음보살', '대세지보살'과 함께 「아미타삼존인」으로 표현되기도 했으며, 「비로자나인」의 경우 '문수' '보현'과 함께 「비로자나 삼존인」으로 표현되기도 했음을 알 수 있다.

조선 전기의 경우, 「아미타인」으로서 「불정심인」과 '옴(ᰛ)'을 형상화한 「비로자나인」 등 2종의 불인이 주로 사용되었으며, 인불 인탑의 납입 전통과 관련해 탑인이 사용된 예를 발견할 수 있었다. 이후 15세기 후반 16세기 이래, 2종의 불인과 탑인 외에, 또 다른 형태의 불인이 추가 사용되었다.

『성관자재구수육자선정』을 통해 볼 때 추가된 이 불인은 중국 육조시대 각석(刻石) 중 〈석가여래쌍적영상도〉에 실린 「석가불수자(釋迦佛手字)」가 「석가여래화압」이란 명칭으로 사용되었으며, 「석가여래화압」 역시 종자가 불인화(佛印化)된 형태임을 말하였다. 이외에 『성관자재구수육자선정』에는

「옴 치림」과 「옴 부림」, 「옴 타림」 등 3종의 불인이 실려 있어, 이는 진언이 종자화(種字化), 불인화(佛印化)되는 과정을 통해 불인이 다양화되는 양태를 알려주는 것임을 말하였다.

　이외에 사리병 형태를 한 「사리병인(舍利瓶印)」이라 칭할 수 있는 새로운 인이 형성되기도 하였다. 이렇듯 형성된 인(印)은 최초 다라니 가운데서 부적의 한 예로 자리했다가, 부적의 중심부에 위치한 예를 거쳐, 부적보다 크게 표현된 예를 통해 차츰 부적에 비해 우월한 위치를 차지하게 되었음을 알 수 있었다.

參考文獻

1. 原典

고려대장경

『穢跡金剛禁百變法經』(『高麗大藏經』 36)

『大唐保大乙巳歲續貞元釋教錄』(『高麗大藏經』 38)

대정신수대장경

『佛本行集經』(『大正藏』 3, No.0190)

『菩薩從兜術天降神母胎說廣普經』(『大正藏』 12, No.0384)

『大方等大集經』(『大正藏』 13, No.0397)

『般舟三昧經』(『大正藏』 13, No.0417)

『三劫三千佛緣起』(『大正藏』 14, No.0446)

『蘇婆呼童子請經』(『大正藏』 18, No.0895)

『陀羅尼集經』(『大正藏』 18, No.0901)

『阿閦如來念誦供養法』(『大正藏』 19, No.0921)

『加句靈驗佛頂尊勝陀羅尼記』(大正藏』 19, No.0974)

『大毘盧遮那佛眼修行儀軌』(『大正藏』 19, No.0981)

『守護國界主陀羅尼經』(『大正藏』 19, No.0997),

『觀自在菩薩大悲智印周遍法界利益衆生薰眞如法』(『大正藏』 20, No.1042)

『千手千眼觀世音菩薩姥陀羅尼身經』(『大正藏』 20, No.1058)

『佛說七俱胝佛母准提大明陀羅尼經』(『大正藏』 20, No.1075)

『七俱胝佛母所說准提陀羅尼經』(『大正藏』 20, No.1076)

『觀世音菩薩祕密藏如意輪陀羅尼神呪經』(『大正藏』 20, No.1082)

『曼殊室利焰曼德迦萬愛祕術如意法』(『大正藏』 21, No.1219)

『穢跡金剛說神通大滿陀羅尼法術靈要門』(『大正藏』 21, No.1228)

『穢跡金剛禁百變法經』(『大正藏』21, No.1229)

『阿吒婆拘鬼神大將上佛陀羅尼神呪經』(『大正藏』21, No.1237)

『阿吒婆鬼神大將上佛陀羅尼經』(『大正藏』21, No.1238)

『佛説常瞿利毒女陀羅尼呪經』(『大正藏』21, No.1265)

『聖歡喜天式法』(『大正藏』21, No.1275)

『佛説金毘羅童子威德經』(『大正藏』21, No.1289)

『佛說北斗七星延命經』(『大正藏』21, No.1307)

『梵天火羅九曜』(『大正藏』21, No.1311)

『佛說救拔焰口餓鬼陁羅尼經』(『大正藏』21, No.1313)

『佛說灌頂七萬二千神王護比丘呪經』(『大正藏』21, No.1331)

『七佛八菩薩所説大陀羅尼神呪經』(『大正藏』21, No.1332)

『陀羅尼雜集』(『大正藏』21, No.1336)

『龍樹五明論』(『大正藏』21, No.1420)

『根本説一切有部毘奈耶』(『大正藏』23, No.1442)

『大智度論』(『大正藏』25, No.1509)

『阿毘達磨大毘婆沙論』(『大正藏』27, No.1545)

『鞞婆沙論』(『大正藏』28, No.1547)

『大乘莊嚴經論』(『大正藏』31, No.1604)

『大方廣佛華嚴經疏』(『大正藏』35, No.1735)

『新華嚴經論』(『大正藏』36, No.1739)

『大毘盧遮那成佛經疏』(『大正藏』39, No.1796)

『歷代三寶紀』(『大正藏』49, No.2034)

『大唐西域求法高僧傳』(『大正藏』51, No.2066)

『大唐西域記』(『大正藏』51, No.2087)

『南海寄歸内法傳』(『大正藏』54, No.2125)

『翻譯名義集』(『大正藏』54, No.2131)

『大唐内典録』(『大正藏』55, No.2149)

『古今譯經圖紀』(『大正藏』55, No.2151)

『大周刊定衆經目録』(『大正藏』55, No.2153)

『開元釋教録/附入藏目録』(『大正藏』55, No.2154)

『大唐貞元續開元釋教録』(『大正藏』55, No.2156)

『貞元新定釋教目録』(『大正藏』55, No.2157)

『續貞元釋教録』(『大正藏』55, No.2158)

『入唐新求聖教目録』(『大正藏』55, No.2167)

『日本比丘圓珍入唐求法目録』(『大正藏』55, No.2172)

『諸阿闍梨眞言密教部類總録』(大正藏』55, No.2176)

『法華開示抄』(『大正藏』56, No.2195)

『華嚴演義鈔纂釋』(『大正藏』57, No.2205)

『別行』(『大正藏』78, No.2476)

『傳受集』(『大正藏』78, No.2482)

『薄草子口決』(『大正藏』79, No.2535)

『祕鈔問答』(『大正藏』79, No.2536)

『七千佛神符經』(『大正藏』85, No.2904)

『三萬佛同根神祕之印竝法 龍種上尊王佛法』(『大正藏』85, No.2906)

대정신수대장경 圖像部

『別尊雜記』(『大正藏』圖像部 3)

『覺禪鈔』(『大正藏』圖像部 4)

『醍醐本圖像』(馬頭等)(『大正藏』圖像部 4)

「六字明王」(『大正藏』圖像部 5)

『白寶口抄』(『大正藏』圖像部 6)

한국불교전서

『大藏目録』(『韓佛全』6)

『懶庵雜著』(『韓佛全』7)

『天鏡集』(『韓佛全』9)

『鏡巖集』(『韓佛全』10)

『海鵬集』(『韓佛全』12)

『著譯叢譜』(『韓佛全』12)

돈황 사본

P.2153

P.2558

P.2602

P.2723

P.3022

P.3835

P.3874

S.2498

S.2708

S.Ch.liv.0033

漢籍本

『觀世音菩薩靈驗略抄』, 康熙五十五年丙申(1716)四月日 慶尙右道金海神魚山甘
露寺開刊.

『觀世音菩薩六字大明王陀羅尼神呪經』, 隆熙二年戊申(1908)五月端午西賓精舍開
刊藏于甘露社,

『茶毘文』, 光緒八年壬午(1882)十月日 慶尙右道陜川海印寺開刊.

『密教開刊集』, 乾隆四十九年甲辰(1784)七月日 慶尙右道星州牧西佛靈山雙溪寺
修道菴開刊.

『佛頂心觀世音菩薩姥陀羅尼經』, 光緒七年辛巳(1881)閏七月日三角山三聖菴藏經
閣板.

『佛頂心陀羅尼經』, 成化21(1485), 王室 刊行.

『三門直指』, 乾隆三十四年己丑(1769)四月日 今金麗玉書...安州隱寂寺開板移鎭響
山普賢寺.

「西天佛說八萬大藏經目錄」, 乾隆五十七年壬子(1792) 三月日 平安 香山 內院庵
比丘 沃印書 性海刻.

『聖觀自在求修六字禪定諺解』, 嘉靖三十九年(1560) 五月日 肅川府 關北 開板 藏
于 香山 內院寺.

『玉樞經』, 隆慶四禩庚午(1570)仲春 全羅道同福地無等山安心寺開板.

『日用作法』, 同治八年己巳(1869)三月日 陜川海印寺兜率庵開刊仍以留置.

『諸般文』, 嘉靖三十九年庚申(1560) 冬 茂長地 禪雲山重愛寺 恩重七星經合部.

『諸般文』, 順治四年丁亥(1647)七月日 慶尙道淸松土普賢山普賢寺重開刊.

『諸眞言集』, 隆慶三年己巳(1569)仲夏 全羅道同卜地 無等山安心寺重刊.

『造像經』, 道光四年甲申(1824)六月日 金剛山楡岾寺藏板.

『眞言集』, 康熙二十七年(1688)平安道寧邊妙香山佛影臺開板移鎭于普賢寺.

『眞言集』, 乾隆四十二年丁酉(1777)四月日 全羅左道和順地羅漢山萬淵寺刊.

『眞言集』, 上之二十四季嘉慶庚申(1800)孟夏重刊 楊州道峯山望月寺藏板.

『天地冥陽水陸雜文』, 弘治九年(1496)春三月有日敬跋, 王室刊行.

『天地八陽神呪經』, 동국대학교 중앙도서관, 관리번호 213.18 천79ㅂㅅ//D17595.

『請文』, 隆慶二年戊辰(1568)四月日 慶尙道安東地鶴駕山廣興寺開板.

『태상현령북두본명연생진경』, 同治三年甲子(1864)正月 三角山道詵菴板刻. 印出而
　　　移安于 廣州修道山奉恩寺板藏.

陀羅尼

「勸修淨業往生捷徑圖」, 乾隆46年辛丑(1781) 七月日刊 板于 靈源庵.

「佛說八萬大藏經目錄」, 朝鮮開國 五百二十五年 丙辰(1916) 五月日 三角山 安養
　　　庵 改刊.

「諸陀羅尼」, 乾隆十年(1745)五月日 伽倻山海印寺刊.

「眞言集目」, 康熙四十二年 癸未(1703년)二月日 大丘八公山桐花寺開刊.

大准提率都婆 다라니 목판, 佛紀二千三百八十五年戊戌(1838)七月十五日靑蝦山
　　　靑雲寺藏板.

도교경전

『太上秘法鎭宅靈符』(『道藏』2)

『太上三生解冤妙經』(『道藏』6)

『太上老君說長生益算妙經』(『道藏』11)

『太上老君說益算神符妙經』(『道藏』11)

『太上玄靈北斗本命延生眞經註』(『道藏』17)

『太上玄靈北斗本命延生眞經註解』(『道藏』17)

史書類

『三國遺事』

『高麗史』

『景宗實錄』

『光海君日記』(중초본)

『文宗實錄』

『世宗實錄』

『肅宗實錄』

『燕山君日記』

『定宗實錄』

『中宗實錄』

『太宗實錄』

文集, 기타

『經國大典』

『古今圖書集成』

『湛軒書』

『陶隱集』

『東國李相國全集』

『東國歲時記』

『東文選』

『白下集』

『泗溟堂芳啣帖』「海南表忠祠院中留傳錄」

『象村先生文集』

『燃藜室記述』

『阮堂全集』

『醫方類聚』

『入唐求法巡禮行記』

『太平廣記』

『弘齋全書』

2. 단행본

古都舍,『한국의 부적』, 관훈기획, 1996.

權相老,『朝鮮佛敎略史』, 新文館, 1917.

국립중앙박물관,『유리원판목록집』Ⅱ, 1988.

김민기,『韓國의 符作 - 丹의 美術作法을 통해서 본 基層文化』, 도서출판 보림사, 1987.

김영자,『한국의 벽사부적』, 누리미디어, 2014.

김영자,『한국의 부적 - 제액초복(除厄招福), 인간의 간절한 염원』, 대원사, 2020.

문화재청, (재)불교문화재연구소,『한국의 사찰문화재 2, 전북, 제주』, 일탈기획, 2003.

문화재청, (재)불교문화재연구소,『한국의 사찰문화재 7, 대구, 경북1』, 일탈기획, 2007.

문화재청, (재)불교문화재연구소,『한국의 사찰문화재 10, 부산, 울산, 경남2-1』, 일탈기획, 2010.

문화재청, (재)불교문화재연구소,『한국의 사찰문화재 11, 경남2-1』, ㈜조계종출판사, 2011.

문화재청, (재)불교문화재연구소,『한국의 사찰문화재 일제조사 14-1, 전국』, ㈜조계종출판사, 2014.

문화재청, (재)불교문화재연구소,『한국의 사찰문화재 - 2013 전국 사찰 목판 일제조사 (1) 서울2』, ㈜조계종출판사, 2013.

문화재청, (재)불교문화재연구소,『한국의 사찰문화재 - 2014 전국 사찰 목판 일제조사 (1) 인천광역시, 경기도』, ㈜조계종출판사, 2015.

박상국,『全國寺刹所藏木版集』, 국립문화재연구소, 1987.

李能和,『朝鮮佛敎通史』, 新文館, 1918.

이현종,『남해 도서지방의 부적 연구』, 여수문화원, 1987.

정각(문상련),『천수경연구』, 운주사, 1996.

朝鮮總督府,『朝鮮古蹟圖譜』第九冊, 靑雲堂印刷所, 昭和三年(1928).

한정섭,『神秘의 符籍 - 韓國符籍信仰硏究』, 法輪社, 1975.

翁連溪·李洪波 主編,『中國佛敎版畵全集』第1卷, 中国书店出版社, 2018.

翁連溪·李洪波 主編,『中國佛敎版畵全集』第2卷, 中国书店出版社, 2018.

翁連溪·李洪波 主編,『中國佛敎版畵全集』第5卷, 中国书店出版社, 2018.

翁連溪·李洪波 主編,『中國佛教版畫全集』第8卷, 中国书店出版社, 2018.

李小荣,『敦煌密教文献论稿』, 人民文学出版社, 2003.

村山智順, 노성환 옮김,『조선의 귀신』, 민음사, 1990.

Pierce, Salguero, C., ed. *Buddhism and Medicine: An Anthology of Premodern Sources*. New York: Columbia University Press, 2017.

Strickmann, Michel. *Chinese Magical Medicine*, edited by Bernard Faure. Stanford: Stanford University Press, 2002.

3. 도록

경운박물관,『조선의 군사복식 구국의 얼을 담다』, 2020.

국립중앙박물관,『대고려, 그 찬란한 도전』, 2018.

대한불교조계종 불교중앙박물관,『백암산 백양사』, ㈜도반HC, 2023.9.

『래여애반다라』, 동국대학교 경주캠퍼스 박물관, 2006.

불교중앙박물관,『지리산 대화엄사』, ㈜도반HC디자인사업부, 2021.

『한국의 전통 다라니 – 동재문고 소장자료 특별전』, 위덕대학교 출판부, 2004.

東寺宝物館 編.『東寺の曼荼羅図』, 東寺宝物館, 2002.

4. 논문

강대현·권기현,「불교의식집에 나타난 부적(符籍)과 그 역할」,『동아시아불교문화』35, 동아시아불교문화학회, 2018.9.

강대현,「조선후기 불교의례·의식의 밀교적 양상 고찰–불교의례·의식집의 몇 가지 도상을 통하여–」,『동아시아불교문화』36, 동아시아불교문화학회, 2018.12.

강대현,「밀교경전에 나타난 符印의 현황과 그 현실적 功能 – 대정장 '밀교부'를 중심으로」,『동아시아불교문화』42, 동아시아불교문화학회, 2020.

김수정,「부적을 만나다: 조선불교에서의 안산(安産)부적」,『미술사와 문화유산』10, 명지대학교 문화유산연구소, 2022.

김종대,「부적의 기능론 서설」,『한국민속학』20, 한국민속학회, 1987.

남권희,「고려시대 간행의 수진본 小字 총지진언집 연구」,『서지학연구』제71집, 한국 서지학회, 2017.9.

남권희,「봉화 청량사 건칠약사여래좌상의 다라니와 전적자료」,『미술사연구』32, 미 술사연구회, 2017.6.

남권희,「한국의 陀羅尼 간행과 유통에 대한 서지적 연구」,『진언, 다라니 실담의 전래 와 변용』, 중앙승가대학교 대학원 불교학술대회자료집, 2015.

문상련(정각),「수덕사 소조여래좌상 복장 전적류 고찰」,『정토학연구』30, 한국정토학 회, 2018.12.

문상련(정각),「고려 묘지명을 통해 본 불교 상장례」,『보조사상』56, 보조사상연구원, 2020.3.

문상련(정각),「납탑, 불복장 규범의 새로운 예 – 印佛과 印塔」,『동악미술사학』31, 동 악미술사학회, 2022.6.

문상련(정각),「불교 부적의 연원과 전개 – 돈황 사본에 실린 불교 부적을 중심으로」, 『불교학보』101, 동국대학교 불교문화연구원, 2023.3.

문상련(정각),「대장경 소재 부적의 내용과 의미 –《대정신수대장경》중 부적 수록 문헌 을 중심으로」,『불교학보』103, 동국대학교 불교문화연구원, 2023.11.

문상련(정각),「불인(佛印)과 탑인(塔印)의 한국 수용과 전개」,『동악미술사학』34, 동악 미술사학회, 2023.12.

문상련(정각)·김연미,「고려 후기 불교 부인(符印)의 전개」,『불교학보』96, 동국대 불교 문화연구원, 2021.9.

문상련(정각)·김연미,「조선시대 불교 부적의 연원과 전개 – 고려시대 전통의 계승과 변화」,『한국불교학』106, (사)한국불교학회, 2023.5.

문상련(정각)·김연미,「조선시대 불교 부적의 확산과 다양화」,『동아시아불교문화』59, 동아시아불교문화학회, 2023.10.

박성실,「파주 금릉리 출토 경주정씨 유물 소고」,『석주선기념민속박물관 제16회 학술 세미나 – 파주 금릉리 출토 경주정씨 유물 세미나 자료』, 단국대학교 석주선기 념민속박물관, 1998.5.

徐慶田·梁銀容,「高麗道教思想의 研究」,『圓光大論文集』19. 원광대학교, 1985.

엄기표,「부안 고부이씨 묘 출토 다라니에 대한 고찰」,『한국복식』29호, 단국대학교 석 주선기념박물관, 2011.

엄기표,「寶珠形 唵(ဪ, om)字 圖像의 전개와 상징적 의미에 대한 試論」,『선문화연구』

14, 한국불교선리연구원, 2013.

엄기표, 「고분 출토 범자 진언 다라니의 현황과 의의」, 『淳昌 雲林里 農所古墳』, 국립
나주문화재연구소, 2016.

이민정·박경자·안인실, 「조선후기 면제갑주(綿製甲冑) 문양에 대한 연구 Ⅰ」, Journal
of the Korean Society of Costume, 69-6, September 2019.

이민정·박경자·안인실, 「조선후기 면제갑주(綿製甲冑) 문양에 대한 연구 Ⅱ」, Journal
of the Korean Society of Costume, 69-7, November 2019.

이승혜, 「농소고분 다라니관(陀羅尼棺)과 고려시대 파지옥(破地獄) 신앙」, 『정신문화연
구』 42-2, 한국학중앙연구원, 2019.6.

李元求, 「韓國 符籍信仰의 一考察」, 『동양종교학』 1, 원광대학교 동양종교학과,
1991.

임석규, 「石山寺 所藏 加句靈驗佛頂尊勝陀羅尼記에 대한 一考察」, 『동북아역사논
총』 27, 2010.2.

정병삼, 「신라 구법승의 구법과 전도」, 『불교연구』 27, 한국불교연구원, 2007.

정성준, 「삶과 죽음에 대한 딴뜨리듬의 과제」, 『인도철학』 37, 인도철학회, 2013.4.

정진희, 「고려 치성광여래 신앙 고찰」, 『정신문화연구』 36-3, 한국학중앙연구원,
2013.8.

정진희, 「한국 치성광여래 신앙과 도상 연구」, 동국대 미술사학과 박사학위논문, 2017.

윤철기, 「《성제총록(聖濟總錄)》에 나타난 부적에 대한 문헌적 고찰」, 『한방재활의학과
학회지』 8(대한한의학회 한방재활의학과학회, 1998.

한정섭, 「불교 符籍信仰 小考 - 특히 密敎符를 중심하여」, 『한국불교학』 2, 한국불교
학회, 1976.8.

허일범, 「한국의 육자진언과 파지옥진언」, 『淳昌 雲林里 農所古墳』, 국립나주문화재
연구소. 2016.

肥田路美, 「西安 출토 塼佛의 제작 배경과 의의」, 『강좌미술사』 48, (사)한국미술사연
구소, 2016.

三友量順, 「縁起法頌と造像功徳經」, 『平川彰博士古稀記念論集』, 東京, 春秋社,
1985.

张总, 「〈佛頂心观世音菩萨大陀罗尼经〉咒印秘符探析」, 『篆物铭形——图形印与
非汉字系统印章国际学术研讨会论文集』, 西泠出版社, 2016.

崔紅芬, 「イギリス所蔵の西夏語『佛頂心大陀羅尼経』の翻訳·解釈と関連する諸

問題」,『東アジア仏教学術論集』8, 2020.2.

荒見泰史,「敦煌の民間信仰と佛教゙道教 - 佛教文獻に見られる符印を中心とし
て」,『敦煌寫本研究年報』第十四號, 京都大學, 2020.03.

Copp, Paul. "Manuscript Culture as Ritual Culture in Late Medieval Dunhuang:
Buddhist Talisman-Seals and Their Manuals." *Cahiers d'Extrême-Asie* 20,
no.1 (2011): 193-226.

Eugene Wang. "Ritual Practice without a Practitioner? Early Eleventh- century
Dhārarani Prints in the Ruiguangsi Pagoda." in *Tenth-Century China and
Beyond: Art and Visual Culture in a Multi-centered Age*, edited by Wu
Hung (Chicago: Art Media Resources and Center for the Art of East Asia, University of
Chicago, 2012.

Huang, Shih-shan Susan (黃士珊). "Daoist Seals: Activation and Fashioning."
Journal of Daoist Studies 10 (2017): 70-101.

Huang, Shih-shan Susan (黃士珊). "The Fodingxin Dharani Scripture and Its
Audience: Healing, Talisman Culture, and Women in Popular Buddhist
Print Culture." 美術史研究集刊 54 (2023): 253-295.

Jens Wilkens, "Practice and Rituals in Uyghur Buddhist Texts: A Preliminary
Appraisal", in *Buddhism in Central Asia II,* edited by Yukiyo Kasai, Henrik
H. Sørensen (Leiden and Boston: Brill, 2023): 456.

Kasai, Yukiyo. "Talismans Used by the Uyghur Buddhists and Their Relationship
with the Chinese Tradition." *Journal of the International Association of
Buddhist Studies* 44 (2021): 527-556.

Kim, Sooyoun. "Dhāraṇī, Maṇḍala, and Talisman: The Rediscovery of Buddhist
Faith in the Goryeo Dynasty." *The Review of Korean Studies* 25, no.1 (2022):
43-70.

Robson, James. "Talismans in Chinese Esoteric Buddhism." In Esoteric *Buddhism
and the Tantras in East Asia*, edited by Charles D.Orzech, Henrik H.Sørensen,
and Richard K.Payne, 223-229. Leiden and Boston: Brill, 2011.

Robson, James. "Signs of Power: Talismanic Writing in Chinese Buddhism."
History of Religions 48, no. 2 (2008): ****.

Sen, Tansen. "Astronomical Tomb Paintings from Xuanhua: Maṇḍalas?" *Ars*

Orientalis 29 (1999): 29-54.

Zhai, Minhao. "Buddhist Talismans and Manuscript Culture in Medieval China, ca. 500-1000." Ph.D. dissertation. The Department of Religion, Princeton University, 2022.

5. 기타

문화재청, 「2016년도 문화재위원회 제4차 동산문화재분과위원회 회의자료」, 2016.

6. 웹사이트

국립민속박물관 https://www.nfm.go.kr
동국대학교 불교기록문화유산아카이브 https://kabc.dongguk.edu/index
문화재청 https://www.cha.go.kr/main.html
e뮤지엄(전국박물관소장품검색) http://www.emuseum.go.kr/main
메트로폴리탄 박물관 https://www.metmuseum.org/art/collection/search/24009.
國際敦煌項目 http://idp.bl.uk
道藏 https://ed29.com/
道藏 https://21dzk.l.u-tokyo.ac.jp/SAT/index.html)

도판 목록

각 도판은 도판 제목과 함께 그 출처를 밝혀 두었다. 《대정신수대장경》 소재 부적은 "『大正藏』21, p.956"와 같이 대장경의 권차와 함께 실린 페이지를 명기하였다. 돈황 사본에 실린 부적은 국제돈황항목(國際敦煌項目, http://idp.bl.uk)에 실린 것을 참고했으며, "P.2153", "S.2498" 등과 같이 각각 사본 번호를 명기하였다.

또한 사용된 도판은 주로 〈문화재청 홈페이지〉와 〈e뮤지엄〉, 〈동국대불교학술원 아카 이브〉 등 공개 자료를 활용했으며, '고양 원각사 소장'의 경우 모든 사진은 필자가 촬영 한 것이다.

기타 도록 내지 논문에서 인용한 사진의 경우 각각 출처를 밝혀 두었다. 사진에 문제가 있는 경우 저작권자가 확인되는 대로 계약 절차를 맺고 그에 따른 저작권료를 지불토 록 하겠다.

도1. 용수보살 비결도, 『大正藏』21, p.956.

도2. 용수십이시신부, 『大正藏』21, p.956.

도3. 돈황 사본 P.2153 중 「여의륜왕마니발타별행법인」에 실린 17종 부적.

도4. P.2153 중 금강동자수심인(金剛童子隨心印) 부분.

도5. S.2498 중 금강동자수심인(金剛童子隨心印) 부분.

도6. S.2498 중 관세음수심부(觀世音隨心符).

도7. S.2498 중 관세음단법(觀世音壇法) 만다라.

도8. P.2602 중 「여의륜왕마니발타별행법인」 앞에 실린 부적.

도9. P.2602 중 「여의륜왕마니발타별행법인」에 실린 7종 부적.

도10. P.3835 중 3종의 단오 부적과 1종의 방책.

도11. P.3835 중 「여의륜왕마니발타별행법인」에 실린 8종 부적.

도12. P.3874 중 「여의륜왕마니발타별행법인」의 13종 부적.

도13. P.2153 중 「칠천불명신부」에 실린 16종 부적.

도14. S.2708 말미에 실린 「칠천불명신부」의 15종 부적.

도15. P.2558에 실린 「칠천불명신부」의 16종 부적.

도16. P.2723에 실린 「칠천불명신부」의 부적 11종.

도17. P.3022에 실린 「칠천불명신부」의 부적 8종.

도18. P.3835 말미의 도상.

도19. 『불설상구리독녀다라니주경』의 도상, 『大正藏』21, p.295.

도20. S.2438 중 『삼만불동근신비지인병법 용종상존왕불법』 부분.

도21. S.Ch.liv.0033 중 九曜 관련 부적.

도22. 佛勅唵字符, Ch 3107.

도23. 고창국(高昌國) 교하성(交河城) 수집 위구르어 문서, Yukiyo Kasai.

도24. B 2289, Yukiyo Kasai의 논문, p.532.

도25. B 2291, Yukiyo Kasai의 논문, p.533.

도26. B2290, Yukiyo Kasai의 논문, p.533.

도27. p.3358 중 호택신력권(護宅神曆卷).

도28. 위구르어 경전 단편, 베를린 주립도서관 소장. 소장번호 U 496_01.

도29. 『불두칠성연명경』 중 巨文星 부적, 『大正藏』21, p.425 중 부분.

도30. 西夏 경전 중 救産難符, 1156년, 『東アジア仏教學術論集』8, p.250.

도31. 佛經印版 탁편, 1108년, 『中國佛教版畫全集』第2卷, p.29.

도32. 骨壺, 五代, 907~960년, 고양 원각사 소장.

도33. 골호 바닥 면의 부적, 고양 원각사 소장.

도34. 『불설상구리독녀다라니주경』에 실린 5종 부적, 『大正藏』21, p.295.

도35. 『불설금비라동자위덕경』의 法印 부적, 『大正藏』21, p.373.

도36. 『아타바구귀신대장상불다라니경』에 실린 9종 부적, 『大正藏』21, pp.184-185.

도37. 흐리(🦥)의 字義, 『大正藏』20, p.33.

도38. 三昧耶形 圖, 『大正藏』20, p.33.

도39. 향인(香印), 『大正藏』20, p.34

도40. 『가구영험존승다라니기』에 실린 부적, 『大正藏』19, p.388.

도41. 『예적금강금백변법경』에 실린 부적, 『大正藏』21, pp.160-161.

도42. 『佛說北斗七星延命經』 소재 七星符(七星의 의인화 모습), 『大正藏』21, p.425.

도43. 『태상현령북두본명연생진경주해』, 칠원성군 부적과 圖, 『道藏』17, p.34.

도44. 『백보구초』 「대불정법」 항목 중 팔대보살도, 『大正藏』圖像部 6, p.480.

도45. 六字天, 『大正藏』圖像部 4, 『覺禪鈔』, p.741.

도46. 『전수집』에 실린 부적, 『大正藏』78, p.258.

도47. 妙見, 『大正藏』 『圖像部』3, 『別尊雜記』48, p.587.

도78. 〈수덕사 소조여래좌상〉 복장 다라니, 1489년, 수덕사 성보박물관, 필자 사진.

도79. 대전월드컵경기장 부지 내 묘지 수습 다라니, 15세기 추정, 한남대박물관 소장.

도80. 〈월정사 중대 사자암 목조비로자나불좌상〉 복장 다라니, 1456년, 월정사성보박물관 소장, 월정사 제공.

도81. 담정(淡晶)이 중간한 다라니, 1579년 간행, 원각사 소장.

도82. 정온 묘 출토 적삼 뒷면 하단의 다라니 및 세부, 1538년경, 김연미 사진.

도83. 정온 묘 출토 목관 내부 부착 다라니, 김연미 사진.

도84. 정온 묘 출토 목관 내부 부착 다라니(부분), 김연미 사진.

도85. 상원사 소조나한상복장 조선국경외만인동발원 다라니, 1467년, 월정사 제공.

도86. 조선국경성내외만인동발원 다라니, 1494년, 원각사 소장.

도87. 진언집목, 파계사, 1703년 간행, 동국대 불교학술원 아카이브

도88. 안심사『諸眞言集』중「眞言集目」항목, 1569년, 동국대불교학술원아카이브

도89. 만연사『진언집』, 1777년, 동국대불교학술원 아카이브

도90. 망월사『진언집』, 1800년, 동국대불교학술원 아카이브

도91. 대수구다라니, 1656년, 정혜사 간행, 원각사 소장.

도92. 대수구다라니, 김제 흥복사 간행, 문화재청 홈페이지

도93. 대수구다라니, 동화사, 1703년,『한국의 사찰문화재 7, 대구, 경북1』. p.21, (재)불교문화재연구소 제공

도94. 청계사 부적 목판,『全國寺刹所藏木版集』, p.160.

도95. 『일용작법』, 1869년, 원각사 소장.

도96. 용주사 수구다라니, 19세기, 원각사 소장.

도97. 『옥추경』의 15종 부적, 1570년, 동국대 불교기록문화유산아카이브

도98. 『佛說北斗七星延命經』소재 七星符,『大正藏』21, p.425.

도99. 불설북두칠성연명경 變相, 합천 해인사 대장경판(국보), 고려, 해인사 제공.

도100. 『諸般文』, 1560년, 중애사 간행, 동국대 불교기록문화유산아카이브

도101. 《재조대장경》중『예적금강금백변법경』,『高麗大藏經』38 말미.

도102. 『예적금강금백변법경』에 실린 伏連(학질) 관련 부적.

도103. 1745년 해인사 간행,「제다라니(諸陀羅尼)」목판 인출본, 해인사박물관 제공.

도104. 해인사「제다라니(諸陀羅尼)」중「예적신주부(穢跡神呪符)」부분.

도105. 해인사「諸陀羅尼」중「금강심주부(金剛心呪符)」부분.

도106. 윤순 필 초서, 서울대박물관, 역2402.

도107. 尹白下의 「楞嚴經行書」, 영국박물관 소장.

도108. 「泗溟堂芳啣帖」, 대흥사 表忠祠, 대흥사 제공.

도109. 敦煌遺書 중 「佛說金剛神呪」와 「穢跡金剛神呪」, Princeton대학 동아시아 도서관

도110. 千手 神妙章句大陀羅尼, 19세기, 신흥사 목판 소장, 신흥사 제공.

도111. 大准提率都婆 다라니 목판, 1838년, 청운사, 국립민속박물관 소장, e뮤지엄.

도112. 大准提率都婆 다라니, 19세기 추정, 고양 원각사 소장.

도113. 금강정유가~성취다라니, 청운사, 국립민속박물관 소장. e뮤지엄.

도114. 〈수구탑솔도파 다라니〉, 1897년, 유점사 간행, 『한국의 사찰문화재 11, 경남 2-1』, 2011. p.332, (재)불교문화재연구소 제공

도115. 〈상불탑솔도파 다라니〉, 1910년, 직지사 성보박물관, 직지사 제공.

도116. 왕생정토부 목판, 1754년, 백양사 소장, 필자 촬영, 반전.

도117. 왕생정토부 목판 (부분).

도118. 〈권수정업왕생첩경도〉, 84×52cm, 1781년, 원각사 소장.

도119. 건봉사 만일회 간행 다라니, 『한국의 사찰문화재 - 전국①』, p.291, (재)불교문화재연구소 제공

도120. 『密敎開刊集』 「大藏經 往生淨土食符法」, 1784년, 원각사 소장.

도121. 『密敎開刊集』 안에서 발견된 往生淨土符, 원각사 소장.

도122. 西方淨土極樂世界九品蓮華臺之圖, 19세기 후반 추정, 원각사 소장.

도123. 西方淨土極樂世界九品蓮華臺之圖, 1769년, 동국대도서관 소장.

도124. 선석사 복장 다라니, 『한국의 사찰문화재 일제조사 - 전국①』, p.301, (재)불교문화재연구소 제공

도125. 일체제불현전안위다라니, 18세기 추정, 원각사 소장.

도126. 불복장 다라니, 19세기 인출(추정), 가회민화박물관, e뮤지엄.

도127. 다라니경 목판, 조선후기, 동국대 박물관(소장번호: 동국대1622), e뮤지엄.

도128. 금은전 목판, 선운사, 19세기 추정, 『全國寺刹所藏木版集』, p.206.

도129. 금은전 인출본, 19세기 추정, 원각사 소장.

도130. 소삼재부(消三灾符), 19세기 후반.

도131. 三鷹三災符, 20세기 초, 가회민화박물관, e뮤지엄.

도132. 부모은중경진언, 『대보부모은중경』, 용주사.

도133. 단오부적, 『全國寺刹所藏木版集』, p.344.

도134. 『다비문』중 重服防法符, 원각사 소장.

도135. 선추(扇錘), 조선후기, 고양 원각사 소장.

도136. 준제구자도(准提九字圖), 『造像經』, 「准提九聖梵字義解」 항목.

도137. 면제갑주, 메트로폴리탄 박물관 소장, 소장번호: 36.25.10a-c.

도138. 「조선후기 면제갑주(綿製甲冑) 문양에 대한 연구 Ⅱ」, p.55.

도139. 오악진형도, 『古今圖書集成』183冊之41葉.

도140. 구성팔문부(九星八門符).

도141. 武備志(권181), 「조선후기 면제갑주(綿製甲冑) 문양에 대한 연구 Ⅱ」, p.63.

도142. 투구 상단, 「조선후기 면제갑주(綿製甲冑) 문양에 대한 연구 Ⅱ」, p.55.

도143. 벨트 앞면의 육자대명왕진언, 「조선후기 면제갑주(綿製甲冑) 문양에 대한 연구 Ⅱ」, p.55.

도144. 「불설팔만대장경목록」, 1916년 안양암 간행.

도145. 5종 불인 다라니, 가회민속박물관 소장, e뮤지엄.

도146. 수구다라니, 1922년, 안양암 간행, 인출본 원각사 소장.

도147. 〈평택 약사사 석가모니불좌상〉 복장 다라니, 1921년, 『한국의 사찰문화재 일제조사 14-1, 전국』, p.61, (재)불교문화재연구소 제공

도148. 부산 복천사 복장 불설팔만대장경목록 다라니, 1922년, 『한국의 사찰문화재 10, 부산, 울산, 경남2-1』, p.235, (재)불교문화재연구소 제공

도149. 금은전, 1925년(불기2952), 가회민화박물관, e뮤지엄.

도150. 〈서방정토극락세계구품연화대지도〉 목판, 1925년, (재)불교문화재연구소 제공

도151. 〈서방정토극락세계구품연화대지도〉, 19세기 후반 추정, 원각사 소장.

도152. 다라니, 일제강점기. 국립민속박물관 소장, (소장번호: 83215), e뮤지엄.

도153. 석가여래화압 다라니, 20세기, 원각사 소장.

도154. 불설호신명주 다라니. 20세기, 원각사 소장.

도155. 『성관자재구수육자선정언해』, 1560년, 향산 內院寺, 동국대 불교기록문화유산 아카이브

도156. 『관세음보살육자대명왕다라니신주경』, 1908년, 西賓精舍, 동국대 불교기록문화유산아카이브

도157. 부적 필사본, 국립한글박물관 한구6928, e뮤지엄.

도158. 〈서방정토극락세계구품연화대지도〉 인출본, 1960년대, 해인사 간행.

도159. 〈서방정토극락세계구품연화대지도〉(부분), 19세기 후반 추정.

도160. 〈서방정토극락세계구품연화대지도〉(부분), 1960년대, 해인사.

도161. 〈서방정토극락세계구품연화대지도〉, 1967년, 옥수동 □ □사 간행, 원각사 소장.

도162. 위태천 도상, 국립민속박물관(민속25056), e뮤지엄.

도163. 삼광오복(三光五福) 부적, 20세기 후반, 원각사 소장.

도164. 현재 판매되는 '전통부적', 2023년, 필자 사진.

도165. 부(符), 1800년, 월정사 소장(강원도문화재자료), 문화재청 홈페이지.

도166. 발병부(發兵符), 국립민속박물관 소장, 국립민속박물관 홈페이지.

도167. 西方三聖梵文經呪, 557~581년 추정,『中國佛教版畫全集』第1卷, p.1.

도168. 西方三聖梵文經呪(부분).

도169. 授得菩薩戒牒, 741년(唐 開元 29),『中國佛教版畫全集』第1卷, pp.78-79.

도170. 授五戒牒, 964년(북송 乾德 2),『中國佛教版畫全集』第1卷, p.104.

도171. 授八關戒牒, 964년(북송 乾德 2),『中國佛教版畫全集』第1卷, p.98.

도172. 授千佛戒牒, 964년(북송 乾德 2),『中國佛教版畫全集』第1卷, p.100.

도173. 천지명양수륙잡문, 1496년, 동국대 불교기록문화유산아카이브

도174. 불설불명경, 晚唐시기,『中國佛教版畫全集』第1卷, p.97.

도175. 선정천불(단편), 晚唐시기,『中國佛教版畫全集』第1卷, p.90.

도176. 禪定千佛及亭閣式塔, 北宋代.『 』第1卷, p.145.

도177. 亭閣式塔, 北宋代.『中國佛教版畫全集』第1卷, p.214.

도178. 佛勅唵字符, 돈황 사본 No.ch3107, 독일 Akademie der Wissenschaften 소장.

도179. 廣胜寺 毘盧殿 壁碑(부분), 初唐시기 추정.

도180. 廣胜寺 毘盧殿 壁碑(부분).

도181. 와룡사 석가여래쌍적영상도 각석, 1387년.

도182. 와룡사 석가여래쌍적영상도 각석(부분).

도183. 석장사지 출토 〈연기법송명탑상문전〉, 동국대박물관 소장.

도184. 석장사지 출토 〈연기법송명탑상문전〉(부분).

도185. 화엄사 서오층석탑 사리공 출토 塔印,『지리산 대화엄사』, p.100.

도186. 화엄사 서오층석탑 상층적심부 출토 佛像范,『지리산 대화엄사』, p.97.

도187. 『범서총지집』부분, 고려, 1227년, 사진 남권희 제공.

도188. 개성 출토 경갑 내 다라니, 고려, 1306년.『朝鮮古蹟圖譜』9, p.1253.

도189. 원당암 복장전적 –『제다라니』, 1375년, 해인사성보박물관, 해인사 제공.

도190. 14세기 간행 다라니, 원각사 소장.

도191. 14세기 간행 다라니 부분 – 三身印과 2종의 種字.

도192. 〈월정사 중대 사자암〉 복장 수습 다라니, 1456년, 월정사 제공.

도193. 鄭溫 묘 출토 저고리 뒷면에 찍힌 다라니, 16세기초, 사진 김연미.

도194. 대전 노은동 월드컵경기장 부지 묘 출토 다라니, 15세기, 한남대 박물관 소장.

도195. 〈파계사 건칠관음보살좌상〉 복장 수습 〈묵인다라니〉, 1447년경.

도196. 〈흑석사 목조아미타여래좌상〉 복장 수습 다라니, 1458년.

도197. 〈수덕사 소조여래좌상〉 복장 수습 다라니, 1489년, 수덕사 성보박물관 소장, 필자 사진.

도198. 수덕사 복장 다라니 (부분).

도199. 성불수구다라니, 1494년, 원각사 소장.

도200. 안심사 『諸眞言集』 중 「眞言集目」 항목, 1569년, 동국대불교학술원 아카이브

도201. 간행처 미상 다라니, 1557년, 원각사 소장.

도202. 도갑사 간행 다라니, 1738년, 원각사 소장.

도203. 추가된 불인.

도204. 석가여래화압.

도205. 와룡사 釋迦如來雙跡靈相圖 刻石(부분).

도206. 『성관자재구수육자선정언해』, 내원사, 1560년, 개인 소장.

도207. 불인 목판, 일제강점기, 영천역사박물관 소장, 필자 사진.

도208. 불인 목판 인출본, 일제강점기, 가회민속박물관 소장, e뮤지엄.

도209. 『성관자재구수육자선정언해』, 1560년, 內院寺, 개인 소장.

도210. 『불정심관세음보살모다라니경』, 1881년, 삼각산 三聖庵, 동국대 불교기록문화 유산아카이브

도211. 『관세음보살육자대명왕다라니신주경』, 1908년, 감로사, 동국대 불교기록문화 유산아카이브

도212. 「성불수구다라니」에 실린 甁 모양의 印.

도213. 수구다라니, 1928년, 백련암, 원각사 소장.

정각(문상련)

가톨릭대학 신학과 졸업 후 송광사에 출가, 통도사 강원(講院)을 졸업하였다. 동국대 대학원 불교학과 및 미술사학과를 수료, 철학박사 학위를 받았다. 무비 스님을 법사로 강맥(講脈)을 전수하였으며, 조계종 교수아사리에 위촉되었다.

동국대·중앙대 객원교수 및 불교신문 논설위원, 경북 문화재위원, 문화재청 문화재위원, KCRP(한국종교인평화회의) 종교간대화위원장을 역임하였다.

현재 중앙승가대 교수 및 이화여대 객원교수, 고양 원각사 주지로 있다. 『한국의 불교의례』 등 17권의 책과 「천수다라니에 대한 인도 신화학적 고찰」 등 50편의 논문을 저술하였다.

불교 부적의 원류와 한국의 불교 부적

불교 부적의 연구
符籍

ⓒ 정각, 2024

2024년 4월 26일 초판 1쇄 발행

지은이 정각(문상련)
발행인 박상근(至弘) • 편집인 류지호 • 상무이사 김상기 • 편집이사 양동민
책임편집 김재호 • 편집 양민호, 김소영, 최호승, 하다해, 정유리 • 디자인 쿠담디자인
제작 김명환 • 마케팅 김대현, 김선주, 이선호 • 관리 윤정안
콘텐츠국 유권준, 정승채, 김희준
펴낸 곳 불광출판사 (03169) 서울시 종로구 사직로10길 17 인왕빌딩 301호
         대표전화 02) 420-3200 편집부 02) 420-3300 팩시밀리 02) 420-3400
         출판등록 제300-2009-130호(1979. 10. 10.)

ISBN 979-11-93454-81-7 (93220)

값 35,000원